À Ana Carolina (*in memoriam*).

AGRADECIMENTOS

Agradeço sinceramente a todos que contribuíram para a conclusão desta tese de doutorado. A gratidão a Deus é um elemento que não posso deixar de mencionar. Constitui-se como um ponto de partida inegável, um alicerce que sempre esteve presente nessa instigante e desafiadora jornada.

Além disso, é imperativo destacar os corações zelosos de meus pais, José Luiz e Magda, que figuram como sólidas bases, sustentando-me nas vicissitudes da pesquisa e constantemente me estimulando a explorar para além dos limites conhecidos. Minhas irmãs, Marcelle e Ana Carolina (*in memoriam*), assim como minha avó Teresinha (*in memoriam*), minha madrinha Maria Inês, meu padrinho Sebastião e tantos outros membros da família, que, como fios de ouro, entrelaçam o tecido da minha jornada, merecem ser recordados e aplaudidos.

Ao Professor Associado Eduardo Tomasevicius Filho, meu dileto orientador, expresso minha mais sincera gratidão. Sua orientação experiente, dedicação incansável e seu exemplo acadêmico foram essenciais para o desenvolvimento e aprimoramento desta pesquisa. Agradeço por sua paciência e pela confiança em mim depositada nesse período valioso de aprofundamento teórico e delimitação dos eixos centrais do trabalho.

À Faculdade de Direito da Universidade de São Paulo, onde fui muito bem acolhido por todos os professores, colegas e servidores, expresso a honra que sinto por ter sido privilegiado com a oportunidade de desenvolver essa pesquisa em um ambiente de excelência, que me eleva e enaltece a ponto de tornar realidade um sonho que sempre nutri.

Registro os meus mais sinceros agradecimentos ao Professor Titular Newton De Lucca e à Professora Doutora Viviane Alves de Morais. Por ocasião da minha banca de qualificação, trouxeram sugestões, apontamentos e reflexões que se mostraram imprescindíveis para a conclusão da pesquisa.

Também agradeço aos amigos e às amigas que tanto me inspiram nessa trilha acadêmica e com quem tenho a honra de dividir projetos acadêmicos, coautorias e ricas discussões sobre os assuntos que tanto nos instigam. Muito obrigado, Roberta Densa, Nelson Rosenvald, Felipe Braga Netto, Fabrício Oliveira, Wagner Inácio Dias, Mafalda Miranda Barbosa, Guilherme Magalhães Martins, João Victor Rozatti Longhi, Pietra Daneluzzi Quinelato, Arthur Pinheiro Basan, Chiara de Teffé, Michael César Silva, Gustavo Silveira Borges, Felipe Teixeira

Neto, Daniela Copetti Cravo, Eduardo Jobim, Romualdo Baptista dos Santos, Cristiano Colombo, Juliano Madalena, Guilherme Spillari Costa! Agradeço também a todos os colegas com quem sempre compartilhei estudos específicos e sustentei diálogos aprofundados abordando os variados aspectos ligados ao Direito Digital e às suas complexidade e vicissitudes.

A todos que, de alguma forma, contribuíram para esta jornada, meu sincero agradecimento. Este trabalho não seria possível sem o apoio de cada um de vocês.

"As the global usage of information technology products expands, so it might be reasonable to expect that their application will become the rule rather than the exception in more and more areas of activity".

— Ian J. Lloyd

Information Technology Law. 6. ed.
Oxford: Oxford University Press, 2011. p. 527.

PREFÁCIO

Honra-me José Luiz de Moura Faleiros Junior com o convite para prefaciar sua tese intitulada "Enriquecimento sem causa e bens digitais", defendida na Faculdade de Direito da Universidade de São Paulo, pela qual ele obteve o título de doutor em direito civil, tendo eu figurado como seu orientador, e agora segue publicada pela Editora Foco.

Embora eu já tenha escrito textos dessa natureza e antes de escrever este em especial, parei um pouco para saber a opinião de outras pessoas sobre o que é um prefácio. Em linhas gerais, é, por seu intermédio, que se introduz o prefaciado à "república das letras" de nosso tempo e destacam-se aspectos do que será lido a seguir. Que o leitor me perdoe pela licença poética, mas gostei da sugestão de que o prefácio é uma carta pela qual apresentamos um novo amigo vindo de um lugar desconhecido, para o qual se pede um voto de confiança. No caso de Faleiros Junior, é difícil essa tarefa, por ser curiosamente contraditória. E o leitor há de concordar comigo.

Pois bem. o nosso prefaciado dispensa apresentações. Com seu carisma, simpatia e educação, ele é conhecido por todos nós. Mais do que isso, é amigo de todos nós! Em vez de isolar-se ou conviver com um pequeno grupo, ele prefere abrir portas, janelas, corredores, construir pontes e pavimentar estradas não apenas em sua direção, mas entre centenas de pesquisadores no Brasil e no exterior na área de direito digital. Está sempre disposto a ajudar, ensinar, compartilhar, unir, congregar. Ouso dizer que, se o leitor me conhece, é por causa de Faleiros Junior! Eis o paradoxo: é o prefaciador quem tem sido apresentado pelo prefaciado!

Confesso que só conheci Faleiros Junior quando ele se inscreveu como candidato a uma vaga no Programa de Pós-Graduação em Direito na Universidade de São Paulo. Havia mais de uma dezena de postulantes. Ele só me convenceu a admiti-lo no último instante, durante a entrevista online no final de 2020, quando teve a oportunidade de explicar-me seu projeto de pesquisa em poucos minutos. Enfim, resolvi aceitá-lo e confesso que não imaginava o porvir. Faleiros Junior foi estudioso e bastante colaborativo nas tarefas acadêmicas, as quais foram parcialmente realizadas de forma remota devido à pandemia de Covid-19.

Enquanto orientador, considerei válido o resultado final da pesquisa feita sobre o uso do enriquecimento sem causa como forma de remuneração pelo uso dos bens digitais. Trata-se de uma proposição adequada ao tempo presente, em que os bens digitais se reproduzem e circulam *ad infinitum*, sendo inapropriáveis, de acordo com as categorias tradicionais adequadas a uma cultura material, mas não a uma cultura digital. Mediante crítica perspicaz sobre as potencialidades e fragilidades do instituto do enriquecimento sem causa, Faleiros Junior apresenta soluções para as corretas remuneração e indenização decorrente desses fatos jurídicos, que, sob outra perspectiva, correspondem à "sociedade do espetáculo" do século XXI, em que há uma voracidade pelo consumo desses bens digitais, facilitando-se a ocorrência desse enorme desequilíbrio contrário ao direito. Nas reuniões de orientação, restou-me mais compartilhar com Faleiros Junior certas experiências de vida acadêmica, relacionadas à elaboração do texto, por querer vê-lo brilhar cada vez mais, do que indicar os livros que deveriam ser lidos para a elaboração deste livro, pois isso ele soube fazer por conta própria.

Como se sabe, a tese de doutorado é o texto pelo qual o seu autor se insere na vida acadêmica como pesquisador independente, porque a banca examinadora atesta que o candidato tem aptidão e capacidade para inovar em determinada área do conhecimento. Uma vez cumpridos os requisitos parciais de aulas e demais atividades, e com a homologação do resultado da deliberação da banca examinadora, a Universidade confere o título pleiteado. No caso de Faleiros Junior, antes de ser um doutor por direito, ele já era um doutor de fato, devido à autoridade intelectual que adquiriu ao longo dos anos com sua enorme capacidade de produção científica através de seus livros, artigos e obras coletivas organizadas. Mais do que a quantidade, impressiona a todos nós os temas sobre os quais ele já escreveu e a gama de autores nacionais e estrangeiros que ele já leu. Gostaria de registrar que a banca examinadora que o avaliou – aliás, de elevadíssimo nível, formada por Juliana de Oliveira Domingues, Guilherme Magalhães Martins, Luciana Lopes Canavez, Nelson Rosenvald e Viviane Alves de Morais – foi muito rigorosa por conta do nível do ora examinado Faleiros Junior. Com suas respostas precisas e serenas, ele simplesmente proporcionou um espetáculo na sessão pública de defesa. Não deixou uma pergunta sequer sem resposta. Um dos examinadores fez-lhe mais de vinte questionamentos e todos foram respondidos! Mesmo quando indagado sobre um autor específico que não fazia parte de sua bibliografia, respondeu que assim o fez por opção, por conhecê-lo pessoalmente e ter entendido que, no caso, sua obra não deveria ser citada, uma vez que ele, Faleiros Junior, já a tinha analisado detidamente pela resenha crítica que redigiu sobre o tal livro. Sua aprovação com distinção e louvor deveu-se ao fato de que, na opinião da banca examinadora, a defesa da tese conseguiu transcender a inerente qualidade do texto.

Com certeza, a obtenção do título de doutor em direito civil pela Universidade de São Paulo não é o marco inicial nem o ponto final da trajetória acadêmica de Faleiros Junior. Tampouco este livro é o ponto alto de sua produção intelectual. É este livro um entre tantos outros excelentes livros já escritos, de igual quilate dos que estão a caminho, os quais nem mesmo ele imagina que escreverá, por causa da velocidade das transformações sociais, que ainda não se manifestaram no cotidiano.

Por tudo isso, agradeço ao nosso querido José Luiz de Moura Faleiros Junior o privilégio de ter sido escolhido como seu orientador aqui na Universidade de São Paulo. Mais do que um orientando, ganhei um amigo, e isso é o mais importante nessa vida. Renovo, pois, meus votos de muito sucesso em sua longa jornada! Meus parabéns!

Eduardo Tomasevicius Filho
Professor Associado do Departamento de Direito Civil da Faculdade de Direito da Universidade de São Paulo.

SUMÁRIO

AGRADECIMENTOS VII

PREFÁCIO XI

INTRODUÇÃO XIX

1. ENRIQUECIMENTO SEM CAUSA, PAGAMENTO INDEVIDO E LUCRATIVIDADE EM CONTRASTE COM O DIREITO DE DANOS 1

   1.1 O enriquecimento sem causa, seu objeto e sua caracterização 9

       1.1.1 Prolegômenos à época da Lei 3.071/1916 18

       1.1.2 Pressupostos inseridos na Lei 10.406/2002 20

            1.1.2.1 Enriquecimento (e empobrecimento) 22

            1.1.2.2 À custa de outrem 28

            1.1.2.3 Ausência de justificação ("justa causa") 32

            1.1.2.4 Subsidiariedade 35

   1.2 Avanços em matéria restitutória: o enriquecimento sem causa por lucro da intervenção 37

       1.2.1 Dimensão estrutural e enquadramento dogmático: entre o dano e o lucro 38

       1.2.2 Dimensão restitutória propriamente dita: a remoção de ganhos ilícitos 40

       1.2.3 O problema da apuração/quantificação de lucros 41

   1.3 Direito de danos e a paralela evolução da responsabilidade civil pela perspectiva de suas múltiplas funções 43

       1.3.1 A noção de dano injusto e a lapidação do conceito de 'ilícito' 47

       1.3.2 Antijuridicidade e ilicitude: dissonâncias e convergências 49

   1.4 O enriquecimento no mundo analógico: uma recapitulação e uma releitura 54

   1.5 Conclusões parciais: novo espectro funcional da responsabilidade civil e o reajuste do lucro da intervenção 59

2. BENS DIGITAIS, DATIFICAÇÃO UBÍQUA, ALGORITMOS E GESTÃO AUTOMATIZADA DE ILÍCITOS POR TECNOLOGIAS DIGITAIS EMERGENTES 65

2.1 Lucros e enriquecimento na sociedade da informação 68

    2.1.1 A Internet e suas características em perspectiva técnico-jurídica 71

        2.1.1.1 Fungibilidade 73

        2.1.1.2 Ubiquidade 76

        2.1.1.3 Replicabilidade 77

    2.1.2 Datificação e a tutela das situações jurídicas existenciais 81

        2.1.2.1 A personalidade e os dados pessoais como bens exploráveis 84

        2.1.2.2 A dimensão superlativa dos dados pessoais e os bens digitais .. 86

2.2 Ganhos ilícitos e plataformas digitais 88

    2.2.1 Algoritmos, dados e danos 90

        2.2.1.1 Perfilização e exploração econômica de interesses imateriais 91

        2.2.1.2 A zona recôndita do empobrecimento alheio em plataformas digitais 93

        2.2.1.3 Os desafios da técnica e seus empecilhos à justificação do enriquecimento 95

    2.2.2 Direitos autorais, uso justo e produção de conteúdo em plataformas digitais 98

        2.2.2.1 Lucro, desmonetização e conteúdo audiovisual 101

        2.2.2.2 Fiscalização algorítmica de violações a direitos autorais: o uso justo ('*fair use*') 104

        2.2.2.3 Gestão privada de soluções jurídicas: contexto de abertura ao '*private enforcement*' 106

    2.2.3 Lucratividade aferida em tempo real: a superação da barreira da quantificação 109

        2.2.3.1 Plataformas digitais e o algoritmo 'ContentID' 111

        2.2.3.2 *Digital rights management* (DRM) 114

        2.2.3.3 '*Enforcement*' obrigacional e as '*Oracle Turing Machines*' 116

2.3 Insuficiência dos pressupostos do enriquecimento sem causa para o contexto hodierno 119

    2.3.1 Natureza plurissubjetiva da dinâmica: interventor, vítima e provedor de aplicação como partícipes 121

2.3.2 Natureza *sui generis* do objeto: os conjuntos de dados como bens exploráveis, embora fungíveis e replicáveis 127

2.3.3 Inviabilidade da aferição de justa causa por sistemas automatizados 128

2.4 Conclusões parciais: parâmetros para gerir o enriquecimento no mundo digital 130

3. BENS DIGITAIS MISTOS E A CONSOLIDAÇÃO DE NOVA POSIÇÃO DOGMÁTICA PARA O LOCUPLETAMENTO 133

3.1 Bens não rivais, hiperconectividade e enriquecimento sem causa 140

3.1.1 A Internet de todas as Coisas (*Internet of Everything*) e os bens digitais 146

3.1.2 *Non-fungible tokens*, sua expansão e novas possibilidades de monetização 149

3.1.3 Conjuntos de dados como bens digitais mistos 151

3.2 Incompatibilidade do enriquecimento sem causa com os *tokens* 153

3.3 A responsabilidade civil como via adequada para a tutela dos bens digitais 159

3.3.1 O conceito de pretensão e a gestão automatizada de bens digitais 167

3.3.1.1 Expansão do conceito de ilícito na responsabilidade civil ... 172

3.3.1.2 Ganhos ilícitos e bens digitais 175

3.3.2 A superação da subsidiariedade do tema e a flexibilização da noção de lucro 177

3.3.3 Como 'voltar olhares' para o interventor não humano? 179

3.4 Conclusões parciais: o locupletamento para além da própria noção de lucro e sua alocação na responsabilidade civil 181

CONCLUSÃO 185

REFERÊNCIAS 191

Livros 191

Artigos 198

Capítulos de livros 204

Jurisprudência 209

INTRODUÇÃO

Esta tese propõe uma releitura do enriquecimento sem causa, com base na categorização dos bens digitais. O tema é pouco explorado na doutrina e não possui enfrentamento jurisprudencial, haja vista sua complexidade técnica. Não obstante, a se considerar a possibilidade de que bens digitais (especialmente os bens digitais mistos, compostos por aspectos patrimoniais e existenciais) podem ser explorados para a extração de lucros indevidos, importa saber se o instituto do enriquecimento sem causa é adequado para a tutela desses direitos eventualmente violados. Trabalha-se com a hipótese de que o enriquecimento sem causa, por seus pressupostos, é insuficiente para a tutela do locupletamento obtido a partir de bens digitais.

Historicamente, o enriquecimento sem causa era relegado ao segundo plano na avaliação de condutas que poderiam gerar ilicitude. Isso se devia ao aumento da preocupação com as fontes do direito que poderiam mitigar as consequências indesejadas para a vítima de uma situação ilícita. Esse enfoque levou à separação dos conceitos de dano injusto e ato ilícito. Como resultado, outras situações que envolviam censurabilidade, mesmo que não necessariamente causassem dano, passaram a ser tratadas por meio de diferentes institutos jurídicos, que se desconectavam do dano e se concentravam mais na figura do infrator e em seu eventual locupletamento.

No Brasil, o enriquecimento sem causa está positivado na Lei 10.406, de 10 de janeiro de 2002 (Código Civil), especificamente no Capítulo IV (arts. 884 a 886) de seu Título VII (Dos Atos Unilaterais). A despeito disso, tal figura raramente teve claro enquadramento dogmático no Brasil. Na época da Lei 3.071/1916 (Código Civil de 1916), não havia uma disposição expressa sobre esse tema e questões relacionadas à obtenção de lucro eram tradicionalmente abordadas no âmbito da responsabilidade civil, mais precisamente na forma de lucros cessantes. Esta última figura se refere a situações em que a intervenção de um agente impede o titular de um direito de obter lucros conforme uma expectativa razoável, conforme estipulado no artigo 1.059 do Código Civil de 1916 e, atualmente, no artigo 402 do Código Civil de 2002.

Fora desse contexto, porém, surgem dúvidas em relação ao cenário oposto, no qual a ação do agente, em vez de impedir o lucro, efetivamente o proporciona. A impossibilidade de alocação dessa base situacional fática na figura dos lucros cessantes levou à adoção de designação diversa para o fenômeno, que se convencionou chamar, em Língua Portuguesa, de 'lucro da intervenção', envolvendo discussões conectadas ao direito restitutório, que se originou na Alemanha, a partir do que se denomina *eingriffserwerb*, dando azo à doutrina específica da *Eingriffskondiktion* (*condictio* por intervenção); em essência, o tema ainda guarda relação com institutos de origem anglo-saxã, como os *restitutionary damages* e o *disgorgement of profits*.

O amadurecimento teórico da doutrina especializada conduziu à expansão do escopo de situações em que a noção de locupletamento independe da visualização dos danos infligidos à vítima. Torna-se, assim, desnecessária a análise do dano, permitindo a avaliação dos elementos obrigacionais restitutórios com base na avaliação de comportamentos originados do ofensor e nos benefícios obtidos de maneira indevida, que extrapolam os limites estritos da responsabilidade civil. Apesar dos requisitos estabelecidos na legislação e da suposta natureza subsidiária do enriquecimento sem causa para viabilizar a busca pela restituição, a concepção do lucro da intervenção permanece ambígua e confusa devido à diversidade de particularidades ligadas à sua manifestação concreta. Isso resulta em debates sobre a possibilidade de emancipar o lucro da intervenção como um instituto jurídico autônomo, sua adequação a uma estrutura unificada no sistema jurídico ou sua aplicação expansiva no âmbito da responsabilidade civil e de suas funções.

Em geral, a exploração injusta de propriedade alheia é o elemento gerador do enriquecimento que se busca restituir, transferindo o que foi obtido ilicitamente da esfera patrimonial do ofensor para a do prejudicado, sem a necessidade de justificação contratual. Paralelamente, nada impede que se busque a imposição da responsabilidade civil por danos materiais (caso haja dano emergente ou lucro cessante resultante da exploração indevida) e por danos extrapatrimoniais (dependendo das circunstâncias em que ocorreu o lucro da intervenção, o que pode constituir uma violação aos direitos da personalidade).

Do ponto de vista histórico, a evolução dessa construção ganhou importância devido ao aumento da capacidade de detectar explorações indevidas devido ao avanço das comunicações e à rápida transformação digital. Nas eras analógicas, identificar situações de usurpação desse tipo era tão desafiador quanto a eventual quantificação do lucro obtido indevidamente, o que tornava incerta a base para a busca da restituição em valores exatos. Na contemporaneidade, graças ao avanço tecnológico, a quantificação não representa mais um desafio, podendo ser realizada em tempo real. No entanto, novos desafios surgem nesse contexto em constante evolução, como a plurissubjetividade das relações intermediadas por provedores de aplicativos, a natureza singular dos bens alheios explorados (principalmente compostos por dados) e a impossibilidade de discernir uma justa causa devido a processos decisórios automatizados.

A partir dessas premissas iniciais, torna-se mais claro o contexto no qual se assenta a presente pesquisa, cujo problema pode ser sintetizado a partir de um questionamento preliminar: a utilização de tecnologia para a gestão automatizada de bens digitais geradores de lucro, na internet, se convola em situação *sui generis*, a demandar releitura específica para sua alocação no entremeio do enriquecimento sem causa por lucro da intervenção e da responsabilidade civil? Sem dúvidas, tal indagação é complexa, multifacetada e se desdobra em diversas nuances merecedoras de cautelosa digressão.

De início, é preciso partir da premissa de que os desdobramentos da acentuada evolução de algoritmos representam um desafio transdisciplinar, sendo insofismável que o período de transição no qual se consolida o apogeu da sociedade da informação desvela nuances que, para a Ciência do Direito, impõem a reestruturação de certas bases teóricas, ultrapassando a regulação e demandando compreensão ampliada de institutos jurídicos como a responsabilidade civil e o enriquecimento sem causa.

Sabe-se que o lucro da intervenção é, tradicionalmente, conjugado ao enriquecimento sem causa pela falta de adequação de sua base conceitual a instituto jurídico diverso. O tema (e suas idiossincrasias) já foi profundamente estudado, no Brasil, embora seja assunto controvertido e sem solução unitária. Todavia – e aqui se situa o ineditismo da presente abordagem – os reflexos tecnológicos da utilização de algoritmos em plataformas digitais para a gestão de situações ilícitas que angariam lucros não foram objurgados até o momento, havendo verdadeiro limbo sobre como se deve tutelar situações que se tornam cada vez mais comuns em razão da facilitação que se tem para 'monetizar' conteúdos digitais.

Em seu contexto precedente, o lucro da intervenção passou a ser estudado a partir de exemplos do mundo real. A própria noção de propriedade – agora expandida para abarcar os dividendos patrimoniais extraídos da exploração de direitos da personalidade – se tornou possível em razão de releitura específica do artigo 12 do Código Civil. Além disso, mais do que se ater à descrição conceitual da civilística clássica quanto aos bens patrimoniais, o dito 'direito restitutório' passou a abarcar múltiplas pretensões (de cariz indenizatório e restitutório) devido à ampliação da noção de enriquecimento sem causa para contextos que envolvem situações jurídicas existenciais.

Classicamente, a exploração de bem imóvel alheio, em situação na qual, sem base contratual subjacente, alguém se vale da propriedade de outrem no intuito de lucrar com a realização de evento, mediante a cobrança de valor para ingressar no local, mas que, como efeito, gera danos ao bem imóvel, propicia a cumulação de pretensões diversas para enfrentamento da questão. No plano indenizatório, eventual dano emergente decorrente da depreciação do imóvel haverá de ser indenizado; no plano restitutório, os lucros obtidos a partir da realização do evento deverão ser repassados pelo interventor à vítima (o proprietário do imóvel). Pairam incertezas sobre os critérios e parâmetros de quantificação do lucro efetivo e da necessidade de cômputo do valor indenizado em relação ao lucro que se deverá restituir, mas o exemplo é recorrentemente invocado.

Um outro exemplo envolve a usurpação de direito de imagem de pessoa que goza de notoriedade para a realização de campanha publicitária sem lastro contratual subjacente, gerando a possibilidade de discussão da pretensão restitutória pela exploração dos direitos patrimoniais que desbordam da imagem alheia (direito da personalidade), em paralelo à possível discussão – de natureza indenizatória – que se extrai da identificação de possível dano moral pela utilização indevida da imagem e, também, de dano patrimonial derivado de lucros cessantes por não pagamento de cachê. Trata-se de exemplo no qual, igualmente, tem-se forte dubiedade sobre a quantificação da pretensão restitutória, haja vista a dificuldade de se apurar, em termos percentuais, a relevância da imagem da pessoa para a alavancagem dos lucros obtidos com a campanha publicitária.

Nessas situações, o que se busca é compensar lucros e danos (*compensatio lucri cum damno*), em que pese o tema tenha se sofisticado mais recentemente. Pela *compensatio*, portanto, deve ser viável a compensação entre vantagens e prejuízos; noutros termos, o enriquecimento (primeiro requisito), sem justa causa (segundo requisito) e à custa de outrem (terceiro requisito), deve se materializar para que se cogite da compensação.

Essa noção mais singela passou a ser profundamente questionada e os referidos pressupostos, dissecados. Porém, há grande controvérsia quanto à necessidade de identificação do elo entre o enriquecimento de uma parte e o empobrecimento de outra. Por isso, quando se trabalha com o lucro da intervenção, os ganhos ilícitos passam a ser trabalhados como um gênero multifacetado (não unitário), pois oferecem soluções remediais mais específicas e amoldáveis às diversas particularidades concretas que o enriquecimento sem causa não contempla.

Essa solução acaba por permitir a aproximação entre o lucro da intervenção e o clássico instituto da responsabilidade civil, gerando atritos e incertezas. Isso porque, em matéria de responsabilidade civil, percebe-se maior nebulosidade na compreensão da dicotomia entre as categorias dos *gain-based damages* da tradição jurídica anglo-saxã, que acabam servindo de inspiração para algumas propostas mais específicas de enquadramento desses ilícitos geradores de lucro, o que acaba demandando respostas restitutórias para problemas que são, em verdade, compensatórios.

Nota-se a clara insuficiência da concepção tradicional da *compensatio lucri cum damno* para situações complexas decorrentes da sofisticação da vida na sociedade hiperconectada, em verdadeira mudança de escopo da aferição tradicional, que deixa de considerar estritamente o dano e passa a disponibilizar remédios para a tutela de lucros indevidos. É esse o renovado contexto da responsabilidade civil, cujas funções vêm sendo investigadas há tempos pela doutrina especializada, em razão da inquietação sobre os limites de imputação do dever reparatório decorrente de eventual falha. O lucro da intervenção, por sua vez, parece não bastar para solucionar juridicamente eventos a partir dos quais algoritmos potencializados por estruturas preditivas de aprendizagem (*machine learning*) conduzem à gestão automatizada de situações nas quais ocorre a exploração de patrimônio alheio, posto que, embora sejam parametrizados e adequadamente desenvolvidos no atual estado da técnica, podem ser vetores da causação de desvirtuamentos que se parecem com danos, porquanto ausente a clareza quanto ao empobrecimento equivalente de outrem, ou sem virtual possibilidade de aferição de 'justa causa' para o enriquecimento, haja vista a utilização recorrente de sistemas autônomos que impedem a identificação de um ofensor/interventor.

Enfim, se, por um lado, surge uma 'corrida' pelos algoritmos mais eficazes e capazes de filtrar os mais variados acervos de dados para prover vantagens nas mais diversas atividades econômicas, por outro, o direito responde, regulando as maneiras pelas quais se pode viabilizar essa nova dinâmica jurídica, especialmente para otimizar o cumprimento obrigacional e para a garantia da responsabilização civil, que parece se acoplar estruturalmente ao lucro da intervenção, se ampliando funcionalmente para açambarcar, também, eventual pretensão restitutória, sem com ela se confundir.

É a partir disso que o tema-problema se amplia e passa a permear evidente preocupação com o futuro, uma vez que o contexto póstero é marcado por expectativas que denotam a transformação da própria estrutura de base da internet e da economia digital, a partir da qual os bens digitais emergem como fontes de exploração lucrativa.

Conjuntos de dados derivados de criação intelectual não fungível, como *non-fungible tokens* (NFTs), sem que haja usurpação da própria imagem do criador ou violação a direito pessoal do próprio, por terceiros, levam a eventual pretensão restitutória que poderá decorrer da utilização não autorizada do próprio *token*, gerando lucros, mas sem propiciar pretensão indenizatória em paralelo, caso não haja violação mais ampla. No exemplo, os lucros gerados pela exploração indevida poderão ser quantificados com rapidez e objetividade, em função do valor do *token* que poderia ser licenciado, mas deixou de ser, embora não haja clareza sobre a apuração de 'justa causa' pela sua utilização em contextos de uso justo (*fair use*) ou quanto à possibilidade de discussão, a título indenizatório, do pagamento de valor equivalente ao que razoavelmente se cobraria pela licença (em aproximação conceitual ao *reasonable fee* anglo-saxão).

Essa vindoura transformação já é tecnicamente viável e até já existe na prática, embora muitos de seus usos estejam em estágio contemporâneo de transição, mas tem por marca precípua a elevação do patrimônio imaterial digital datificado a novo patamar, em razão das características descritas nos exemplos, que permitem releitura específica de sua natureza jurídica para que conjuntos de dados sejam entendidos como bens digitais. E, se há nova categorização que amplia o espectro patrimonial digital do sujeito, também se amplia a possibilidade de que tal patrimônio seja explorado.

Trata-se de contexto absolutamente complexo, pois ainda revela uma transformação incompleta, embora visível e projetável quanto a seus efeitos. Todavia, o desdobramento citado torna ainda mais importante a busca pela delimitação do paradigma conceitual pouco claro do lucro da intervenção (e de seu contraste a outras figuras, como o enriquecimento sem causa e a responsabilidade civil) para que se possa alinhavar soluções adequadas a cada tipo de exploração patrimonial indevida.

É importante destacar que a âncora fundamental do *civil law*, que se traduz na criação de regulamentos destinados a oferecer soluções eficazes para conflitos inter-relacionados, perde relevância com a instantaneidade proporcionada pelas Tecnologias da Informação e Comunicação (TICs). Portanto, a questão não se limita à elaboração de regulamentações preliminares para o uso da internet no país ou mesmo à tentativa de criar regras que desvinculam o Estado da livre iniciativa. Basicamente, o objetivo é identificar a adequada inclusão dessas novas situações problemáticas (patrimoniais ou existenciais) nas estruturas tradicionais que consideram o lucro, e não apenas o dano, a fim de garantir que a restituição e/ou a reparação sejam proporcionais ao ilícito cometido. Este é um problema abrangente, relevante e recorrente, dada a universalidade e a onipresença da internet.

A incerteza sobre como enquadrar o lucro da intervenção na categoria do enriquecimento sem causa decorre, precisamente, da incapacidade deste último em acomodar soluções para contingências lucrativas inovadoras. Embora o enriquecimento sem causa por meio do lucro da intervenção seja perfeitamente adequado e suficiente para proteger situações no mundo analógico, a sua aplicação no contexto digital e tecnológico ainda gera dúvidas devido à sua limitação em lidar com as complexidades emergentes.

A expansão da responsabilidade civil, por outro lado, amplia a possibilidade de que suas inúmeras funções permitam a reestruturação da cláusula geral de responsabilidade objetiva – que é uma tendência na doutrina estrangeira – para assumir importantes feições em torno da clássica função reparatória, mas também das importantíssimas funções preventiva e promocional, que congregam *liability, accountability* e *answerability* como vetores de uma ampliação do próprio instituto jurídico, que pode passar a suprir casos nos quais o lucro da intervenção não seja identificado.

Trata-se de cenário desafiador em uma sociedade marcada pela coleta e pelo fluxo massivo de dados e pela interoperabilidade sistêmica em tempo real – fatores que deixam claro o potencial de abertura à inovação – em um cenário no qual a casuística ainda impera e norteia releituras sobre a função reparatória da responsabilidade civil a fim de conciliá-la ao plexo de 'novos danos' que, na tradição romano-germânica, se busca sistematizar a partir das relações virtuais.

O objeto da restituição, no enriquecimento sem causa, também apresenta suas peculiaridades, pois eventual variação de valor da pretensão deverá ser calculada no momento da propositura da *actio in rem verso*, a indicar a necessidade de atualização do total a ser restituído a patamares atuais. Nem sempre, porém, haverá má-fé – ou esta nem sempre será identificável – daquele que se enriqueceu, de modo que a remoção da vantagem auferida não pode ser confundida com a tradicional reparação do dano, como se dá na responsabilidade civil tradicional.

Por isso, é preciso distinguir a base fundamental do lucro da intervenção para que, na intromissão em direitos alheios sobre bens digitais, não se propicie fundamento dogmático unitário, somente em resposta à restituição pelo preço do uso inconsentido do bem (que equivaleria à *reasonable fee* do *common law*). Em verdade, o enriquecimento objetivo, a ser apreciado casuisticamente, varia de acordo com o valor de mercado da faculdade dominial que foi indevidamente deslocada da esfera do demandante em benefício do infrator e até mesmo quanto ao interesse do próprio demandante em lucrar com tal exploração, algo que a teoria atributiva baseada na ideia de intervenção não é capaz de justificar, pois acarreta a expropriação de ganhos ilícitos. Para isso, não há uma única solução plausível, mas um leque de soluções que devem ser estruturadas para que a melhor delas seja viabilizada em cada situação.

É insofismável o desafio, pois o descompasso entre inovação e regulação deixa em aberto certos *loci* de enfrentamento do tema, o que, a seu turno, impõe novos olhares, para além dos danos (e, futuramente, quiçá, para além da própria visão que se tem de lucro). Nesse contexto, sabendo-se que o lucro da intervenção é usualmente adaptado à ideia de restituição, basicamente, para evitar o enriquecimento sem causa, o que se propõe não é seu completo abandono, voltando olhares a uma forma adversa de responsabilidade civil sem dano, ou mesmo o apego absoluto ao enriquecimento sem causa como instituto que se basta, embora não propicie a segurança de que todo evento tutelado sob suas luzes será adequadamente acomodado para permitir a pretensão restitutória. Não se trata disso.

Sobre tais premissas, indica-se a hipótese de pesquisa (que também assegura a consequente originalidade do tema): possíveis remédios para os exemplos citados na problematização, sejam eles mais alinhados à perspectiva indenizatória, como o *disgorgement* e o *reasonable fee*, – instrumentos típicos do *common law* –, ou estejam eles adstritos à categorização consagrada para o lucro da intervenção, nos limites conceituais do enriquecimento sem causa do artigo 884 do Código Civil de 2002, podem ser utilizados conjunta ou isoladamente para realocar lucros indevidos (cessantes ou decorrentes da intervenção, isolada ou cumulativamente) na gestão de bens digitais, sem que se contraponham ou acarretem incoerência entre as pretensões.

Explica-se: ao se transcender do real para o virtual, a análise casuística revela que iniciativas pautadas nessa lógica – e visualizadas nos ilustrativos exemplos mencionados alhures – denotam formulações que permitem o *enforcement* obrigacional automatizado, que pode ou não ter sido totalmente calculado pelo utilizador, em inegável transição do modelo condizente com a *web* semântica (ou *web* interativa), que pressuporia a participação de indivíduos humanos para a efetivação das formulações algorítmicas, para um modelo mais sofisticado e condizente com a *web* dinâmica (algorítmica/inumana). E mais: esses novos modelos independem do *jus imperii* estatal para a garantia de exequibilidade jurídica e os limites dessa "autoexequibilidade algorítmica" causam inquietações, especialmente ao se considerar que já se caminha para uma nova fronteira, ainda mais sofisticada, das tecnologias virtuais descentralizadas, que produzirão redes neurais (e o consequente *deep learning*), processamento computacional interligado pela comunicação 5G e funcionalizado pela Internet das Coisas, ou, como se sustentará no desenvolvimento, da "Internet de todas as Coisas".

A hipótese em questão envolve saber, portanto, quais são os critérios que deverão orientar o intérprete, especificamente diante de situações nas quais ocorra a exploração de bens digitais, para a identificação da pretensão a ser vindicada.

O objetivo geral é revisitar a temática concernente à responsabilidade civil em contraste ao enriquecimento sem causa por lucro da intervenção, a partir dos processos de otimização algorítmica para, elucidando novas formas de controle de lucros na internet, apresentar soluções adequadas à difícil apuração desses eventos e das consequentes pretensões que deles podem surgir.

A tese proposta será desenvolvida a partir da investigação analítica e dogmática em torno da possibilidade de compatibilização dos quatro grandes aspectos envolvidos na pesquisa: novas tecnologias, responsabilidade civil, enriquecimento sem causa e lucro da intervenção. A forma de abordagem da pesquisa proposta será a qualitativa. A pesquisa terá lastro em análise bibliográfico-doutrinária e demandará os seguintes recursos: acesso ao material bibliográfico e documental, realizado com aparelho de uso pessoal e acesso à rede de computadores.

Serão elaborados três capítulos, estruturados em escala evolutiva e de forma contextual, contrastando tema-problema e hipótese em cada etapa investigativa para que seja possível, no cumprimento do desafio de apresentar uma proposta original, sinalizar a viabilidade de revisão dos institutos explorados para a ampla variedade de situações tuteláveis em razão do avanço tecnológico crescente.

No primeiro capítulo, será analisado o contexto precedente do tema, com revisitação das balizas dogmáticas do enriquecimento sem causa, análise de suas origens históricas, de seus pressupostos, exploração específica de sua previsão normativa vigente, contraposição à figura do pagamento indevido e ao instituto da responsabilidade civil, e, em função da casuística clássica sobre a qual o instituto foi erigido, será realizada testagem da hipótese de pesquisa, pelo método dedutivo, para verificação de sua suficiência e de sua adequação para a tutela de situações geradoras de lucros indevidos 'no mundo analógico'. Ao final do capítulo, serão apresentadas as conclusões parciais da testagem empreendida.

No segundo capítulo, o contexto hodierno será mais detalhadamente aferido, com descrições conceituais mais relacionadas aos influxos desvelados pelo avanço da técnica para a compreensão dos pressupostos do enriquecimento sem causa em ambientes digitais. O fenômeno da datificação será estudado em conjunto com os contornos específicos da ubiquidade que marca a Rede Mundial de Computadores para que situações geradoras de exploração indevida de bens alheios possam ser estudadas em função dessa característica. Ainda, será avaliado o modo como algoritmos já são adotados para a fiscalização de desvios e usurpações e para a gestão de pretensões restitutórias a partir do private *enforcement*. Finalmente, a hipótese de pesquisa será colocada a prova, também pelo método dedutivo, para verificação de duas circunstâncias: (i) de sua suficiência e de sua adequação para a tutela de situações contemporâneas de exploração patrimonial digital em plataformas digitais; (ii) de sua compatibilidade com as estruturas atualmente implementadas para a gestão algorítmica de obrigações que emanam da vontade, mas que são estruturadas em função de arquitetura de código, demandando compatibilização e cruzamento de dados para eventual aferição da ilicitude dos lucros. Ao final do capítulo, também serão apresentadas as conclusões parciais da testagem empreendida.

No terceiro e derradeiro capítulo, um olhar prospectivo será apresentado em função do contexto póstero que já se encontra em acelerada implementação. Os influxos da transformação digital serão avaliados especialmente quanto ao valor que podem ter para tornar não fungíveis, individualizados e irreplicáveis os conjuntos de dados até então inseridos na internet ubíqua. Nesse ponto, a contextualização do tema-problema também buscará anteparos dogmáticos nas bases tradicionais do enriquecimento sem causa, contrapondo seus pressupostos ao cenário descrito. A hipótese será testada, também, em relação aos vislumbres que já se tem, neste particular, a partir do método hipotético-dedutivo. Serão avaliadas a suficiência e a adequação da proposta para a garantia de segurança jurídica se e quando estiver concluída a almejada transição à "*web3*" e à datificação baseada em *tokens* não fungíveis explorados digitalmente. Ao final do capítulo, serão apresentadas as conclusões parciais da testagem empreendida.

Por fim, uma conclusão será estabelecida no afã de sintetizar as experimentações realizadas, indicando as conjecturas avaliadas a partir do tema-problema em cada etapa da divisão apresentada – pretérita, presente e futura – e para que cada testagem da hipótese de pesquisa também possa ser revisitada e analisada em comparação com as demais. Uma vez que se almeja a revisão dos pressupostos para a formulação de solução que contemple os diversos arquétipos de situações geradoras de exploração lucrativa indevida de bens digitais, também será apresentada uma proposta de revisão normativa dos dispositivos vigentes sobre o enriquecimento sem causa.

1
ENRIQUECIMENTO SEM CAUSA, PAGAMENTO INDEVIDO E LUCRATIVIDADE EM CONTRASTE COM O DIREITO DE DANOS

Situações relacionadas à tutela jurídica de ganhos ilícitos sempre desafiaram a dogmática mais tradicional devido à natural dificuldade de visualizar exemplos concretos relacionados à consolidação de pretensões específicas que estão fora do âmbito contratual e da responsabilidade civil. A busca pelo âmbito mais apropriado para abordar as reivindicações decorrentes de eventos que afetaram o ordenamento jurídico devido ao enriquecimento sempre se orientou, geralmente, pela busca de uma compreensão racional para identificar atos que causavam uma variedade de ofensas e que não se encaixavam nos dois principais eixos.

Inegavelmente, o percurso histórico pelo qual se concebe a responsabilidade civil foi permeado pelo predomínio de estruturas monofuncionais para institutos jurídicos que refletiam os desafios de suas respectivas épocas. A síntese de uma solução adequada e suficiente para eventos indesejados lastreou a edificação de modelos teóricos que perduraram por longo período, mas que parecem desfalecer em razão da transformação da sociedade. Mesmo em tempos analógicos, não eram poucos os exemplos reais que desafiavam o intérprete à apresentação de soluções capazes de tutelar a obtenção de lucros sem embasamento subjacente, uma vez que toda aferição demandava manifestação concreta, usualmente relacionada à propriedade material para a aferição obrigacional.[1]

---

1. SAVIGNY, Friedrich Carl von. *Sistema del derecho romano actual*. Tradução de Jacinto Mesía e Manuel Poley. Madrid: F. Góngora y Compañía Editores, 1878. t. I. p. 227. Anota: "La obligación y la propiedad tienen ambas una naturaleza idéntica en cuanto extienden el imperio de nuestra voluntad sobre una parte del mundo exterior, pero se asimilan además bajo otros puntos de vista, pues primeramente, el objeto de la obligación puede consistir en una suma de dinero, es decir, en transferir na propiedade de esta suma, y en segundo lugar, la mayor parte de las obligaciones, y más importantes, tienen por fin una adquisición definitiva ó un goce temporal de la propiedad; de manera que una y otra especie de derecho, la propiedad y la obligación, extienden, respecto del adquirente ó del estipulante, el poder del hombre sobre el mundo exterior más allá de los límites naturales de su ser. El conjunto de relaciones que obran de tal manera sobre el poder de un individuo se denomina sus *bienes*, y la reunión de instituciones que regulan estas relaciones se llama *derecho de bienes* (*Vermögen*)".

No que concerne à responsabilidade civil, a tradição bimilenária que se tem a partir do direito romano não deixou, por sua vez, de receber contributos derivados de bases filosóficas gregas, uma vez que "os textos demonstram que as noções do ético e do jurídico não se acham claramente estabelecidas entre os jurisconsultos romanos".[2] Portanto, a percepção jurídica que se passou a ter sobre o lucro nunca foi permeada pela aferição simplista de licitude ou ilicitude, pois situações jurídicas embasada em fontes do direito sempre inspiraram a ideia de que o lucro, por si, pode ter origem lícita, embora estivesse vinculada à noção material de propriedade.

O grande problema relacionado à sua compreensão está no locupletamento, que não encontra base subjacente apta a legitimá-lo, e, por via de consequência, acaba por afetá-lo em sua caracterização. Para a responsabilidade civil, o princípio *alterum non laedere* (ou *neminem laedere*) dos romanos sempre indicou a preocupação com um dever social ínsito à própria ordem jurídica, impondo o respeito aos direitos alheios de forma indistinta e derivada da noção de que não se deve lesar a ninguém. Trata-se de postulado inserido no *Digesto* (do grego, *Pandectas*, de 15 de dezembro de 533), que é parte do *Corpus Juris Civilis* ou Código *Justinianeu*, do Imperador Justiniano, de 526 d.C., que contempla as Instituições (*Institutiones*), o Código (*Codex*) e as Novelas (*Novellae Constituitiones*).[3] De origem grega, o termo *Digesto* significa "ordenar" ou "colocar em ordem", e, por isso, é tido como importante coletânea dos jurisconsultos clássicos.

As *Institutiones* eram uma espécie de manual do direito romano; o *Codex* era uma coleção sistemática de leis e decretos imperiais; as *Novellaes Constituitiones* eram as novas leis imperiais. De fato, é no conjunto ordenado, sistematizado e bem estruturado do *Digesto* que constam os três preceitos basilares do jurista Ulpiano (Eneo Domitius Ulpianus),[4] cuja obra influenciou fundamentalmente a evolução do direito romano e bizantino. Os preceitos são os seguintes: "*Iuris praecepta sunt haec: honeste vivere, alterum non laedere, suum cuique tribuere*", significando "Os preceitos são estes: viver honestamente, não lesar a outrem, dar a cada um o que é seu".

---

2. CRETELLA JÚNIOR, José. *Curso de direito romano*: o direito romano e o direito civil brasileiro. 21. ed. Rio de Janeiro: Forense, 1998. p. 24.
3. KUNKEL, Wolfgang. *Historia del derecho romano*. 3. ed. Tradução de Juan Miquel. Barcelona: Ariel, 1972. p. 175. Anota: "Al componer los Digestos se encontraron algunas cuestiones aisladas controvertidas entre los juristas clásicos y también normas jurídicas y compilaciones, que fueron consideradas anticuadas o injustas. Muchos de estos obstáculos fueron sencillamente eliminados por los compiladores con supresiones, adiciones y demás alteraciones en los manuscritos clásicos. Se creyó poder dilucidar otras cuestiones mediante leyes especiales. Así, en el curso de la labor de composición de los Digestos se promulgaron numerosas constitutiones introduciendo reformas de Justiniano".
4. DONNINI, Rogério. *Responsabilidade civil pós-contratual no direito civil, no direito do trabalho, no direito ambiental e no direito administrativo*. São Paulo: Saraiva, 2011. p. 41.

Além do já citado *neminem laedere*, dois outros preceitos inspiraram a tradição romana clássica. O cerne do princípio *honeste vivere* remonta ao Estoicismo e à valoração superlativa da honestidade, tida como virtude suprema. Já o princípio *suum cuique tribuere* expressa a noção de justiça distributiva, simbolizando a vontade constante e perpétua de viver eticamente, assumindo virtudes essenciais para o convívio plural.[5]

Disso decorre a clássica noção que vincula pessoalmente o indivíduo aos malogros de suas ações desvirtuadas dos citados preceitos.[6] O fato de uma pessoa lucrar, nesse contexto, sempre foi norteado por parâmetros derivados dessa base conceitual sólida, embora de difícil visualização prática, mas adstritos ao filtro da boa-fé (que tem assento na *fides* romana[7]) ou a parâmetros norteadores da *ratio* para soluções específicas e diversas dos institutos tradicionais, como a

---

5. O ponto central dessa afirmação decorre da percepção de que, "[s]empre quando se fala em ética se está a falar em liberdade e em responsabilidade. A capacidade de correlacionar a esfera íntima de minha liberdade de autodeterminação e a responsabilidade sobre a esfera exterior dos resultados de minha ação tem a ver com a capacidade ética desenvolvida por indivíduos dotados de 'phrónesis', prudência, na leitura aristotélica". BITTAR, Eduardo C. B.; ALMEIDA, Guilherme Assis de. *Curso de filosofia do direito*. 5. ed. São Paulo: Atlas, 2007. p. 480. Tal convívio demanda, ainda, adequada tutela da liberdade substancial, seja por uma função compensatória, seja por meio das funções preventiva e sancionatória; tal liberdade importa considerar, ainda, que, "se os funcionamentos realizados constituem o bem-estar de uma pessoa, então a capacidade para realizar funcionamentos (i.e. todas as combinações alternativas de funcionamentos que uma pessoa pode escolher ter) constituirá a liberdade dessa pessoa – as reais oportunidades – de ter bem-estar". SEN, Amartya. *Desenvolvimento como liberdade*. Tradução de Laura Teixeira Motta. São Paulo: Companhia das Letras, 2000. p. 32.
6. Embora seja inegável a importância de escritos de tempos imemoráveis da civilização humana para a definição da gênese do conceito de 'reparação' que inspira a responsabilidade civil, como o Código de Ur-Nammu (2040 a.C), o Código de Hamurabi (1780 a.C) e o Código de Manava-Dharma-Sastra (séc. II a.C), o aspecto peculiar de todas as discussões era a vinculação patrimonial da reparação à pessoa do ofensor, embora alguns avanços no sentido da consolidação da valoração pecuniária do dano já fossem percebidos em passagens específicas. SILVA, Américo Luís Martins da. *O dano moral e a sua reparação civil*. São Paulo: Ed. RT, 1999. p. 66-67. Fato é que foram os romanos os primeiros a verdadeiramente estruturar fontes de obrigações das quais emanava a estruturação dogmática da responsabilidade civil. A título ilustrativo do fenômeno, Álvaro Villaça Azevedo se reporta à Lei das XII Tábuas, de 450 a.C, para descrever que a responsabilidade contratual "nascia do *nexum* e da *mancipium*, com todos os inconvenientes da execução pessoal do devedor". AZEVEDO, Álvaro Villaça. *Teoria geral das obrigações e responsabilidade civil*. Curso de direito civil. 12. ed. São Paulo: Atlas, 2011. p. 244.
7. O termo é de origem religiosa e remete à deusa romana de mesmo nome, sendo signo representativo da expectativa de comportamento honesto e leal que se esperava de todo cidadão romano perante a divindade. TOMASEVICIUS FILHO, Eduardo. *O princípio da boa-fé no direito civil*. São Paulo: Almedina, 2020. p. 76. A importância da *fides* romana para a aferição de comportamentos e expectativas também é decorrente de suas manifestações concretas, que "apresentam um elenco que se foi enriquecendo com a evolução histórica, exprimindo um conjunto variado, unificável apenas por apresentar traços comuns aos regimes das figuras que o integram". CORDEIRO, António Manuel da Rocha e Menezes. *Da boa fé no direito civil*. 5. reimpr. Coimbra: Almedina, 2013. p. 1285. Corroborando tal afirmação, registra Schulz: "Los *iudicia* que no fueron *bonae fidei iudicia*, no tuvieron una denominación común en los tiempos clásicos, no fueron llamados *iudicia stricta* o *iudicia stricti iuris*. Tal nomenclatura hubiera sido impropia, ya que en muchos de ellos se da también la *bona fides* en la misma medida que

teoria do duplo limite e a construção teórica relacionada à gestão de negócios alheios julgados próprios ou à gestão de negócios imprópria, que se situam no limite teórico da concepção de locupletamento.

No direito romano, raro exemplo citado pela doutrina envolve o direito à aquisição de frutos produzidos por coisa alheia. Segundo consta, um possuidor de boa-fé teria adquirido os frutos na medida em que foram separados do bem enquanto este ainda estava em sua posse, com o dever de prestar contas, posteriormente, sobre os frutos que ainda existiam quando seu direito foi contestado. As motivações para o reconhecimento de seu direito à percepção dos frutos são variadas, mas envolvem explicações como o fato de resultarem de seu trabalho, embora não se tivesse clareza, mesmo à época, sobre as consequência da exploração do bem em relação a danos eventualmente causados ou à possibilidade de o proprietário reclamar os frutos para si como forma de compensação pelo uso que não pôde fazer, o que equivaleria à transposição (pela via restitutória) dos lucros que foram auferiu, embora pela exploração realizada por outrem.[8]

A própria estrutura de base do direito romano inspirou formulações que se consagraram na civilística a partir de construções teóricas posteriores. Tudo era vislumbrado em função da expectativa de comportamentos idôneos derivados de padrões estabelecidos por preceitos conectados à moral, no plano religioso e na delimitação de virtudes, e à ética, com inspiração grega e emanações visualizadas na ação concreta condizente com os preceitos definidos. Não se cogitava de parâmetros sistematizados para algum tipo de regulamentação do lucro, por si, como derivação econômica do próprio modelo de sociedade que se havia estabelecido.

A construção dogmática do direito civil de outrora, portanto, não guardava conexão direta, específica e suficiente com os desafios de outros tempos, que

---

en nos *bonae fidei iudicia* propiamente dichos". SCHULZ, Fritz. *Derecho romano clásico*. Tradução de José Santa Cruz Teigeiro. Barcelona: Bosch, 1960. p. 35.

8. BUCKLAND, W. W.; McNAIR, Arnold D. *Roman law and common law*. 2. ed. rev. e atual. por F. H. Lawson. Cambridge: Cambridge University Press, 2008. p. 125-126. Eis o exemplo: "A *bona fide* possessor without right acquired the normal products so far as they had been separated while he was still in good faith, with, in later law, a duty to account for such as still existed when his right was disputed. It is not easy to see why he had more right in the fruits than in the thing itself, and the odd rule is explained in many ways, e.g., that it would be unfair to charge him as he has been living as if the thing was his and therefore the fruits also, which is not very satisfactory, and, again, that it is because they are the fruits of his labour, as they commonly would be, with the corollary that at one time it did not extend beyond such fruits. (...) And as to moveables, both in detinue and in trover damages for detention may claimed, but as they are meant to compensate the plaintiff for the use he has not been able to make rather than to force the defendant to disgorge the profits he has made, there is no question of an account".

se materializavam em momento histórico no qual o avanço do labor humano e a reformulação das bases estruturais da sociedade (e do Estado) impunham adequações para que a Ciência do Direito pudesse acomodar as diversas contingências que surgiam.

De um lado, a responsabilidade civil se consolida historicamente na exata medida em que o homem começa a perceber que não há nenhuma vantagem na retaliação, pois não há compensação pelo dano causado, mas apenas um novo dano.[9] Como se destacou, é no direito romano que os valores materiais começam a se sobrepujar, pois o indivíduo percebe que pode receber compensação patrimonial pelo dano sofrido: há uma redução do instinto animalesco para dar lugar à predileção pelos bens materiais.[10]

É então que o prejudicado percebe que, ao invés de simplesmente cobrar a retaliação, há maior conveniência em entrar em composição com o ofensor, que repara o dano através da *"poena"*, espécie de resgate da culpa, que pode ser paga em dinheiro ou em objetos, desincumbindo-se do fardo da ofensa causada e adquirindo o direito ao perdão do ofendido.[11] Alvino Lima refere-se a essa época como sendo "o período da composição tarifada, imposto pela Lei das XII Tábuas, que fixava, em casos concretos, o valor da pena a ser paga pelo ofensor",[12] resultando em inegável avanço tendente à uniformização dos delitos e à enumeração taxativa de suas reparações.

No direito romano, a pena privada tinha lugar no âmbito dos delitos privados (*"delicta"*), que eram os ilícitos contra a pessoa ou aos seus bens, precisamente o *"furtum"*, a *"rapina"*, a *"iniuria"*, e o *"damnum iniuria datum"*. Aos delitos privados contrapunham-se os delitos públicos (*"crimen"*), isto é, as infrações ao Estado e à paz do reino, punidas com a *"poena publica"*. Quando ocorria um delito privado, o Estado não tomava a iniciativa de punir o ofensor, mas assegurava à vítima o direito de intentar contra este uma *"actio"* para obter sua condenação ao pagamento de determinada quantia, como pena (*"poena privata"*), que visava

---

9. SILVA, Wilson Melo da. *O dano e sua reparação*. 3. ed. Rio de Janeiro: Forense, 1983. p. 339. O autor explica, se reportando a Gabriel Baudry-Lacantinerie e Louis Barde, que "já se demonstrou que o direito não ampara e protege apenas os bens materiais e econômicos. A inviolabilidade dos domicílios é coisa sagrada a que o direito empresta sua proteção. A honra de cada qual encontra, nas normas jurídicas, sanções severíssimas para os que a espezinham. E o bom-nome de qualquer cidadão sempre gozou de tutela jurídica. Não é impunemente que se injuria ou se calunia alguém. E a autoridade dos pais sobre os filhos, e que nada tem de econômico, é qualquer coisa de muito cara, a que o Direito sempre dispensou meios de restauração, quando postergada por quem quer que seja. O decoro, a liberdade, o direito à vida e à saúde são outros tantos bens de valores tipicamente espirituais, protegidos e defendidos pelo Direito".
10. ZENUN, Augusto. *Dano moral e sua reparação*. 3. ed. Rio de Janeiro: Forense, 1995. p. 9.
11. DIAS, José de Aguiar. *Da responsabilidade civil*. 11. ed. Rio de Janeiro: Renovar, 2006. p. 20.
12. LIMA, Alvino. *Culpa e risco*. 2. ed. São Paulo: Ed. RT, 1999. p. 21.

a pessoa do réu e conformava-se ao princípio da adequação, isto é, deveria corresponder ao dano e apenas era imposta pela via da "*actio poenalis*", o sucedâneo histórico da vingança privada. Essa ação era utilizada para buscar uma compensação ou punição por um ato prejudicial, geralmente na forma de uma multa ou outra penalidade civil, em oposição a uma ação que visasse apenas à reparação do dano sofrido pela parte prejudicada. Com isso, era definida como a sanção de um ato privado legítimo, sanção esta que procurava, no direito histórico, afligir o réu mediante diminuição do seu patrimônio. Predominava, pois, sobre a ideia do ressarcimento.

Em decorrência disso, a composição voluntária passou a ser amplamente utilizada, até que seu uso foi sancionado pelo legislador romano, tornando-se obrigatória para vedar "à vítima, daí em diante, fazer justiça pelas próprias mãos, compelindo-a a aceitar a composição fixada pela autoridade".[13]

Mas é apenas com a *Lex Aquilia* (286 a.C.) que se começa a esboçar um princípio geral que norteia a reparação do dano.[14] Sua principal importância foi na elaboração da teoria da culpa aquiliana, também chamada de teoria extracontratual ou de culpa delitual, que trata da reparação dos danos causados às coisas alheias, tanto que José de Aguiar Dias a definia como "uma regra de conjunto, nos moldes do direito moderno, (...) fonte direta da moderna concepção da culpa aquiliana".

De outro lado, no plano obrigacional, o que se percebia era o florescimento da noção anteriormente citada – e usualmente relacionada ao direito à percepção dos frutos gerados pela coisa – que, em síntese, decorria de construção diferente do dano.[15] As fontes romanas tratavam, a esse respeito, do *lucro sine causa* como

---

13. DIAS, José de Aguiar. *Da responsabilidade civil*, cit., p. 20.
14. Dividida em três capítulos, a *Lex Aquilia* regulamentava, no primeiro, os casos de morte de escravos e de quadrúpedes que pastam em rebanho; no segundo, as hipóteses de danos causados pelo credor menor ao credor principal; no terceiro, tratava do "*damnum injuria datum*", que compreendia o dano por ferimento causado aos escravos e animais e a destruição ou deterioração de coisas corpóreas, resultando na criação de verdadeira responsabilidade extracontratual. O terceiro capítulo, por isso, é o mais importante da lei, pois foi por meio dele que se criou a doutrina romana da responsabilidade extracontratual norteada pelo princípio romano da culpa. DIAS, José de Aguiar. *Da responsabilidade civil*, cit., p. 34.
15. A esse propósito, convém lembrar que "[a] obrigação da restituição por enriquecimento sem causa diferencia-se bastante do regime geral consagrado no Código Civil para o não cumprimento das obrigações, em primeiro lugar, pelo facto de determinar que a impossibilidade de restituição em espécie não extingue a obrigação, (...)". LEITÃO, Luís Manuel Teles de Menezes. *O enriquecimento sem causa no direito civil*: estudo dogmático sobre a viabilidade da configuração unitária do instituto, face à contraposição entre as diferentes categorias de enriquecimento sem causa. Coimbra: Almedina, 2005. p. 867.

desdobramento interpretativo da noção de que o enriquecimento ilegítimo era fonte obrigacional restitutória,[16] e não reparatória.[17]

O *Digesto* tratava do tema de forma abstrata, a partir da *legis actio per condictionem*, sem qualquer menção à *causa debendi* como elemento de fundamentação da obrigação para fins de transmissão da propriedade. As *condictiones* eram a principal fonte histórica da categorização que permitia aos jurisconsultos a visualização, na transposição do lucro, de bases do que viria a se tornar o enriquecimento sem causa. Em seu contexto, as *condictiones* eram correspondentes às transmissões abstratas de propriedade porque não se trabalhava com a mesma noção da reparação civil, pela qual a propriedade era destruída em relação à esfera jurídica do anterior proprietário e, sob novo fundamento, recriada na pessoa do novo. Todo fato que instruía a transmissão da propriedade envolvia estudo casuístico para verificação da presença de alguma *condictio*, cuja finalidade era "fazer regressar a propriedade à pessoa do queixoso, repristinando a situação anterior".[18]

A primeira delas era a chamada *condictio causa data causa non secuta*, que decorria de finalidade desalinhada ao preceito de vida honesta que levava o indivíduo a verter certa quantia em pecúnia a outrem para o atingimento de objetivo desonesto que, ao final, não se realizava.[19] Como exemplo, cita-se "a hipótese do terceiro que forneceu o dote e que o pede de volta, por se não haver realizado o casamento".[20]

A segunda era a *condictio ob turpem vel iniustam causam*, cuja principal característica era a busca por um resultado imoral ou desonesto, que, caso levasse o credor a assumir a prestação para fins imorais ou vedados pelo direito, permitiria ao devedor o direito à restituição, independentemente do atingimento de tal

---

16. Conferir, por todos, NORONHA, Fernando. Enriquecimento sem causa. *Revista de Direito Civil, Agrário e Empresarial*, São Paulo, v. 15, n. 56, p. 51-78, abr./jun. 1991. p. 64; SAVI, Sérgio. *Responsabilidade civil e enriquecimento sem causa*: o lucro da intervenção. São Paulo: Atlas, 2012. p. 7; MICHELON JR., Claudio. *Direito restitutório*: enriquecimento sem causa, pagamento indevido, gestão de negócios. São Paulo: Ed. RT, 2007. p. 237; TERRA, Aline de Miranda Valverde; GUEDES, Gisela Sampaio da Cruz. Considerações acerca da exclusão do lucro ilícito do patrimônio do agente ofensor. *Revista da Faculdade de Direito da Universidade do Estado do Rio de Janeiro*, Rio de Janeiro, n. 28, p. 1-24, dez. 2015. p. 21-22.
17. MALUF, Carlos Alberto Dabus. Pagamento indevido e enriquecimento sem causa. *Revista da Faculdade de Direito da Universidade de São Paulo*, São Paulo, v. 93, p. 115-132, jan./dez. 1998. p. 116.
18. KROETZ, Maria Cândida do Amaral. *Enriquecimento sem causa no direito civil brasileiro contemporâneo e recomposição patrimonial*. 2005. 207f. Tese (Doutorado em Ciências Jurídicas e Sociais) – Faculdade de Direito, Universidade Federal do Paraná, Curitiba, 2005. p. 33.
19. DÍEZ-PICAZO, Luis. La doctrina del enriquecimiento injustificado. In: DE LA CÁMARA, Manuel; DÍEZ-PICAZO, Luis. *Dos estudios sobre el enriquecimiento sin causa*. Madri: Civitas, 1991. p. 73.
20. MALUF, Carlos Alberto Dabus. Pagamento indevido e enriquecimento sem causa, cit., p. 116.

fim.²¹ Seria o caso, segundo lembra Maluf, reportando-se a Teixeira de Freitas, "de alguém dar dinheiro a uma meretriz para que esta ceda o uso de seu corpo".²²

Outra situação seria a relacionada à *condictio indebiti*, materializada em razão da repetição do que não era devido, mas acabou sendo objeto de pagamento indevido, por erro.²³ Em outras palavras, ocorre quando alguém paga a outrem, por engano ou sem motivo válido, e posteriormente busca a restituição desses valores. Trata-se de figura equivalente ao pagamento indevido, cuja tutela consta dos artigos 876 a 883 do Código Civil de 2002.²⁴

Já a *condictio sine causa* decorria do fato de alguém levar a efeito uma promessa sem causa subjacente, que tornava a prestação incompleta por ausência de *datio* (havendo apenas *promissio*).²⁵ O termo é usado para referir-se a situações em que uma pessoa alega que realizou um pagamento, uma transferência de bens, ou qualquer outra transação sem uma causa justa ou válida que o justificasse. Como resultado, a pessoa busca a restituição do que foi dado ou pago sem motivo legal.

A *condictio furtiva* permitia que se reclamasse a própria coisa subtraída/furtada ou seu valor equivalente em pecúnia. Era imaginada, como o próprio nome denota, contra o ladrão que praticava o ato de furtar.

Por fim, a *condictio ex lege* se produzia quando uma nova lei introduzia obrigação nova, sem que fosse definida a correspondente ação. Em sentido amplo, pode se referir a uma ação legal específica ou a um conceito jurídico em um contexto particular.

Trata-se de importante tipologia para a compreensão da estrutura de base do instituto, que, em todos os exemplos acima, se vincula à existência de uma causa que fazia surgir a *condictio*, geralmente derivada da frustração de determinada transferência ou de censura expressada pela comunidade em sentido contrário ao comportamento do agente que, ampliando sua esfera patrimonial por deslocação não albergada por substrato fático-causal, acaba por se locupletar.

A reprovabilidade era uma das marcas mais perceptíveis dessas construções contidas no *Digesto*. Tudo envolvia certa ponderação em relação aos preceitos que norteavam o modo de vida na sociedade romana, e o direito da época se ajustava à realidade social. Suas premissas, embora milenares, foram a construção essencial que desencadeou, já no período moderno, a estruturação do enriquecimento sem causa como instituto autônomo e dotado de pressupostos próprios.

---

21. DÍEZ-PICAZO, Luis. La doctrina del enriquecimiento injustificado, cit., p. 73.
22. MALUF, Carlos Alberto Dabus. Pagamento indevido e enriquecimento sem causa, cit., p. 117.
23. DÍEZ-PICAZO, Luis. La doctrina del enriquecimiento injustificado, cit., p. 73.
24. O pagamento indevido, aliás, havia sido definido no Código Civil de 1916, em seus artigos 964 a 971.
25. KROETZ, Maria Cândida do Amaral. *Enriquecimento sem causa no direito civil brasileiro contemporâneo e recomposição patrimonial*, cit., p. 33.

1.1 O ENRIQUECIMENTO SEM CAUSA, SEU OBJETO E SUA CARACTERIZAÇÃO

Instituto jurídico positivado no vigente Código Civil (Lei 10.406/2002), mas de longínqua construção teórica,[26] o enriquecimento sem causa sempre desafiou a civilística à delimitação de seus pressupostos e à indicação de seus parâmetros de aferição. De fato, a justificação do enriquecimento como efeito da transposição de algum bem da vida da esfera estritamente patrimonial de alguém para a sua própria ou para a de terceiro, sempre teve como mote a compreensão do conceito de patrimônio pela lógica que coordena a estruturação das relações obrigacionais.

Não haveria de tardar até que novos influxos permeassem a compreensão traçada para a ordenação de um novo instituto – embora insculpido com natureza subsidiária – na lei civil. Foi esse o resultado da promulgação do novo Código, com a delimitação de capítulo específico para o instituto, agora tratado nos artigos 884 a 886, logo após a definição do pagamento indevido.

O fato de alguém enriquecer não é, por si, ilícito ou injustificado. Nunca o foi. Pelo contrário, o enriquecimento decorre da lógica capitalista e se coaduna diretamente com os propósitos de proteção ao enriquecimento 'permitido', isto é, que deriva da realização do aludido traslado patrimonial com escoro em fontes legítimas do direito. Ao revés, o que sempre se visou combater é o cenário abstruso e verdadeiramente deletério de locupletamento, no qual a trasladação patrimonial ocorra sem base jurídica subjacente.

Entre os adjetivos 'ilícito' e 'injustificado', construiu-se sólida teorização para a positivação de conspícuo pressuposto do novel instituto: a necessidade de identificação de que houve enriquecimento 'sem justa causa'.[27] Esta, pelas

---

26. Basicamente, o que se explora na estruturação dogmática do enriquecimento e da alocação patrimonial em função de sua vedação, quando ausente causa de justificação, é temática que se desborda do brocardo *"suum cuique tribuere"*, uma vez que o preceito "dar a cada um o que é seu" se coadunaria com a noção expandida do instituto, que "decorre do fato de expressiva parcela da disciplina do direito privado se fundar na noção geral de que ninguém pode auferir vantagem patrimonial à custa de patrimônio alheio sem uma justificativa amparada no ordenamento jurídico". SILVA, Rodrigo da Guia. *Enriquecimento sem causa*: as obrigações restitutórias no direito civil. São Paulo: Thomson Reuters Brasil, 2018. p. 25.
27. A noção clássica é sintetizada a partir da premissa de estabilização do sinalagma obrigacional, que, a seu turno, desborda da falta de justificação para o enriquecimento que se materializa a partir da retirada de bens da esfera patrimonial alheia. Como anota Pontes de Miranda, "[d]e ordinário, quem atribui ou o faz conscientemente, ou o faz por erro, com causa, ou sem causa; quem retira ou o faz com poder para isso, fundado em lei, ou o faz contra a lei, ou ocorre que o bem foi retirado. Há duas linhas que separam o enriquecimento *permitido* e o enriquecimento *não permitido* (= contrário a direito): a linha em que se confina a *ilicitude* e a linha em que se confina o *injustificado*, dentro de cujo setor está, como espécie o *sine causa*" (grifos conforme o original). PONTES DE MIRANDA, Francisco Cavalcanti. *Tratado de direito privado*. Parte especial. Atualizado por Ruy Rosado de Aguiar Júnior e Nelson Nery Jr. São Paulo: Ed. RT, 2012. t. XXVI. Direito das obrigações: inadimplemento, p. 237.

premissas históricas que a ordenam, é usualmente analisada a partir de aferição concreta das condicionantes que propiciaram o lucro, servindo, por fim, como filtro para a definição de uma pretensão.

O problema dessa aferição está, todavia, em sua alocação, pois não se tem o acordo de vontades, tampouco o dano, como elementos geradores de reprovabilidade. O lucro, inserido na esfera patrimonial do interventor que se enriquece, não conduz, isolada e absolutamente a conclusão alguma sobre sua licitude ou justificação. É preciso ir além do próprio lucro nesse percurso investigatório: ao se retroceder, a averiguação da fonte de onde se originou o lucro poderá fornecer, em tese, indícios de seu embasamento justo.

Diz-se "em tese" porque, nem sempre, será evidente a ocorrência de situação afrontosa ao direito e verdadeiramente apta a lastrear a conclusão de que houve locupletamento do interventor.

Para ancorar a análise em questão em parâmetros mais sólidos, a doutrina definiu pressupostos mais adequados para a identificação do enriquecimento sem causa. Além do próprio enriquecimento, deveria haver, na concepção original do instituto, correspondente empobrecimento da vítima. Além disso, tal enriquecimento deveria se dar "à custa" de outrem – terminologia controversa e amplamente questionada do ponto de vista hermenêutico – e, como já se adiantou, sem justa causa. Por fim, devido à própria complexidade do raciocínio e às não raras situações em que sua visualização propiciava confusão conceitual com os institutos laterais e mais bem desenvolvidos do espetro obrigacional (o contrato e a responsabilidade civil), passou o enriquecimento sem causa a ser tratado como instituto subsidiário,[28] somente sendo aplicável se inviáveis os demais.

Como todo instituto jurídico subsidiário, sempre se temeu seu esvaziamento por faltarem exemplos que permitissem sua aferição concreta, com repercussões adequadas e condizentes com eventos que não pudessem ser enquadrados nos demais institutos. Isso, a seu turno, conduziu a novos olhares para os pressupostos do próprio enriquecimento sem causa, passando a doutrina a ampliá-los no intuito de comportar situações fáticas geradoras de ganhos ilícitos que, por exemplo, não acarretavam empobrecimento alheio. Mais recentemente, aliás, ampliou-se a discussão para congregar a noção de que a pretensão restitutória seria um *tertium genus*, não se confundindo – e até sendo cumulável – com a pretensão indenizatória tradicionalmente apurada em matéria de responsabilidade civil.[29]

---

28. SILVA, Rodrigo da Guia. Cláusula geral de restituição do enriquecimento sem causa. *Revista de Direito Privado*, São Paulo, v. 103, p. 191-237, jan./fev. 2020. p. 192.
29. Explica Sérgio Savi: "A adoção do enriquecimento sem causa para solucionar o problema do lucro da intervenção pressupõe a superação da teoria unitária do deslocamento patrimonial e a adoção da teoria que propõe a divisão do instituto em diferentes categorias. Isso porque, como o problema do lucro da

Sua instrumentalização, viável por instrumento também erigido no direito romano (a *actio in rem verso*, prevista no *Digesto*), também passou a ser trabalhada sem total clareza conceitual.[30] De modo geral, sintetizava a ideia de que, para honrar compromissos assumidos, deveria existir medida adequada à qual se poderia recorrer quando fosse celebrado negócio jurídico que implicasse filhos ou servos do senhorio (*pater familias*), que, embora não se vinculasse diretamente ao negócio jurídico alheio, assumia para si o dever de satisfazê-lo "na medida em que seu patrimônio tivesse sido beneficiado".[31]

A restituição fundada no enriquecimento sem causa nem sempre é analisada em apartado da aferição do enriquecimento como pressuposto da própria obrigação restitutória. Em verdade, esse fato se deve à natureza dúplice do enriquecimento sem causa e do requisito "à custa de outrem", previsto no Código Civil e que, conjuntamente, determinam o suporte fático e o conteúdo da obrigação restitutória.

A esse respeito, cumpre registrar que uma teoria que, por muito tempo, dominou a orientação interpretativa em termos de definição do objeto da própria restituição foi a 'teoria do duplo limite', cuja premissa essencial é a identificação de dois valores no âmbito da obrigação de restituir: o do enriquecimento e o do empobrecimento. O tema será melhor explorado em subtópico posterior, mas já convém registrar que, quando a restituição *in natura* não é viável, há quatro critérios de quantificação que se pode utilizar: (i) o valor da perda sofrida pelo *accipiens*; (ii) o valor do enriquecimento efetivamente obtido pelo *solvens*; (iii) o menor valor, entre o da perda e o do enriquecimento, que é o próprio cerne do duplo limite; (iv) o maior valor entre o da perda e o do enriquecimento.[32]

---

intervenção decorre justamente da ingerência em bens alheios, não há como aceitar que o requisito da obtenção "à custa de outrem" seja lido como exigindo sempre um correspondente "empobrecimento" do titular do direito, ou que corresponda sempre a um "deslocamento patrimonial", de forma que algo efetivamente seja transportado do patrimônio do titular do direito para o do enriquecido". SAVI, Sérgio. *Responsabilidade civil e enriquecimento sem causa*, cit., p. 145.

30. Com efeito, sustenta Agostinho Alvim: "A ação de enriquecimento, ou '*actio in rem verso*' não é de largo uso entre nós. Isto deve-se, em parte, ao sistema de nosso Direito vigente, que permite até mesmo se negue a existência da ação de enriquecimento; e os que a admitem hão de concordar em que somente podem fundamentá-la em fonte subsidiária do direito objetivo, e na mais remota de todas: princípios gerais de Direito. Em muitos outros países, ainda quando não regulada por dispositivos especiais a condenação do enriquecimento injustificado, a literatura e a jurisprudência são mais abundantes, e a respectiva ação tem maior desenvolvimento. Todavia, pondera um civilista, esta teoria, '*apparemment si prometteuse*', não é panacéia para todos os casos". ALVIM, Agostinho. Do enriquecimento sem causa. *Revista dos Tribunais*, São Paulo, v. 46, n. 259, p. 3-36, maio 1957. p. 3.
31. KROETZ, Maria Cândida do Amaral. *Enriquecimento sem causa no direito civil brasileiro contemporâneo e recomposição patrimonial*, cit., p. 35.
32. MICHELON JR., Claudio. *Direito restitutório*, cit., p. 234-235.

Como visto, existindo quatro possíveis critérios de aferição, não se justifica a defesa absoluta da teoria do duplo limite, que tem seu embasamento no terceiro dos quatro critérios listados. Se há outros, igualmente pertinentes à aferição do enriquecimento, faz sentido que sejam testados em relação à sua viabilidade e suficiência, em detrimento do duplo limite. Em verdade, o critério do duplo limite teria razão de existir nas situações em que o empobrecimento se revela maior que enriquecimento e a restituição do equivalente ao empobrecimento acabaria por inverter a situação fática, empobrecendo o interventor e enriquecendo a vítima de forma injustificada.[33] Também é de se registrar que a redação do parágrafo único do artigo 884 do Código Civil, segundo a qual, sempre que possível, deve ser perquirida a restituição *in natura* do enriquecimento, não conduz à conclusão de que teria havido adesão do legislador à concepção "real" de enriquecimento, pois o parágrafo não deve ser interpretado de forma topologicamente distante do *caput*, que, no caso do artigo 884, impõe a restituição do que foi "indevidamente auferido", sem restrições, aí se podendo incluir o lucro experimentado pelo enriquecido.[34-35]

De fato, a doutrina sinaliza, há tempos, que o duplo limite se ancora na premissa do empobrecimento, que esfacela, por exemplo, a estruturação dogmática do enriquecimento por intervenção – objeto central da presente tese – e que é, via de regra, marcado pela ausência de dano na configuração fática das repercussões do evento. Isso leva à possibilidade de manutenção do enriquecimento como pressuposto exclusivo da restituição, uma vez que a teoria do duplo limite, se acolhida em caráter inafastável, exigiria ampliação do próprio conceito de dano na identificação do conteúdo de destinação econômica do bem, a sinalizar

---

33. Giovanni Ettore Nanni entende que a teoria do duplo limite não teria sido acolhida pelo Código Civil de 2002, pois não se coadunaria com os valores da liberdade, da justiça e da solidariedade que inspiraram a edificação do instituto do enriquecimento seu casa na lei. Em sua leitura, inexistiriam razões para que o enriquecido conserve para si o lucro obtido a partir do incremento patrimonial, e, devido a isso, aplicar o critério do duplo limite em todos os casos conduziria a inegável confusão sobre os objetivos da obrigação restitutória e quanto aos da responsabilidade civil, esta última, sim, voltada à tarefa de remover o dano. Outrossim, Nanni registra que o pressuposto do empobrecimento pode faltar sem que fique afetada a obrigação de restituir, o que levaria, segundo o critério do duplo limite, ao efeito prático de se afastar o dever de transferir o enriquecimento ao prejudicado. Para análise minudente do aspecto, cf. NANNI, Giovanni Ettore. *Enriquecimento sem causa*. São Paulo: Saraiva, 2004. p. 279.
34. A esse propósito, convém anotar que Giovanni Ettore Nanni identifica elo entre a teoria do duplo limite e a da concepção real do enriquecimento, destacando a predileção do legislador pátrio pela concepção patrimonial do enriquecimento, afastando-se do duplo limite. NANNI, Giovanni Ettore. *Enriquecimento sem causa*, cit., p. 282 *et seq.*
35. KONDER, Carlos Nelson; SAAR, Patrick. A relativização do duplo limite e da subsidiariedade nas ações por enriquecimento sem causa. In: TEPEDINO, Gustavo; TEIXEIRA, Ana Carolina Brochado; ALMEIDA, Vitor (Coord.). *Da dogmática à efetividade do direito civil*: Anais do Congresso Internacional de Direito Civil Constitucional – IV Congresso do IBDCivil. Belo Horizonte: Fórum, 2017. p. 151.

entrelaçamento do tema com o instituto da responsabilidade civil sem a mesma caracterização estrutural que se tem a partir de bases outras, como as figuras do *common law* relacionadas aos *gain-based damages*.[36]

Segundo Claudio Michelon Jr., a determinação do objeto da obrigação restitutória deve, em primeiro lugar, se conectar com as regras já explicitadas pelas fontes disponíveis no sistema jurídico.[37] No caso brasileiro, podem ser enumeradas as regras delineadas nos artigos 238 a 242 e 1.214 a 1.222 do Código Civil. Em caráter residual, porém, é necessário estudar as teorias que viabilizam a compreensão do próprio objeto do enriquecimento enquanto instituto autônomo para que se possa verificar o critério mais correto.[38] Quanto à medida da restituição, assim, a doutrina pode ser dividida em duas grandes vertentes: a objetiva (também chamada de 'real'), e a patrimonial.

A primeira vertente trabalha com a ideia de que o conteúdo de destinação econômica do bem (que é, basicamente, o próprio objeto da pretensão restitutória) deve ser aferido economicamente, segundo parâmetros objetivos de mensuração do valor do bem consumido ou, caso não tenha havido consumo, o valor de fruição desse bem. Em termos pragmáticos, trata-se de teoria que possui a vantagem de facilitar o processo de avaliação do valor de consumo ou, até mes-

---

36. BALOCH, Tariq. *Unjust enrichment and contract*. Oxford: Hart Publishing, 2009. p. 45. Anota: "For those who argue that the spirit of the common law is better reflected if what today is described as the law of unjust enrichment is subsumed within the law of contract, the message from the historical analysis is clear. In so far as anything is to be drawn from the law around the *indebitatus* claims (the dominant category taken over by the unjust enrichment analysis), the best representation of the jurisprudence of the past is to treat such claims as non-contractual. Moreover, his- tory reminds us that packaging a non-contractual understanding into contractual language will in the long term have negative effects, as the second phase in the nineteenth and early twentieth centuries showed. Here, we saw that wrong results could be reached as a result of misunderstanding the fiction. The argument for abandoning the language of implied contract is therefore fully justified because it is productive of injustice. Furthermore, seeing unjust enrichment as the under- pinning concept, rather than contract, allows one to appreciate the link with other gain-based remedies on the equity side. Despite these strong lessons from history, some writers continue to pursue the contractual line, at least in explaining an innocent party's right to restitution after a breach of contract".
37. MICHELON JR., Claudio. *Direito restitutório*, cit., p. 234-235.
38. SILVA, Rodrigo da Guia. Fontes das obrigações e regimes jurídicos obrigacionais gerais: em busca do papel da vedação ao enriquecimento sem causa no direito civil contemporâneo. *Revista da Faculdade de Direito da Universidade do Estado do Rio de Janeiro*, Rio de Janeiro, n. 36, p. 122-157, dez. 2019. p. 142. O autor comenta o seguinte: "Consagra-se, assim, o reconhecimento da vedação ao enriquecimento sem causa como fonte (autônoma) das obrigações restitutórias que não remetam ao cumprimento de obrigação negocial. Esta última ressalva faz-se de acentuada importância por ser plenamente possível que um negócio jurídico preveja certas obrigações, por assim dizer, de restituir – mais usualmente referidas como obrigações de *restituir (ou devolver) coisa certa*. A restituição relevante ao presente estudo, diversamente, é aquela funcionalmente direcionada não à promoção de um interesse contratualmente ajustado, mas sim à recomposição de um patrimônio injustificadamente beneficiado".

mo, do valor de fruição do bem, sempre em razão de aferição mercadológica.[39] Ocorre que, justamente por haver tal espécie de juízo, acaba por se aproximar intimamente da responsabilidade civil, direcionando olhares e exclusivamente para o patrimônio do credor e não para a interação entre as esferas patrimoniais de credor e devedor.[40]

Para a outra vertente – chama de vertente patrimonial – o enriquecimento deve ser engendrado a partir da esfera patrimonial do devedor (o enriquecido), mas em interação com os efeitos patrimoniais obtidos pelo credor,[41] em análise comparativa ou de contraste, sendo a medida do enriquecimento determinada pela aferição e contraposição das contribuições do enriquecido e do "empobrecido".[42]

Em relação à restituição, também se impõe considerar os casos nos quais o Código Civil já define, ainda que de forma parcial, o critério de quantificação a ser adotado. De início, é conveniente lembrar que situações de enriquecimento caracterizado pela migração de direito pessoal ou valor pecuniário à esfera patrimonial do interventor, em geral, serão caracterizadas pela equivalência entre enriquecimento e empobrecimento, o que afasta a necessidade de digressões quanto à gradação da restituição. Por outro lado, caso alguma diferença seja identificada, deve ser aplicado o disposto no artigo 305 do Código Civil,[43] segundo o qual aquele que pagou tem direito apenas ao reembolso do valor respectivo, não

---

39. SAVI, Sérgio. *Responsabilidade civil e enriquecimento sem causa*, cit., p. 58-59. Comenta: "O 'enriquecimento real' está vinculado ao *objeto* do enriquecimento e equivale ao valor objetivo da vantagem adquirida – o valor do uso do bem, do próprio bem, ou direito incorporado ao patrimônio do enriquecido".
40. MICHELON JR., Claudio. *Direito restitutório*, cit., p. 237-238.
41. SAVI, Sérgio. *Responsabilidade civil e enriquecimento sem causa*, cit., p. 59. Destaca o autor: "O 'enriquecimento patrimonial', por sua vez, vincula-se à *pessoa* enriquecida e é calculado por intermédio da comparação da situação de seu patrimônio em dois momentos distintos, antes e depois do ato que gerou o enriquecimento".
42. Sobre isso, conferir, por todos, MICHELON JR., Claudio. *Direito restitutório*, cit., p. 238-239. Ainda, pertinente a reflexão de Rodrigo da Guia Silva: "O *enriquecimento* do interventor, no sentido de vantagem patrimonial efetiva (e não virtual ou hipotética) poderá consistir, segundo o entendimento geral previamente delineado, no incremento do ativo, na diminuição do passivo ou na poupança de despesa. Parece possível destacar, a propósito, uma maior recorrência das hipóteses de incremento do ativo e de poupança de despesas, como sucede, respectivamente, no exemplo da marca que alavanca as suas vendas a partir da utilização não autorizada da imagem alheia e no exemplo da pessoa que invade e desfruta de casa de praia durante o período de viagem do seu proprietário". SILVA, Rodrigo da Guia. *Enriquecimento sem causa*, cit., p. 316. Conferir, ainda, SILVA, Sabrina Jiukoski da. *A intervenção nos direitos subjetivos alheios*: com qual fundamento e em que medida é possível restituir o lucro da intervenção? 2019. 268f. Dissertação (Mestrado em Direito) – Centro de Ciências Jurídicas, Universidade Federal de Santa Catarina, Florianópolis, 2019. p. 195-196.
43. "Art. 305. O terceiro não interessado, que paga a dívida em seu próprio nome, tem direito a reembolsar-se do que pagar; mas não se sub-roga nos direitos do credor".

se sub-rogando nos direitos do credor.⁴⁴ Em casos assim, a restituição devida pelo enriquecido não superará o valor por ele desembolsado, assim como não terá ele direito à recomposição de eventuais outras despesas nas quais tenha incorrido, pois essas despesas não se reverterão à esfera patrimonial do devedor.⁴⁵

Noutros casos, porém, será necessário investigar, em perspectiva dinâmica, a medida da respectiva restituição, especialmente se houver valorização ou desvalorização da quantia aportada; no primeiro cenário, aplicam-se, por analogia, as previsões dos artigos 238⁴⁶ e seguintes do Código Civil, que tratam da obrigação de restituir coisa certa. Por via de consequência, se o aporte for resultante de um investimento financeiro não oriundo de trabalho ou de despesa efetuada pelo enriquecido, será aplicável o artigo 241 do Código Civil,⁴⁷ restituindo-se todo o acréscimo. Por outro lado, se houve empenho do enriquecido, com dedicação de seu próprio labor para produzir a valorização, incidirá o artigo 242, parágrafo único, do Código Civil, que trata das situações específicas do possuidor de boa ou do possuidor de má-fé.⁴⁸

Ainda sobre o tema da eventual valorização do objeto do enriquecimento, convém lembrar, na linha do que sinaliza Claudio Michelon Jr., que há casos parcialmente tutelados pelo Código Civil. São as situações de enriquecimento resultante da migração de determinado bem de um patrimônio a outro. Nesses casos, será predominante a obrigação de restituição *in natura*, aplicando-se a literalidade do artigo 884. Por outro lado, se houver acréscimos e melhoramentos no bem, será pertinente a aplicação dos artigos 241 e 242 do Código Civil. Nesse sentido, não tendo havido acréscimo decorrente de empenho laborativo ou desembolso de valores por parte do enriquecido, deverá ocorrer a restituição da coisa somada aos acréscimos e melhorias. Porém, se o enriquecido tiver custeado os acréscimos e melhorias, ou se forem decorrência de seu trabalho, a tutela deverá ser norteada pelo disposto no artigo 242 do Código Civil.⁴⁹ Finalmente, em caso de deterioração ou perecimento do bem que seja infun-

---

44. NORONHA, Fernando. Enriquecimento sem causa, cit., p. 59.
45. MICHELON JR., Claudio. *Direito restitutório*, cit., p. 239-240.
46. "Art. 238. Se a obrigação for de restituir coisa certa, e esta, sem culpa do devedor, se perder antes da tradição, sofrerá o credor a perda, e a obrigação se resolverá, ressalvados os seus direitos até o dia da perda".
47. "Art. 241. Se, no caso do art. 238, sobrevier melhoramento ou acréscimo à coisa, sem despesa ou trabalho do devedor, lucrará o credor, desobrigado de indenização".
48. Se demonstrada a sua boa-fé, o enriquecido terá direito aos frutos percebidos, mas não aos frutos pendentes; por outro lado, demonstrada a sua má-fé, terá direito apenas ao ressarcimento das despesas de produção e custeio, incumbindo-lhe o dever de restituir, também, os frutos percebidos e os que deixou de perceber. Por outro lado, caso ocorra desvalorização, é importante lembrar que o próprio artigo 884 do Código Civil, em seu trecho final, impõe a atualização dos valores. MICHELON JR., Claudio. *Direito restitutório*, cit., p. 240-241.
49. MICHELON JR., Claudio. *Direito restitutório*, cit., p. 242-245.

gível, incidirão os artigos 239 e 240 do Código Civil, devendo o enriquecido, que a partir de então se tornará devedor da obrigação restitutória, uma vez constituído em mora, sofrer os efeitos da *perpetuatio obligationis* de que trata o artigo 399 do Código Civil.[50]

As situações nas quais seja impossível a restituição *in natura* (na forma estrita definida pelo artigo 884), devem ser consideradas nessa análise também. Isso ocorrerá circunstancialmente, seja porque o bem é substituído integralmente por outro com qualidades idênticas ou por bem de valor pecuniário equivalente, ou, ainda, porque o bem é combinado com outros, produzindo um lucro maior do que o valor original do bem deslocado da esfera patrimonial da vítima, ou porque o bem é desfrutado pelo enriquecido.

Se houver substituição integral do bem, terá natureza restitutória a obrigação decorrente da verificação de equivalência entre o antigo e o novo, com abatimento das despesas nas quais se tenha incorrido, sendo o caso de se aplicar, por analogia, a regra definida no artigo 1.216 do Código Civil[51] quanto aos efeitos da posse.[52] De se notar, entretanto, que o bem ou valor que substituíram a coisa devida podem ser mais valiosos que ela própria, o que desencadeia, segundo Michelon Jr., a necessidade de restituição ao prejudicado de tudo o que se valorizou, abatendo-se as despesas. Todavia, se a substituição se dá por valor menor, aplicam-se as regras de perecimento parcial ou total das obrigações restitutórias (os já citados artigos 238 a 240 do Código Civil).[53]

Por outro lado, na hipótese de o bem deslocado ter sido combinado com outros bens do enriquecido para gerar lucro em patamar mais elevado do que o do bem original (e que foi substituído), será imperiosa a verificação de que não

---

50. "Art. 399. O devedor em mora responde pela impossibilidade da prestação, embora essa impossibilidade resulte de caso fortuito ou de força maior, se estes ocorrerem durante o atraso; salvo se provar isenção de culpa, ou que o dano sobreviria ainda quando a obrigação fosse oportunamente desempenhada".
51. "Art. 1.216. O possuidor de má-fé responde por todos os frutos colhidos e percebidos, bem como pelos que, por culpa sua, deixou de perceber, desde o momento em que se constituiu de má-fé; tem direito às despesas da produção e custeio".
52. Sobre o tema, Aline Terra e Gisela Sampaio Guedes comentam que "[o] Código Civil estabeleceu disciplina rigorosa quanto aos efeitos da posse de má-fé. Nota-se, pelas regras estabelecidas, o esforço do legislador de não permitir que o possuidor conserve consigo os benefícios produzidos pelo bem durante a sua posse. Nesse sentido, impõe-se-lhe o dever de restituir os frutos colhidos e percebidos, sendo-lhe recusado, ainda, o direito aos frutos pendentes e aos colhidos por antecipação (art. 1.216, CC). No entanto, a fim de evitar, por outro lado, o enriquecimento sem causa do legítimo possuidor, reconhece-se àquele de má-fé o direito à restituição das despesas de produção e custeio da coisa, desde que tal investimento tenha sido proveitoso". TERRA, Aline de Miranda Valverde; GUEDES, Gisela Sampaio da Cruz. Considerações acerca da exclusão do lucro ilícito do patrimônio do agente ofensor, cit., p. 15-16. Conferir, ainda, SAVI, Sérgio. *Responsabilidade civil e enriquecimento sem causa*, cit., p. 60-61; SILVA, Rodrigo da Guia. *Enriquecimento sem causa*, cit., p. 142-146.
53. MICHELON JR., Claudio. *Direito restitutório*, cit., p. 245.

se trata de confusão, comistão ou adjunção, que demandariam aplicação dos artigos 1.272 a 1.274 do Código Civil.[54]

Dentre os cenários narrados, não se pode deixar de elucidar o caso de uso ou consumo do bem, mas sem que seja produzida riqueza adicional por valorização. Nessas situações, entende-se que a restituição se dará, no máximo, pelo valor objetivo do próprio bem ou de seu uso, em que pese haver certa controvérsia sobre os reflexos da fruição e do consumo de boa-fé, que instigam a reflexão do intérprete sobre a necessidade de que o enriquecido seja obrigado a restituir tão somente a despesa poupada, e não o valor real do bem ou o equivalente a seu uso.[55]

Em comentário derradeiro acerca do tema, o objeto do enriquecimento ainda poderá concernir ao objeto que se pretende analisar com maior acuidade nesta tese, qual seja, o enriquecimento por intervenção no direito de outrem[56] a partir da exploração indevida de conjuntos de dados que venham a gerar locupletamento.

Trata-se da hipótese mais desafiadora porque, no intuito de se estabelecer o objeto da pretensão restitutória, será imprescindível a verificação, também,

---

54. Importante ressalva deve ser feita pelo fato de a realidade fática, na contemporaneidade, criar contextos que não se conformam com exatidão aos suportes fáticos das regras definidas pelo legislador nos artigos 1.272 a 1.274 do CC/2002. Segundo a doutrina, nessas hipótese, seria valiosa a utilização da teoria do conteúdo de destinação econômica do bem, que estipula que o valor a ser restituído corresponde ao grau de contribuição do mesmo para o resultado final lucrativo. Aliás, a determinação do conteúdo de destinação econômica, exatamente em razão da primazia da realidade, deve ser efetivada de modo concreto, analisando-se o processo produtivo específico. Somente depois de sua realização é que se deve verificar a parcela de contribuição do bem especificamente considerado na formação do lucro. Finalmente, ter-se-á a medida exata da pretensão restitutória. Sobre isso, v. MICHELON JR., Claudio. *Direito restitutório*, cit., p. 246.
55. MICHELON JR., Claudio. *Direito restitutório*, cit., p. 248.
56. Comenta Rodrigo da Guia Silva: "No que tange à definição do enquadramento jurídico do lucro da intervenção, verifica-se uma divisão da doutrina em torno de duas principais linhas de entendimento. Sustenta-se, de uma parte, que a intervenção em bem ou direito alheio gera dano indenizável, cujo montante deveria ser integrado pelo lucro ilegitimamente auferido pelo interventor. A partir de tal concepção, a responsabilidade civil despontaria como o mecanismo propício para a repressão à auferição de lucro por quem houvesse explorado desautorizadamente bem ou direito alheio, em concretização do propósito de conter os riscos do que já se denominou 'curto-circuito do contrato'". SILVA, Rodrigo da Guia. *Enriquecimento sem causa*, cit., p. 303. Em sentido diverso, registra-se a conclusão de Nelson Rosenvald, mais favorável à responsabilidade civil como *locus* de enquadramento: "Não compartilhamos dessa abordagem, pois resume os limites entre duas fontes obrigacionais em uma perspectiva puramente remedial. Ou seja, a pretensão de compensação de danos em oposição à de restituição de benefícios econômicos. É evidente que reconhecemos a funcionalidade ínsita a cada obrigação versada no ordenamento brasileiro. Todavia, a clara diversidade de finalidades entre contratos, responsabilidade civil e enriquecimento injustificado não pode ser compreendida como uma distinção entre pretensões, tal como aponta a doutrina brasileira majoritária". ROSENVALD, Nelson. *A responsabilidade civil pelo ilícito lucrativo*: o *disgorgement* e a indenização restitutória. 2. ed. Salvador: JusPodivm, 2021. p. 382.

do conteúdo da destinação econômica,[57] embora este nem sempre seja parte de determinado processo produtivo ou tenha utilidade intrínseca, além de desafiar o intérprete à elucidação da relevância da boa-fé do agente para sinalizar eventual limitação da obrigação restitutória ao efetivo proveito.[58] Para além disso, é imperioso destacar que situações jurídicas existenciais também são juridicamente tuteladas e podem, em meio digital, gerar exploração geradora de lucros, ainda que por via indireta.

Um dos maiores desafios de aferição do enriquecimento injustificado por exploração de um bem digital, como se verá, envolve justamente a circunstância em que uma situação jurídica existencial produz lucros a quem perfiliza outrem e monetiza interesses inconsentidos de forma recôndita.

Antes de prosseguir, porém, é imprescindível analisar a evolução legislativa do enriquecimento sem causa, a começar por suas origens técnicas – evidentemente estrangeiras – e pela elucidação do cenário normativo que se consolidou por ocasião da promulgação do Código Civil anterior (Lei 3.071/1916).

1.1.1 Prolegômenos à época da Lei 3.071/1916

A influência do direto civil francês e do suíço no desenvolvimento do Esboço de Augusto Teixeira de Freitas para o Código Civil de 1916 contemplava a ideia de enriquecimento sem causa legítima no âmbito do pagamento indevido, subordinando toda a matéria ao mesmo tratamento normativo.[59-60] Na Europa continental, o enriquecimento sem causa tardou a despertar interesse legislativo; no caso francês, não há regra expressa;[61] na Alemanha, por outro lado, a

---

57. SCHREIBER, Anderson; SILVA, Rodrigo da Guia. Aspectos relevantes para a sistematização do lucro da intervenção no direito brasileiro. *Pensar: Revista de Ciências Jurídicas*, Fortaleza, v. 23, n. 4, p. 1-15, out./dez. 2018. p. 9.
58. MICHELON JR., Claudio. *Direito restitutório*, cit., p. 249.
59. NANNI, Giovanni Ettore. *Enriquecimento sem causa*, cit., p. 84.
60. MALUF, Carlos Alberto Dabus. Pagamento indevido e enriquecimento sem causa, cit., p. 118. Comenta o autor, contrastando o tema à figura do pagamento indevido: "O pagamento indevido foi considerado no Código Civil francês como um quase-contrato e, como tal, capitulado em lugar diverso do pagamento em geral (arts. 1.376 a 1.381). Quase-contrato é uma expressão incorreta com que os modernos procuram traduzir a idéia romana *obligationes quasi ex contratu*".
61. POSEZ, Alexis. La subsidiarité de l'enrichissement sans cause : étude de droit français à la lumière du droit comparé. *Revue de Droit International et de Droit Comparé*, Bruxelas: Bruylant, n. 2, p. 185-246, 2014. p. 196. Anota: "En France, l'évolution fut différente. On sait que, sous la double influence des idées humanistes et jansénistes, Domat introduisit la *justa causa* romaine jusqu'au sein du contrat, comme cause de l'obligation elle-même, de sorte à permettre, non plus seulement d'obtenir la répétition d'une prestation déjà exécutée, mais de s'opposer même, en amont, à toute exécution. Associée à une résolution pour inexécution que Dumoulin avait de longue date généralisée à tous contrats synallagmatiques, innommés ou non, cette solution parut suffire à remédier à la plupart des cas d'enrichissement injuste. Si bien que le besoin ne se fit pas sentir, chez les codificateurs comme chez leurs contemporains, d'ajouter

estruturação do *Bürgerliches Gesetzbuch* estabeleceu detalhada regulamentação (§§ 812 a 822).[62] O Código Civil italiano de 1942 tratou do tema com mais especificidade, embora de forma sucinta, nos arts. 2.041 e 2.042,[63] ao passo que, em Portugal, no Código Civil de 1966, o assunto é tratado nos arts. 473º a 482º.[64] Na tradição anglo-saxã, em especial na Inglaterra e nos EUA, foi no século XX que o enriquecimento sem causa ganhou autonomia a grande desenvolvimento.[65]

Na Lei 3.071/1916, o pagamento indevido era tutelado nos artigos 964 a 971, com relativa equivalência de redação nos atuais artigos 876 a 883 da Lei 10.406/2002. O tema, em suas raízes, gerava discussões e a opção feita à época, embora não tivesse definido regra expressa, sempre suscitou debates doutrinários em torno da necessidade de expansão da noção de pagamento indevido para que se pudesse reconhecer o enriquecimento sem causa como fonte de obrigações.[66] De fato, as mesmas premissas que nortearam o legislador a incorporar regramento específico para o pagamento indevido parecia se coadunar com os fins da tutela do enriquecimento sem causa.

Nos dizeres de Giovanni Ettore Nanni, "é certo afirmar que a proibição do enriquecimento sem causa é um princípio informador do direito obrigacional que espraia a sua aplicabilidade a todo o direito".[67] Por essa natureza aparentemente intrínseca à própria base do direito civil, a doutrina há tempos já defendia a necessidade de que se reconhecesse o enriquecimento sem causa como princípio do direito das obrigações,[68] sendo possível seu reconhecimento mesmo na ausência

---

une autre action à la répétition de l'indu et à la gestion d'affaire consacrées par le Code. C'est ainsi que, jusqu'à la fin du XIXe siècle, l'idée selon laquelle nul ne peut s'enrichir sans cause légitime aux dépens d'autrui ne fut guère invoquée par les auteurs que pour servir de fondement jusnaturaliste aux diverses actions en répétition déjà reconnues par la loi, en ce compris les deux actions quasi-contractuelles des articles 1371 et suivants".

62. VON CAEMMERER, Ernst. Problèmes fondamentaux de l'enrichissement sans cause. *Revue Internationale de Droit Comparé*, v. 18, v. 3, p. 573-592, jul./set. 1966. p. 589-590.
63. GALLO, Paolo. Remedies for unjust enrichment in the history of Italian law and in the Codice Civile. In: SCHRAGE, Eltjo J. H. (Ed.). *Unjust enrichment*: the comparative legal history of the law of restitution. Berlim: Duncker & Humblot, 1999. p. 280-285.
64. LEITÃO, Luís Manuel Teles de Menezes. *O enriquecimento sem causa no direito civil*, cit., p. 386.
65. BURROWS, Andrew. *Understanding the law of obligations*: essays on contract, tort and restitution. Oxford: Hart, 1998. p. 1-15; BALOCH, Tariq. *Unjust enrichment and contract*, cit., p. 69-71; BIRKS, Peter. *Unjust enrichment*. 2. ed. Oxford: Oxford University Press, 2005. p. 20; O'DELL, Eoin. Unjust enrichment and the remedial constructive trust. *Dublin University Law Journal*, Dublin, v. 23, p. 71-96, 2001. p. 72-74.
66. Nesse sentido se pronunciou o Superior Tribunal de Justiça: "Não se há negar que o enriquecimento sem causa é fonte de obrigações, embora não venha expresso no Código Civil, o fato é que o simples deslocamento de parcela patrimonial de um acervo que se empobrece para outro que se enriquece é o bastante para criar efeitos obrigacionais". (BRASIL. Superior Tribunal de Justiça. Recurso Especial 11.025/SP. 3ª Turma. Relator: Min. Waldemar Zveiter. DJ 24.02.1992. p. 1868).
67. NANNI, Giovanni Ettore. *Enriquecimento sem causa*, cit., p. 94.
68. ALVIM, Agostinho. Do enriquecimento sem causa, cit., p. 11-12.

de norma específica, com possível alargamento das regras do pagamento indevido para acomodá-lo, se necessário.[69]

O século XX foi um período de grandes transformações para o direito das obrigações, e, paulatinamente, verdadeira transformação se engendrou para comportar os desafios de uma sociedade em constante evolução. Os avanços relacionados à responsabilidade civil,[70] em paralelo, denotavam a importância história do período para o amadurecimento de conceitos que, aparentemente, demandavam atenção do legislador para que fossem atualizados no intuito de refletir as conjecturas sociais mais atuais.

Por essa razão, a doutrina sempre afirmou que "não possui sustentação a alegação de que, em razão de ausência de previsão legal no Código Civil de 1916, a proibição do locupletamento injusto não vigorava no Brasil".[71] Bem ao contrário, o silêncio da lei não representava lacuna, e o reconhecimento do instituto, ainda que de forma implícita, permitia sua consideração diante de situações concretas de locupletamento, dando azo ao manejo de pretensões, ainda que sem total clareza sobre o cabimento da *actio in rem verso*.

Fato é que, com a promulgação do Código Civil de 2002, o debate se ampliou largamente e passou a instigar a doutrina especializada na busca por nova interpretação para o instituto, norteada por seus dispositivos expressos.

1.1.2 Pressupostos inseridos na Lei 10.406/2002

A promulgação do Código Civil atual (Lei 10.406/2002) reacendeu o interesse doutrinário em torno do enriquecimento sem causa. Com a previsão do

---

69. AMERICANO, Jorge. *Ensaio sobre o enriquecimento sem causa*: dos institutos de direito em que se manifesta a condenação do locupletamento injustificado. São Paulo: Saraiva, 1933. p. 105.
70. É o que sintetiza Orlando Gomes: "A regra de equivalência das prestações, tão necessária como expressão da justiça comutativa, restaura-se com maior amplitude, não somente através da condenação à usura material, mas, principalmente, pela aceitação, tímida ainda, de novas construções doutrinais, (...). A indenização dos danos vai perdendo o sentido de simples reparação pecuniária, expressa em termos "nominalistas", para se considerar dívida de valor a obrigação de quem o provocou, notadamente nos países em que a deterioração da moeda torna irrisório o ressarcimento expresso em moeda corrente. No próprio campo da responsabilidade extracontratual, progride a política de alargamento do dever de indenizar independentemente de culpa, modificando-se também o conceito de dano no sentido de tornar mais efetiva a reparação". GOMES, Orlando. *Transformações gerais do direito das obrigações*. 2. ed. São Paulo: Ed. RT, 1980. p .7-8.
71. NANNI, Giovanni Ettore. *Enriquecimento sem causa*, cit., p. 94. O autor ainda acrescenta que, "sendo a República Federativa do Brasil um Estado Democrático de Direito que possui como um dos fundamentos a dignidade da pessoa humana (art. 1º, III, da CF) e um dos objetivos fundamentais a construção de uma sociedade livre, justa e solidária (art. 3º, I, da CF), a permissão do enriquecimento sem causa não seria condizente com os padrões que emergem desse quadro constitucional. As relações jurídicas obrigacionais exigem uma conduta ética (boa-fé) compatível com a dignidade da pessoa humana, voltada ao social, de mútuo respeito entre os sujeitos do negócio jurídico".

instituto em capítulo próprio (o de número IV) do Título VII (Dos Atos Unilaterais) do Código, foram estabelecidas regras específicas – descritas nos artigos 884, 885 e 886, que compõem o Capítulo IV – para tutelá-lo autonomamente, diferenciando-o, em definitivo, do pagamento indevido (artigos 876 a 883, no Capítulo III).

De forma bastante direta, o artigo 884 enuncia que "aquele que, sem justa causa, se enriquecer à custa de outrem, será obrigado a restituir o indevidamente auferido, feita a atualização dos valores monetários". O artigo 885 prevê, por sua vez, que "a restituição é devida, não só quando não tenha havido causa que justifique o enriquecimento, mas também se esta deixou de existir".

A descrição é bastante direta e foi tida pela doutrina especializada como importante conquista para aqueles que defendiam a necessidade do instituto como figura autônoma na lei civil.[72] De fato, a reforma propiciou nova leitura para a importância da renovação das fontes influenciadoras da nova legislação, ancorada, com expresso reconhecimento, nas bases germânica, italiana e portuguesa.[73]

Topologicamente, a delimitação de capítulo próprio para o enriquecimento sem causa no título que trata dos atos unilaterais no Código teve o mérito de congregar valorização ao tema, atribuindo-lhe autonomia suficiente para ser considerado um instituto autônomo em comparação, por exemplo, à responsabilidade civil ou mesmo ao pagamento indevido, que foi mantido em separado.

Essa peculiar estruturação do enriquecimento sem causa desafiou o legislador a edificar o novo instituto a partir de pressupostos essenciais que se alinham diretamente aos parâmetros estabelecidos na legislação estrangeira para dele tratar. Inicialmente, a própria noção de enriquecimento é erigida ao patamar de pressuposto específico, embora sem a clareza necessária acerca da prescindibilidade de alguma investigação sobre equivalente grau de empobrecimento da parte que tem seu patrimônio explorado. Ainda, reforçou-se a necessidade de investigação casuística acerca da base de sustentação subjacente ao próprio enriquecimento com a consagração da necessidade de demonstração de justa causa para o reconhecimento do instituto. Finalmente, optou-se por exigir a demonstração de que o enriquecimento tenha ocorrido "à custa de outrem", reavivando o duvidoso aspecto da necessidade de empobrecimento da vítima.

---

72. Ainda sobre o assunto, segundo Giovanni Ettore Nanni, "a inserção do enriquecimento sem causa no novo Código Civil é digna de elogios, pois representa o acolhimento de teoria indispensável à manutenção do equilíbrio em qualquer relação jurídica, consubstanciando-se em ferramenta extremamente útil às pessoas na condução de seus negócios e nas controvérsias a serem dirimidas pelo Poder Judiciário ou por arbitragem". NANNI, Giovanni Ettore. *Enriquecimento sem causa*, cit., p. 100.

73. KROETZ, Maria Cândida do Amaral. *Enriquecimento sem causa no direito civil brasileiro contemporâneo e recomposição patrimonial*, cit., p. 42.

Cada um desses pressupostos instiga o intérprete e emana desafios próprios, que devem ser analisados individualizadamente, especialmente em razão da jovialidade do instituto e de sua parca aplicação prática durante a recente experiência que se tem desde que foi positivado em 2002. Enfim, definiu-se, por expressa previsão do artigo 886 do Código Civil vigente, que "não caberá a restituição por enriquecimento se a lei conferir ao lesado outros meios para se ressarcir do prejuízo sofrido", denotando sua subsidiariedade,[74] que será melhor analisada mais adiante.

Insofismavelmente, o que se colhe da leitura é a percepção de que o enriquecimento sem causa, como instituto autônomo, adquiriu contornos de fonte de obrigações no Código Civil de 2002 e de outra forma não poderia ser, pois a relação que se forma entre interventor e vítima é vinculativa e suficientemente apta a determinar a exigibilidade de uma prestação cujo conteúdo inegavelmente econômico sujeita o patrimônio do devedor.

1.1.2.1 Enriquecimento (e empobrecimento)

A ideia central do instituto do enriquecimento sem causa é a pressuposição de que alguém obtenha lucro com a exploração de algum bem. O acúmulo patrimonial é contrastado a partir da oposição dos bens em situação real e dos bens em situação hipotética.[75] E, a despeito de certa controvérsia doutrinária, o tema foi objeto de debates na I Jornada de Direito Civil, realizada pelo Conselho da Justiça Federal. Na ocasião, restou aprovado o Enunciado 35, com a seguinte

---

74. Sobre isso, Rodrigo da Guia Silva lembra que "embora usualmente se proclame a elevação do *status* normativo da vedação ao enriquecimento sem causa, a transformação de princípio geral em instituto positivado veio acompanhada do risco de esvaziamento deste último, em razão do significado usualmente empregado à regra da subsidiariedade". SILVA, Rodrigo da Guia. *Enriquecimento sem causa*, cit., p. 41.
75. O raciocínio em questão é apontado por Diogo Leite de Campos: "O enriquecimento exprime-se pela diferença entre a situação em que o beneficiário se encontra (situação real) e aquela em que estaria se não fora a deslocação patrimonial operada (situação hipotética). Nestes termos, deve considerar-se a vantagem, objetiva e isolada, e subtrair-lhe as eventuais diminuições patrimoniais (danos e despesas) conexas com o enriquecimento. Este resultará, assim, de um saldo, em que o obtido à custa de outrem será um elemento ativo a pesar contra elementos passivos. É, pois, uma concepção patrimonial de enriquecimento, como diferença no patrimônio do enriquecido, (...). Nestes termos, quem consome bens alheios não se enriquece na medida do valor objetivo do uso desses bens, mas unicamente na medida da utilidade que o seu uso representou. Uma coisa é o valor objetivo da vantagem alcançada, outra o montante do enriquecimento que ela proporcionou ao beneficiário. Correspondendo enriquecimento a utilidade, há que determinar qual a utilidade que o beneficiado com a deslocação patrimonial retirou desta. Só através da restituição desta utilidade se pode dizer que o instituto do enriquecimento sem causa realizou a sua função específica: remover o enriquecimento do patrimônio do beneficiado". CAMPOS, Diogo José Paredes Leite de. Enriquecimento sem causa, responsabilidade civil e nulidade. *Revista dos Tribunais*, São Paulo, v. 560, p. 259-266, jun. 1982. p. 261.

redação: "A expressão 'se enriquecer à custa de outrem' do art. 844 do Código Civil não significa, necessariamente, que deverá haver empobrecimento".

O termo "enriquecimento" é suficientemente flexível a ponto de notar certo grau de imprecisão ou indeterminação quanto a seu conteúdo. É no plano fático que se verifica, de fato, sua extensão e suas circunstâncias configuradoras, inclusive pelo fato de inexistir, na previsão do artigo 884 do Código Civil, ressalva material ao seu escopo, o que leva a doutrina a sinalizar que – a despeito de eventual dúvida sobre a subsidiariedade do próprio instituto – todo o enriquecimento injustificado deve ser restituído, pouco importando se foi auferido em uma determinada situação.[76] Já se ressaltou, ademais, que problemas relacionados à quantificação do lucro e a suposta necessidade de correspondente empobrecimento da vítima são elementares historicamente cogitadas pela doutrina,[77] mas parece insuperável a constatação de que, sendo despiciendas maiores investigações circunstanciais, também tais aspectos devem ser desconsiderados da análise empreendida.

Nesse sentido, pode-se afirmar que o enriquecimento decorre do acréscimo patrimonial de direito novo,[78] do incremento de certo valor que já integrava o patrimônio, da redução do passivo do interventor, do impedimento de aumento do passivo do interventor da sujeição do mesmo a uma obrigação ou gravame, da utilização temporária de um bem ou serviço, entre outros exemplos concretos[79] que, basicamente, são situações do mundo real relacionadas a circunstâncias que geram alteração no conjunto de bens dotados de natureza patrimonial[80] do interventor.

---

76. NANNI, Giovanni Ettore. *Enriquecimento sem causa*, cit., p. 225.
77. Segundo Agostinho Alvim: "No que toca à estimativa, para o efeito da restituição, em regra há correspondência de valor entre o enriquecimento e o empobrecimento. Quando não há, ensinam alguns mestres que a devolução não pode ser superior ao enriquecimento, ao contrário do que se passa no caso de dano, onde a medida é o desfalque. Por essa razão, se o empobrecimento for superior ao enriquecimento, perde o empobrecido. (...) Com efeito, se o enriquecimento for superior ao empobrecimento, que acontece? (...) A medida será então o empobrecimento, porque, de outra maneira, o empobrecido passaria a enriquecido, recebendo além do necessário para o reequilíbrio do seu patrimônio. O ponto de vista que nos parece acertado é o dos autores que mandam que se considere o menor valor". ALVIM, Agostinho. Do enriquecimento sem causa, cit., p. 19.
78. Não é por outra razão que o enriquecimento é classificado como um conceito normativo – e não meramente fático. A ponderação é de Claudio Michelon Jr., que é enfático ao salientar que questões como a definição de nuances subjetivas relacionadas ao contexto patrimonial do prejudicado podem influir nessa aferição tanto quanto a liquidez do lucro obtido, se em quantia líquida ou bruta, ou mesmo em relação à admissão do já citado 'enriquecimento moral' de base francesa. MICHELON JR., Claudio. *Direito restitutório*, cit., p. 185-186.
79. NANNI, Giovanni Ettore. *Enriquecimento sem causa*, cit., p. 226-227.
80. Tal constatação é obtida a despeito de sinalizações no sentido de que alguma forma de 'enriquecimento moral' já foi cogitada pela doutrina francesa, que, nos dizeres de Giovanni Ettore Nanni, passou a admitir tal possibilidade condicionada a que tenha reflexos pecuniários (e não a própria situação jurídica existencial). O autor ainda pondera que a doutrina italiana sinaliza o não reconhecimento da possibilidade de haver enriquecimento moral restituível. NANNI, Giovanni Ettore. *Enriquecimento*

De todo modo, as situações hipotetizadas indicam um aspecto curioso acerca do tema: a viabilidade do enriquecimento indireto, ou seja, intermediado por um terceiro acervo patrimonial. A esse respeito, a doutrina considera a possibilidade, em tese, de que tal se dê, mas indica a imprescindibilidade de duas condicionantes: que o interventor diretamente enriquecido seja insolvente e que o enriquecimento obtido por ele de forma indireta tenha se dado gratuitamente, levando a preterição de seu interesse em favor do interesse da vítima.[81]

Claudio Michelon Jr. chama a atenção para situações nas quais o patrimônio do enriquecido não sofre incremento em razão de deslocamento pecuniário, que seria facilmente quantificável e mensurável. Há casos, segundo o autor, nos quais uma prestação de serviços será o mote do acréscimo, o que, a seu turno, demanda investigações mais específicas para que se possa avaliar as condicionantes subjetivas para quantificação e mensuração do acréscimo, uma vez que é incerta a consideração do equivalente de mercado (por avaliação aritmética) ou pelo próprio valor do contrato de prestação de serviços, cujos valores serão os indicados pelas próprias partes.[82]

Dessa constatação se extrai a percepção de que o enriquecimento pode ser valioso sob duas vertentes: subjetiva e objetiva. No caso específico do enriquecimento dito 'subjetivamente valioso', um objeto de grande valor sentimental, mas de baixo valor de mercado, poderia demandar elevados custos de conservação, não sendo tão fácil a mensuração do grau de equivalência do real valor; por outro lado, exemplos relacionados aos custos de conservação de bem pertencente ao terceiro e dotado de valor objetivamente aferível podem ser objeto de pretensão restitutória. Tal distinção, entretanto, não consta do artigo 884 do Código Civil, o que dá azo a confusões e demanda sistematização interpretativa.

No intuito de clarificar o conceito, Michelon Jr. propõe a divisão dual acima mencionada, que fraciona o enriquecimento, segundo seu grau de mensuração, em enriquecimento objetivamente valioso e enriquecimento subjetivamente valioso, mas, quanto a este, ainda vai além e elenca algumas subespécies: (i) en-

---

sem causa, cit., p. 229-234. Ainda sobre tais constatações, v. SILVA, Sabrina Jiukoski da. *A intervenção nos direitos subjetivos alheios*, cit., p. 186; KROETZ, Maria Cândida do Amaral. *Enriquecimento sem causa no direito civil brasileiro contemporâneo e recomposição patrimonial*, cit., p. 62-63. Especificamente quanto à estruturação conceitual do tema na Itália, Paolo Gallo anota: "In materia di arricchimento senza causa si possono ipotizzare due fattispecie molto differenti. Accanto ai casi di arricchimento ottenuto mediante fatto ingiusto, dei quali ci siamo occupati nel corso del capitolo precedente, esiste altresì` un'ampia gamma di fattispecie in cui l'arricchimento non e` conseguenza del comportamento del soggetto che si arricchisce, ma piuttosto del soggetto che subisce una perdita patrimoniale". GALLO, Paolo. Arricchimento senza causa. In: SACCO, Rodolfo (Dir.). *Digesto delle discipline privatistiche*. Sezione Civile. Aggiornamento XII. Milão: UTET/Wolters Kluwer Italia, 2019. p. 14.

81. NANNI, Giovanni Ettore. *Enriquecimento sem causa*, cit., p. 239-243.
82. MICHELON JR., Claudio. *Direito restitutório*, cit., p. 186-187.

riquecimento subjetivamente valioso, mas objetivamente supérfluo, a demandar averiguação situacional concreta, segundo parâmetros ético-valorativos, daquilo que não era objetivamente aferível; (ii) enriquecimento objetivamente útil, mas subjetivamente supérfluo, que será caracterizado exatamente pela maior facilidade de mensuração pecuniária.[83]

Sendo o enriquecimento objetivamente valioso, embora subjetivamente inútil, alguma espécie de injustiça poderá ocorrer, especialmente em situações nas quais o enriquecido se sujeite à pretensão restitutória sem que tenha contribuído para a ocorrência do enriquecimento.[84]

Nos casos em que há definição subjetiva em torno da existência do enriquecimento, presunções dão a tônica da aferição, e, por esse motivo, há preocupações com eventual injustiça concreta. Exemplos envolvem, no campo material, a antecipação de despesas para o custeio de necessidade fática ou jurídica, embora subsidiariamente ressalvadas as situações de sub-rogação – já mencionadas brevemente em tópico anterior – e que implicam considerar que a própria necessidade fática não precisa ser absoluta, mas concretamente verificável, pelo juiz, no caso. Ademais, tendo o enriquecido promovido a conversão do benefício que lhe rendeu lucros em dinheiro, a aceitação tácita do benefício impedirá que possa se opor à restituição. Trata-se de aceitação tácita que tem por característica exatamente a não oposição à realização de um serviço que se sabe estar sendo prestado por engano.[85]

Ainda no contexto do enriquecimento, há sonora polêmica em relação à viabilidade ou inviabilidade de restituição do enriquecimento por seu valor bruto.[86] Isso porque, em princípio, apenas ocorrerá enriquecimento se o benefício influir positivamente no patrimônio do enriquecido, isto é, se a vantagem por ele auferida tiver lhe acarretado dispêndio e se este for igual ou superior à própria vantagem, não haverá base alguma para que se possa cogitar de enriquecimento, e, consequentemente, de restituição. Sobre isso, Claudio Michelon Jr. afirma que, para que se possa aferir a possibilidade de desconto das despesas suportadas pelo enriquecido, deve ser aplicado o artigo 242, que remete à regulamentação da restituição por benfeitorias feitas pelo possuidor de boa ou de má-fé (e aos

---

83. MICHELON JR., Claudio. *Direito restitutório*, cit., p. 187.
84. MICHELON JR., Claudio. *Direito restitutório*, cit., p. 187-190.
85. MICHELON JR., Claudio. *Direito restitutório*, cit., p. 190-193.
86. O enriquecimento classificado como objetivo ou subjetivo nada mais é que o enriquecimento descrito como real ou patrimonial. Acerca dessas classificações, já foram apresentados comentários alhures. Sobre o tema, conferir, por todos, KONDER, Carlos Nelson. Enriquecimento sem causa e pagamento indevido. In: TEPEDINO, Gustavo (Org.). *Obrigações*: estudos na perspectiva civil-constitucional. Rio de Janeiro: Renovar, 2005. p. 383.

artigos 1.219 e 1.220 do Código Civil).[87] Ainda sobre o requisito da atualidade, ressalvam-se dois casos: (i) quando, embora o objeto da prestação tenha se esvaído, o respectivo valor permaneceu na esfera patrimonial do enriquecido; (ii) quando a situação em que a impossibilidade da prestação restitutória é compensada pela percepção de lucro, que deverá ser restituído se adotada a teoria da destinação dos bens.[88]

A distinção entre as duas categorias referidas é de suma importância, pois reflete diretamente na determinação do objeto da restituição. Tomando o exemplo da utilização de imóvel alheio, o enriquecimento real é determinado pelo valor de mercado do aluguel, enquanto que o enriquecimento patrimonial seria o valor do aluguel de um imóvel que o enriquecido normalmente alugaria nas mesmas circunstâncias. Vê-se, portanto, que essa dicotomia é a fonte das ponderações de Michelon Jr. acerca da influência da subjetividade na fixação do enriquecimento.[89]

Outro aspecto que se deve registrar é a imperiosidade de que o enriquecimento seja atual, permanecendo no patrimônio do enriquecido até mesmo no momento em que for exercida a pretensão restitutória pela vítima. Vale dizer: sem a presença do critério da atualidade, não haverá viabilidade jurídica de cumprimento do pleito com contornos restitutórios, o que poderá esvaziar o conteúdo material da pretensão. Assim, se aplicariam ao caso as normas relativas ao perecimento do objeto da prestação, que estão definidas nos artigos 238 a 240 do Código Civil, no Livro I da Parte Especial.

Pela regra definida no artigo 238 do Código Civil, o perecimento do objeto que ocorra sem culpa do devedor implica resolução *ex lege* da obrigação; por outro lado, caso o perecimento (ou a deterioração) ocorra por culpa do devedor, responde ele por perdas e danos (artigos 239 e 240). Estando o enriquecido em mora, agrava-se sua responsabilidade conforme previsão do artigo 399 do Código Civil e, nas situações em que o desaparecimento do objeto da restituição se resolve em perdas e danos, altera-se o regime da obrigação restitutória e passa a responsabilidade civil a nortear a aferição.[90]

Avançando na análise específica do tema, não se pode negar que a eterna dúvida quanto à necessidade de demonstração de equivalente empobrecimento da vítima para a caracterização do enriquecimento do interventor é assunto que ainda instiga e gera polêmica. Isso porque, em que pese já ser questão relativizada

---

87. MICHELON JR., Claudio. *Direito restitutório*, cit., p. 194.
88. MICHELON JR., Claudio. *Direito restitutório*, cit., p. 197.
89. DRAGO, Guilherme Araújo. O enriquecimento sem causa no novo Código Civil. *Revista de Direito Privado*, São Paulo, v. 12, n. 48, p. 69-101, out./dez. 2011. p. 69-70.
90. MICHELON JR., Claudio. *Direito restitutório*, cit., p. 196.

doutrinariamente mesmo antes da positivação do enriquecimento sem causa no Código Civil de 2002, o tema permanece atual.

Giovanni Ettore Nanni, por exemplo, considera que "o empobrecimento não deve ser considerado como requisito inútil a ser eliminado, mas ponderado conforme as circunstâncias específicas, quando, dependendo da situação, poderá ser dispensado para a configuração do enriquecimento sem causa".[91] Já Claudio Michelon Jr. entende que o empobrecimento deve ser ignorado por completo, pois reconhece que a redação do artigo 884 do Código Civil mais se aproxima da fórmula alemã, definida no artigo 812 do BGB ("*auf dessen Kosten*") do que dos dizeres do Código Civil italiano, que, em seu art. 2.041, dá direito à restituição ocorrida "*a danno di un'altra persona*".[92-93]

Antecipando brevemente comentário sobre outro pressuposto que será melhor averiguado adiante, deve-se registrar que a expressão "à custa de outrem", utilizada pelo legislador pátrio no artigo 884, abrange a hipótese de efetivo empobrecimento, de modo que não há razão para que se opte por falar no empobrecimento como figura diversa, o que gera reflexos diretos no objeto desta tese.

Confusões emergem justamente pela utilização de termos e expressões diferentes para fenômenos que, recorrentemente, são os mesmos.[94] O pressuposto "à custa de outrem", como se verá, presume a aceitação do empobrecimento como requisito da obrigação de restituir, e não poderia ser diferente, pois se trata justamente do liame causal entre o enriquecimento e o empobrecimento, ou ao menos do elo que conecta "riqueza" e "pobreza", no plano situacional, a um mesmo fato gerador, sendo desnecessário, como aponta Giovanni Ettore Nanni, extirpar o

---

91. NANNI, Giovanni Ettore. *Enriquecimento sem causa*, cit., p. 249.
92. MICHELON JR., Claudio. *Direito restitutório*, cit., p. 197-198.
93. Há outros doutrinadores que advogam a necessidade de extirpação da ideia de empobrecimento para a aferição da ocorrência do enriquecimento sem causa, destacando-se a necessidade de aferição somente do enriquecimento, que, por sua vez, deve ter sido obtido à custa de outrem. Por todos, cf. FIÚZA, César. Contornos teórico-dogmáticos do princípio do enriquecimento sem causa. *Revista da Faculdade de Direito da Universidade Federal de Minas Gerais*, Belo Horizonte, n. 54, p. 49-68, jan./jun. 2009; CAPUCHO, Fábio Jun. Considerações sobre o enriquecimento sem causa no novo Código Civil brasileiro. *Revista de Direito Privado*, São Paulo, n. 16, p. 9-27, out./dez. 2003; ALMEIDA, Felipe Cunha de. Responsabilidade civil e enriquecimento sem causa. *Revista Síntese de Direito Civil e Processual Civil*, Porto Alegre, v. 65, n. 474, p. 59-81, abr. 2017.
94. A relevância da doutrina francesa para tal análise é inegável, conforme anota Giovanni Ettore Nanni, sendo perceptível, nos dizeres do autor, o protagonismo de doutrinadores brasileiros que escreveram sobre o Código Beviláqua ao indicarem que eventual correlação não envolveria o enriquecimento de um e o empobrecimento de outro, mas a unicidade de origem, devendo tais requisitos, se presentes em concomitância, derivar de um mesmo fato. Sobte isso, cf. NANNI, Giovanni Ettore. *Enriquecimento sem causa*, cit., p. 250 et seq.

pressuposto do empobrecimento de qualquer análise sobre enriquecimento sem causa, ainda que esteja superado em termos interpretativos.[95]

1.1.2.2 À custa de outrem

Como já se adiantou no tópico prévio, havendo impropriedade na designação do empobrecimento como pressuposto da obrigação restitutória, afasta-se qualquer estirpe de liame causal entre o pressuposto extirpado e o enriquecimento. Em lugar de se falar no "empobrecimento da vítima", deve restar configurado o "enriquecimento à custa de outrem", conforme descreve a redação do artigo 884 do Código Civil de 2002.

Para a doutrina, predomina o entendimento de que o enriquecimento é obtido "à custa de outrem" quando se aufere vantagem que caberia a pessoa diversa do próprio interventor que se enriquece. Essa afetação à esfera patrimonial alheia prescinde de diminuição patrimonial diretamente mensurável e, por isso, é possível dizer que o enriquecimento sem causa deve ser avaliado com suporte na esfera de direitos do titular do direito à restituição, que é mais ampla que seu conju nto patrimonial. Isso ocorre em duas situações: (i) nos casos em que há efetiva diminuição patrimonial, caracterizada pela perda real ou pelo ganho obstado em decorrência da ação do enriquecido; (ii) nos casos em que essa diminuição não acontece, usualmente derivados do enriquecimento por intromissão ou intervenção, em que a atribuição patrimonial deveria, pela ordenação jurídica dos bens, beneficiar um terceiro.[96]

Parte-se da premissa de que os direitos subjetivos, no todo ou em parte, garantem a seu titular o monopólio de exploração,[97] embora seja controversa a doutrina a respeito de quais posições jurídicas dispõem de tal conteúdo, ou mesmo de sua extensão, pois, via de regra, o que se assume é que os direitos absolutos conferem ao titular o monopólio de fruição, mas outros direitos, não. A grande dúvida está situada em casos "fronteiriços", como na exploração decorrente de usurpação de direitos da personalidade que acarretem dividendos patrimoniais,

---

95. NANNI, Giovanni Ettore. *Enriquecimento sem causa*, cit., p. 250.
96. MICHELON JR., Claudio. *Direito restitutório*, cit., p. 198.
97. Claudio Michelon Jr. aponta dois valores relacionados ao monopólio de exploração patrimonial, a saber: (i) a liberdade de atuação na vida social atribuída aos demais indivíduos; e (ii) a exploração de bens indisponíveis. Sobre o primeiro valor, deve-se entender que o trabalho e a criatividade ficam limitados se o produto da atuação em dado bem alheio for todo revertido em favor do inerte titular; sobre o segundo, a usurpação de um direito indisponível, ainda que enriqueça o usurpador, não enseja restituição por enriquecimento sem causa, pois este pressupõe a possibilidade de exploração econômica do direito. A sanção, nesse caso, limitar-se-ia à indenização. MICHELON JR., Claudio. *Direito restitutório*, cit., p. 201.

na exploração indevida da propriedade industrial[98] ou, ainda, em situações de vilipêndio concorrencial,[99] e, registre-se desde logo, é frequente a confusão dos lucros propiciadores de enriquecimento, nesses casos, em comparação aos lucros cessantes que compõem o conjunto normativo do 'dano'[100] enquanto pressuposto da responsabilidade civil.

A doutrina destaca o fato de, no Brasil, existir previsão específica de reparação dos "lucros cessantes" decorrentes da usurpação de marca.[101] Tal previsão

---

98. MICHELON JR., Claudio. *Direito restitutório*, cit., p. 199-202.
99. Situações exemplificativas envolveriam, dentre outras, a exploração abusiva de direitos da propriedade industrial, intelectual, tecnologia e marca, cuja previsão consta do artigo 36, § 3º, inciso XIX, da Lei 12.579/2011.
100. Valioso o excerto da obra de Gisela Sampaio da Cruz Guedes: "Se a finalidade de toda a reparação de danos patrimoniais é, de fato, fazer com que o lesado não fique numa situação nem melhor nem pior do que a que estaria se não fosse o evento danoso, então o julgador terá que ter um cuidado especial com a reparação dos lucros cessantes, para não deixar de computar, no cálculo da indenização, eventuais despesas operacionais, bem como outros gastos que o lesado teria em condições normais. A despeito de sua aparente dificuldade, esta assertiva é perfeitamente justificável – e decorre do próprio conceito de lucro (faturamento menos despesa)". GUEDES, Gisela Sampaio da Cruz. *Lucros cessantes*: do bom-senso ao postulado normativo da razoabilidade. São Paulo: Ed. RT, 2011. p. 302-303. Ainda sobre o tema, anota Sergio Cavalieri Filho: "Consiste, portanto, o lucro cessante na perda do ganho esperável, na frustração da expectativa de lucro, na diminuição potencial do patrimônio da vítima. Pode decorrer não só da paralisação da atividade lucrativa ou produtiva da vítima, como, por exemplo, a cessação dos rendimentos que alguém já vinha obtendo da sua profissão, como, também, da frustração daquilo que era razoavelmente esperado. (...) O cuidado que o juiz deve ter neste ponto é para não confundir lucro cessante com lucro imaginário, simplesmente hipotético ou remoto, que seria apenas a consequência indireta ou mediata do ato ilícito". CAVALIERI FILHO, Sérgio. *Programa de responsabilidade civil*. 8. ed. São Paulo: Atlas, 2009. p. 72.
101. Além de constar no texto da Constituição da República (em seu artigo 5º, inciso XXIX) que "a lei assegurará aos autores de inventos industriais privilégio temporário para sua utilização, bem como proteção às criações industriais, à propriedade das marcas, aos nomes de empresas e a outros signos distintivos, tendo em vista o interesse social e o desenvolvimento tecnológico e econômico do País", os dispositivos específicos da Lei de Propriedade Industrial são recorrentemente lembrados em discussões sobre lucro da intervenção e enriquecimento sem causa. Em precedente no qual se invocou especificamente hipótese de uso indevido de marca com postulação indenizatória baseada em lucros cessantes, assim já se pronunciou o Superior Tribunal de Justiça: "Propriedade industrial. Uso indevido de marca. Indenização por direitos materiais. Comprovação. Dissídio jurisprudencial configurado. Critério de cálculo. 1. A falta de prequestionamento em relação aos arts. 331, I, do CPC e 208 da Lei 9.279/96, impede o conhecimento do recurso especial. Incidência da súmula 211/STJ. 2. No caso de uso indevido de marca, com intuito de causar confusão ao consumidor, o entendimento predominante desta Corte é que a simples violação do direito implica na obrigação de ressarcir o dano. Precedentes. 3. Conquanto os lucros cessantes devidos pelo uso indevido da marca sejam determinados pelo critério mais favorável ao prejudicado, conforme o art. 210, caput, da Lei 9.279/96, o critério de cálculo previsto na lei deve ser interpretado de forma restritiva, fazendo-se coincidir, nesse caso, o termo 'benefícios' presente no incido II, do art. 210, com a ideia de 'lucros'. 4. Recurso especial conhecido em parte e, nesta parte, provido". No voto, destacou o Relator: "Com efeito, conquanto os lucros cessantes sejam determinados pelo critério mais favorável ao prejudicado, pelo uso indevido de sua marca, não se pode interpretar a expressão 'benefícios auferidos pelo autor da violação' de modo a calcular a indenização conforme o valor total auferido com os produtos vendidos. Esse não é o critério previsto na lei, que deve ser interpretado de forma restritiva, fazendo-se coincidir, nesse caso, o termo 'benefícios' com

consta do artigo 209 da Lei 9.279/1996 (Lei da Propriedade Industrial), sendo que essa "reparação" deve se dar por algum dos três critérios especificados nos incisos do artigo 210 da mesma lei: (i) em razão dos benefícios que o prejudicado teria auferido se a violação não tivesse ocorrido; ou (ii) pelos benefícios que foram auferidos pelo autor da violação do direito;[102] ou, ainda, (iii) pela remuneração que o autor da violação teria pago ao titular do direito violado pela concessão de uma licença que lhe permitisse, legalmente, explorar o bem.

Ainda sobre o artigo 210 da Lei 9.279/1996, anota-se que o *caput* é categórico ao prever que o prejudicado tem direito ao maior valor que for apurado com base nos três critérios dos incisos, o que suscita dúvidas, também, quanto à natureza dos critérios como lineamentos adequados para que se possa falar em lucros cessantes e responsabilidade civil; de fato, a doutrina majoritária defende tratar-se de enriquecimento sem causa, embora seja unânime o entendimento de que o legislador pretendeu proteger ao máximo o titular da propriedade usurpada.

O que não se pode deixar de considerar, no contexto do requisito de que o enriquecimento se dê "à custa de outrem" é o fato de que os incisos I e III do artigo 210 indicam a imprescindibilidade de que eventual enriquecimento, por benefícios (inc. I) ou remuneração (inc. II), não se confunda com os requisitos específicos do lucro cessante no âmbito da responsabilidade civil. Para essa vertente doutrinária, ocorrendo uma violação de propriedade industrial (e o raciocínio seria o mesmo para violações à propriedade intelectual), de caráter personalíssimo, a solução viria da responsabilidade civil e ensejaria indenização de modo

---

a ideia de 'lucros'. Ainda que as mercadorias tivessem sido produzidas e vendidas pelos próprios titulares do direito de propriedade industrial violado, os benefícios auferidos seriam menores do que o montante tido com a possível venda dos produtos, face os custos de produção, transporte, mão de obra e demais despesas fiscais". BRASIL. Superior Tribunal de Justiça. Recurso Especial 710.376/RJ. 4ª Turma. Relator: Min. Luis Felipe Salomão, julg. 15.12.2009, publ. 02.02.2010.

102. Claudio Michelon Jr. se posiciona em relação à hipótese do inciso II do artigo 210 comentando que não se trata de hipótese de lucro cessante, pois, na verdade, a "indenização" ali prevista é, a rigor, caso de restituição do enriquecimento sem causa, uma vez que atende com exatidão aos pressupostos definidos para tal instituto pela lei civil. Conferir MICHELON JR., Claudio. *Direito restitutório*, cit., p. 201. É de se observar, não obstante, que também as situações descritas nos incisos I e III do dispositivo, a depender das circunstâncias do caso concreto e, inclusive, da base teórica a que se filie o intérprete, também poderão configurar enriquecimento sem causa, e não lucros cessantes, caso se considere que os benefícios que o prejudicado teria auferido se a violação não tivesse ocorrido (inc. I) podem corresponder ao objeto da restituição, se adotada a concepção patrimonial do enriquecimento, ao passo que a remuneração que o autor da violação teria pago ao titular do direito violado pela concessão de uma licença que lhe permitisse legalmente explorar o bem (inc. III) equivaleria ao *quantum* a restituir se escolhida a vertente do enriquecimento real. Conferir, sobre o tema, SAVI, Sérgio. *Responsabilidade civil e enriquecimento sem causa*, cit., p. 84-89; SILVA, Rodrigo da Guia. *Enriquecimento sem causa*, cit., p. 304-306; ROSENVALD, Nelson. *A responsabilidade civil pelo ilícito lucrativo*, cit., p. 415-417; TERRA, Aline de Miranda Valverde; GUEDES, Gisela Sampaio da Cruz. Revisitando o lucro da intervenção: novas reflexões para antigos problemas. *Revista Brasileira de Direito Civil*, Belo Horizonte, v. 29, p. 281-305, jul./set. 2021. p. 285.

a viabilizar, "de um lado, uma compensação pela lesão ao direito intelectual, de outro, a restituição dos lucros ilícitos".[103]

Essa vertente doutrinária identifica, no inciso II do artigo 210, previsão de 'remoção do lucro ilícito' abarcada pela responsabilidade civil de função ampliada (*disgorgement of profits*); quanto ao inciso III, sugere-se ser típica hipótese de 'restituição de ganhos ilícitos' (*restitutionary damages*), equivalendo à restituição, à vítima, do valor correspondente ao interesse indevidamente transferido ao réu em razão do ilícito lucrativo.[104] Quanto à hipótese do inciso I, o que tal vertente reconhece é que pode assumir o caráter de lucros cessantes na forma do artigo 402 do Código Civil.[105]

Para a doutrina majoritária, todavia, caso não se possa apurar um lucro que, para os efeitos do artigo 402 do Código Civil, se possa "razoavelmente" esperar, isto é, se, mesmo sem a usurpação patrimonial alheia, constatar-se que o prejudicado não teria auferido nenhum benefício, ou se for constatado que uma licença não seria concedida nas circunstâncias do caso, pode-se invocar a aplicação do artigo 210 do Código Civil como reflexo de uma restituição a título de enriquecimento sem causa.

---

103. PAVAN, Vitor Ottoboni. *Responsabilidade civil e ganhos ilícitos*: a quebra do paradigma reparatório. Rio de Janeiro: Lumen Juris, 2020. p. 214. O autor ainda comenta o seguinte: "Outro exemplo de previsão normativa que traz a possibilidade de aplicação de remédios restitutórios está no art. 103 da Lei 9.610/98 (Lei de Direitos Autorais): "Quem editar obra literária, artística ou científica, sem autorização do titular, perderá para este os exemplares que se apreenderem e pagar-lhe-á o preço dos que tiver vendido"; a parte final do dispositivo claramente é um *give up*, isto é, a obrigação de que o ofensor (ou a pessoa a ele associada que responde solidariamente nos termos do art. 104 da Lei de Direitos Autorais) entregue à vítima os ganhos que realizou com a venda dos produtos fruto do ilícito. É, claramente, uma hipótese de *disgorgement*, não se trata de pagamento do preço razoável de mercado pela licença ou de *royalties*, mas da total desistência dos ganhos obtidos ilicitamente em favor da vítima. Novamente, em se tratando de direito da personalidade, por óbvio que cabe na dimensão reparatória a respectiva indenização por danos morais, esta correspondente à violação de direito personalíssimo".
104. ROSENVALD, Nelson. *A responsabilidade civil pelo ilícito lucrativo*, cit., p. 416-417. Acrescenta: "A equivocada compreensão da natureza do resgate e da restituição dos lucros ilícitos, como uma tentativa de desmesurada ampliação do conceito de lucros cessantes, faz com que doutrinadores que se debruçam sobre a Lei 9.279/96 manifestem-se no sentido da 'incompatibilidade estrutural e funcional da responsabilidade civil com a exclusão do lucro ilícito do patrimônio do ofensor', sob o argumento de que o direito brasileiro estaria criando uma 'nova categoria autônoma de dano, a qual se poderia designar 'dano decorrente de lucros ilegítimos', cujo escopo residiria na retirada, do patrimônio do agente, dos lucros obtidos a partir da violação de direitos de terceiro, não já na compensação da vítima'. Existem duas incompreensões neste raciocínio. O primeiro se encontra na tradução do inglês para o português dos vocábulos "damage" e "damages". Os significados no singular e plural são diversos. No singular significando dano, perda ou prejuízo, enquanto no plural tem a acepção de uma condenação pecuniária em dinheiro, uma indenização. Assim, *disgorgement damages* ou *gain-based damages* não remetem à qualquer forma de dano, porém exatamente ao oposto: cuidam-se de indenizações que têm como foco os ganhos auferidos pelo ofensor, sem qualquer relação com a existência ou medida dos danos sofridos pela vítima".
105. PAVAN, Vitor Ottoboni. *Responsabilidade civil e ganhos ilícitos*, cit., p. 215.

1.1.2.3 Ausência de justificação ("justa causa")

O pressuposto da justificação que embase o enriquecimento auferido em situação concreta é designado no artigo 884 do Código Civil como "justa causa", a indicar a presença de circunstância subjacente que confira lastro ao enriquecimento que se materializa à custa de outrem. De fato, trata-se de requisito complexo e que demanda cuidadosa investigação para que seja adequadamente diferenciado de outras figuras, como a 'causa do negócio jurídico'. Além disso, convém registrar que a atribuição patrimonial não basta para fins de aferição da justa causa exigida para fins de configuração do enriquecimento sem causa, uma vez que este independe de atribuição patrimonial nova, mas da verificação de valorização do patrimônio preexistente.

Além de gerar reflexos para a validade, a causa pode interferir na eficácia do negócio jurídico se desaparecer posteriormente à celebração.[106-107] Por isso, nos negócios jurídicos, quando uma das prestações não é adimplida, origina-se a exceção de contrato não cumprido, e, desse modo, a falta de causa do negócio jurídico pode lhe prejudicar a validade ou apenas a eficácia.[108] Já na atribuição patrimonial, tem-se "uma investigação mais geral sobre a existência de razão que justifique que uma posição jurídica ativa (v.g., um direito subjetivo) sobre um determinado bem seja atribuída a um determinado sujeito de direito".[109]

Por esse motivo, certas atribuições patrimoniais derivam de um negócio jurídico e, por tal motivo, são dependentes da eficácia desse mesmo negócio; contudo, há atribuições que se originam de outros fatos jurídicos, e não de negócios.[110] Para esses, a causa de atribuição patrimonial é a justificativa jurídica material de ocorrência e permanência de uma atribuição patrimonial específica,

---

106. MICHELON JR., Claudio. *Direito restitutório*, cit., p. 208 et seq.
107. Sobre o tema, anota Rodrigo da Guia Silva: "A investigação acerca do requisito de ausência de justa causa consiste, fundamentalmente, em uma análise de justificação do enriquecimento auferido por uma pessoa com base em patrimônio alheio. Não se afigura despropositado rememorar que a mera obtenção de vantagem patrimonial a partir de bens ou direitos alheios não traduz, ipso facto, um problema idôneo a suscitar a atuação dos mecanismos restitutórios. A se entender diversamente, tenderia ao colapso, por exemplo, a inteira sistemática dos contratos, cujo escopo central consiste precipuamente na imposição (e concomitante justificação) de obrigações e direitos a cada um dos agentes em legítimo exercício de autonomia privada. Perquirir a ausência de justa causa do enriquecimento obtido à custa de outrem significa, em suma, investigar a existência de uma causa justificadora (ou título de justificação) dessa vantagem patrimonial". SILVA, Rodrigo da Guia. Giro conceitual do enriquecimento sem causa ao enriquecimento injusto: revisitando a noção de ausência de justa causa do enriquecimento. *Revista Iberc*, Belo Horizonte, v. 4, n. 3, p. 93-113, set./dez. 2021. p. 95.
108. MICHELON JR., Claudio. *Direito restitutório*, cit., p. 212.
109. MICHELON JR., Claudio. *Direito restitutório*, cit., p. 212.
110. Para Giovanni Ettore Nanni, a intenção de enumerar todos os tipos de causa aptas a justificar o enriquecimento seria tarefa inviável, e, por isso, tal autor defende ser mais adequado tratar a justa causa como um conceito indeterminado contido na cláusula geral do enriquecimento sem causa, com

fora do plano negocial e completamente distante da disciplina dos contratos. A ausência dessa causa, portanto, é pressuposto essencial para a constituição da obrigação restitutória, e não do inadimplemento, a indicar, inclusive, uma das razões pelas quais não se deve confundir as expressões "enriquecimento sem causa" e "enriquecimento ilícito".[111] Nos limites estabelecidos pelo legislador para o artigo 884, a justa causa ainda pode ser de dois tipos: decorrente do acréscimo de valor de um bem que já pertencia ao beneficiado; justificação do uso ou da fruição de um bem ou direito por alguém do qual não seja proprietário ou titular.

A atribuição patrimonial lastreada em causa justificadora, portanto, é aquela que, embora possua regularidade formal, determina, em sentido material, a pessoa cuja esfera patrimonial é afetada a partir do critério atributivo.[112] E, se verificada tal atribuição em desconformidade com os parâmetros de justiça, as regras de distribuição dos bens precisarão observar, também, outros valores.[113] Por essa razão é que se reputa tão complexa a conceituação do preceito de justiça que

---

indispensabilidade da averiguação do caso concreto NANNI, Giovanni Ettore. *Enriquecimento sem causa*, cit., p. 262-263.

111. No Direito Administrativo, o enriquecimento ilícito, regido pela Lei 8.429/1992, ocorre quando um agente público obtém vantagens indevidas, resultando na perda dessas vantagens em favor da Administração prejudicada. A causa desse enriquecimento é a prática de atos ilícitos. Por outro lado, o enriquecimento sem causa, previsto no artigo 884 do Código Civil, é aplicável em diversos ramos do Direito, visando evitar que alguém seja enriquecido sem causa jurídica, o que gera a obrigação de restituir o valor enriquecido à pessoa prejudicada (sendo despiciendo o empobrecimento). Esses conceitos têm âmbitos distintos, embora muito se assemelhem do ponto de vista conceitual, com o enriquecimento ilícito removendo vantagens adquiridas ilegalmente e o enriquecimento sem causa buscando a restituição de vantagens sem causa legal ou deixando de existir. Parte da doutrina reconhece o valor dessa separação e defende a "teoria da divisão", inclusive para que ambos possam ser aplicados simultaneamente, gerando pretensões distintas e cumuláveis. Sobre o tema, conferir, por todos, URBANO, Hugo Evo Magro Corrêa. *O enriquecimento sem causa no direito brasileiro*: da teoria unitária à teoria da divisão. São Paulo: Meraki, 2021, passim.
112. SAVI, Sérgio. *Responsabilidade civil e enriquecimento sem causa*, cit., p. 62. Comenta: "Não é possível estabelecer uma fórmula unitária que sirva de critério para determinar as hipóteses em que o enriquecimento deve considerar-se privado de justa causa, mas a doutrina majoritária entende que a ausência de causa é uma fórmula geral de reprovabilidade com relação aos princípios do sistema, um conceito que traduz a contrariedade do enriquecimento perante o ordenamento como um todo".
113. Segundo Mário Júlio de Almeida Costa, "a palavra *causa* é comumente utilizada na terminologia do direito em múltiplas acepções. (...) O problema consiste em distinguir, entre as vantagens patrimoniais que uma pessoa pode obter na vida de relação, aquelas que – embora não chegando ao extremo de serem consequências de comportamentos antijurídicos ou fator ilícitos (que envolveriam uma responsabilidade por danos) – determinam, todavia, uma obrigação de restituição, visto não se encontrarem dotadas de justificação suficiente em face do direito. Quer dizer: reputa-se que o enriquecimento carece de causa, quando o direito o não aprova ou consente, porque não existe uma relação ou um facto que, de acordo com os princípios do sistema jurídico, justifique a deslocação patrimonial; sempre que aproveita, em suma, a pessoa diversa daquela a quem, segundo a lei, deveria beneficiar. Mas ele é apenas *ajurídico*, no sentido de substancialmente ilegítimo ou injusto, e não formalmente *antijurídico*. Por exemplo, um contrato celebrado entre o enriquecido e o empobrecido, ou, porventura, entre aquele e um terceiro, constitui, sem dúvida, a causa jurídica mais frequentemente invocada. Ao invés, o enriquecimento será sem causa quando resulte de uma prestação de outrem que se destinava a liquidar uma relação jurídica

compõe o sobredito pressuposto. Em breve síntese, não se pode desconsiderar a vantajosidade que uma aferição mais objetiva proporcionaria para a identificação do instituto, mas não é esse o caso na lei brasileira.

Inegavelmente, para que se atenda, simultaneamente, a todos esses vetores axiológicos, questiona-se a suficiência do enriquecimento sem causa para fins de condensação equitativa dos contornos valorativos que todo preceito de justiça deve comportar, ainda que as atribuições patrimoniais sejam formalmente válidas.

No plano contratual, portanto, a existência de negócio jurídico eficaz é causa de atribuição patrimonial adequada e justa. Esse, aliás, é o entendimento sacramentado nas III Jornadas de Direito Civil do Conselho da Justiça Federal e consolidado no Enunciado 188: "A existência de negócio jurídico válido eficaz é, em regra, uma justa causa para o enriquecimento". Porém, nem todo negócio jurídico válido e eficaz será inatingível para fins de concretização de situação violadora à ordem, de modo a propiciar enriquecimento sem causa. Entretanto, a ocorrer a necessidade de investigação das bases do negócio jurídico, o que se terá é intervenção a nível de justiça corretiva, potencialmente decorrente da aplicação de dispositivos diversos da legislação, como os artigos 478 a 480 do Código Civil,[114] para eventual pleito revisional,[115] e não o artigo 884, que, aliás, é descrito como subsidiário.

---

que não se produziu ou que não é válida". COSTA, Mário Júlio de Almeida. *Direito das obrigações*. 7. ed. Coimbra: Almedina, 1999. p. 432-433.

114. Sobre tais dispositivos, comenta Otavio Luiz Rodrigues Junior: "Observando os arts. 478, 479 e 480, do novo Código Civil, é possível reconhecer as exigências para a resolução dos contratos por onerosidade excessiva: (a) sua ocorrência dar-se-á necessariamente nos contratos de execução continuada ou diferida; (b) de modo objetivo, é necessária a existência concomitante de prestação excessivamente onerosa para uma das partes e a "*extrema vantagem para a outra*", em virtude de "*acontecimentos extraordinários e imprevisíveis*"; (c) o devedor poderá pedir a resolução do contrato, admitindo-se a alternativa ao réu de evitá-la, oferecendo-se para "*modificar eqüitativamente as condições do contrato*"; (d) o reconhecimento da onerosidade excessiva será necessariamente por sentença, cujos efeitos devem retroagir à data da citação; (e) nos contratos unilaterais, a parte a quem couber executá-lo poderá pleitear que a "*sua prestação seja reduzida, ou alterado o modo de executá-la, a fim de evitar a onerosidade excessiva*". O Código Civil manteve-se adstrito aos lindes traçados na doutrina a respeito do suporte negocial: exige-se que os contratos sejam bilaterais (perfeitos ou não). A comutatividade também é demandada, embora se possa admitir a excepcional incidência nos contratos aleatórios. É indispensável que a avença seja de execução distribuída no tempo, por sucessividade ou diferimento". RODRIGUES JUNIOR, Otavio Luiz. *Revisão judicial dos contratos*: autonomia da vontade e teoria da imprevisão. 2. ed. São Paulo: Atlas, 2006. p. 159.

115. Sobre esse tema e algumas de suas consequências mais contemporâneas, conferir, ainda, MARTINS-COSTA, Judith; SILVA, Paula Costa e. *Crise e perturbações no cumprimento da prestação*: estudo de direito comparado luso-brasileiro. São Paulo: Quartier Latin, 2020. p. 143-244; SCHREIBER, Anderson. *Equilíbrio contratual e dever de renegociar*. 2. ed. São Paulo: Saraiva, 2020. p. 250-309; SILVA, Jorge Cesa Ferreira da. *Adimplemento e extinção das obrigações*. São Paulo: Ed. RT, 2006. p. 43 *et seq.*; NITSCHKE, Guilherme Carneiro Monteiro. *Lacunas contratuais e interpretação*: história, conceito e método. São Paulo: Quartier Latin, 2019. p. 220-259.

No plano normativo, também é possível a aferição de justa causa para o enriquecimento como efeito da determinação produzida por norma, que, além de cogência, deve preencher todos os indicativos e pormenores definidos. Exemplo clássico é o do pagamento realizado, de boa-fé, ao credor putativo, com previsão específica no artigo 309 do Código Civil,[116] que o reputa válido.

Também há situações nas quais a atribuição patrimonial se justifica por ato da própria vítima, mesmo inexistindo norma cogente ou ato jurídico que possa fundamentar o enriquecimento, tornando-o injustificado.[117] Nessas situações peculiares, o que se tem são casos de 'enriquecimento imposto', que viabiliza a restituição apenas excepcionalmente, uma vez que se exige boa-fé da vítima ou sua ciência, aliada à inércia em impedir a prestação, do enriquecido, considerando que fosse presumível a onerosidade da intervenção.

Nesse sentido, a distinção entre as vantagens patrimoniais que se pode obter conduz à delimitação de situações específicas que determinam uma obrigação restitutória, ainda que não cheguem ao plano da ilicitude e da fundamentação de eventual pretensão indenizatória, pela via da responsabilidade civil. Nesse aspecto, uma vez que não são dotadas de justificação suficiente em face do direito potencialmente violado, reputa-se imprescindível a investigação causal (ou da ausência de uma causa) para fundamentar a pretensão restitutória, ainda que sem o formal empobrecimento alheio.

1.1.2.4 Subsidiariedade

A interpretação que se faz do artigo 886 do Código Civil, que, de forma específica, menciona ser o enriquecimento sem causa instituto subsidiário para a tutela de situações jurídicas nas quais ocorra intervenção indevida em bens ou direitos de terceiros, é tema de longa construção doutrinária.[118]

De fato, como ressalta Claudio Michelon Jr., parece ter sido intenção do legislador especificar a forma de avaliação dos contextos de incidência do

---

116. MICHELON JR., Claudio. *Direito restitutório*, cit., p. 212.
117. COSTA, Mário Júlio de Almeida. *Direito das obrigações*, cit., p. 433.
118. Na visão de Sérgio Savi, "apesar de faltar uma explicação lógica uniforme e de não haver um antecedente histórico a justificar esse requisito para o exercício da pretensão de enriquecimento sem causa, o certo é que, lida corretamente, a subsidiariedade exerce uma função importante no ordenamento jurídico brasileiro. Se levada às consequências, contudo, pode gerar a completa inutilidade do instituto do enriquecimento sem causa". SAVI, Sérgio. *Responsabilidade civil e enriquecimento sem causa*, cit., p. 117. Buscando suplantá-la, Rodrigo da Guia Silva sugere que "a subsidiariedade deve se dissociada do instituto da vedação ao enriquecimento sem causa (sob pena de deturpação do processo de qualificação das obrigações restitutórias) e passar a ser compreendida como pressuposto negativo de configuração da cláusula geral do dever de restituir". SILVA, Rodrigo da Guia. *Enriquecimento sem causa*, cit., p. 331.

enriquecimento sem causa em contraste com outros institutos,[119] a indicar a possibilidade de que, havendo remédios diversos suficientemente aptos a sanar a intervenção indevida, como a responsabilidade civil ou os negócios jurídicos, inexistirá pretensão restitutória; a solução, nessas hipóteses e pela especificidade contextual, deverá se consolidar no campo respectivo, e não pela via do enriquecimento sem causa.

Em linhas mais tradicionais, escora-se a noção de subsidiariedade na ideia de que ao prejudicado não é dado valer-se do enriquecimento sem causa se a lei lhe garantir meios outros para buscar a tutela de direitos,[120] mas o sentido abstrato do conceito expande riscos e avulta preocupações em torno do esvaziamento dogmático do instituto. Na prática, o que ocorre é a inviabilização da pretensão restitutória se houver, em abstrato, outro remédio jurídico apto para guarnecer a pretensão, mesmo que esse remédio não seja efetivamente capaz de eliminar o quadro de enriquecimento sem causa.[121] Trata-se de concepção demasiadamente gravosa para com a vítima, que sobre prejuízo e, dependendo do rigor interpretativo sobre a disponibilidade de mecanismos, pelo ordenamento, para a tutela de seu direito, pode acabar por não encontrar solução que o ampare.

Críticas à subsidiariedade sempre existiram, a exemplo das de Giovanni Ettore Nanni, que destacava ser melhor albergar a subsidiariedade em sentido concreto, a partir da qual, do ponto de vista da finalidade do instituto, o que importa é saber se o prejudicado dispõe de um meio concreto, efetivo, de compor o patrimônio afetado pelo enriquecimento sem causa.[122] Sérgio Savi também é crítico da leitura abstrata do instituto e aduz que "a necessidade prática de

---

119. MICHELON JR., Claudio. *Direito restitutório*, cit., p. 256.
120. Comenta Luís Manuel Teles de Menezes Leitão: "A referência à subsidiariedade da pretensão de enriquecimento tem por base a afirmação da sua impossibilidade de concorrer com outras pretensões. Ao que parece, o surgimento dessa doutrina filia-se na *actio doli* do Direito pretório, que o Pretor só poderia conceder *si de rebus alia actio non erit*, ou seja, se não existisse outra acção aplicável. No direito comum, essa qualidade era afirmada pela doutrina, quer em relação à *condictio sine causa specialis*, quer em relação à *actio in factum wegen Bereicherung*. Modernamente, essa solução filia-se na jurisprudência francesa, após a reação jurisprudencial contra o *Arrêt Boudier*, expressa no *Arrêt Clayette*, vindo a ter consagração legislativa no direito italiano (art. 2042 do Codice), que foi o que levou mais longe o entendimento dessa regra". LEITÃO, Luís Manuel Teles de Menezes. *O enriquecimento sem causa no direito civil*, cit., p. 911-912. Ainda sobre o tema, Renato Duarte Franco de Moraes explica: "O verdadeiro marco do instituto ocorreu no direito francês, em 1914. Pouco mais de vinte anos após o reconhecimento do enriquecimento sem causa no *Arrêt Boudier*, a Corte de Cassação proferiu o chamado *Arrêt Clayette*, impondo limites à aplicação do enriquecimento sem causa. O acórdão é reconhecido como reação da jurisprudência à possibilidade de utilização desenfreada do enriquecimento sem causa, pois admite a aplicação desse instituto somente quando não houver alternativa jurídica específica para a proteção do direito da parte prejudicada". MORAES, Renato Duarte Franco de. *Enriquecimento sem causa e o enriquecimento por intervenção*. São Paulo: Almedina, 2021. p. 267-268.
121. COSTA, Mário Júlio de Almeida. *Direito das obrigações*, cit., p. 434-435.
122. NANNI, Giovanni Ettore. *Enriquecimento sem causa*, cit., p. 268-269.

simplificar não justifica a fusão ou a confusão entre os remédios legais oferecidos".[123] O mesmo faz Rodrigo da Guia Silva, que propõe o reconhecimento do enriquecimento sem causa como instituto autônomo, tendo a subsidiariedade como pressuposto negativo de sua configuração, e não como regra.[124]

Em síntese, a doutrina é enfática quanto à necessidade de que não se estabeleça interpretação excessivamente abstrata, tampouco excessivamente rigorosa, quanto à incidência do artigo 886 do Código Civil. Para que o real propósito do instituto possa ser atingido, não se lhe pode esvaziar, embora a leitura rasa do dispositivo possa indicar ponto frágil da estruturação normativa do tema e expediente recorrente para que seja viabilizado ao enriquecido escapar de pretensão restitutória contra si vertida pelo prejudicado.

O enriquecimento sem causa, sendo uma cláusula geral, não deve ser restringido de forma excessiva, merecendo, isto sim, uma interpretação que lhe dê concretitude e operatividade.[125-126] É preciso que se conceba a subsidiariedade, por esse motivo, como estipulação direcionada a que não se reconheça a obrigação restitutória se ela foi consumida por outra regra, ou se existir obstáculo ao seu exercício. Sendo um obstáculo fático, não obstará a pretensão restitutória; sendo jurídico, haverá limitação ao exercício da *actio in rem verso*, mas a pretensão não será afetada.[127]

1.2 AVANÇOS EM MATÉRIA RESTITUTÓRIA: O ENRIQUECIMENTO SEM CAUSA POR LUCRO DA INTERVENÇÃO

Os avanços em matéria restitutória têm suscitado crescente interesse, especialmente no contexto do enriquecimento sem causa por lucro da intervenção. Este fenômeno jurídico, que se desdobra em decorrência de práticas abusivas e ganhos indevidos, tem desafiado a dogmática tradicional do direito civil.[128] A

---
123. SAVI, Sérgio. *Responsabilidade civil e enriquecimento sem causa*, cit., p. 119.
124. SILVA, Rodrigo da Guia. *Enriquecimento sem causa*, cit., p. 331.
125. NANNI, Giovanni Ettore. *Enriquecimento sem causa*, cit., p. 272-277.
126. KONDER, Carlos Nelson. Enriquecimento sem causa e pagamento indevido, cit., p. 148-149.
127. KONDER, Carlos Nelson. Enriquecimento sem causa e pagamento indevido, cit., p. 148-149.
128. Segundo Francisco Manuel Pereira Coelho: "A intervenção ou ingerência de uma pessoa nos direitos ou bens jurídicos alheios, quer se trate do uso, do consumo ou da alienação desses bens, pode trazer, e traz na verdade frequentes vezes, uma vantagem patrimonial ao autor daquela ingerência ou intervenção. A tal vantagem patrimonial se chama "lucro por intervenção", ou "lucro da intervenção", (...); fala-se em "interventor" e "titular do direito" para designar, respectivamente, o autor da intervenção e aquele em cuja esfera jurídica a intervenção se deu. E a questão que se discute é a de saber se o interventor faz seu o lucro da intervenção ou é obrigado a entregá-lo ao titular do direito, em que medida e com que fundamento. Assim posta a questão, vê-se logo que são vários os casos possíveis. Aquele acto de intervenção na esfera jurídica alheia pode constituir ou não o interventor em uma obrigação de indemnizar, pode causar ou não um dano ao titular do direito e, causando um dano, pode este

alocação adequada do lucro da intervenção na categoria do enriquecimento sem causa é uma questão em debate, dada a insuficiência desse último para lidar com contingências lucrativas inovadoras, particularmente decorrentes da utilização de aparato tecnológico inovador e que é capaz de ressignificar a compreensão que se tem sobre o objeto gerador de ganhos a quem o explora, especialmente pela sofisticação da matéria.

Para situações tradicionalmente analógicas, pairam poucas dúvidas em relação à possibilidade de locupletamento por exploração de patrimônio alheio sem a devida justificação. Todavia, em relação ao elemento 'lucro', pairam dúvidas que colocam a própria razão de ser do enriquecimento sem causa em xeque, levando a questionamentos sobre sua diferenciação conceitual em relação ao dano – pressuposto da responsabilidade civil – para fins de definição do melhor instituto de fundamentação da pretensão formulada.

1.2.1 Dimensão estrutural e enquadramento dogmático: entre o dano e o lucro

Entre os conceitos de dano e lucro, verdadeiro limbo conceitual permeia as leituras doutrinárias mais abalizadas.[129] É pela via da intervenção sobre bens ou direitos alheios que se concebe o avanço dogmático em torno da proposta de sistematização do lucro da intervenção como figura atípica no ordenamento.[130] Em primeiro lugar, impõe-se considerar que a relevância do enriquecimento por prestação é reduzida para que, em seu lugar, o enriquecimento por intervenção

---

ser igual, superior ou inferior ao enriquecimento do interventor. De um modo geral, pode dizer-se que a *descorrelação* entre o enriquecimento e o dano resulta de o uso, aproveitamento ou exploração económica que o interventor fez dos bens objecto da intervenção serem diversos dos que teria feito o titular do direito se a intervenção não se tivesse dado. Um exploraria os bens e o outro não, ou um explorá-los-ia de uma maneira e o outro de maneira diferente". COELHO, Francisco Manuel Pereira. *O enriquecimento e o dano*. 2. reimpr. Coimbra: Almedina, 2003. p. 7-9.

129. Com efeito: "A doutrina do enriquecimento sem causa, imputada a Pomponius, e introduzida pelos compiladores no título *De diversis regulis iuris antiqui* (D.50.17.206) segundo a qual *"iure naturae aequum est neminem cum alterius detrimento et iniuria fieri locupletiorem"* é tradicionalmente associada ao sistema romano das *condictiones*. (...) No entanto, apesar de ser relativamente nebulosa a origem e a natureza deste sistema no Direito Romano, parece hoje claro que nem a origem da *condictio* nem o seu funcionamento na época clássica podem justificar essa associação, que apenas surge numa época posterior". LEITÃO, Luís Manuel Teles de Menezes. *O enriquecimento sem causa no direito civil*, cit., p. 61-62.

130. Nos dizeres de Sérgio Savi, "[h]á, pelo menos, duas alternativas para resolver o problema do lucro da intervenção no âmbito da responsabilização civil: admitir uma nova forma de cálculo da indenização, que leve em consideração os lucros obtidos pelo ofensor; ou aceitar a chamada 'indenização punitiva', que utiliza o grau de culpa do ofensor e os benefícios económicos por ele auferidos para determinar o valor a ser 'indenizado'". SAVI, Sérgio. *Responsabilidade civil e enriquecimento sem causa*, cit., p. 21. A terceira saída, sugerida por Savi, é a viabilização da cumulação de pretensões diversas, restitutória e indenizatória, quando a intervenção causar o locupletamento do interventor e, simultaneamente, dano ao titular do direito.

seja estudado com maior profundidade e detalhamento, ampliando seus horizontes enquanto remédio restitutório, como defende a doutrina majoritária, ou, alternativamente, propiciando remoção de lucros ilícitos (*disgorgement of profits*) ou a restituição de ganhos ilícitos (*restitutionary damages*) pela incidência ampliada da responsabilidade civil de espectro polifuncional.

Em relação a sistemas como o alemão, no qual é possível recorrer ao remédio restitutório para que prestações geradoras de incrementos patrimoniais injustificados sejam afastadas, é o próprio princípio da abstração que incide para conectar o preceito à estrutura restitutória e ao enriquecimento sem causa. Na experiência brasileira – e de outros países da Europa continental –, porém, prevalece a percepção de que as regras sobre invalidade e resolução do contrato cobrem a maior parte dos casos em que se dá um enriquecimento por prestação, justificando-se a opção legislativa pela subsidiariedade e conferindo sentido mais restrito ao termo 'pretensão'. Sem embargo, o enriquecimento por prestação é marcado pela definição do fim da prestação através de um negócio jurídico unilateral.[131]

O conceito de prestação, na teoria do enriquecimento sem causa, tem sentido diverso do que é ínsito à teoria geral das obrigações, ramo do direito civil no qual se busca tutelar o comportamento a partir do qual o credor passa a ter direito de exigir algo do devedor, podendo esse comportamento consistir em uma ação ou omissão revestida de patrimonialidade.[132] Na teoria do enriquecimento sem causa, contudo, como o objetivo é retroceder os efeitos de um comportamento prestacional, a própria prestação é entendida como aumento patrimonial direcionado a um plano jurídico-obrigatório.[133]

Não se confunde, aliás, com o conceito de pagamento, que, em sentido técnico, significa a execução de qualquer obrigação pelo cumprimento levado a efeito pelo credor, o que corresponde à clássica figura do pagamento indevido,[134] atualmente tutelada no artigo 876 do Código Civil. Pela previsão do dispositivo, o pagamento indevido corresponde à situação em que alguém recebe o que não lhe é devido e, por tal motivo, fica obrigado a restituir, sendo necessário, portanto,

---

131. LEITÃO, Luís Manuel Teles de Menezes. *O enriquecimento sem causa no direito civil*, cit., p. 466.
132. COSTA, Mário Júlio de Almeida. *Direito das obrigações*, cit., p. 437. Anota: "Como decorre da letra deste preceito, trata-se dos casos em que a ordem jurídica regula as consequências econômicas de uma atribuição patrimonial, impondo ao beneficiado uma obrigação com objecto diverso (...). Sempre restará, todavia, o problema de saber, mediante interpretação da norma considerada, se esta afasta o recurso complementar ao enriquecimento sem causa".
133. TRINDADE, Marcelo. Enriquecimento sem causa e repetição de indébito. *Revista Trimestral de Direito Civil*, Rio de Janeiro, v. 5, n. 18, p. 235-261, abr./jun. 2004. p. 236.
134. MARTINS-COSTA, Judith. Direito restituitório. Pagamento indevido e enriquecimento sem causa. Erro invalidante e erro elemento do pagamento indevido. Prescrição. Interrupção e "dies a quo". *Revista dos Tribunais*, São Paulo, v. 104, n. 956, p. 257-295, jun. 2015. p. 258.

que haja uma prestação visando cumprir uma obrigação *stricto sensu*, que, na verdade, não é devida.

Além disso, é fundamental compreender que a análise do lucro da intervenção no contexto da responsabilidade civil requer uma avaliação criteriosa dos critérios que regem a restituição e a reparação diante de situações de enriquecimento indevido. A complexidade desses conceitos se reflete na necessidade de estabelecer distinções claras entre o enriquecimento por prestação, que envolve uma prestação indevida, e o pagamento indevido, que pressupõe a existência de uma obrigação estrita.

Na teoria do enriquecimento sem causa, a compreensão de quando um enriquecimento é injustificado e, portanto, sujeito a restituição ou reparação, é fundamental para a aplicação adequada do direito. É necessário considerar não apenas o aspecto patrimonial, mas também os princípios subjacentes à responsabilidade civil, como a equidade e a justiça. Portanto, a delimitação precisa desses conceitos é essencial para garantir que o ordenamento jurídico possa lidar eficazmente com situações em que o lucro da intervenção se manifesta, adaptando-se assim aos desafios contemporâneos trazidos pela evolução tecnológica e pelas complexidades das relações jurídicas modernas.

1.2.2 Dimensão restitutória propriamente dita: a remoção de ganhos ilícitos

A dimensão restitutória propriamente dita engloba a remoção de ganhos ilícitos como um dos pilares fundamentais da justiça civil. Trata-se de um conceito que se estende além da mera compensação por danos causados, pois visa restituir ao prejudicado os benefícios obtidos indevidamente por outrem.[135] Essa faceta da responsabilidade civil é especialmente relevante em situações em que a pessoa enriquece à custa de outra de maneira injustificada,[136] muitas vezes sem

---

135. A propósito do desafio quanto à atuação ilícita ancorada no anonimato virtual, conferir, por todos, RESTA, Giorgio. Anonimato, responsabilità, identificazione: prospettive di diritto comparato. *Il Diritto dell'Informazione e dell'Informatica*, Milão, ano XXX, n. 2, p. 171-205, 2014. p. 202-205.
136. Explica Paolo Gallo: "In a certain sense, the opposite situation occurs when the person enriched is not the active subject but the passive one, as when someone improves the property of another in the mistaken belief of being the owner; or erects a protective wall against the sea that indirectly benefits also his neighbors. The distinction is well-known and clear. In these cases, while the enrichment is clear, it is debatable whether the acting party should have the right to be compensated for his unrequested services. In effect, his right to be repaid collides with the right of each one of us to enjoy full dominion over our property. Moreover, to compel the enriched to pay for an unrequested good or service can lead to an undesired modification of the properties he owns". GALLO, Paolo. Unjust enrichment: a comparative analysis. *The American Journal of Comparative Law*, [S.l]. v. XL, n. 2, p. 431-465, 1992. p. 452-453.

a ocorrência de um dano direto, mas ainda assim, em detrimento da equidade e da moralidade.

A remoção de ganhos ilícitos busca restabelecer o equilíbrio patrimonial, garantindo que ninguém lucre indevidamente às custas de terceiros. Isso implica não apenas na devolução dos valores obtidos de forma injusta, mas também na dissuasão de práticas abusivas e desonestas. Em uma sociedade cada vez mais complexa e interconectada, onde as oportunidades de obtenção de lucros ilícitos podem ser diversas e sutis,[137] a dimensão restitutória ganha destaque como um instrumento essencial para preservar a integridade do sistema jurídico e garantir que as relações comerciais e pessoais sejam pautadas pela justiça e pela equidade.

Portanto, a remoção de ganhos ilícitos representa um elemento crucial na aplicação do enriquecimento sem causa e da responsabilidade civil como um todo. Ela não apenas compensa os prejudicados, mas também promove a ética nas relações jurídicas, servindo como um baluarte contra práticas injustas e contribuindo para a construção de uma sociedade baseada em princípios de justiça e igualdade.

1.2.3 O problema da apuração/quantificação de lucros

O problema da apuração e quantificação de lucros em casos de enriquecimento sem causa por lucro da intervenção é uma questão complexa que desafia a aplicação eficaz de qualquer solução jurídica que pretenda estratificar. A dificuldade reside na necessidade de determinar com precisão os ganhos obtidos de maneira indevida, muitas vezes em situações do mundo real que envolvem múltiplas variáveis, mas cômputo estimatório ou valorado equitativamente.[138] Essa incerteza na quantificação dos lucros pode dificultar a busca por uma restituição justa e adequada[139] e acaba por reverberar consequências muito similares

---

137. VIRGO, Graham. Restitutionary remedies for wrongs: causation and remoteness. In: RICKETT, Charles E. F. (Ed.). *Justifying Private Law Remedies*. Oxford: Hart, 2008. p. 301. Comenta: "It is all very well to assert that no wrongdoer should profit from a wrong, bot how do we determine what profit has arisen from a wrong? This raises important and difficult issues concerning the definition of profits and determining which profits were caused by the commission of the wrong, which in turn involves consideration of the appropriate tests of causation and remoteness of profits".
138. Segundo Rafael Marinangelo: "A única opção do juiz, portanto, é efetuar uma estimativa discricionária, o mais próximo da realidade possível. O problema reside em saber até que ponto o valor arbitrado constitui efetivo ressarcimento do dano causado pela lesão à integridade física ou à honra da pessoa, ou extrapola-o, configurando pena privada. Como estabelecer (...) o ponto além do qual cessa o ressarcimento do dano para adentrar o campo da pena privada?" MARINANGELO, Rafael. *Indenização punitiva e o dano extrapatrimonial na disciplina dos contratos*. Indaiatuba: Foco, 2022. p. 51.
139. Tratando especificamente da quantificação por intromissão em direito alheio Paolo Gallo assim se posiciona: "In my opinion the best solution is to divide the profit equally among the various factors which have contributed to its creation, in proportion to the contribution of each, save in particular

às que embasam as dúvidas relacionadas ao inadimplemento e à apuração de danos patrimoniais na responsabilidade civil.[140]

A falta de estruturas claras para avaliar esses ganhos pode resultar em disputas prolongadas e incertezas jurídicas que podem acabar por esvaziar o contexto de aplicação do enriquecimento sem causa para fins de fundamentar eventual pretensão restitutória, haja ou não dano apto a fundamenta pretensão cumulativa de natureza indenizatória. Além disso, a natureza fluida e globalizada das transações comerciais – hoje predominantemente digitais – aumenta o potencial de distorções dessa natureza, o que leva à conclusão preliminar de que as fórmulas mais tradicionais de apuração e quantificação podem não responder suficientemente à complexidade desses casos.[141] Novos modos de identificação e

---

circumstances that might justify a greater liability. Thus, if someone makes money by using the goods, rights or copyrights of another, he should be allowed to keep the profits, save the obligation to remunerate the owner of the goods or rights utilized. Against this solution it is possible to argue that it may encourage wrongful behavior. If the wrongdoer is only liable for damages, and is entitled to the profits realized, he has an incentive to behave wrongfully. From this perspective, the obligation to pay damages would be considered no more than one of the costs of producing the profit. In my opinion, however, this consideration is not enough to justify a duty of restitution extending to the entire profit. The production of new wealth has a social function and should always be encouraged". GALLO, Paolo. Unjust enrichment: a comparative analysis, cit., p. 452. Em sentido contrário, defendendo a possibilidade da transferência integral dos lucros obtidos indevidamente, confira-se, por exemplo, a posição de Nelson Rosenvald: "Somente em um sistema plurifuncional de responsabilidade civil é possível estabelecer uma interlocução com o resgate e a restituição de lucros ilícitos. Para a doutrina que encapsula a responsabilidade civil em uma função compensatória, prevalece a regra da extensão do dano como medida de reparação (art. 944, CC), delegando-se a outros setores do ordenamento jurídico a tarefa de suprimir ganhos indevidos ou restituir despesas economizadas de forma antijurídica. No estágio atual do direito brasileiro, dentre os possíveis equivalentes funcionais – gestão de negócios, dano moral, dano moral coletivo – os contributos doutrinários e jurisprudenciais remetem a restituição de benefícios ao setor do enriquecimento sem causa". ROSENVALD, Nelson. *A responsabilidade civil pelo ilícito lucrativo*, cit., p. 540.

140. Paolo Gallo trata do tema se reportando à "teoria do saldo", de origem alemã (*Saldotheorie*): "Giunti a questo punto è peraltro possibile effettuare un passo ulteriore. Si immagini per esempio un comunissimo contratto di compravendita in cui il venditore consegna un'automobile ed il compratore paga il corrispettivo. Si immagini ancora che dopo l'esecuzione del contratto l'auto subisca un incidente non dovuto a colpa dell'acquirente e si trasformi in un rottame. Nei casi di questo genere, se si applicasse il regime ordinario dell'indebito, in caso di nullità del contratto mentre il venditore sarebbe in ogni caso tenuto a restituire l'intero corrispettivo conseguito, il compratore potrebbe liberarsi restituendo solo il rottame. Per ovviare ad un tale stato di cose in Germania si è fatta applicazione alle obbligazioni restitutorie della teoria del saldo (*Saldotheorie*). In questa prospettiva le obbligazioni restitutorie risultano reciprocamente condizionate, nel senso cioè che ciascuna parte sarà tenuta a restituire solo nella misura in cui anche la controparte sia in grado di adempiere al suo obbligo restitutorio". GALLO, Paolo. Restituzioni contrattuali. In: SACCO, Rodolfo (Dir.). *Digesto delle discipline privatistiche. Sezione Civile*. Aggiornamento XII. Milão: UTET/Wolters Kluwer Italia, 2019. p. 902.
141. Nesse sentido, Schreiber e Silva propõem a seguinte reflexão: "O enquadramento sistemático do lucro da intervenção como modalidade de enriquecimento sem causa traz consequências quer no tocante ao reconhecimento da possibilidade de cumulação das pretensões referentes ao lucro auferido pelo interventor e ao dano sofrido pelo titular do direito; quer no tocante aos critérios de quantificação que devem ser compatíveis com o enquadramento da figura no campo do direito restitutório. O lucro

quantificação de lucros obtidos de forma injusta, inclusive por monitoramento em tempo real de sistemas digitais, podem se revelar mais úteis.

Portanto, a abordagem desse problema requer a adaptação das estruturas clássicas para lidar com as particularidades das transações digitais e a economia digital. É essencial desenvolver métodos e critérios mais eficazes para a apuração e quantificação[142] de lucros ilícitos, garantindo assim que a justiça seja feita em um cenário cada vez mais complexo e tecnologicamente avançado.

1.3 DIREITO DE DANOS E A PARALELA EVOLUÇÃO DA RESPONSABILIDADE CIVIL PELA PERSPECTIVA DE SUAS MÚLTIPLAS FUNÇÕES

Peter Birks sempre destacou que a completude da função restitutória (*restitutio*) envolveria dupla dimensão: devolução, mas também cessação ("*giving back, but also giving up*").[143] Porém, o próprio verbo 'restituir', em sua etimologia, denota a ideia de retorno, recomposição, restabelecimento. Seu uso como um termo generalista não é usual e, por isso mesmo, outros institutos mais específicos passaram a ser contemplados pela doutrina. Uma dessas possibilidades é o *disgorgement of profits* – que será analisado adiante – e outra é o enriquecimento sem causa.[144]

A compreensão de suas diferenças, porém, não é tão simples, pois gera constante confusão com a responsabilidade civil.[145] A alocação de deter-

---

da intervenção continua a ser um tema merecedor de investigação mais profunda em nossa doutrina, mas tais premissas permitem corrigir desvios de rota que vão se formando em nossa jurisprudência, na qual o lucro da intervenção vem constantemente "ocultado" de modo mais ou menos deliberado sob a categoria dos lucros cessantes (...)". SCHREIBER, Anderson; SILVA, Rodrigo da Guia. Lucro da intervenção: perspectivas de qualificação e quantificação. *Anais do XV Encontro dos Grupos de Pesquisa do Instituto Brasileiro de Direito Civil*, 2018, São Paulo. Direito civil: estudos. São Paulo: Blucher, 2017. v. 1. p. 203.

142. LINS, Thiago Drummond de Paula. *O lucro da intervenção e o direito à imagem*. Rio de Janeiro: Lumen Juris, 2016. p. 189.
143. BIRKS, Peter, cit., p. 21-22.
144. ROSENVALD, Nelson. *A responsabilidade civil pelo ilícito lucrativo*, cit., p. 127. Comenta: "Haveria também uma distinção entre as expressões "enriquecimento injustificado" e "enriquecimento sem causa" no interno das jurisdições da *civil law*? A resposta é negativa, pois a ausência de causa não é outra coisa senão a forma tradicional de afrontar o problema do caráter injustificado do enriquecimento com o enfoque *sine causa*, próprio da tradição do direito civil continental".
145. Segundo Paolo Gallo, "particolare rilevanza in materia di arricchimento senza causa assumono i casi in cui qualcuno riesce a realizzare un profitto utilizzando risorse che per lo meno in parte competono ad altri. Si pensi per esempio ad un falegname il quale utilizzi legno che appartiene ad un vicino per costruire un mobile; o ancora a chi utilizzi un bene altrui, lo alieni, e così via. In tutti questi casi ovviamente se la lesione è stata perpetrata con dolo o con colpa non sarà difficile ravvisare gli estremi della responsabilità civile, con conseguente obbligo di risarcire l'intero danno, pari al valore dell'entità

minado evento danoso numa ou noutra categoria demanda esforço interpretativo da casuística à luz das diversas possibilidades apresentadas pelo ordenamento.[146]

No Brasil, o enriquecimento sem causa está tratado nos artigos 884 a 886 do Código Civil e noutras hipóteses pontuais, como o pagamento indevido (arts. 876 e ss.). Trata-se de instituto dotado de características próprias, que não se confunde com cláusulas de responsabilidade civil decorrentes do ilícito (art. 186) ou do risco (art. 927, parágrafo único), tampouco se confunde com o abuso de direito, embora se possa dizer que a leitura do enriquecimento sem causa guarda pertinência com a dogmática da responsabilidade civil.

Suas origens remontam à cláusula *compensatio lucri cum damno*, do direito romano e, essencialmente, trata-se de compensar 'vantagens' e 'prejuízos', indicando a "possibilidade de uma só conduta implicar, para a vítima, vantagens e desvantagens, sem que se possa perfazer adequadamente o escopo da responsabilidade civil ignorando-se qualquer de tais aspectos".[147]

Pela *compensatio*, deve ser viável o fundamento da compensação entre vantagens e prejuízos; noutros termos, o enriquecimento (primeiro requisito), sem justa causa (segundo requisito) e à custa de outrem (terceiro requisito), deve se materializar para que se cogite da compensação. Noutros termos, é imprescindível que fique evidenciado que a parte que busca a compensação não deve ser enriquecida injustamente à custa do dano sofrido; para isso, deve existir uma conexão direta entre o lucro obtido e o dano sofrido. Em outras palavras, o lucro deve ser resultado do dano. Outrossim, a parte que sofreu o dano deve ter agido de boa-fé, e o enriquecimento da parte que busca a compensação não pode ser decorrente de condutas fraudulentas ou inadequadas por parte da vítima.

Naturalmente, "o que será objeto da restituição em tais casos serão as consequências apreciáveis em dinheiro, a denominada vantagem patrimonial indireta".[148] Porém, há certa controvérsia doutrinária quanto à necessidade de

---

sottratta o distrutta. Il problema di una eventuale responsabilità nei limiti dell'arricchimento può sorgere quando non sia ravvisabile l'elemento psicologico della violazione; la lesione dell'altrui diritto o situazione protetta sia cioè avvenuta in buona fede, senza la consapevoleza di ledere l'altrui diritto". GALLO, Paolo. Arricchimento senza causa, cit., p. 101.

146. O tema sempre instigou a doutrina do *common law*. O próprio Peter Birks, por exemplo, elaborou concepção própria a partir da 'ausência de base' ('*absence of basis*'), propondo metodologia taxonômica para a aplicação dos diversos remédios, típicos da tradição anglo-saxã, para o enfrentamento das diversas conjecturas geradoras de danos. BALOCH, Tariq. *Unjust enrichment and contract*, cit., p. 44-46.

147. SILVA, Rodrigo da Guia. *Enriquecimento sem causa*, cit., p. 120.

148. TEPEDINO, Gustavo; BARBOZA, Heloisa Helena; MORAES, Maria Celina Bodin de. *Código Civil interpretado conforme a Constituição da República*. 2. ed. Rio de Janeiro: Renovar, 2012, v. II. p. 754.

identificação de um elo (nexo de causalidade) entre o enriquecimento de uma parte e o empobrecimento de outra.[149]

Trata-se de um instituto clássico, mas que apresenta suas limitações.[150] E, para além dessa constatação, o que a doutrina aponta não é apenas uma dificuldade de correlação do empobrecimento de uma parte ao enriquecimento da outra; o problema está na aferição,[151] ou seja, há verdadeira tendência à vinculação das vantagens obtidas a partir do ato lesivo a uma conduta do próprio lesante/enriquecido, que não envolve – diretamente – a extração de valor da esfera patrimonial do lesado; não é de fácil identificação, nos moldes da cláusula compensatória do artigo 884 do Código Civil, o prejuízo eventualmente compensável com o enriquecimento da parte lesante.

Segundo Rodrigo da Guia Silva, "soaria estranho, com efeito, imaginar que o causador do dano pudesse pleitear alguma restituição, tal como se lhe fosse dado determinar a destinação econômica do bem ou direito alheio".[152] Isso conduz à identificação da inadequação do enriquecimento sem causa como fator de justificação da *compensatio lucri cum damno*. Assim, embora o instituto mereça reconhecimento, na exata medida em que proporciona uma leitura 'para além do dano', fulcrada no lucro, a lógica meramente compensatória é limitante, despicienda, e o debate passa a demandar investigação diversa, mais ampla, no afã de trazer luz a um contexto específico e ainda pouco explorado da reparação civil lastreada em múltiplos remédios, cada qual funcionalmente pertinente a um ou outro contexto.

---

149. Sustentando a necessidade dessa vinculação causal, conferir NANNI, Giovanni Ettore. *Enriquecimento sem causa*, cit., p. 250; LEITÃO, Luís Manuel Teles de Menezes. *O enriquecimento sem causa no direito civil*, cit., p. 24-33.
150. Para Rosenvald, "aqui entra um ponto fulcral: o alcance da restituição. Os defensores da teoria da antijuridicidade admitem a restituição dos ganhos obtidos pelo intromissor (equivalente ao *disgorgement*), com independência da qualidade da reprovabilidade ou valoração da conduta antijurídica (seja esta dolosa, culposa ou mesmo irrepreensível). Lado outro, os partidários da teoria da atribuição propugnam por uma medida diversa, que seria o valor pago para adquirir legitimamente a faculdade usurpada (o valor de uso ou disposição), com o objetivo de reintegrar o direito ou faculdade usurpados, reequilibrando os patrimônios". ROSENVALD, Nelson. *A responsabilidade civil pelo ilícito lucrativo*, cit., p. 141.
151. SILVA, Rodrigo da Guia. *Enriquecimento sem causa*, cit., p. 124-125. Anota: "Tais razões levam a concluir que a aparente similitude entre as definições de enriquecimento (pressuposto da cláusula geral do dever de restituição) e de lucro (elemento mencionado na expressão latina *compensatio lucri cum damno*) não basta para justificar a vinculação da *compensatio* à vedação ao enriquecimento sem causa. Se não se verificam os pressupostos para a deflagração da obrigação restitutória – tarefa argumentativo-probatória para a qual o usualmente sequer se empreende maior esforço –, não parece fazer sentido a cogitação de que haveria enriquecimento (restituível) a compensar com o dano (indenizável)".
152. SILVA, Rodrigo da Guia. *Enriquecimento sem causa*, cit., p. 125.

O objeto da restituição, no enriquecimento sem causa, também apresenta suas peculiaridades,[153] pois eventual variação de valor da pretensão deverá ser calculada no momento da propositura da *actio in rem verso*, a indicar a necessidade de atualização do total a ser restituído a patamares atuais. Nem sempre, porém, haverá má-fé daquele que se enriqueceu, de modo que a remoção da vantagem auferida não pode ser confundida com a tradicional reparação do dano, como se dá na responsabilidade civil tradicional.

Segundo Carlos Nelson Konder, "[a] reparação do dano sofrido, quando ocorre, é sempre indireta, pois o que se busca é remover a vantagem auferida por um para transferi-la a quem ela era de direito".[154] Evidencia-se, nesse aspecto, a distinção entre a responsabilidade civil e o enriquecimento sem causa: por um lado, a primeira confere uma proteção dinâmica ao patrimônio,[155] dela emanando o princípio *neminem laedere* e a função reparatória; por outro lado, o segundo representaria uma proteção estática ao patrimônio que contemplaria hipóteses mais restritas e não acobertadas pela responsabilidade civil, pois o intuito não é reparar o dano, mas forçar a parte que se enriqueceu a restituir o valor correspondente.

Surge, nesse âmbito, a figura identificada pela doutrina brasileira como 'lucro da intervenção', extraída de uma compreensão assertiva da dicotomia ente as categorias dos *gain-based damages*.[156] Havendo ganhos ilícitos, sua restituição passa a ser compreendida como um 'gênero'[157] e a controvérsia se aguça, pois a experiência do *common law* é repleta de nuances muito particulares quando comparada a base teórica do *civil law*, não sendo prudente a mera importação de conceitos e institutos. Não obstante, é inegável que há vantagens na análise comparativa dos institutos, pois suas nuances podem propiciar releituras específicas de temas mais tradicionais da experiência jurídica local, robustecendo compreensões novas sobre os desafios impostos pela transformação social.

---

153. James Edelman aponta a usual leitura que se faz do enriquecimento sem causa a partir do conceito de 'pagamento indevido': "The archetypal action in unjust enrichment is an action for restitution of a mistaken payment. (...) Although it is now clear that a mistaken payment is not a wrong but an action in unjust enrichment, an attempt might have been made to characterise this cause of action as a breach of a duty to repay the money in order to suggest that the cause of action is a wrong". EDELMAN, James. *Gain-based damages*: contract, tort, equity and intellectual property. Oxford: Hart Publishing, 2002. p. 33.
154. KONDER, Carlos Nelson. Enriquecimento sem causa e pagamento indevido, cit., p. 379.
155. DIAS, Wagner Inácio Freitas. O problema do enriquecimento sem causa no direito civil brasileiro. *Revista Síntese de Direito Civil e Processual Civil*, Porto Alegre, v. 6, n. 35, p. 55-59, maio/jun. 2005. p. 55-56.
156. Apontando a existência de duas modalidades de *gain-based damages*, quais sejam, os *restitutionary damages* e os *disgorgement damages*, conferir EDELMAN, James. *Gain-based damages*, cit., p. 2-3.
157. ROSENVALD, Nelson. *A responsabilidade civil pelo ilícito lucrativo*, cit., p. 268-270.

1.3.1 A noção de dano injusto e a lapidação do conceito de 'ilícito'

Historicamente, a paulatina diminuição da relevância da ilicitude na aferição do dano, aliada à recrudescente preocupação com a vítima (e sua reparação), e não com o ofensor (e sua reprovação), conduziu a reestruturação dogmática da responsabilidade civil para a identificação do dano a partir da lesão a interesse juridicamente tutelado e digno de proteção pelo ordenamento jurídico.

Separou-se a noção de dano injusto do ato ilícito e, para permitir sua tutela jurídica *ex post*, evitando que todo e qualquer dano fosse objetivamente indenizável, os atributos de certeza e atualidade passaram a importar ainda mais. A expressão "direito de danos"[158] passa a indicar novo plexo de situações merecedoras de tutela jurídica, para além da tradicional concepção identificadora do dano em sentido material (a partir do prejuízo econômico ou mesmo emocional).[159]

António Menezes Cordeiro acentua que a causalidade é produto de uma valoração jurídica.[160] E, nesse contexto, o propósito de se estudar o nexo de causalidade, para efeitos de responsabilidade civil, tem sua relevância atrelada à relação "entre a injuridicidade da ação e o mal causado",[161] o que pode ser melhor compreendido pela leitura dos dizeres de Geneviève Viney: "cabe ao jurista verificar se entre os dois fatos conhecidos (o fato danoso e o próprio dano) existe um vínculo de causalidade suficientemente caracterizado".[162]

A causalidade direta e imediata tem seu nascedouro na acepção desdobrada da noção naturalística de causa e efeito, que sempre simbolizou barreiras cognitivas imanentes à tutela dos danos indiretos ou remotos, suscitando polêmicas na medida em que, embora "excluísse a ressarcibilidade do chamado dano indireto ou remoto, (...) tal abordagem gerava, em certos casos, enorme injustiça".[163]

---

158. DÍEZ-PICAZO, Luis. *Derecho de daños*. Madrid: Civitas, 1999. p. 314. Anota: "Para que un daño sea indemnizable, además de concurrir necesariamente un título de imputación subjetiva de la responsabilidad por apreciación de culpa o, en virtud de una norma jurídica, por el riesgo creado, es preciso que en el daño mismo concurran algunas condiciones o algunos requisitos. De esta suerte, trata el ordenamiento de limitar, por una parte, las consecuencias ulteriores de las acciones humanas y, por otra, el derecho al resarcimiento del perjudicado cuando pueden encontrarse serias razones para ello".
159. SCHREIBER, Anderson. *Novos paradigmas da responsabilidade civil*: da erosão dos filtros da reparação à diluição dos danos. 5. ed. São Paulo: Atlas, 2013. p. 108 *et seq*.
160. CORDEIRO, António Menezes. *Da responsabilidade civil dos administradores das sociedades comerciais*. Lisboa: Lex, 1996. p. 547.
161. PEREIRA, Caio Mário da Silva. *Responsabilidade civil*. Atualizado por Gustavo Tepedino. 12. ed. Rio de Janeiro: Forense, 2018. p. 105.
162. VINEY, Geneviève. *Traité de droit civil*: les obligations, responsabilité civile. Paris: Librairie Générale de Droit et de Jurisprudence, 1965. n. 333, p. 406.
163. SCHREIBER, Anderson. *Novos paradigmas da responsabilidade civil*, cit., p. 61-62. Nesse contexto, o autor ainda descreve o seguinte: "[d]esta forma, podem-se identificar danos indiretos, passíveis de ressarcimento, desde que sejam consequência necessária da conduta tomada como causa. De fato, a melhor doutrina conclui, atualmente, que a necessariedade consiste no verdadeiro núcleo da teoria

Por certo, a teoria da causalidade direta e imediata restou refletida no texto legal de diversos ordenamentos (a exemplo do art. 403[164] do Código Civil de 2002), o que é alvo de intensas críticas doutrinárias, na medida em que o 'outro lado da moeda', ou seja, a teoria da causalidade alternativa incerta, também é tema tormentoso para a doutrina pátria, em especial devido à confusão que usualmente se faz entre causalidade e imputação,[165] o que pode se tornar expediente para conflitos no quadro jurisprudencial.

E, em relação a isso, mister destacar que doutrinadores como Pablo Malheiros da Cunha Frota[166] entendem ser prevalente no ordenamento brasileiro a teoria do dano direto e imediato, ao passo que outros, como Anderson Schreiber,[167] indicam uma celeuma jurisprudencial a evidenciar a aplicação de uma e de outra teoria sem um padrão equacionável de julgamento. Diversas são as tentativas doutrinárias de solução desse impasse, o que levou diversos autores a sucessivas tentativas de propugnar métricas abrangentes para o equacionamento dos desdobramentos causais.[168]

A certeza é atributo que propicia a qualificação de determinado dano como indenizável, impedindo que se indenize todo e qualquer dano, ainda que injusto; a atualidade, por sua vez, denota a impossibilidade de reparação do dano eventual ou hipotético, embora se admita a reparação do dano futuro e certo.[169]

Exatamente pela complexidade concernente ao conceito de dano (particularmente no *common law*[170]) é que o tema se torna peculiarmente relevante

---

da causalidade direta e imediata, não se excluindo a ressarcibilidade excepcional de danos indiretos, quando derivados necessariamente da causa em questão".

164. "Art. 403. Ainda que a inexecução resulte de dolo do devedor, as perdas e danos só incluem os prejuízos efetivos e os lucros cessantes por efeito dela direto e imediato, sem prejuízo do disposto na lei processual".
165. SCHREIBER, Anderson. *Novos paradigmas da responsabilidade civil*, cit., p. 75.
166. FROTA, Pablo Malheiros da Cunha. *Responsabilidade civil por danos*: imputação e nexo de causalidade. Curitiba: Juruá, 2014. p. 94.
167. SCHREIBER, Anderson. *Novos paradigmas da responsabilidade civil*, cit., p. 63.
168. FRADA, Manuel A. Carneiro da. *Direito civil, responsabilidade civil*: o método do caso. Coimbra: Almedina, 2010. p. 102. Anota: "Outra forma de contornar as dificuldades de prova da causalidade é o estabelecimento de presunções de causalidade, de considerar por exemplo naqueles casos em que a violação de um dever torna praticamente impossível a demonstração da causalidade".
169. NORONHA, Fernando. *Direito das obrigações*. 3. ed. São Paulo: Saraiva, 2010. p. 603.
170. DEAKIN, Simon; JOHNSTON, Angus; MARKESINIS, Basil. *Markesinis and Deakin's Tort Law*. Oxford University Press, 2012. p. 940. Os autores comentam: "Though one finds a great deal of case law and literature on damages, little effort has been devoted to defining damage. The common lawyer, unlike the civil lawyer, rarely asks himself the question 'What damage is redressable in a tort action?' since his system, for a long time, concentrated not on *damnum* but on *injuria*. The reason for this different emphasis is historical: damage awards lay, until comparatively recently, within the exclusive control of juries once the defendant's behavior had been found to be tortious. Only where damage was an element of tort itself could judges formulate rules in terms of damage. So the task of fixing the bound-aries of liability had to be achieved through those concepts over which the judge had exclusive

quando se investiga o contexto de reparação dos lucros cessantes, cujos limites decorrem de previsão legal, contida no artigo 402 do Código Civil.[171] Na casuística tradicional, a perquirição dos lucros cessantes é usualmente complexa,[172] pois envolve a formulação de juízos de probabilidade decorrentes da análise detalhada do nexo de causalidade.[173] A ocorrência de um "giro conceitual" do ato ilícito para o dano injusto foi decorrência de importantes avanços em matéria de responsabilidade civil.[174]

1.3.2 Antijuridicidade e ilicitude: dissonâncias e convergências

A definição de antijuridicidade adquire contornos peculiares e desafiadores quando comparada à noção de ilicitude para fins de delimitação do escopo desse valioso pressuposto da responsabilidade civil. Essa ocorrência se materializa na análise do enriquecimento sem causa na medida que a obtenção de um aumento patrimonial por parte de um sujeito, em detrimento de outrem, seja desprovida de justificação legal ou contraprestação equivalente.[175] Dessa forma, surge a questão

---

control. Causation, remoteness and, later, duty, were the obvious devices. This inheritance has still left its mark on modern law with the result that many issues of damages still receive – and have received in this book – their main attention under the general heading of causation".

171. SANSEVERINO, Paulo de Tarso Vieira. *Princípio da reparação integral*: indenização no Código Civil. 2. tir. São Paulo: Saraiva, 2010. p. 165. Anota: "(...) além das perdas em geral já sofridas pela vítima até o momento da sentença prolatada na ação indenizatória, em que o requisito da certeza de sua existência é de fácil aferição, a reparação inclui também prejuízos futuros (danos emergentes e lucros cessantes), desde que mantenham relação de causalidade com o evento danoso. (...) Nos lucros cessantes, que frequentemente incluem prejuízos ainda não ocorridos, o próprio legislador estabelece limites para sua indenização (art. 402 do CC/2002)".
172. SIRENA, Pietro. La restituzione dell'arricchiamento e il risarcimento del danno. *Rivista di Diritto Civile*, Pádua, ano 60, n. 1, p. 65-87, jan./fev. 2009. p. 65-66.
173. SANSEVERINO, Paulo de Tarso Vieira. *Princípio da reparação integral*, cit., p. 188. Anota: "Quando se busca o ressarcimento de novos prejuízos que a vítima venha a sofrer no futuro, a questão torna-se mais delicada (...). Nessas hipóteses, o juiz deve ter muito cuidado em estabelecer o nexo de causalidade entre o fato e os danos, devendo formular um juízo de probabilidade. (...) O importante é deixar claro que a reparação integral exige que a indenização compreenda não apenas os prejuízos já implementados no momento da decisão da demanda indenizatória, mas também os futuros a serem suportados pelo lesado, que, avaliados com razoabilidade, mantenham uma relação de causalidade com o fato gerador da responsabilidade civil".
174. MORAES, Maria Celina Bodin de. *Danos à pessoa humana*: uma leitura civil-constitucional dos danos morais. Rio de Janeiro: Renovar, 2003. p. 177. Anota: "Daí porque, há mais de duas décadas, O. Gomes qualificava como 'a mais interessante mudança' na teoria da responsabilidade civil o que ele chamou de 'giro conceitual do ato ilícito para o dano injusto', que permite 'detectar outros danos ressarcíveis que não apenas aqueles que resultam da prática de um ato ilícito'. Substitui-se, em síntese, a noção de ato ilícito pela de dano injusto, mais amplo e mais social".
175. O tema é bem analisado por Rafael Peteffi da Silva: "O termo antijuridicidade é fruto do desenvolvimento observado na dogmática penal alemã. Quando os autores passaram a abandonar o latim e escrever em alemão, vários foram os termos utilizados para expressar o ato contrário ao direito, tais como *Unrecht*, *Rechtswidrigkeit* ou *Widerrechtlichkeit*. As primeiras traduções do instituto feitas para algumas línguas latinas, como o espanhol, ocorreram somente no século XX. Desde essa época, as

essencial acerca da conduta que se contrapõe ao ordenamento jurídico, desafiando a integridade das relações patrimoniais e incitando o exame dos fundamentos normativos que direcionam o sistema jurídico à disponibilização de remédios adequados à solução do caso.[176]

Esta situação se configura na efetivação de um incremento patrimonial por parte de um agente, em prejuízo de terceiro, desprovido de respaldo legal ou reciprocidade compensatória.[177] Nessa perspectiva, emerge a indagação primordial sobre a conduta que transgride o arcabouço jurídico, defrontando-se com a integridade das relações patrimoniais e suscitando a escrutinação dos princípios normativos que orientam a identificação de uma conduta antijurídica geradora de enriquecimento.[178]

Em estreita relação, a ilicitude, como núcleo essencial do enriquecimento sem causa, espelha a ausência de fundamento legal ou licitude na obtenção do incremento patrimonial. Sob essa perspectiva, identifica-se uma patente contravenção às normas jurídicas, haja vista que o ordenamento estabelece requisitos e diretrizes para a devida circulação de ativos e riquezas entre as partes e a aquisição de vantagens econômicas sem a observância dos parâmetros estipulados constitui, assim, uma transgressão ao princípio da justiça, resultando em disparidades que abalam a estabilidade das relações jurídicas, seja pela aquisição indevida obtenção de um acréscimo patrimonial, seja pela inadmitida causação de um dano.[179]

---

complexidades foram notadas, principalmente, em relação ao instável relacionamento semântico entre os termos ilicitude e antijuridicidade, muitas vezes, tidos por sinônimos e outras tantas vezes utilizados para marcar diferenças conceituais". SILVA, Rafael Peteffi da. Antijuridicidade como requisito da responsabilidade civil extracontratual: amplitude conceitual e mecanismos de aferição. *Revista de Direito Civil Contemporâneo*, São Paulo, v. 18, ano 6, p. 169-214, jan./mar. 2019. p. 172-173.

176. SILVA, Rodrigo da Guia. Fontes das obrigações e regimes jurídicos obrigacionais gerais: em busca do papel da vedação ao enriquecimento sem causa no direito civil contemporâneo, cit., p. 146.

177. GALLO, Paolo. Le ristituzioni contrattuali tra retroattività ed irretroattività. In: PASSAGNOLI, Giovanni; ADDIS, Fabio; CAPALDO, Giuseppina et al. (a cura di). *Liber Amicorum per Giuseppe Vettori*. Florença: Persona & Mercato, 2022. p. 1353-1393.

178. Contrapondo a responsabilidade civil e o enriquecimento sem causa, Francisco Manuel Pereira Coelho afirma o seguinte para identificar o traço distintivo de antijuridicidade entre um e outro: "No confronto entre a responsabilidade civil e o enriquecimento sem causa poderá partir-se daqui: no nosso direito (como, de resto, em qualquer legislação do tipo individualista) o enriquecimento é adquirido e o dano suportado, em princípio, pelo património de quem respectivamente o faz ou o sofre. E a ideia comum aos dois institutos – do enriquecimento sem causa e da responsabilidade civil – é que há casos em que o enriquecimento ou o dano *não deve ficar aí*, não deve ser *definitivamente* adquirido (o enriquecimento) ou suportado (o dano) por esse património, mas deve ser *deslocado* ou *transferido* para o património de outra pessoa". COELHO, Francisco Manuel Pereira. *O enriquecimento e o dano*, cit., p. 20.

179. Com efeito: "A teoria da ilicitude funda-se na concepção de Fritz Schulz, segundo a qual o fundamento de todas as pretensões de enriquecimento reside na ilicitude da intervenção, a qual se pode considerar também presente no âmbito do enriquecimento por prestação, derivada da aceitação de uma prestação não devida. No âmbito do enriquecimento por intervenção essa ilicitude resultaria de uma aquisição contrária ao direito, identificando-se por isso com a ausência de causa jurídica. Para Schulz, a quan-

Em relação à ilicitude, a ideia subjacente à intervenção geradora de lucro parte da prática de ato ilícito *lato sensu*, que viole direito alheio a ponto de gerar prejuízo tutelável pelo direito.[180] Em contraste, o termo antijuridicidade não denota sinonímia em todos os casos em que venha a ser empregado, especialmente quando se avalia o suporte fático que lhe dá lastro para que se possa aferir a noção de contrariedade ao direito atrelada a elemento culposo (também *lato sensu*) que integre o ato (comissivo ou omissivo),[181] e não o dano.

A análise do fenômeno do enriquecimento sem causa inquestionavelmente assume relevância substancial no âmbito doutrinário, incentivando a minuciosa investigação de seus requisitos. Sua complexidade suscita contribuições acadêmicas visando aprofundar o entendimento dos fundamentos que sustentam a proibição do enriquecimento sem causa no contexto jurídico e, em geral, implica considerações sobre seu valor para a tutela de situações jurídicas inovadoras – em particular quando se tem a exploração indevida de bens imateriais[182] alheios –, que fazem surgir questionamentos sobre o caráter subsidiário do instituto ou mesmo quanto à sua imprescindibilidade, se comparado a outros remédios, como a responsabilidade civil, ou mesmo quando se considera que a ilicitude pode se manifestar sem que haja dano indenizável, suscitando outras espécies de tutela, como a inibitória ou a possessória, mas não a indenizatória.[183]

---

tificação das acções como ilícitas, no âmbito do – sem causa –, não se reconduz à violação de normas de obrigação e de proibição, abrangendo antes todas as acções que representem uma ingerência em direitos subjectivos privados, que o titular não é obrigado a suportar e que, em consequência, o agente estaria obrigado a omitir. Sempre que exista uma actuação dessa natureza poderia assim o titular do direito lançar mão do enriquecimento por intervenção". LEITÃO, Luís Manuel Teles de Menezes. *O enriquecimento sem causa no direito civil*, cit., p. 767.

180. MORAES, Renato Duarte Franco de. Enriquecimento sem causa e o enriquecimento por intervenção, cit., p. 307. Comenta: "Sob a perspectiva legislativa, a teoria da ilicitude se baseia em leitura peculiar das normas que regulam o enriquecimento sem causa. A expressão "à custa de" – presente em tantas legislações – passa a ser compreendida como necessidade de que o benefício auferido pelo interventor corresponda a perda patrimonial do demandado. Por sua vez, a expressão "sem causa jurídica" deve ser interpretada como "de forma antijurídica".

181. SILVA, Rafael Peteffi da. Antijuridicidade como requisito da responsabilidade civil extracontratual, cit., p. 180.

182. Em relação ao tema, Menezes Leitão lembra que "(...) [Fritz] Schulz considerava inaceitável negar a utilização do enriquecimento por intervenção em caso de violação de direitos a bens imateriais e, em consequência, a teoria da ilicitude concede essa pretensão sempre que se verifique qualquer violação desses direitos, especialmente na hipótese de violação de direitos sobre marcas ou de actuação contra normas de concorrência. Já a teoria da destinação estabelece uma diferenciação consoante o âmbito de proteção da posição de que o empobrecido era titular (...) O enriquecimento sem causa permitiria obter o reembolso de todas as vantagens obtidas pelo violador desses direitos e posições jurídicas, incluindo na hipótese de concorrência desleal, que se poderia considerar abrangida por um conceito extensivo de acção ilícita". LEITÃO, Luís Manuel Teles de Menezes. *O enriquecimento sem causa no direito civil*, cit., p. 768.

183. SILVA, Rafael Peteffi da. Antijuridicidade como requisito da responsabilidade civil extracontratual, cit., p. 181.

Como visto, no rol dos expedientes jurídicos destinados a abordar a mencionada problemática, destacam-se a ação de repetição de indébito e a ação de enriquecimento sem causa como instrumentos voltados à restauração da equidade patrimonial e ao ressarcimento do prejuízo resultante do desequilíbrio ocasionado. Nesse contexto, a jurisprudência assume um papel de suma importância ao delinear os requisitos e critérios que devem ser satisfeitos para o êxito dessas demandas, assegurando, desse modo, a devida proteção dos direitos afetados.[184] No entanto, é imperativo ressaltar que a aplicação desses mecanismos exige uma análise minuciosa das circunstâncias factuais inerentes a cada caso específico, levando em consideração as particularidades das relações jurídicas estabelecidas entre as partes.

Ademais, é mister ressaltar que o fenômeno do enriquecimento sem causa ultrapassa os limites do Direito Civil, irradiando-se para outras esferas do Direito, notadamente o Direito Comercial e o Direito do Consumidor. Nesses domínios, manifesta-se a preocupação em salvaguardar os sujeitos em situação de vulnerabilidade contra práticas abusivas de enriquecimento indevido perpetradas por concorrentes e fornecedores, o que amplifica ainda mais a importância deste tema para o enriquecimento e o refinamento do ordenamento jurídico em sua totalidade, que pode acarretar ilícitos variados, de natureza multifacetada e não necessariamente atrelados à cláusula geral de responsabilidade civil.

No âmbito internacional, também se verifica uma diversidade relevante de abordagens quanto ao enriquecimento sem causa, visto que cada sistema jurídico possui suas peculiaridades e concepções normativas, das quais muitas já foram brevemente analisadas e apresentadas nos tópicos precedentes. De fato, a análise comparativa das legislações e jurisprudências de diferentes nações pode fornecer preciosas contribuições para a formulação de soluções mais eficazes e equitativas diante do desafio do enriquecimento injustificado, mas não elucida o problema em sua inteireza.

Não obstante as sutilezas e complexidades intrínsecas, a atenuação do enriquecimento injustificado assume caráter imprescindível para a preservação da segurança jurídica, da equidade material e da busca pela justiça idealizada, que afasta o elemento dano como cerne da investigação sobre eventual contrariedade ao direito e passa a operacionalizar leitura diversa, atenta à conduta do agente,

---

184. Com isso, "o resultado prático da teoria da ilicitude vem assim a ser a configuração do enriquecimento sem causa como uma pretensão de compensação independente de culpa, que aparece como complemento da responsabilidade civil, onde a violação de bens imateriais e de simples posições protegidas é tutelada de forma insuficiente". LEITÃO, Luís Manuel Teles de Menezes. *O enriquecimento sem causa no direito civil*, cit., p. 768.

que pode se dar por um agir positivo/comissivo ou por uma omissão, gerando imprescindível conjugação de elementos de aferição.[185]

A atuação do agente interventor é de relevância fundamental para tal análise, pois "a detenção de uma vantagem patrimonial, obtida a partir do patrimônio alheio teria, no entanto, um efeito indiciador da ilicitude do ter, a qual se situaria em paralelo com a violação do direito que ocorre para efeitos de responsabilidade civil".[186] Logo, no que pertine à análise dos aspectos subjetivos do enriquecimento sem causa, é imperativo ponderar sobre a preeminência da boa-fé e da lealdade nas relações jurídicas. A consideração destes parâmetros éticos na interpretação e aplicação das normas pode concorrer para uma abordagem mais equitativa diante de situações de enriquecimento injustificado, permitindo o estabelecimento de um equilíbrio entre o interesse individual e o interesse coletivo.

Ademais, no contexto de uma sociedade globalizada e interconectada, a cooperação entre as nações assume caráter fundamental para a mitigação do enriquecimento sem causa de natureza transnacional. A partilha de experiências e boas práticas entre as jurisdições pode facilitar a busca por soluções consensuais que enfrentem os desafios impostos por essa problemática em escala internacional.

Nesse ínterim, a tutela estatal, através de seus órgãos judiciários e demais instâncias administrativas, desempenha função primordial na repressão e prevenção do enriquecimento sem causa. A atuação do Poder Judiciário, fundamentada na imparcialidade, na segurança jurídica e na eficiência, revela-se essencial para assegurar a proteção dos direitos das partes envolvidas e a preservação da integridade do ordenamento jurídico como um todo. Portanto, a busca por soluções abrangentes e sistêmicas no contexto do enriquecimento sem causa deve abranger leitura cuidadosa da conduta geradora de locupletamento para que se possa aferir a antijuridicidade da mesma, conduzindo à formação da pretensão respectiva.

---

185. Valiosa a reflexão de Rafael Peteffi da Silva: "Para a aceitação do dano como *locus* operacional da antijuridicidade, ter-se-ia que se considerar o dano causado – mesmo entendido em seu conceito normativo, como violação do interesse juridicamente tutelado – de forma independente da conduta do autor do dano. Portanto, a lesão a um bem jurídico amplamente tutelado, como a vida, deveria ser sempre considerada como objetivamente ilícita. Todavia, como a verificação da antijuridicidade, nos casos concretos, obrigatoriamente redireciona o intérprete para as possibilidades de pré-excludentes – como a legítima defesa, por exemplo – resta impossível afastar a consideração da conduta do causador do dano. Nesse caso, o ato que resulta na morte de alguém, ou seja, produz o dano gravíssimo, não seria considerado antijurídico, pois justificado pela legítima defesa. A análise circunscrita ao dano, portanto, fixa-se sempre em uma abordagem prima facie do interesse juridicamente tutelado da vítima, dependendo da análise do fato gerador para determinar a existência de antijuridicidade em determinado caso concreto". SILVA, Rafael Peteffi da. Antijuridicidade como requisito da responsabilidade civil extracontratual, cit., p. 191.
186. LEITÃO, Luís Manuel Teles de Menezes. *O enriquecimento sem causa no direito civil*, cit., p. 772.

1.4 O ENRIQUECIMENTO NO MUNDO ANALÓGICO: UMA RECAPITULAÇÃO E UMA RELEITURA

O enriquecimento no mundo analógico remonta a um contexto histórico peculiar, no qual as relações sociais e econômicas eram predominantemente mediadas por meios físicos e presenciais para aferir lucros. Mesmo na sociedade contemporânea, inserida na era digital e marcada pela hiperconectividade, ainda existem situações frequentes em que a apuração de eventual enriquecimento se torna difícil, ou até mesmo impossível. Isso ocorre não apenas devido a dificuldades práticas, mas também por limitações matemáticas, uma vez que nem sempre se tem acesso a métricas que permitam calcular o lucro obtido à custa de terceiros.

A exploração do direito de imagem é um exemplo tradicional, que é lembrado pela doutrina e pela jurisprudência a partir de exemplos nos quais eventual ganho midiático, decorrente de exploração mercadológica baseada na utilização não consentida da imagem de outra pessoa (por vezes, uma celebridade) levará à necessidade de arbitramento do *quantum* a ser transposto da esfera patrimonial de quem explorou indevidamente esse bem.

O exemplo mais conhecido da jurisprudência brasileira envolveu julgamento do Superior Tribunal de Justiça em caso de interesse da atriz Giovanna Antonelli,[187] que teve seu nome e sua imagem veiculados em campanha publici-

---

187. Trata-se de importante precedente do Superior Tribunal de Justiça. Eis a ementa: Recurso especial. Direito civil. Uso indevido de imagem. Fins comerciais. Enriquecimento sem causa. Art. 884 do Código Civil. Justa causa. Ausência. Dever de restituição. Lucro da intervenção. Forma de quantificação. 1. Recurso especial interposto contra acórdão publicado na vigência do Código de Processo Civil de 2015 (Enunciados Administrativos 2 e 3/STJ). 2. Ação de indenização proposta por atriz em virtude do uso não autorizado de seu nome e da sua imagem em campanha publicitária. Pedido de reparação dos danos morais e patrimoniais, além da restituição de todos os benefícios econômicos que a ré obteve na venda de seus produtos. 3. Além do dever de reparação dos danos morais e materiais causados pela utilização não autorizada da imagem de pessoa com fins econômicos ou comerciais, nos termos da Súmula 403/STJ, tem o titular do bem jurídico violado o direito de exigir do violador a restituição do lucro que este obteve às custas daquele. 4. De acordo com a maioria da doutrina, o dever de restituição do denominado lucro da intervenção encontra fundamento no instituto do enriquecimento sem causa, atualmente positivado no art. 884 do Código Civil. 5. O dever de restituição daquilo que é auferido mediante indevida interferência nos direitos ou bens jurídicos de outra pessoa tem a função de preservar a livre disposição de direitos, nos quais estão inseridos os direitos da personalidade, e de inibir a prática de atos contrários ao ordenamento jurídico. 6. A subsidiariedade da ação de enriquecimento sem causa não impede que se promova a cumulação de ações, cada qual disciplinada por um instituto específico do Direito Civil, sendo perfeitamente plausível a formulação de pedido de reparação dos danos mediante a aplicação das regras próprias da responsabilidade civil, limitado ao efetivo prejuízo suportado pela vítima, cumulado com o pleito de restituição do indevidamente auferido, sem justa causa, às custas do demandante. 7. Para a configuração do enriquecimento sem causa por intervenção, não se faz imprescindível a existência de deslocamento patrimonial, como o empobrecimento do titular do direito violado, bastando a demonstração de que houve enriquecimento do interventor. 8. Necessidade, na hipótese, de remessa do feito à fase de liquidação de sentença para fins de quantificação do lucro da intervenção, observados os seguintes critérios: a) apuração do *quantum debeatur* com base no denominado lucro patrimonial; b) delimitação do cálculo ao período no qual se verificou a indevida intervenção no

tária não autorizada, ensejando múltiplos pedidos: reparação de danos morais e patrimoniais e restituição dos benefícios econômicos obtidos pela exploração indevida de seu nome e de sua imagem. Segundo Sabrina Jiukoski da Silva, "o posicionamento adotado pela Corte ao reconhecer a possibilidade de restituição do lucro da intervenção no caso em análise sob a ótica do enriquecimento sem causa, buscando a origem do enriquecimento e enfrentando as disposições doutrinárias contrárias, mostrou-se como um verdadeiro avanço".[188]

Quando se considera a exploração de bens alheios, torna-se evidente a possibilidade de obtenção de ganhos monetários se os frutos gerados são facilmente quantificáveis. No entanto, a aferição desses ganhos é mais simples para bens patrimoniais do que para situações envolvendo a exploração de direitos da personalidade, que são capazes de gerar dividendos, mas de forma nem sempre óbvia. No contexto publicitário,[189] a prática de pagar vultosos cachês a pessoas notórias reflete o reconhecimento, nem sempre mensurável, de que tal contratação proporcionará ganhos devido à influência exercida pela pessoa contratada.[190] Apesar de nem sempre ser quantificável, campanhas de marketing utilizam o nome, a imagem-retrato,[191] a imagem-atributo,[192] entre outros, para gerar valor e atrair a atenção para uma marca, produto ou serviço.[193]

---

direito de imagem da autora; c) aferição do grau de contribuição de cada uma das partes e d) distribuição do lucro obtido com a intervenção proporcionalmente à contribuição de cada partícipe da relação jurídica. 9. Recurso especial provido. (BRASIL. Superior Tribunal de Justiça. Recurso Especial 1.698.701/RJ. Relator: Ministro Ricardo Villas Bôas Cueva, Terceira Turma, j. 02.10.2018, DJe 08.10.2018).

188. SILVA, Sabrina Jiukoski da. Considerações sobre o lucro da intervenção: uma análise a partir do caso da atriz Giovanna Antonelli (STJ, REsp. 1698701/RJ). *Revista da Faculdade de Direito da Universidade Federal do Rio Grande do Sul*, Porto Alegre, n. 45, p. 213-245, abr. 2021. p. 240.
189. Trata-se da prática descrita como "*celebrity endorsement*" na doutrina especializada: "From time immemorial, marketers have used celebrities to endorse their products. (…). The choice of the celebrity is critical. The celebrity should have high recognition, high positive affect, and high appropriateness to the product. (…)". KOTLER, Philip. *Marketing, management*. 10. ed. Nova York: Pearson, 2000. p. 583.
190. PRINGLE, Hamish. *Celebrity Sells*. Chichester, West Sussex: J. Wiley, 2004. p. xxii.
191. Sobre o tema, comentam Oduvaldo Donnini e Rogério Ferraz Donnini: "Quando se fala em imagem-retrato, não é apenas a fisionomia de alguém que é protegida, mas também as partes do corpo, desde que seja possível a devida identificação. É sabido que certos modelos autorizam, normalmente mediante remuneração, para ensaio fotográfico ou filmagem, partes de seu corpo (mãos, pés, pernas etc.), assim como a voz para veiculação de publicidade. Há, assim, proteção da imagem para as partes do corpo, desde que identificáveis". DONNINI, Oduvaldo; DONNINI, Rogério Ferraz. *Imprensa livre, dano moral, dano à imagem e sua quantificação à luz do novo Código Civil*. São Paulo: Método, 2002. p. 66.
192. Quanto à imagem-atributo, "(…) inserta no inciso V do art. 5º da Magna Carta, denominada imagem-atributo, considerada o conjunto de atributos de uma pessoa (física ou jurídica), identificados no meio social. Dessa forma, essa imagem não é a forma exterior, a aparência, o retrato de alguém, mas o conceito na sociedade de uma pessoa, seu retrato moral, seja do indivíduo, de um produto ou de uma empresa". DONNINI, Oduvaldo; DONNINI, Rogério Ferraz. *Imprensa livre, dano moral, dano à imagem e sua quantificação à luz do novo Código Civil*, cit., p. 70.
193. BEVERLEY-SMITH, Huw; OHLY, Ansgar; LUCAS-SCHLOETTER, Agnès. *Privacy, property and personality*. Cambridge: Cambridge University Press, 2005. p. 2-3. Comentam: "Celebrities habitually

No entanto, se essa exploração for realizada sem consentimento, a campanha poderá gerar ganhos injustos, levando ao debate sobre a pretensão restitutória, baseada na figura do enriquecimento sem causa. Isso ocorrerá paralelamente a possíveis danos[194] patrimoniais e extrapatrimoniais emergentes, bem como a lucros cessantes, que possam ser reivindicados[195] pela pessoa que teve seus direitos da personalidade explorados, especialmente por celebridades.

Para tais situações, doutrina e jurisprudência já referendaram a necessidade de superação da teoria unitária do deslocamento patrimonial, que permite fragmentar as pretensões deduzidas em juízo em restitutória e indenizatória. Nesses casos, recorrer ao lucro da intervenção garante boa margem de viabilidade postulatória, ainda que a primeira pretensão deva ser, em etapa processual própria, devidamente liquidada.

É justamente na liquidação que alguns desafios emergem: nem sempre se tem condições de encontrar métricas suficientes para a quantificação exata do que se expropriou injustamente. Nesses casos, liquida-se o valor por arbitramento, como, aliás, é permitido pelo artigo 509, inciso I, do Código de Processo Civil

---

grant their permission for the use of their image in advertising and merchandising in exchange for a licence fee. In this situation, the unauthorised commercial exploitation of aspects of personality does not harm the person's reputation as long as the style of the advertisement or the nature of the product cannot be objected to. Rather, the use violates economic interests that can, at first glance, be compared to the interest the owner of an intellectual property right has in his patent, copyright or trade mark. On the other hand, a person who is not involved in advertising or merchandising activities, or a private individual, may object to any kind of commercial exploitation of his personality on the ground that such exploitation is inconsistent with the person's values, attitudes or personal standing. Here the concern lies with the protection of primarily non-economic interests in emotional tranquillity, privacy or freedom from mental distress. While economic interests can generally be represented purely in money terms, non-economic interests often cannot be completely compensated by a specific money payment and a plaintiff might remain unsatisfied after an award of damages. Moreover, such interests cannot be objectively valued, but rather, are inherently subjectively valued interests".

194. Ainda sobre o caso envolvendo a atriz Giovanna Antonelli, Sabrina Jiukoski da Silva faz um balanço das pretensões julgadas pelo STJ: "De mais a mais, os critérios apontados pela Corte Superior no caso em análise compõem verdadeira regra geral para a restituição do lucro da intervenção e devem ser considerados o ponto de partida para a quantificação dos valores a serem restituídos nos casos de intervenção, porém, algumas considerações devem ser observadas segundo o direito subjetivo violado. Ao tratar de violação ao nome e à imagem, como ocorreu no caso da atriz Giovanna Antonelli, critérios como a notoriedade da pessoa retratada, as qualidades pessoais do titular do direito e a comparação entre as campanhas publicitárias anteriores e a margem de lucro alcançada em cada uma delas são deveras indispensáveis para apuração do lucro da intervenção. (...) Por fim, o entendimento da Corte quanto aos valores correspondentes ao cachê devido à atriz ao tratá-lo como dano material e não como enriquecimento (clássico), mostra-se contrário às raízes dos institutos da responsabilidade civil e do enriquecimento sem causa". SILVA, Sabrina Jiukoski da. Considerações sobre o lucro da intervenção: uma análise a partir do caso da atriz Giovanna Antonelli (STJ, REsp. 1698701/RJ), cit., p. 240-241.

195. SAVI, Sérgio. *Responsabilidade civil e enriquecimento sem causa*, cit., p. 145.

(Lei 13.105/2015),[196] com usual atuação de um perito judicial.[197] O intuito de apurar o *quantum debeatur*, nesses casos, geralmente se baseará em fatores como o tempo de duração da conduta geradora de locupletamento, eventual grau de contribuição de cada parte envolvida, análise de conjunto documental (como imagens e material audiovisual), estudos estatísticos etc.

A importância do trabalho do perito na liquidação por arbitramento é inegável. No entanto, em alguns casos, o perito pode se deparar com condições impraticáveis para apurar toda a extensão do lucro expropriado. Nestes cenários, de acordo com o que estabelece o artigo 510 do Código de Processo Civil, cabe ao juiz intimar as partes para a apresentação de documentos elucidativos e pareceres, dentro do prazo determinado por ele. Contudo, em algumas situações, pode ser impossível obter tais detalhamentos, e pode não haver substratos suficientes para compreender todos os detalhes da realidade concreta. Nessas circunstâncias, a única alternativa é buscar um valor aproximado da realidade, ainda que não seja exato.

Também não se pode desconsiderar o âmbito da produção artística, no qual talentos artísticos eram frequentemente explorados por mecenas ou patronos sem uma remuneração justa. Mestres artesãos e artistas renascentistas, por exemplo, viam suas obras enriquecerem coleções particulares ou instituições sem o devido reconhecimento e compensação financeira. Contudo, mesmo na contemporaneidade, é possível identificar situações em que o enriquecimento sem causa pode ocorrer no mundo analógico, apesar do avanço tecnológico.

Na esfera trabalhista, é comum observar casos nos quais empresas se apropriam indevidamente de ideias, projetos ou invenções de funcionários sem oferecer a contrapartida justa.[198] Da mesma forma, no comércio tradicional,

---

196. "Art. 509. Quando a sentença condenar ao pagamento de quantia ilíquida, proceder-se-á à sua liquidação, a requerimento do credor ou do devedor: I – por arbitramento, quando determinado pela sentença, convencionado pelas partes ou exigido pela natureza do objeto da liquidação".
197. "Normalmente, a liquidação por arbitramento estará vinculada à feitura de prova pericial – em qualquer das modalidades do art. 420 do CPC (exame, vistoria ou avaliação) – após a prolação da sentença, tendo em vista que a decisão não fez a determinação de todos os contornos da condenação". MAZZEI, Rodrigo. A liquidação por arbitramento e a liquidação por artigos: pontos relevantes sob a ótica das Leis 11.232/05 e 11.382/06. *Revista Eletrônica de Direito Processual*, Rio de Janeiro, ano 4, v. V, p. 484-516, jan./jun. 2010. p. 491.
198. Tome-se o exemplo do artigo 454 da Consolidação das Leis do Trabalho (Decreto-lei 5.452, de 1º de maio de 1943): "Art. 454. Na vigência do contrato de trabalho, as invenções do empregado, quando decorrentes de sua contribuição pessoal e da instalação ou equipamento fornecidos pelo empregador, serão de propriedade comum, em partes iguais, salvo se o contrato de trabalho tiver por objeto, implícita ou explicitamente, pesquisa científica. Parágrafo único. Ao empregador caberá a exploração do invento, ficando obrigado a promovê-la no prazo de um ano da data da concessão da patente, sob pena de reverter em favor do empregado da plena propriedade desse invento". Ainda sobre o tema, registre-se que a atividade exercida pelo empregado não envolve, sempre e tão somente, sua força de

verifica-se a prática de sobrepreços ou cobranças abusivas por parte de fornecedores em detrimento de consumidores desavisados. Além disso, no contexto de relações interpessoais, pode ocorrer enriquecimento indevido quando uma das partes, de má-fé, obtém vantagem patrimonial em prejuízo da outra, por meio de artifícios e ardil.

Isso pode ocorrer em contratos, transações imobiliárias, cessões de direitos autorais e diversas outras situações cotidianas, nas quais a desigualdade de conhecimento ou a falta de informação podem gerar lucro injustificado para um dos envolvidos.

Nesse contexto, é imperativo enfatizar que, mesmo no cenário analógico, os princípios éticos e morais mantêm sua centralidade na contenção do enriquecimento sem causa. A boa-fé, honestidade e lealdade nas relações comerciais e interpessoais desempenham papel crucial na prevenção de práticas abusivas, contribuindo para o estabelecimento de um ambiente fundamentado na confiança mútua.[199] A consciência dos indivíduos acerca de seus direitos e deveres emerge como elemento essencial para mitigar o florescimento de situações de enriquecimento injusto, promovendo, assim, a equidade no convívio social.

Ademais, torna-se imperativo que o Poder Judiciário, no exercício de sua incumbência como guardião dos direitos e garantias constitucionais, atue com diligência e critério na apreciação de casos concernentes ao enriquecimento sem causa no contexto analógico.[200] A interpretação e aplicação das normas devem ser norteadas pela busca da justiça material, levando em consideração as particularidades de cada caso concreto, a fim de assegurar a efetividade do direito de reparação

---

trabalho, "mas sim de um conjunto de fatores que envolvem aptidão pessoal, experiência, inteligência, sensibilidade". MINHARRO, Francisco Luciano. *A propriedade intelectual no direito do trabalho*. São Paulo: LTr, 2010. p. 164.

199. É nesse contexto que se torna pertinente a visualização do dever de cooperação – corolário da boa-fé objetiva – para a identificação das consequências tuteláveis em situações de exploração patrimonial de bem alheio que gere locupletamento. Com efeito, "o dever de cooperação é um dos deveres advindos do princípio da boa-fé porque justamente se espera cooperação de quem pretende agir segundo a boa-fé. Assenta-se no seguinte postulado: se é possível facilitar a vida da parte contrária sem que haja prejuízo ao seu próprio interesse, por que não fazê-lo? (...) Com a cooperação, reduzem-se drasticamente as chances de deslealdade: afinal, ambas as partes estão "no mesmo barco", prejudicar a parte contrária é prejudicar a si mesmo, porque a parte contrária perceberá a falta de cooperação e deixará de cooperar também. Quando se obriga juridicamente a cooperar, induz-se a agir corretamente". TOMASEVICIUS FILHO, Eduardo. *O princípio da boa-fé no direito civil*, cit., p. 310.

200. Valiosa a advertência de Giovanni Ettore Nanni: "É equivocado atribuir sinonímia às expressões restituição e enriquecimento sem causa, pois assentam em extremos distintos: o enriquecimento sem causa é o evento, a mola propulsora, e a restituição, a consequência da aplicação desse remédio. Destarte, constatado o enriquecimento sem causa, dando azo à ação de enriquecimento, em princípio, o empobrecido pugnará pela restituição do que foi indevidamente auferido pelo enriquecido. Nessa circunstância, é plenamente caracterizada a junção e a complementação entre os dois elementos". NANNI, Giovanni Ettore. *Enriquecimento sem causa*, cit., p. 202.

e restituição para as partes prejudicadas, pois a relevância da jurisprudência e da doutrina no enfrentamento dessas questões não pode ser subestimada.

A produção acadêmica e o acúmulo de precedentes judiciais robustos constituem referências fundamentais para a formação de entendimentos coerentes e consistentes acerca do enriquecimento sem causa no contexto analógico. A partilha de conhecimentos e experiências entre os operadores do Direito enriquece o debate e possibilita a construção de soluções mais eficientes e justas para as controvérsias emergentes nesse âmbito, ainda que não se possa negar que há desafios peculiares a serem enfrentados.

Com efeito, a progressão da tecnologia e a crescente digitalização das interações sociais não devem ser negligenciadas neste contexto. Ainda que a análise se concentre no domínio analógico, é imperativo reconhecer como as transformações tecnológicas impactam as situações de enriquecimento sem causa, seja facilitando a obtenção injusta de vantagens patrimoniais ou proporcionando novas oportunidades de controle e fiscalização. Desse modo, torna-se necessário que a legislação evolua em consonância com essas mudanças, adaptando-se às novas realidades, sem deixar de abordar as questões clássicas relacionadas ao enriquecimento injustificado.

1.5 CONCLUSÕES PARCIAIS: NOVO ESPECTRO FUNCIONAL DA RESPONSABILIDADE CIVIL E O REAJUSTE DO LUCRO DA INTERVENÇÃO

Não há dúvidas de que "a responsabilidade civil é um dos temas mais próximos do enriquecimento sem causa, motivo pelo qual a diferenciação é complexa e controvertida".[201] A despeito disso e, apesar da indicação da subsidiariedade do enriquecimento sem causa no artigo 886 do Código Civil de 2002, ainda pairam indagações sobre a suficiência do instituto para sustentar pretensões restitutórias que se tornam tão mais sofisticadas e complexas quanto maior se torna o avanço tecnológico. Sobre o tema, Carlos Nelson Konder aduz que não "há conflito possível sobre o fundamento da obrigação de restituir, eis que afastada a responsabilidade civil pela ausência de seus pressupostos, o que afastaria de plano a discussão sobre a subsidiariedade do instituto".[202]

De fato, a doutrina predominante parece empreender contundente esforço em reconhecer o valor do enriquecimento sem causa como instituto destacado e autônomo em comparação à responsabilidade civil.

---

201. NANNI, Giovanni Ettore. *Enriquecimento sem causa*, cit., p. 202.
202. KONDER, Carlos Nelson. Dificuldades de uma abordagem unitária do lucro da intervenção. *Revista de Direito Civil Contemporâneo*, São Paulo, v. 13, ano 4, p. 231-248, out./dez. 2017. p. 243.

Renato Duarte Franco de Moraes, por exemplo, conclui que é inadequado recorrer à responsabilidade civil extracontratual "para lidar com hipóteses de enriquecimento originado da intervenção sobre direitos alheios, por se voltar ao prejuízo sofrido pela vítima e por exigir, como regra geral, a prática de conduta culposa *lato sensu*" ou o exercício de atividade potencialmente arriscada para terceiros".[203] No mesmo sentido, Giovanni Ettore Nanni afirma que "o enriquecimento sem causa é uma fonte autônoma do direito obrigacional, distinta, por exemplo, dos contratos e dos atos ilícitos, por possuir natureza jurídica própria, definida nas principais legislações que adotam o direito civil codificado".[204]

Para Renato Moraes, "a situação fática na qual a intervenção sobre direitos alheios gera benefício patrimonial, também conhecida como enriquecimento por intervenção, deve ser qualificada como modalidade de enriquecimento sem causa".[205] O chamado 'lucro da intervenção', nesse sentido, estaria devidamente alinhado à figura autônoma do enriquecimento sem causa e não haveria qualquer conflito hermenêutico em relação à sua invocação em paralelo às pretensões indenizatórias que poderiam subsistir, mesmo em caso de locupletamento alheio. Fundamentos diversos, lastreados em institutos diversos, para situações diversas (lucro e dano), ainda que oriundas de um mesmo fato gerador: a exploração de bem alheio.

Segundo Menezes Leitão, "a responsabilidade civil visa remover os danos, só reprimindo o enriquecimento de uma forma indirecta e eventual. Pelo contrário, o enriquecimento sem causa visa reprimir o enriquecimento, só removendo o dano de uma forma indirecta e eventual".[206] No mesmo sentido, Francisco Manuel Pereira Coelho registra que "o que provoca aqui uma reação da lei é a vantagem ou aumento injustificado do património (...). É aquele enriquecimento ou vantagem que a lei pretende remover".[207]

---

203. MORAES, Renato Duarte Franco de. *Enriquecimento sem causa e o enriquecimento por intervenção*, cit., p. 397.
204. NANNI, Giovanni Ettore. *Enriquecimento sem causa*, cit., p. 202.
205. MORAES, Renato Duarte Franco de. *Enriquecimento sem causa e o enriquecimento por intervenção*, cit., p. 397.
206. LEITÃO, Luís Manuel Teles de Menezes. *O enriquecimento sem causa no direito civil*, cit., p. 676. E o autor prossegue: "Esta diferente funcionalidade dos dois institutos parece colocar claramente em causa uma integral subsidiariedade da pretensão de restituição do enriquecimento em relação à pretensão de reparação do dano, atendendo à diferenciação do objecto e, portanto, à sua não sobreposição em ambas as pretensões. Ora, ao falar em "outro meio" o art. 474.º [do Código Civil de Portugal] apenas estabelece uma subsidiariedade da pretensão de enriquecimento se através de outra disposição o lesado conseguir obter o mesmo resultado (ou um resultado superior) do que aquele que lhe adviria da pretensão de enriquecimento. Não sendo essa a situação, parece-nos claro que a pretensão de enriquecimento não fica afastada pela verificação cumulativa de uma hipótese de responsabilidade civil.
207. COELHO, Francisco Manuel Pereira. *O enriquecimento e o dano*, cit., p. 22-23.

Em sentido contrário e recorrendo aos institutos do *common law*, Nelson Rosenvald prefere identificar nas múltiplas funções da responsabilidade civil um instituto mais adequado para congregar todo o escopo da reparação.[208] Sua posição identifica a necessidade de revalorização do princípio da reparação integral para que se possa nele 'acomodar' a plêiade de pretensões derivadas de um mesmo fato gerador de locupletamento e de dano. E, de fato, esse ponto de vista se mostra coerente e adequado, especialmente quando se reconhece a pujança do citado princípio da reparação integral, que "deve corresponder à totalidade dos prejuízos efetivamente sofridos pela vítima do evento danoso" na responsabilidade civil.[209]

O dano é elemento indispensável à configuração da responsabilidade civil, tanto no âmbito privado, quanto no âmbito público, e sua demonstração é imprescindível para a caracterização do dever reparatório. Sem dano, não há o que reparar.[210] Logo, o princípio da reparação integral fundamenta-se na ideia de que a vítima de um dano deve ser colocada, na medida do possível, em uma situação equivalente àquela que existia antes do evento danoso.[211]

Aguiar Dias destaca muito bem que toda lesão ocorrida no meio social transforma e desassossega a ordem e quebra a harmonia entre os indivíduos, conduzindo ao dever de corrigir ou remediar o mal causado.[212] Isso significa dizer

---

208. ROSENVALD, Nelson. *A responsabilidade civil pelo ilícito lucrativo*, cit., p. 416-417.
209. SANSEVERINO, Paulo de Tarso Vieira. *Princípio da reparação integral*, cit., p. 58. Anota: "A plena reparação do dano deve corresponder à totalidade dos prejuízos efetivamente sofridos pela vítima do evento danoso (função compensatória), não podendo, entretanto, ultrapassá-los para evitar que a responsabilidade civil seja causa para o enriquecimento injustificado do prejudicado (função indenitária), devendo-se se estabelecer uma relação de efetiva equivalência entre a indenização e os prejuízos efetivos derivados dos danos com avaliação em concreto pelo juiz (função concretizadora do prejuízo real)".
210. "O dano é o fato jurídico desencadeador de responsabilidade civil. Não há responsabilidade civil sem dano. Aliás – ao contrário do que se verificava em um passado recente –, pode mesmo se cogitar de reparação do dano sem a constatação do ato ilícito, da culpa, ou mesmo em casos extremos, do nexo causal. Todavia, o dano é elemento que dispara o mecanismo ressarcitório. Enfim, inexiste responsabilidade civil sem dano, ainda que ele possa assumir formas diferenciadas, como o dano reflexo ou a perda de uma chance". FARIAS, Cristiano Chaves de; ROSENVALD, Nelson; BRAGA NETTO, Felipe Peixoto. *Curso de Direito Civil*: responsabilidade civil. 8. ed. Salvador: JusPodivm, 2021, v. 3. p. 267.
211. Para a sobrevivência da sociedade humana, é indispensável a comunhão de alguns fundamentos inerentes à vida em grupo, e alguns desses aspectos correspondem à harmonia, à ordem e à tranquilidade que deve existir entre os indivíduos, contornando-se todos os obstáculos que surjam em afronta a isto, para possibilitar a concreta busca da justiça entre todos. dano, que continua sendo evento da natureza, mesmo quando provocado por ato humano. A noção de justiça consiste, por certo, na aplicação do princípio da igualdade, porém, como elemento indeterminado, ou seja, que possibilite o levantamento e discussão de suas divergências. É a partir desta noção que Perelman argumenta que, tomando como vetor variável cada fórmula concreta de justiça, será neste campo de ação que o desacordo se instalará. Em síntese: dentro das diversas categorias essenciais, haverá de existir tratamento igual entre as pessoas que sejam iguais em certo ponto de vista. PERELMAN, Chaïm. *Ética e direito*. Tradução de Maria E. Galvão. São Paulo: Martins Fontes, 1996. p. 20-25.
212. DIAS, José de Aguiar. *Da responsabilidade civil*, cit., p. 25.

que todo indivíduo tem um dever, decorrente da própria vida em sociedade, de não praticar certos atos, danosos ou prejudiciais, que possam resultar em danos de qualquer natureza aos demais indivíduos do meio social. De todo modo, como aduz Konder, "ainda que soluções únicas e claras sejam mais reconfortantes, a verdade é que é inviável tentar abordar todas as hipóteses de lucro da intervenção com base em apenas um instituto".[213]

Por isso é que, nesse estudo, conclusões parciais podem ser delineadas para indicar que o embate doutrinário sobre a autonomia do instituto do enriquecimento sem causa ou sua aproximação em relação à responsabilidade civil parece perder o sentido. Isso porque, considerando-se a evolução tecnológica recente, tal discussão acadêmica tornou-se um tanto quanto obsoleta, carecendo de consideração das inovações que redefiniram o escopo do tema, pois a exploração patrimonial alheia não ocorre mais da mesma forma como antes. Por isso, deve-se reafirmar que o surgimento de um novo espectro de funções da responsabilidade civil, indicando a superação da concepção tradicional de responsabilização para fins meramente reparatórios (*liability*), vinculada exclusivamente ao direito de danos, sinaliza possibilidades interessantes para o avanço do debate.

Segundo Aline Terra e Gisela Guedes, a avaliação de situações específicas em que a ação ilícita do agente resulta em benefício econômico permite inferir que, de maneira geral, a teoria do enriquecimento sem causa, considerando o viés do lucro da intervenção, "oferece solução satisfatória, de modo geral, para as hipóteses em que referido benefício decorre da violação de direitos da personalidade, de direitos transindividuais e do direito de propriedade, uma vez que não há norma específica a disciplinar tais situações".[214] Apesar disso, a evolução da sociedade e a complexificação das relações interpessoais demandam uma revisão substancial das bases teóricas e práticas que orientam a responsabilidade

---

213. KONDER, Carlos Nelson. Dificuldades de uma abordagem unitária do lucro da intervenção, cit., p. 243. O autor ainda complementa: "As situações diversas não podem ser tratadas da mesma forma, muito menos com sacrifício da identidade funcional tanto da responsabilidade civil, como do enriquecimento sem causa, ameaçando ainda os imperativos axiológicos a que os diversos institutos atendem". Em complemento a essa afirmação, Aline Terra e Gisela Guedes dizem que, "ao se estender a obrigação de restituir a todo o lucro causado pela intromissão, reconduz-se o patrimônio do enriquecido – e não o da vítima – à situação próxima a que estaria se não tivesse praticado a ação que lhe trouxe a vantagem. O foco deixa, portanto, de ser a vítima para ser o enriquecido-ofensor, e é exatamente por isso que o tema foge ao campo da responsabilidade civil". TERRA, Aline de Miranda Valverde; GUEDES, Gisela Sampaio da Cruz. Considerações acerca da exclusão do lucro ilícito do patrimônio do agente ofensor, cit., p. 21-22. No mesmo sentido: SILVA, Rodrigo da Guia. Fontes das obrigações e regimes jurídicos obrigacionais gerais: em busca do papel da vedação ao enriquecimento sem causa no direito civil contemporâneo, cit., p. 150.
214. TERRA, Aline de Miranda Valverde; GUEDES, Gisela Sampaio da Cruz. Considerações acerca da exclusão do lucro ilícito do patrimônio do agente ofensor, cit., p. 22.

civil e o enriquecimento sem causa, pois nem tudo se resume mais aos cenários descritos.[215]

Assim, a compreensão restrita da *liability* e dos pressupostos tradicionais da responsabilização (ação ou omissão, dano e nexo de causalidade, além de eventual culpa do agente) bastam unicamente como mera compensação por danos causados, mas a riqueza conceitual do instituto vai muito além disso. O contexto contemporâneo impõe uma abordagem mais abrangente, levando em consideração novas formas de interação humana, como as relações virtuais, e os desafios decorrentes das inovações tecnológicas. Nesse sentido, é essencial reconhecer a necessidade de ajustar a alocação do lucro da intervenção diante dessas mudanças, pois insistir na sua segregação da responsabilidade civil para conferir-lhe guarida dogmática própria pode não ser a melhor solução.

De fato, a alocação do lucro da intervenção refere-se à distribuição dos ganhos econômicos e sociais provenientes das intervenções e atividades humanas. Diante desse cenário, ao questionar o papel dos diversos atores sociais e econômicos envolvidos, bem como a forma como o ônus e o bônus dessas ações são distribuídos, constata-se que a responsabilidade civil não pode mais ser concebida unicamente como um mecanismo para a reparação de danos, mas também como um instrumento regulador das atividades que impactam o bem-estar coletivo.

A teoria da responsabilidade civil deve incorporar a dimensão preventiva (*accountability*), visando evitar danos futuros e promovendo a segurança e a mitigação de danos como princípios basilares. Adicionalmente, é crucial estabelecer uma relação mais estreita entre a responsabilidade civil e os diversos atores sociais, engajando as empresas e organizações a desempenharem um papel proativo na mitigação de riscos e na promoção do bem-estar geral, o que parece oferece muito mais vantagens do que a compreensão restritiva do enriquecimento sem causa como fonte autônoma do direito das obrigações.

---

215. ROSENVALD, Nelson. *A responsabilidade civil pelo ilícito lucrativo*, cit., p. 558-559.

2
BENS DIGITAIS, DATIFICAÇÃO UBÍQUA, ALGORITMOS E GESTÃO AUTOMATIZADA DE ILÍCITOS POR TECNOLOGIAS DIGITAIS EMERGENTES

No contexto contemporâneo, a ubiquidade da datificação, a disseminação de algoritmos e a gestão automatizada de ilícitos por meio de tecnologias digitais emergentes têm se tornado temas de intensa relevância e debate no âmbito acadêmico e jurídico. A acelerada evolução tecnológica e a crescente digitalização das atividades humanas têm promovido uma proliferação massiva de dados,[1] cuja análise e processamento são conduzidos por algoritmos, ensejando uma nova era de coleta, tratamento e utilização de informações.

A datificação ubíqua caracteriza-se pela ampla geração, captação e armazenamento de dados em diferentes contextos e ambientes, resultando em uma constante interconexão de informações. O advento da Internet das Coisas (IoT)[2] e a proliferação de dispositivos inteligentes têm contribuído para uma vasta coleta de dados em tempo real,[3] o que suscita importantes reflexões acerca da privacidade, da proteção de dados e dos riscos de vigilância e manipulação de indivíduos.[4]

Os algoritmos, por sua vez, representam a essência do processamento e da tomada de decisões automatizadas em sistemas digitais. Eles operam por meio da

---

1. MAYER-SCHÖNBERGER, Viktor; CUKIER, Kenneth. *Big data*: a revolution that will transform how we live, work, and think. Nova York: Houghton Mifflin Harcourt, 2014. p. 184.
2. Com efeito: "Within this emerging IoT framework, a dizzying array of issues, questions, and challenges arise. One of the biggest questions revolves around living in a world where almost everything is monitored, recorded, and analyzed. While this has huge privacy implications, it also influences politics, social structures, and laws". GREENGARD, Samuel. *The internet of things*. Cambridge: The MIT Press, 2015. p. 188-189.
3. WEBER, Rolf H.; WEBER, Romana. *Internet of Things*: legal perspectives. Berlin/Heidelberg: Springer Verlag, 2010. p. 1-2.
4. QUEIROZ, Renata Capriolli Zocatelli; CANSIAN, Adriana Cardoso de Moraes; CINTRA, Caio Henrique de Moraes. O vazamento de dados pessoais na Internet das Coisas (IoT) e a aplicabilidade prática do *privacy by design* e do *privacy by default*. In: PARENTONI, Leonardo; NOGUEIRA, Michele (Coord.). *Direito, tecnologia e inovação*: Internet das Coisas (IoT). Belo Horizonte: Centro DTIBR, 2023, v. 5. p. 167-168.

análise de grandes volumes de dados e do aprendizado de padrões, permitindo a personalização de serviços, a otimização de processos e a oferta de recomendações customizadas.[5] Contudo, a opacidade desses algoritmos e a possibilidade de reproduzirem preconceitos e em dados (gerando enviesamento) suscitam questionamentos sobre a equidade e a justiça em suas aplicações.[6]

Nesse cenário, a gestão automatizada de ilícitos tem despertado inquietações quanto ao uso de tecnologias digitais para monitorar e controlar atividades realizadas enquanto se está conectado à Internet. A utilização de algoritmos para a identificação de padrões de consumo, interesses de pesquisa e comportamentos em geral pode macular direitos fundamentais, como a privacidade, a intimidade, a liberdade e a proteção de dados pessoais, ao passo que demanda uma análise crítica da ética e da transparência em tais processos desencadeadores de perfilização (*profiling*).[7]

Neste capítulo, serão discutidos temas pertinentes ao contexto atual, com especial ênfase na definição dos bens digitais, na "datificação ubíqua", que se refere à ampla coleta de dados em diversos ambientes; também se analisará a disseminação de "algoritmos", responsáveis pelo processamento e pela tomada de decisões automatizadas em sistemas digitais, e a "gestão automatizada de ilícitos", que envolve a utilização de tecnologias digitais emergentes para monitorar e controlar atividades consideradas a partir de bens digitais. Em alguns casos, a utilização de institutos da tradição anglo-saxã oferecerá soluções inovadoras e

---

5. OHM, Paul; DOGAN, Stacey; BESTAVROS, Azer; SELLARS, Andy. *Bridging the Computer Science-Law Divide*. Boston: Boston University Press, 2022. p. 24.
6. FRAZÃO, Ana; GOETTENAUER, Carlos. *Black box* e o direito face à opacidade algorítmica. In: BARBOSA, Mafalda Miranda et al. (Coord.). *Direito digital e inteligência artificial*: diálogos entre Brasil e Europa. Indaiatuba: Foco, 2021. p. 29. Comentam: "Ora, sem a devida transparência, é muito provável que a programação possa estar permeada de vieses e preconceitos dos programadores, intencionais ou não, que podem levar a erros de diagnóstico ou a graves discriminações. Mais do que isso, é possível que as correlações encontradas no processamento sejam consideradas equivocadamente causalidades, fator que pode reforçar discriminações. A falta de transparência torna-se ainda mais preocupante quando se sabe que tais algoritmos são aperfeiçoados a partir da inteligência artificial, por meio da qual, com a aprendizagem de máquina (machine learning) e com as redes neurais artificiais, mais e mais algoritmos se desenvolvem independentemente, aprimorando a si mesmos e aprendendo com os próprios "erros". Como não é possível entender completamente esse processo, diante da sua complexidade e multiplicidade de passos ou etapas, fala-se até mesmo na chamada "eficácia irracional dos dados"".
7. O tema ainda é desafiador e pouco explorado doutrinariamente, embora conste de forma tímida da Lei Geral de Proteção de Dados Pessoais (Lei 13.709, de 14 de agosto de 2018), em seu artigo 12, § 2º, que assim enuncia: "Poderão ser igualmente considerados como dados pessoais, para os fins desta Lei, aqueles utilizados para formação do perfil comportamental de determinada pessoa natural, se identificada". Para maior aprofundamento em relação ao tema, cf. GUTWIRTH, Serge; HILDEBRANDT, Mireille. Some caveats on profiling. In: GUTWIRTH, Serge; POULLET, Yves; DE HERT, Paul (Ed.). *Data protection in a profiled world*. Cham: Springer, 2010. p. 37.

adequadas – a exemplo do *disgorgement* algorítmico[8] – para evitar a propagação da impunidade na rede. Noutros casos, institutos diversos, mais frequentemente encontrados na legislação codificada de base romano-germânica, serão melhor adaptados aos desafios postos: é o caso do enriquecimento sem causa e da responsabilidade civil.

Estes tópicos têm suscitado considerável debate tanto no âmbito acadêmico quanto jurídico.[9] O rápido avanço tecnológico e a crescente digitalização das atividades cotidianas resultam na geração e armazenamento massivo de dados em diversos contextos, levantando questões relativas à privacidade, proteção de dados e potenciais riscos de vigilância e manipulação das pessoas.

Os algoritmos, sendo elementos fundamentais para o funcionamento de sistemas digitais, processam e analisam grandes volumes de dados, viabilizando a personalização de serviços e a oferta de recomendações customizadas. Entretanto, a opacidade destes algoritmos e a possibilidade de perpetuar preconceitos implícitos nos dados históricos suscitam preocupações acerca de sua imparcialidade e justiça em suas aplicações. O desenvolvimento destas tecnologias emergentes apresenta desafios éticos e jurídicos que demandam cuidadosa avaliação para assegurar o respeito aos direitos fundamentais e promover uma sociedade justa e equitativa.

---

8. Sobre o tema, "pode-se concluir que a utilização de algoritmos para a garantia do *enforcement* obrigacional não é, em si, completamente nova. Todavia, os seus desdobramentos na dinâmica da responsabilização dos provedores que operam na Internet, especialmente com tais implementos algorítmicos sendo baseados nas difíceis hipóteses de apuração de seus impactos, consagram tema atualíssimo. Há pouquíssimas propostas voltadas à análise de sua conjugação a partir da reformulação de institutos jurídicos como a responsabilidade civil por enriquecimento sem causa, mas nenhum com olhares especificamente voltados a uma categorização específica do *disgorgement* praticado pela *web*". ROSENVALD, Nelson; FALEIROS JÚNIOR, José Luiz de Moura. "*Disgorgement* algorítmico": técnicas de processamento de dados e a gestão automatizada de ilícitos lucrativos na Internet. In: SARLET, Gabrielle Bezerra Sales; TRINDADE, Manoel Gustavo Neubarth; MELGARÉ, Plínio (Coord.). *Proteção de dados*: temas controvertidos. Indaiatuba: Foco, 2021. p. 348.
9. Por exemplo, Aline Terra e Gisela Guedes anotam que, "[n]o direito brasileiro, não há uma única figura genérica, capaz de excluir o lucro ilícito do patrimônio do agente em toda e qualquer situação. Identificam-se, por outro lado, várias normas cuja finalidade reside precisamente em evitar que a conduta ilegítima se revele lucrativa para o ofensor. De todo modo, o instituto que melhor desempenha referida função de forma mais abrangente é o enriquecimento sem causa por lucro da intervenção, cujo escopo reside, precisamente, na retirada do lucro obtido a partir da intervenção injustificada em direitos ou bens alheios ao patrimônio do interventor". TERRA, Aline de Miranda Valverde; GUEDES, Gisela Sampaio da Cruz. Revisitando o lucro da intervenção, cit., p. 304. Na sequência, determinando diferenciação terminológica mais detalhada, aduz Giovanni Ettore Nanni: "O enriquecimento sem causa e o enriquecimento ilícito são institutos autônomos, resultando, por conseguinte, a impropriedade de designação como expressões de sentido legal. É preciso também afastar a possibilidade de confusão entre o enriquecimento sem causa e o ilícito no próprio ramo do direito civil". NANNI, Giovanni Ettore. *Enriquecimento sem causa*, cit., p. 103.

A gestão automatizada de ilícitos, por sua vez, levanta questões vinculadas ao emprego de tecnologias digitais para a identificação e prevenção do locupletamento por usurpação de propriedade imaterial alheia. E, embora tal abordagem possua vantagens, também pode demandar soluções que escapam aos limites territoriais e jurisdicionais em razão da amplitude global da Internet,[10] que não está adstrita à construção dogmática oferecida pela doutrina local, mas à vastidão de institutos de sistemas jurídicos diversos do brasileiro, a demandar compreensão conglobante de sua adequação, quando aferido à luz das estruturas de base do direito local, e do objeto de análise: um bem digital.

A resolução destas questões demanda uma abordagem interdisciplinar, congregando temas de direito e tecnologia, mas a conclusão inexorável da observação de situações concretas – que serão apresentadas adiante – é a de que o enriquecimento sem causa perde forças e se torna tão mais ineficaz quanto mais virtualizadas se tornam as relações jurídicas interpessoais. Além disso, é imperativo que o Estado estabeleça regulamentações e políticas públicas robustas para salvaguardar os direitos das pessoas no ambiente digital. E tal objetivo parece se alinhar melhor a postulados como a transparência, a responsabilização e a "prestação de contas" (*accountability*)[11] em relação à gestão do locupletamento indevido, e não à figura do enriquecimento sem causa.

2.1 LUCROS E ENRIQUECIMENTO NA SOCIEDADE DA INFORMAÇÃO

Conforme delineado no primeiro capítulo, na sociedade da informação, a investigação dos lucros e do enriquecimento surge como um tema de relevância e complexidade substanciais, desencadeando uma série de questionamentos e reflexões. A rápida evolução tecnológica e a crescente digitalização das interações sociais e econômicas têm provocado mudanças significativas nas modalidades de aquisição e distribuição de riqueza. Nesse contexto, a compreensão dos mecanismos que impulsionam o enriquecimento e a análise dos desdobramentos socioeconômicos dessa realidade tornam-se temas cruciais para a tutela de situações jurídicas relevantes, para as quais importa elucidar quais institutos estão

---

10. GOLDSMITH, Jack; WU, Tim. *Who controls the Internet? Illusions of a borderless world*. Oxford: Oxford University Press, 2006. p. 13.
11. O termo faz referência a um princípio desafiador, dado a variedade de interpretações e contextos que pode abranger, dependendo, inclusive, da exigência de alinhamento regulatório e da definição do âmbito de aplicação de diretrizes orientadoras estabelecidas em nível infralegal por autoridades de proteção de dados. Ao enfatizar esses contornos e questionar a necessidade de definir o conceito de *accountability*, conferir, por todos: BIONI, Bruno Ricardo. *Regulação e proteção de dados pessoais*: o princípio da "*accountability*". Rio de Janeiro: Forense, 2022. p. 28-30.

definidos no ordenamento e de que maneira podem ser utilizados com eficácia para a contenção de comportamentos indesejados.

A economia informacional é global, representando uma realidade historicamente nova e distinta de uma economia mundial. A economia mundial, na qual a acumulação de capital ocorre em todo o mundo, existe pelo menos desde o século XVI no Ocidente.[12] A ascensão da economia informacional trouxe consigo novos mercados, centrados em bens digitais. Esses bens, muitas vezes intangíveis e de fácil replicação, incluem *software*, dados, serviços on-line e propriedade intelectual, sendo tudo explorável e monetizável, inclusive pelo emprego de algoritmos. Assim, a natureza global da economia informacional implica que esses mercados transcenderam fronteiras nacionais, permitindo transações instantâneas e acessibilidade global.[13]

No âmbito jurídico, a responsabilidade civil e o enriquecimento sem causa tornam-se institutos jurídicos relevantes na tutela dos interesses nas transações digitais globais. A responsabilidade civil pode ser invocada em casos de danos causados por bens digitais defeituosos ou serviços online inadequados. Além disso, o enriquecimento sem causa pode ser aplicado quando uma parte obtém vantagens indevidas em transações digitais, sem justificativa legal para tal enriquecimento.

No contexto globalizado, a aplicação desses institutos jurídicos enfrenta desafios relacionados à diversidade de sistemas legais e à necessidade de harmonização normativa internacional.[14] A complexidade da economia informacional demanda uma abordagem jurídica que leve em consideração a dinâmica global dessas transações e a necessidade de garantir a justiça e equidade em um ambiente digital interconectado no qual a própria personalidade humana – conjecturada

---

12. CASTELLS, Manuel. *The rise of the network society*. The information age: economy, society, and culture. 2. ed. Oxford/West Sussex: Wiley-Blackwell, 2010, v. 1. p. 101. Anota: "The informational economy is global. A global economy is an historically new reality, distinct from a world economy. A world economy – that is, an economy in which capital accumulation proceeds throughout the world – has existed in the West at least since the sixteenth century, (…). This globalized core includes financial markets, international trade, transnational production, and, to some extent, science and technology, and specialty labor. It is through these globalized, strategic components of the economy that the economic system is globally interconnected".
13. VAIDHYANATHAN, Siva. *Copyrights and copywrongs*: the rise of intellectual property and how it threatens creativity. Nova York: NYU Press, 2001. p. 12.
14. Valiosa a reflexão de Francisco de Mesquita Laux: "A internet e a aparente inexistência de fronteiras no âmbito virtual ensejaram o advento de questões relacionadas à incidência – ou amplitude territorial da eficácia – de comandos judiciais provenientes dos mais diversos locais do mundo – embora, tecnicamente, seja possível estabelecer filtros por geolocalização. É dizer e questionar a partir daquilo que a doutrina internacional denomina escopo territorial da jurisdição (…)". LAUX, Francisco de Mesquita. *Redes sociais e limites da jurisdição*: planos da territorialidade e efetividade. 2. ed. São Paulo: Thomson Reuters Brasil, 2023. p. 15.

a partir de sutilezas derivadas da atenção, monitorada e captada em tempo real – implicam algum tipo de potencial lucrativo explorável.[15]

O surgimento da internet e a proliferação de tecnologias de informação têm propiciado uma explosão de dados e o surgimento de novos modelos de negócios centrados em dados e informações. Empresas de tecnologia e plataformas digitais têm se beneficiado da coleta e análise massiva de dados[16] para a oferta de serviços personalizados e a geração de lucros exponenciais. O conceito de "capitalismo de vigilância"[17] tem se consolidado como um paradigma econômico, no qual a obtenção de informações dos usuários é transformada em um ativo altamente valioso e rentável.[18]

Nesse cenário, a concepção de enriquecimento transcende os paradigmas econômicos tradicionais, abrangendo outras formas de lucrar, como a monetização de conteúdos e fomento às parcerias publicitárias. Indivíduos e organizações que detêm conhecimento, acesso a informações privilegiadas e uma ampla rede de contatos podem obter benefícios substanciais no contexto em questão.

Entretanto, é imperativo ponderar sobre os possíveis efeitos adversos desse panorama, tais como a concentração de poder e riqueza em mãos restritas, a exclusão digital e o aprofundamento das desigualdades socioeconômicas – que

---

15. Com efeito: "Courts in various jurisdictions have struggled to find a legal basis for, and an adequate level of protection against, the commercial exploitation of aspects of personality. Many legal problems surrounding the commercial exploitation of personality remain unresolved and the differences between the major European jurisdictions are still quite stark. Although increasingly fervent efforts have been made to harmonise most aspects of intellectual property law in Europe, the laws relating to commercial exploitation of personality, admittedly on intellectual property law's periphery, remain somewhat disparate". BEVERLEY-SMITH, Huw; OHLY, Ansgar; LUCAS-SCHLOETTER, Agnès. *Privacy, property and personality*, cit., p. 4.
16. HIDALGO, César. *Why information grows*: the evolution of order, from atoms to economics. Nova York: Basic Books, 2015. p. 184. Comenta: "I learned that economic growth was nothing more than an epiphenomenon of a larger, more universal, and more relevant phenomenon. This is not the growth that captures headlines and political agendas, but the growth that makes possible the existence of life and society – even if we ignore it. This is the growth of physical order, or information. Soon I had to accept that information was what it was all about".
17. A nomenclatura foi cunhada por Shoshana Zuboff e descreve uma nova formulação dos mercados baseados em dados no século XXI. Não se trata de conceito amplamente aceito pela doutrina, embora a perspectiva crítica da doutrinadora tenha sido de grande relevância para o desenvolvimento de estudos, na seara jurídica, em torno da necessidade de releituras e proposições concernentes à tutela, pelo Direito, das tecnologias digitais emergentes. Veja-se a definição da autora: "Surveillance capitalism departs from the history of market capitalism in three startling ways. First, it insists on the privilege of unfettered freedom and knowledge. Second, it abandons long-standing organic reciprocities with people. Third, the specter of life in the hive betrays a collectivist societal vision sustained by radical indifference and its material expression in Big Other". HIDALGO, César. *Why information grows*: the evolution of order, from atoms to economics. Nova York: Basic Books, 2015. p. 463.
18. LAZER, David; FRIEDMAN, Allan. The network structure of exploration and exploitation. *Administrative Science Quarterly*, Londres, v. 52, n. 4, p. 667-694, 2007. p. 669.

não são o objeto central dessa tese, mas também não podem ser ignorados – para além da dúvida sobre a (in)suficiência do enriquecimento sem causa para a tutela dos dessas situações.[19] A distribuição assimétrica dos lucros e a exploração de dados pessoais suscitam preocupações éticas e jurídicas relativas à privacidade e à autonomia dos indivíduos na era digital, e passam a demandar uma compreensão assertiva do que sejam "bens digitais", especialmente para diferenciá-los das situações jurídicas existenciais. Para aclarar essa derradeira dúvida, é imprescindível compreender, em breves linhas, o funcionamento da Internet.

2.1.1 A Internet e suas características em perspectiva técnico-jurídica

A Internet, enquanto fenômeno complexo e multifacetado, tem constituído um objeto de análise e reflexão de notável interesse sob diversas perspectivas, particularmente no domínio técnico-jurídico. O advento da internet representa uma revolução tecnológica significativa que afeta a sociedade em todas as suas dimensões. Nesse contexto, torna-se imprescindível compreender as características intrínsecas desse meio de comunicação global e os desafios jurídicos que surgem de sua utilização.

Sob a ótica técnica, a Internet – viabilizada a partir das pesquisas de Tim Berners-Lee no *Conseil Européen pour la Recherche Nucléaire* (CERN) – é conceituada como uma extensa rede de comunicação que interliga dispositivos e sistemas computacionais em escala global a partir do endereçamento de hipertexto.[20] Sua

---

19. Em sua obra, Menezes Leitão já sinalizava a parca experiência casuística em torno do instituto: "Chegados a esse ponto, importa concluir que o enriquecimento sem causa, estabelecido no §812 do BGB e no art. 473.º do Código Civil [de Portugal], como um princípio normativo, instituído através de uma cláusula geral carecida de um profundo preenchimento casuístico, foi dogmaticamente reconduzido a uma tipologia de *condictiones*, cuja característica comum se situa a um nível pré-jurídico, através da sua recondução a uma máxima de justiça comutativa, sem campo operacional dogmático próprio. Na verdade, reconhecendo-se a incorrecção da solução defendida pelos defensores da teoria da ilicitude que, na esteira de Schulz, fundamenta todas as pretensões de enriquecimento nas intervenções ilícitas em direitos alheios, há que concluir que uma fundamentação unitária das diferentes *condictiones* se baseia exclusivamente numa ordenação geral de compensação e equilíbrio, o que no fundo implica identificar a proibição do enriquecimento com o princípio do *suum cuique tribuere*. Esse princípio corresponde, no entanto a uma simples ideia jurídica geral, com base na qual não é possível atribuir directamente uma pretensão de enriquecimento". LEITÃO, Luís Manuel Teles de Menezes. *O enriquecimento sem causa no direito civil*, cit., p. 934.
20. BERNERS-LEE, Tim; FISCHETTI, Mark. *Weaving the web*: the original design and ultimate destiny of the World Wide Web. Nova York: Harper Business, 2000. p. 16. Com efeito: "Hypertext would be most powerful if it could conceivably point to absolutely anything. Every node, document – whatever I was called – would be fundamentally equivalent in some way. Each would have an address by which it could be referenced. They would all exist together in the same space – the information space. (...) The Internet is a very general communications infrastructure that links computers together. Before the Internet, computers were connected using dedicated cables from one another. A software program on one computer would communicate over the cable with a software program on another computer,

estrutura descentralizada e o emprego dos protocolos de comunicação TCP/IP (*Transmission Control Protocol/Internet Protocol*)[21] possibilitam a interconexão de computadores em todo o mundo, propiciando a troca instantânea de informações e o acesso a uma ampla gama de serviços e recursos sem a necessidade de cabos entre todos.

Compreender o funcionamento dessa suíte de protocolos de comunicação utilizada para a transmissão e recepção de dados em redes de computadores é imprescindível para que se entenda como conjuntos de dados se tornam bens digitais. Essa suíte é composta por quatro camadas inter-relacionadas, cada uma desempenhando funções específicas no processo de comunicação, a saber: (i) Camada de Enlace (*Link Layer*), que trata da transmissão de dados entre dispositivos diretamente conectados na mesma rede física, sendo os dados encapsulados em quadros (*frames*), que contêm informações de endereço MAC e controle de erro; (ii) Camada de Rede (*Network Layer*), na qual o protocolo principal é o *Internet Protocol* (IP), cuja função é realizar o roteamento dos pacotes de dados através da rede;[22] (iii) Camada de Transporte, assim identificada porque é nela que o TCP (*Transmission Control Protocol*) opera e fornece uma comunicação confiável e orientada à conexão, dividindo os dados em segmentos, adicionando informações de controle, como números de sequência e confirmação, e retransmitindo pacotes, se necessário; (iv) Camada de Aplicação, na qual os dados são formatados para a aplicação específica, sendo diversos os protocolos de aplicação são utilizados, como o HTTP (*Hypertext Transfer Protocol*) para transferência de páginas *web*, o SMTP (*Simple Mail Transfer Protocol*) para envio de e-mails, e o FTP (*File Transfer Protocol*) para transferência de arquivos.

O processo de transmissão e recepção de dados inicia-se com a aplicação gerando dados, que são então segmentados pelo TCP. Cada segmento é encap-

---

and send information such as a file or a program. This was originally done so that the very expensive early computers in a lab or company could be used from different sites. Clearly, though, one computer could not be linked to more than a few others, because it would need tens or hundreds of cables running from it".

21. Sobre o tema, "The application layer contains a variety of protocols that are commonly needed by users. One widely used application protocol is HTTP (HyperText Transfer Protocol), which is the basis for the World Wide Web. When a browser wants a Web page, it sends the name of the page it wants to the server hosting the page using HTTP. The server then sends the page back. Other application protocols are used for file transfer, electronic mail, and network news. (...) When satellite and radio networks were added later, the existing protocols had trouble interworking with them, so a new reference architecture was needed. Thus, from nearly the beginning, the ability to connect multiple networks in a seamless way was one of the major design goals. This architecture later became known as the TCP/IP Reference Model, after its two primary protocols". TANENBAUM, Andrew; WETHERALL, David. *Computer networks*. 5. ed. Boston: Prentice Hall, 2011. p. 45.
22. Cada dispositivo conectado à rede possui um endereço IP único, permitindo a identificação do remetente e destinatário. O IP também trata da fragmentação e remontagem de pacotes, caso necessário.

sulado em um pacote IP pela camada de Rede e, em seguida, em um quadro Ethernet pela camada de Enlace, quando necessário. Os quadros são então transmitidos pela rede até alcançarem o destinatário, onde são desencapsulados nas camadas correspondentes. Tudo ocorre de forma célere, de modo que o valor de um conjunto de dados – a ser aferido – depende de diversos fatores, incluindo a qualidade, a abrangência e a relevância das informações contidas.

A cibersegurança é outro aspecto crítico no contexto técnico-jurídico da internet. A crescente digitalização das atividades humanas tem exposto a sociedade a vulnerabilidades e ameaças cibernéticas, como ciberataques, roubo de dados e invasões de privacidade. A proteção da infraestrutura digital e dos sistemas computacionais requer a implementação de medidas legais e tecnológicas que garantam a segurança e a integridade das informações e transações on-line. Tais falibilidades podem ser melhor assimiladas a partir de breve exploração das três características essenciais da *web* semântica:[23] fungibilidade, ubiquidade e replicabilidade.

2.1.1.1 Fungibilidade

A concepção de fungibilidade diz respeito à funcionalidade da Internet de interligar conjuntos de dados a partir de dispositivos, sistemas e protocolos heterogêneos de maneira transparente e integrada, viabilizando plataformas multifuncionais capazes de acomodar diversas formas de informações e serviços, independentemente de suas origens ou características. Assim, a fungibilidade da Internet é derivada de sua arquitetura aberta e descentralizada, permitindo a interação livre entre sistemas e aplicativos diversos, indicando que dados podem ser considerados bens fungíveis quando isoladamente considerados, referindo-se a recursos digitais que são substituíveis e intercambiáveis de maneira equivalente.[24] A fungibilidade, nesse contexto, destaca a capacidade de trocar ou substituir esses recursos digitais sem perda significativa de valor ou funcionalidade, pois, para tornar acessível e cognoscível o conjunto de dados, basta que se repita uma sequência cadenciada de bases numéricas, que podem ser:

a) Binária: Um arquivo digital é composto por uma sequência de *bits*, que são a menor unidade de dados em sistemas de computadores. Cada bit pode assumir um valor de 0 ou 1, representando estados de ligado ou desligado, respectivamente.

---

23. Trata-se de conceito apresentado na virada do milênio para ilustrar uma mudança de paradigma da Internet, que passaria a contemplar diversas interações entre os usuários, e não mais os simples portais de exibição de conteúdos. Conferir, por todos, BERNERS-LEE, Tim; HENDLER, James; LASSILA, Ora. The semantic web. *Scientific American*, Nova York, v. 284, n. 5, maio 2001.
24. TANENBAUM, Andrew; WETHERALL, David. *Computer networks*, cit., p. 95.

A organização desses *bits* em uma sequência específica forma a base de qualquer arquivo digital. Além disso, os *bits* são agrupados em conjuntos chamados de *bytes*. Um byte geralmente é composto por 8 *bits*, e é frequentemente utilizado como a unidade básica para representar caracteres de texto ou valores numéricos.[25]

b) Octal (Base 8): No sistema octal, a base é 8, e os dígitos vão de 0 a 7. Cada dígito octal representa três *bits* no sistema binário. Embora seja menos comum em comparação com hexadecimal, ainda é utilizado em algumas áreas.[26]

c) Decimal (Base 10): Este é o sistema numérico mais familiar para a maioria das pessoas. Na base 10, os dígitos variam de 0 a 9. Cada dígito decimal representa quatro *bits* no sistema binário.[27]

d) Hexadecimal: Os dados hexadecimais, ou simplesmente "*hex*", referem-se a uma representação numérica do sistema de base 16. Enquanto os dados digitais são frequentemente expressos no sistema binário de base 2, onde os valores podem ser 0 ou 1, os dados hexadecimais utilizam uma base de 16, o que significa que os valores podem variar de 0 a 15. No sistema hexadecimal, os dígitos vão de 0 a 9, assim como no sistema decimal, mas também incluem letras de A a F para representar os valores de 10 a 15. Cada dígito hexadecimal é equivalente a quatro *bits* no sistema binário. Portanto, dois dígitos hexadecimais podem representar um *byte* (8 *bits*). Por exemplo, o número binário "11011010" pode ser representado como "DA" em hexadecimal.[28]

e) Base 64: Este sistema é frequentemente utilizado na codificação de dados para transmissão na internet. Em vez de representar valores numéricos, a base 64 usa uma combinação de letras maiúsculas e minúsculas, números e caracteres especiais. Ele é utilizado para codificar dados binários de forma eficiente.[29]

f) Base 58: Similar à base 64, mas exclui alguns caracteres para evitar confusão em determinados contextos, como URLs. É utilizado em formatos de codificação específicos.[30]

g) ASCII (*American Standard Code for Information Interchange*): Não é uma base numérica, mas uma tabela de codificação que associa números a caracteres.

---

25. SRINIVASAN, Vasudha. Introduction to binary. *Carnegie Mellon University*, Pittsburgh, [S.d]. Disponível em: https://www.cmu.edu/gelfand/lgc-educational-media/digital-education-modules/dem-documents/new-the-world-of-the-internet-handouts.pdf. Acesso em: 28 mar. 2023.
26. KNUTH, Donald E. *The art of computer programming*. Fundamental algorithms. 3. ed. Boston: Addison-Wesley, 1997, v. 3. p. 620.
27. KNUTH, Donald E. *The art of computer programming*, cit., p. 621.
28. TANENBAUM, Andrew; WETHERALL, David. *Computer networks*, cit., p. 199.
29. KNUTH, Donald E. *The art of computer programming*, cit., p. 362.
30. KNUTH, Donald E. *The art of computer programming*, cit., p. 362.

Cada caractere é representado por um número único na tabela ASCII, facilitando a comunicação de dados de texto.[31]

Os protocolos de comunicação, especialmente o TCP/IP, facilitam a eficiente troca de dados e a interoperabilidade entre dispositivos e redes distintas, especialmente de Base 64, de Base 58, hexadecimal ou ASCII. Dessa forma, a Internet opera como uma intricada teia de conexões, em que informações de distintos formatos e naturezas são disseminadas livremente, manifestando-se pela diversidade de conteúdos e serviços disponíveis na rede a partir dos mesmos conjuntos estruturados de dados, que são replicáveis.

No entanto, é relevante ressaltar que a fungibilidade da internet acarreta desafios e preocupações. A diversidade de informações e serviços na rede pode facilitar a disseminação de conteúdos prejudiciais. Além disso, a extensa coleta de dados pessoais por entidades de processamento suscita inquietações quanto ao potencial uso indevido e à comercialização desses dados.[32]

A questão da neutralidade da rede também se manifesta como pertinente no contexto da fungibilidade da internet, uma vez que se fundamenta no princípio de que todos os dados devem ser tratados de maneira imparcial pelos provedores de internet, sem qualquer forma de discriminação ou priorização.[33] A preservação da neutralidade da rede é crucial para garantir a livre circulação de informações e o acesso equitativo a conteúdos e serviços on-line, garantindo que pacotes de dados não sejam privilegiados ou desfavorecidos.[34]

Além disso, a fungibilidade da internet exerce influência sobre o desenvolvimento de novas tecnologias e inovações. A rápida evolução tecnológica impulsiona a criação de novas aplicações e serviços on-line, como a Internet das Coisas (IoT),[35] a realidade aumentada e a inteligência artificial. Essas inovações

---

31. CERF, Vint. ASCII format for network interchange. *Network Working Group*, 16 out. 1969. Disponível em: https://www.rfc-editor.org/rfc/rfc20.html Acesso em: 28 mar. 2023.
32. TANENBAUM, Andrew; WETHERALL, David. *Computer networks*, cit., p. 35-36.
33. PARENTONI, Leonardo. Network neutrality: what is internet made of, how is it changing and how does it affect your life? *Revista da Faculdade de Direito da Universidade Federal de Minas Gerais*, Belo Horizonte, n. Especial, 2nd Conference Brazil-Italy, p. 195-243, 2017. p. 195.
34. BELLI, Luca; DE FILIPPI, Primavera. General introduction: towards a multistakeholder approach to network neutrality. In: BELLI, Luca; DE FILIPPI, Primavera (Ed.). *Net neutrality compendium*: human rights, free competition and the future of the Internet. Cham: Springer, 2016. p. 11-12.
35. Segundo Victor Hayashi, "com sistemas cada vez maiores e mais conectados pela Internet das Coisas, é imprescindível entender que os ataques se tornam cada vez mais complexos. Ataques coordenados podem afetar requisitos diferentes em uma cadeia de araques que busca distrair e espalhar esforços de equipes de segurança. (...) Há oportunidades ao se adotar tecnologias emergentes como Internet das Coisas e Inteligência Artificial, porém, é sempre essencial entender os novos desafios de segurança para suportar a transformação digital das empresas e sociedade de forma segura". HAYASHI, Victor Takashi. Cibersegurança e segurança da informação aplicadas à IoT. In: PARENTONI, Leonardo;

proporcionam novas perspectivas para aprimorar a experiência do usuário e potencializar a utilização da internet em diversos setores.

2.1.1.2 Ubiquidade

A onipresença da Internet – que pode ser acessada de qualquer localidade do planeta, desde que haja conexão – constitui uma característica distintiva na sociedade contemporânea, em que a extensão dessa tecnologia digital permeia praticamente todos os aspectos da vida humana. A ubiquidade da internet pode ser concebida como sua presença constante e disponibilidade em diversos contextos e dispositivos, permitindo o acesso ininterrupto e instantâneo a informações, serviços e comunicações em distintos cenários e localidades. Esta característica tem exercido profunda influência na maneira como indivíduos e organizações interagem, comunicam-se e conduzem suas atividades cotidianas, pois o que se acessa são dados fungíveis e replicáveis, disponíveis a partir de qualquer localidade, e que suscitam dúvidas sobre sua imaterialidade e eventual titularidade que se lhe possa atribuir *ex lege*.

A difusão generalizada da Internet é resultado de uma confluência de fatores, tais como a evolução tecnológica, a expansão da infraestrutura de telecomunicações e a adoção de dispositivos móveis.[36] O desenvolvimento dos padrões de comunicação e a disseminação de protocolos como o TCP/IP viabilizaram a interconexão de sistemas e dispositivos em escala global, possibilitando a formação de uma verdadeira rede mundial de computadores.

A ubiquidade da internet tem impulsionado a emergência da chamada "sociedade da informação", em que o acesso à informação e a capacidade de comunicação instantânea e global são elementos centrais. A velocidade e a amplitude de alcance das informações facilitam a disseminação do conhecimento, a formação de comunidades virtuais e o desenvolvimento de atividades econômicas e sociais de maneira virtual e interconectada.

Essa disseminação tem impactado diversas esferas da sociedade, incluindo a educação, a economia, a cultura e a política. A educação a distância e o acesso a cursos e conteúdos on-line têm se tornado mais acessíveis, permitindo que pessoas de diferentes locais e realidades tenham acesso ao conhecimento. No

---

NOGUEIRA, Michele (Coord.). *Direito, tecnologia e inovação*: Internet das Coisas (IoT). Belo Horizonte: Centro DTIBR, 2023, v. 5. p. 293-294.

36. Relembrando a transição para a tecnologia 4G, Andrew Tanenbaum e David Wetherall comentam a importância da ubiquidade: "Some of the proposed features of 4G include high bandwidth, ubiquity (connectivity everywhere), seamless integration with other wired and wireless IP networks, including 802.11 access points, adaptive resource and spectrum management and high quality of service for multimedia". TANENBAUM, Andrew; WETHERALL, David. *Computer networks*, cit., p. 179.

âmbito econômico, o comércio eletrônico e os serviços online têm revolucionado a forma como se realizam transações comerciais e interações financeiras.[37]

O termo "ubíquo" geralmente está associado a algo que está presente em todos os lugares ao mesmo tempo, no caso, a Internet. Assim, quando se trata de conjuntos de dados, a abordagem mais apropriada seria considerar a acessibilidade e a disponibilidade desse conjunto em diferentes contextos ou para diferentes usuários, não sendo apropriado designar os próprios conjuntos de dados como ubíquos. Contudo, é importante salientar que a ubiquidade da Internet também suscita desafios e preocupações. A crescente dependência da internet em diversas atividades cotidianas levanta questões sobre a segurança e a privacidade dos dados pessoais e corporativos. A proteção contra ciberataques, invasões de privacidade e o uso indevido de informações são questões críticas que demandam a implementação de medidas eficientes e a conscientização dos usuários.

A universalização do acesso à internet também é uma questão relevante, pois, mesmo que a ubiquidade da Internet a torne cada vez mais acessível nas sociedades desenvolvidas, existem regiões e comunidades que enfrentam desafios para acessar essa tecnologia de forma adequada e eficiente. A literacia digital é essencial para garantir que todos possam usufruir dos benefícios proporcionados pela rede.[38]

Para superar esses obstáculos, é imperativo adotar abordagens abrangentes que visem não apenas a expansão da infraestrutura de Internet, mas também a promoção das comunidades para que possam participar de forma eficaz da sociedade contemporânea.

2.1.1.3 Replicabilidade

A replicabilidade de dados da Internet caracteriza-se pela possibilidade de reprodução e disseminação ampla de informações disponíveis on-line. Tal fenômeno é inerente à arquitetura descentralizada da rede e à natureza dos protocolos de comunicação utilizados, permitindo que dados e conteúdos sejam reproduzidos e compartilhados em múltiplas instâncias. A replicabilidade

---

37. ANDERSON, Janna Quitney; RAINIE, Lee. *The future of the Internet*: ubiquity, mobility, security. Nova York: Cambria Press, 2009. p. 4-5.
38. COMPAINE, Benjamin M.; WEINRAUB, Mitchell J. Universal access to online services: an examination of the issue. In: COMPAINE, Benjamin M. (Ed.). *The digital divide*: facing a crisis or creating a myth? Cambridge: The MIT Press, 2001. p. 162. Comentam: "Why access to advanced computer and information services are important to education has been explored from numerous angles. One approach is that of the development of a New Literacy that reflect the tools of communications and computers, in much the way that the technologies of printing and mechanization helped shape the need for the current version of literacy".

viabiliza a difusão rápida e eficiente de informações, possibilitando o alcance global de conteúdos e a construção de uma rede vasta e interconectada pela qual se torna difícil a aferição de titularidades e atribuição de proteção jurídica sobre conteúdos que circula de forma não rastreável.

Tal fenômeno é inerente à arquitetura descentralizada da internet e à natureza dos protocolos de comunicação utilizados, permitindo que dados e conteúdos sejam reproduzidos e compartilhados em múltiplas instâncias, a ponto de se falar em conteúdos que "viralizam"[39] em razão da instantaneidade comunicacional propiciada pela rede. A replicabilidade viabiliza a difusão rápida e eficiente de informações, possibilitando o alcance global de conteúdos e a construção de uma rede vasta e interconectada.

A falta de filtros e mecanismos rigorosos de verificação pode levar à propagação de conteúdos enganosos e manipulados, comprometendo a integridade da informação que circula – que também representa um relevante problema.

Ademais, a replicabilidade de dados da internet também apresenta desafios quanto à proteção da propriedade intelectual e dos direitos autorais. A facilidade com que conteúdos digitais podem ser copiados e compartilhados levanta questões sobre a remuneração justa dos criadores e detentores de direitos, bem como sobre a necessidade de estabelecer mecanismos que protejam os criadores de uso indevido de suas obras.[40]

O compartilhamento *Peer-to-Peer* (P2P) na Internet é um modelo descentralizado no qual dispositivos, conhecidos como "pares" ou "*peers*", interagem diretamente uns com os outros para trocar recursos, como arquivos, sem depender de um servidor central. Cada dispositivo na rede pode atuar tanto como cliente quanto como servidor, permitindo a transferência direta de dados entre eles.[41] Um

---

39. O termo "viralizar" é frequentemente utilizado para descrever a rápida disseminação de conteúdos através de redes sociais, e-mails, mensagens instantâneas ou outras formas de comunicação on-line. Esse fenômeno é impulsionado pela participação ativa dos usuários, que compartilham o conteúdo com sua rede de contatos, criando assim um efeito de propagação exponencial. Quando algo se torna viral, significa que está sendo amplamente divulgado e recebendo atenção considerável em um curto período de tempo. A viralização pode ocorrer por diversos motivos, como a relevância, humor, surpresa ou emoção associados ao conteúdo.
40. Cita-se a conclusão obtida em entrevistas de pesquisa de campo, sobre o tema, por Jana Quitney Anderson e Lee Rainie: "Technology stakeholders and critics were asked to assess scenarios about the future social, political, and economic impact of the Internet, and they predicted the following: (...) "Those working to perfect intellectual property law and copyright protection will remain in a continuing "arms race" with the "crackers", who will find ways to copy and share content without payment". ANDERSON, Janna Quitney; RAINIE, Lee. *The future of the Internet*, cit., p. xxi.
41. Com efeito: "P2P networks burst onto the scene starting in 1999. The first widespread application was for mass crime: 50 million Napster users were exchanging copyrighted songs without the copyright owners' permission until Napster was shut down by the courts amid great controversy. Nevertheless, peer-to-peer technology has many interesting and legal uses. Other systems continued development,

exemplo prático desse conceito é o protocolo BitTorrent.[42] Ao fazer o download de um arquivo, um usuário se conecta a outros usuários que já possuem partes desse arquivo. À medida que o usuário faz o download, ele simultaneamente compartilha as partes que já possui com outros, promovendo uma distribuição eficiente do conteúdo.

Essa abordagem descentralizada oferece autonomia aos pares na rede, sem depender de uma autoridade central, o que é particularmente útil em cenários de compartilhamento de arquivos e distribuição de conteúdo na Internet, mas pode facilitar a violação de direitos autorais de terceiros.[43] Sobre isso se comentará com maior detalhamento nos tópicos seguintes.

A análise da replicabilidade de dados da internet em relação ao enriquecimento sem causa representa um encontro de temas fundamentais no cenário descrito anteriormente, pois a replicabilidade de dados, intrinsecamente ligada à estrutura descentralizada da internet, denota a capacidade de disseminação e reprodução extensiva de informações on-line, permitindo o compartilhamento

---

with such great interest from users that P2P traffic quickly eclipsed Web traffic. Today, BitTorrent is the most popular P2P protocol. It is used so widely to share (licensed and public domain) videos, as well as other content, that it accounts for a large fraction of all Internet traffic. We will look at it in this section. The basic idea of a P2P (Peer-to-Peer) file-sharing network is that many computers come together and pool their resources to form a content distribution system. The computers are often simply home computers. They do not need to be machines in Internet data centers. The computers are called peers because each one can alternately act as a client to another peer, fetching its content, and as a server, providing content to other peers". TANENBAUM, Andrew; WETHERALL, David. *Computer networks*, cit., p. 748.

42. O BitTorrent é um protocolo de comunicação ponto-a-ponto (*Peer-to-Peer*, ou P2P) utilizado para a distribuição eficiente de arquivos pela Internet. Criado por Bram Cohen, o BitTorrent permite que usuários baixem partes de um arquivo simultaneamente de diferentes fontes, em vez de dependerem exclusivamente de um único servidor central. Esse protocolo utiliza um método descentralizado, no qual cada usuário que está fazendo o download também está contribuindo para a distribuição, facilitando o compartilhamento de grandes volumes de dados.

43. O caso mais emblemático envolvendo BitTorrent culminou no reconhecimento da responsabilidade dos motores de busca em relação a violações de direitos autorais, em um contexto de ações judiciais promovidas pela indústria musical contra diversas partes. O precedente mais importante é o veredicto sueco B 13301-06, proferido pelo Tribunal Distrital de Estocolmo, no qual o portal "The Pirate Bay" foi considerado culpado por disponibilizar obras protegidas por direitos autorais. Também é importante registrar as ramificações legais relativas ao motor de busca "isoHunt", no Canadá, cujo cerne reside em questões de autorização. Para Michal Czerniawski, que faz minuciosa análise do tema, à luz da lógica aplicada ao caso "The Pirate Bay", o provedor de buscas "Google", se submetido a um processo na Suécia, poderia ser considerado responsável por violação de direitos autorais, uma vez que facilita o acesso público a materiais protegidos. Contudo, sob a legislação canadense e à luz dos precedentes estabelecidos nos casos *CCH Canadian Ltd. v. Law Society of Upper Canada e Society of Composers, Authors and Music Publishers of Canada v. Canadian Assn. of Internet Providers*, tanto "isoHunt" quanto "Google" deveriam ser considerados não responsáveis pela autorização de violações de direitos autorais. Conferir: CZERNIAWSKI, Michal. Responsibility of Bittorrent Search Engines for Copyright Infringements. *SSRN*, 2009. Disponível em: https://dx.doi.org/10.2139/ssrn.1540913 Acesso em: 28 mar. 2023.

quase instantâneo de dados em escala global, inclusive para finalidades econômicas, que propiciam lucro.

Quando um usuário acessa, por exemplo, uma imagem digital (composta de pixels), nada o impede de realizar o download do arquivo e de manter uma "cópia" salva em seu dispositivo de armazenamento. Ainda que detalhes relacionados à compressão da imagem e à utilização de *codecs* para garantir arquivos de tamanhos menores sejam relevantes em termos de qualidade, nada impedirá que essa mesma "cópia" da imagem digital seja posteriormente compartilhada sucessivamente.

Tal característica implica em um fluxo acelerado e amplo de conteúdos na Internet ubíqua, que afeta diversos aspectos da vida contemporânea e não permanece adstrito aos limites territoriais de uma ou outra jurisdição.[44] Vale dizer: se ocorre a expropriação de uma imagem digital pertencente a alguém, a ponto de gerar enriquecimento para quem assim age, a replicabilidade da rede permitirá que isso ocorra em nível global, sem a observância de quaisquer fronteiras.

No contexto da replicabilidade de dados, o enriquecimento sem causa pode se manifestar por meio da apropriação injustificada de informações ou conteúdos alheios, resultando em benefício patrimonial sem o devido respaldo normativo ou negocial. Isso pode levar à disseminação massiva de conteúdos, inclusive aqueles protegidos por direitos autorais.[45] A facilidade de cópia e compartilhamento de obras intelectuais pode resultar em enriquecimento sem causa por parte de terceiros que se beneficiam do conteúdo sem a devida autorização ou remuneração aos detentores dos direitos autorais. Nesse sentido, a legislação de propriedade intelectual assume papel crucial na busca por equilibrar a proteção dos criadores e a promoção do acesso à informação na era digital.

Além disso, o compartilhamento indiscriminado de dados pessoais pode resultar em enriquecimento sem causa para empresas e organizações que se beneficiam dessas informações para fins de marketing direcionado e análise de comportamentos de consumo. A proteção da privacidade e a regulação do tratamento de dados pessoais são aspectos cruciais para mitigar possíveis práticas abusivas nesse contexto. Adicionalmente, a replicabilidade de dados pode gerar

---

44. KATSH, M. Ethan. *The electronic media and the transformation of law*. Oxford: Oxford University Press, 1989. p. 51. Comenta: "Because the law has changed in the past only over fairly long periods of time, we do not recognize how the role of law and the procedures of society for handling disputes are substantially different from what they once were. The means used to settle conflict today are not the same techniques that were used in ancient or medieval cultures. When law is viewed as an evolutionary or a comparative perspective, it becomes evident that it has not always enjoyed the revered status it has attained in the West".
45. BERNERS-LEE, Tim; FISCHETTI, Mark. *Weaving the web*, cit., p. 198.

enriquecimento sem causa em relação à reputação e à imagem, e todos esses contextos são propiciados pela característica de replicabilidade dos conjuntos de dados que circulam na Internet.

2.1.2 Datificação e a tutela das situações jurídicas existenciais

A sociedade contemporânea, caracterizada por sua globalização e interconexão através da Internet, enfrenta uma rápida expansão tecnológica que afeta os direitos da personalidade por permitir a exploração lucrativa de sutilezas como os interesses, as percepções e as pretensões. Frequentemente, os avanços nas respostas jurídicas não conseguem acompanhar a velocidade com que as violações surgem.[46] Notavelmente, setores como a economia, amplamente beneficiados pelos negócios desenvolvidos virtualmente, têm o potencial de ameaçar direitos de forma extremamente rápida.

A datificação refere-se ao processo pelo qual dados são coletados, processados e utilizados em diversos contextos, incluindo o ambiente digital, com implicações significativas para as situações jurídicas existenciais, que são tuteladas pelo Direito, ainda que não sejam quantificáveis monetariamente e não possam, em razão disso, ser descritas como bens.[47]

O fenômeno emerge como uma expressão emblemática da sociedade da informação contemporânea,[48] caracterizada pela crescente coleta de dados pessoais em diversas esferas da vida humana, podendo transformar aspectos da existência humana em dados quantificáveis, possibilitando a análise, interpretação e utilização dessas informações para uma variedade de propósitos.[49] Tal fenômeno é

---

46. Marshall McLuhan advertiu sobre os perigos decorrentes do avanço tecnológico, destacando que nenhuma sociedade possuía um entendimento suficiente de suas ações para desenvolver imunidade contra novas extensões ou tecnologias. McLUHAN, Marshall. *Os meios de comunicação como extensões do homem*. Tradução de Décio Pignatari. São Paulo: Cultrix, 2007. p. 84.
47. Segundo Bruno Zampier, "os bens adequados à autorrealização poderão possibilitar o preenchimento de questões de ordem patrimonial, existencial ou mesmo ambas. Na aquisição de uma casa para moradia, por exemplo, o sujeito busca satisfazer tanto seu interesse econômico-patrimonial, vindo a negociá-la pelo valor que melhor lhe convenha, quanto o lado pessoal-existencial, escolhendo o local que atenda às suas expectativas para a construção de um lar, pelo tamanho do imóvel, localização, vizinhança, onde ele poderá desenvolver a plenitude de sua especial dignidade". ZAMPIER, Bruno. *Bens digitais*: cybercultura, redes sociais, e-mails, músicas, livros, milhas aéreas, moedas virtuais. 2. ed. Indaiatuba: Foco, 2021. p. 48.
48. DUFF, Alistair A. *Information society studies*. Londres: Routledge, 2000. p. 111. Anota: "A competent technological version of the information society thesis must also provide, in addition to a durable definition of information technology, an account of the relationship between IT and society. This is a much more complex task".
49. Sobre o tema, Ian Miles comenta: "it is demand for IT-based products (information services of many sorts) rather than 'immaterial goods', broadly defined, that is seen as the key to economic growth". MILES, Ian. The new post-industrial state. *Futures*, Londres, v. 17, n. 6, p. 588-617, 1985. p. 591.

impulsionado pela proliferação de dispositivos conectados, aplicativos e plataformas digitais, que capturam e armazenam dados em um ritmo exponencial.

Entretanto, a datificação também suscita questões concernentes à tutela das situações jurídicas existenciais dos indivíduos na própria definição do escopo protetivo conferido aos bens digitais. Isso porque a crescente captura de informações pessoais pode afetar direitos fundamentais, como a privacidade, a intimidade, a liberdade individual e a autodeterminação informativa.[50] A coleta massiva de dados pode resultar no desenvolvimento de perfis detalhados sobre as pessoas, levando a uma percepção reducionista e invasiva da identidade dos indivíduos.[51]

A tutela das situações jurídicas existenciais abrange a proteção dos elementos mais íntimos e pessoais da vida humana, salvaguardando a dignidade e a autonomia dos sujeitos. A datificação, quando realizada sem o devido respeito a essas situações jurídicas, pode ensejar o enriquecimento indevido de quem se beneficia dos dados pessoais como *commodities*,[52] sem a devida contraprestação, ou mesmo de quem explora diretamente a propriedade imaterial alheia – a exemplo de situações como a arte digital gerada algoritmicamente – sem licença ou pagamento de *royalties*.[53]

Nesse contexto, a legislação de proteção de dados assume um papel crucial na busca por equilibrar os interesses envolvidos na datificação. Leis e regulamentos, como o Regulamento Geral sobre a Proteção de Dados (GDPR) na União Europeia (Regulamento 2016/679(EU)) e a Lei Geral de Proteção de Dados Pessoais (LGPD) no Brasil (Lei 13.709, de 14 de agosto de 2018), visam assegurar o controle – pela mencionada autodeterminação informativa – e a transparência

---

50. ROSENVALD, Nelson; FALEIROS JÚNIOR, José Luiz de Moura. A despersonalização da personalidade: reflexões sobre corpo eletrônico e o artigo 17 da Lei Geral de Proteção de Dados Pessoais. In: COLOMBO, Cristiano; ENGELMANN, Wilson; FALEIROS JÚNIOR, José Luiz de Moura (Coord.). *Tutela jurídica do corpo eletrônico*: novos desafios ao direito digital. Indaiatuba: Foco, 2022. p. 445-502.
51. RODOTÀ, Stefano. *A vida na sociedade da vigilância*: a privacidade hoje. Tradução de Danilo Doneda e Luciana Cabral Doneda. Rio de Janeiro: Renovar, 2008. p. 20.
52. MAYER-SCHÖNBERGER, Viktor; RAMGE, Thomas. *Reinventing capitalism in the age of Big Data*. Nova York: Basic Books, 2018. p. 81-82. Segundo os autores, "data ontologies help the flow of information; adaptive machine learning systems and preference-matching algorithms help us process information. They also reinforce each other in subtle but important ways. Machine learning systems can be utilized not only to tease our preferences out of data; they can also be used to improve preference-matching algorithms and to discover word patterns that will lead to superior data ontologies. Similarly, data ontologies mey help us find a better way of ordering our preferences. And preference-matching algorithms can not only assist us in finding the optimal transaction partners, they can also help us identify the most appropriate set of external preferences against which to benchmark our own".
53. Valioso, nesse ponto, o comentário de Francisco Manuel Pereira Coelho: "O enriquecimento, como o dano, pode conceber-se de duas formas diferentes, a que correspondem as noções 'real' e 'patrimonial'". COELHO, Francisco Manuel Pereira. *O enriquecimento e o dano*, cit., p. 24.

no tratamento de dados pessoais, protegendo as situações jurídicas existenciais dos titulares dos dados.

No entanto, a implementação efetiva dessas normas ainda enfrenta desafios, principalmente no que tange à fiscalização e ao cumprimento das disposições legais pelos agentes que realizam o tratamento de dados. A conscientização dos usuários sobre seus direitos e a adoção de práticas responsáveis por parte das empresas são aspectos cruciais para a efetividade da tutela das situações jurídicas existenciais.[54]

Ademais, a datificação também tem consequências além do âmbito da proteção de dados. A transformação da vida humana em dados quantificáveis pode influenciar processos decisórios automatizados, como a concessão de crédito, a seleção de candidatos a emprego e a precificação de produtos e serviços.[55] Essas práticas, se não forem balizadas por critérios justos e éticos, podem resultar em discriminação e violação de direitos fundamentais.[56]

A discussão acerca da datificação e a tutela das situações jurídicas existenciais requer uma abordagem abrangente e multidisciplinar, considerando aspectos legais, éticos, tecnológicos e sociais. A construção de um ambiente digital que respeite a privacidade e a dignidade da pessoa humana, aqui considerada mate-

---

54. Com efeito, Javier Iniesta e Francisco Serna indicam a necessidade de uma regulação voltada ao meio digital exatamente para que seja possível situar as transformações oriundas do desenvolvimento tecnológico: "Pero, realmente, ¿en qué lugar podemos situar lo virtual? Con la aparición de Internet se da un cambio fundamental, la comunicación fluye de todos a todos. Hasta ahora, se ha visto esta realidad como un cambio cuantitativo, más que cualitativo, en las relaciones interpersonales, que habla de la disponibilidad ininterrumpida del otro y de formas de acercamiento afectivo, que hasta ahora requerían inexorablemente la co-presencia física de los actores. Evidentemente, esta variación de parámetros ha provocado un desenfoque de la visión que se tenía hasta el momento, dando lugar al surgimiento de conflictos de complejo enfoque jurídico. Así, Internet se nos presenta como un espacio abierto que permite interactuar en diversos contextos tomando distintas identidades, estas identidades – denominadas virtuales – se alejan de la noción de identidad basada en los presupuestos culturales de la persona que hasta ahora eran el paradigma de nuestra visión del ser humano". INIESTA, Javier Belda; SERNA, Francisco José Aranda. El paradigma de la identidad: hacia una regulación del mundo digital. *Revista Forense*, Rio de Janeiro, v. 422, jul./dez, p. 181-202, 2015. p. 184.
55. MARTINS, Guilherme Magalhães; FALEIROS JÚNIOR, José Luiz de Moura. Decisões automatizadas e a efetiva proteção de dados pessoais. In: EHRHARDT JÚNIOR, Marcos; CATALAN, Marcos; NUNES, Cláudia Ribeiro Pereira (Coord.). *Inteligência artificial e relações privadas*: relações patrimoniais entre o consumo, os contratos e os danos. Belo Horizonte: Fórum, 2023, v. 3. p. 32-33.
56. BONNA, Alexandre Pereira. Perfilização, estigmatização e responsabilidade civil: a proteção do corpo eletrônico a partir de projeções da personalidade. In: COLOMBO, Cristiano; ENGELMANN, Wilson; FALEIROS JÚNIOR, José Luiz de Moura (Coord.). *Tutela jurídica do corpo eletrônico*: novos desafios ao direito digital. Indaiatuba: Foco, 2022. p. 510. Comenta: "Diante desse espectro, de bens extrapatrimoniais protegidos juridicamente, como a igualdade e a privacidade, surge a potencialidade de lesão a tais direitos a partir do manuseio dos dados pessoais para a formação do *"profiling"*. Em primeiro lugar, identifica-se o vilipêndio da igualdade, na medida em que algumas pessoas estarão privadas do acesso e da oferta de produtos e serviços em razão da estigmatização criada no ambiente virtual de um certo perfil de usuário. (...)".

rialmente[57] a partir do amálgama que se pode extrair dos direitos fundamentais à liberdade, à privacidade e à intimidade, exige a colaboração de diversos atores sociais, desde legisladores até empresas e a sociedade civil.

2.1.2.1 A personalidade e os dados pessoais como bens exploráveis

A personalidade humana é uma noção complexa e multifacetada que engloba os atributos, características e identidade de um indivíduo. Considerando que o Direito Civil foi forjado em razão da ideia de liberdade desde o Código Civil francês de 1804, sempre se priorizou a proteção aos direitos reais e às relações obrigacionais, de essência patrimonialista.[58] Todavia, nunca se negou a importância de se estudar a autonomia privada frente ao poder de autodeterminação do indivíduo. Notadamente no caso dos direitos reais, que têm oponibilidade *erga omnes*, impõe-se uma situação de poder em face da sociedade, cujo objeto é um bem da vida; já nos direitos obrigacionais, a relação jurídica é determinada, entre um credor e um devedor, tendo por objeto uma prestação de dar, fazer ou não fazer.

O estudo dos direitos da personalidade é importantíssimo para a completa compreensão do Direito Civil que, em sua modalidade clássica, sempre lidou com as chamadas situações jurídicas patrimoniais, mas que passou a abrir espaço à tutela de situações jurídicas existenciais. Despatrimonialização ou personalização do Direito Civil é o nome que se dá à tendência de proteção aos direitos da personalidade.

Na sociedade da informação contemporânea, a personalidade e os dados pessoais têm se tornado objeto de crescente interesse e exploração,[59] tornando-se bens que podem ser utilizados e explorados em diferentes contextos. Essa perspectiva de enxergar a personalidade e os dados pessoais como bens exploráveis é impulsionada pela proliferação de tecnologias digitais, a coleta massiva de informações e o uso de algoritmos que permitem a análise e o cruzamento de dados de maneira abrangente.

Tudo isso levando em consideração que a atual sociedade pode ser caracterizada como complexa, plural e fragmentada, dando indícios de que os modelos

---

57. Permanece sempre atual o alerta de Junqueira de Azevedo: "diante da "confusão geral" criada por gregos e troianos na utilização do princípio jurídico da dignidade da pessoa humana, impõe-se ao jurista brasileiro, evitando uma axiologia meramente formal, dar indicações do conteúdo material da expressão". AZEVEDO, Antonio Junqueira de. Caracterização jurídica da dignidade da pessoa humana. *Revista da Faculdade de Direito da Universidade de São Paulo*, São Paulo, n. 97, p. 107-125, jan./dez. 2002. p. 122.
58. BELTRÃO, Silvio Romero. Direito da personalidade: natureza jurídica, delimitação do objeto e relações com o Direito Constitucional. *Revista do Instituto do Direito Brasileiro*, Lisboa, ano 2, n. 1, p. 203-228, 2013. p. 205-206.
59. PÉREZ LUÑO, Antonio-Enrique. La Filosofía del Derecho en perspectiva histórica. *Estudios conmemorativos del 65 aniversario del Autor*. Homenaje de la Facultad de Derecho y del Departamento de Filosofía del Derecho de la Universidad de Sevilla. Sevilla: Servicio de Publicaciones de la Universidad de Sevilla, 2009. p. 448.

jurídicos tradicionais são insuficientes, "impondo-se à ciência do direito a construção de novas e adequadas estruturas jurídicas de resposta, capazes de assegurar a realização da justiça e da segurança em uma sociedade em rápido processo de mudança".[60] A transformação da personalidade e dos dados pessoais em bens exploráveis suscita questões éticas e jurídicas relevantes. A coleta e utilização de dados pessoais podem viabilizar o desenvolvimento de perfis detalhados e a criação de modelos preditivos sobre os comportamentos e preferências dos indivíduos.[61] Esses perfis e modelos são, então, passíveis de comercialização, exploração lucrativa e utilização em diversas áreas, como publicidade direcionada, análise de crédito, seleção de candidatos a empregos e personalização de serviços.

Contudo, essa exploração dos dados pessoais também suscita preocupações quanto à privacidade e à proteção dos direitos individuais. A utilização de dados pessoais sem o devido consentimento ou transparência pode violar a autodeterminação informativa dos indivíduos, afetando sua capacidade de controlar suas informações pessoais e decidir como esses dados serão utilizados.[62] Nesse contexto, questionamentos têm surgido sobre os limites e as perspectivas para a proteção jurídica de situações prejudiciais ao conjunto de dados que compõem as projeções da personalidade individual no âmbito virtual. Em outras palavras, refere-se ao corpo eletrônico, conforme descrito por Stefano Rodotà,[63] ou à *persona digital*, como conceituado por Roger Clarke.[64]

---

60. AMARAL, Francisco. O direito civil na pós-modernidade. In: NAVES, Bruno Torquato de Oliveira; FIUZA, César; SÁ, Maria de Fátima Freire de (Coord.). *Direito civil*: atualidades. Belo Horizonte: Del Rey, 2003. p. 63.
61. O tema é explorado, com pioneirismo, por DAMÁSIO, Antonio. *The feeling of what happens*: body and emotion in the making of consciousness. Nova York: Harcourt Brace & Co., 1999.
62. Essa é, em essência, a base do pensamento de Don Ihde, que trabalha com sua visão em torno de um *technological lifeworld* imantado de visões fenomenológicas. Comenta: "The antinomy can be stated simply: if philosophers are to take any normative role concerning new technologies, they will find, from within the structure of technologies as such and compound historically by unexpected uses and unintended consequences, that technologies virtually always exceed or veer away from intended design. How, then, can any normative or prognostic role be possible? (...) Of course, the objections in turn imply the continuance of a status quo among the technocrats, who remain free to develop anything whatsoever and free from reflective considerations". IHDE, Don. *Bodies in technology*. Minneapolis: University of Minnesota Press, 2002. p. 104.
63. RODOTÀ, Stefano. *Intervista su privacy e libertà*. Roma/Bari: Laterza, 2005. p. 121-122. Comenta: "La necessità di una tutela forte del corpo fisico, dunque, fa parte della tradizione giuridica e civile dell'Occidente. Però non c'è ancora altrettanta sensibilità per il «corpo elettronico» che pure rappresenta oggi la nostra identità. (...) Possiamo in effetti parlare di una rivincita del corpo fisico, di un suo ritorno alla ribalta proprio nel momento in cui sembrava soppiantato dal corpo virtuale, «elettronico». L'incontro tra corpo fisico e tecnologie d'avanguardia è stato alla base di questa nuova attenzione proprio nel momento in cui l'esperienza mostrava i limiti dell'identificazione elettronica".
64. Em breve síntese, segundo Clarke, uma *persona digital* é uma representação simplificada de um indivíduo, constituindo-se como um modelo que abrange apenas alguns aspectos da realidade associada à pessoa. A eficácia desse modelo, consequentemente, está vinculada à extensão em que ele consegue capturar as características da realidade que são pertinentes para sua aplicação específica. CLARKE,

Além disso, é relevante abordar as implicações econômicas e sociais dessa exploração de dados pessoais como bens. A comercialização de perfis de consumidores, por exemplo, pode influenciar dinâmicas econômicas, aprimorar estratégias de marketing e ampliar a competitividade empresarial.[65] No entanto, também é essencial considerar os possíveis efeitos negativos, como o surgimento de práticas discriminatórias ou a concentração de poder econômico em grandes corporações.

A discussão sobre a personalidade e os dados pessoais como bens exploráveis demanda uma abordagem interdisciplinar, contemplando aspectos jurídicos, éticos, econômicos e sociais. A reflexão sobre o uso ético e responsável dos dados pessoais é imprescindível para garantir a proteção dos direitos individuais e a preservação da dignidade humana na era digital.

2.1.2.2 A dimensão superlativa dos dados pessoais e os bens digitais

A dimensão superlativa do vigilantismo de dados emerge como uma configuração exponencial do sistema econômico que tem como base a coleta, processamento e exploração intensiva de dados pessoais. Trata-se de um modelo que se fundamenta na acumulação massiva de informações sobre indivíduos[66] e suas atividades cotidianas no ambiente digital. Nesse contexto, o capitalismo derivado da datificação destaca como um sistema de ampla abrangência, permeando diversas esferas da vida humana, que permitem concluir que projeções datificadas estão contempladas pela proteção conferida, no sistema jurídico, aos direitos da personalidade (até pelo fato de não se reconhecer a natureza taxativa do rol definido no artigo 12 do Código Civil brasileiro, a simbolizar um direito geral de personalidade).[67]

Roger. The digital persona and its application to data surveillance. *Journal of Law, Information and Science*, Hobart, v. 10, n. 2, p. 83, jun. 1994, passim.

65. Cf. CLARKE, Roger. Profiling: a hidden challenge to the regulation of data surveillance. *Journal of Law, Information and Science*, Hobart, v. 4, n. 2, p. 403, dez. 1993.
66. SOLOVE, Daniel J. *The digital person*: Technology and Privacy in the Information Age. Nova York: New York University Press, 2006. p. 46.
67. Quanto ao tema, importante a posição de Silmara Juny de Abreu Chinellato sobre o artigo 12 do Código Civil: "o artigo trata da tutela geral dos direitos da personalidade, inclusive no âmbito preventivo, podendo o lesado socorrer-se das medidas processuais cabíveis: medida cautelar nominada e inominada, tutela antecipada, mandado de segurança com pedido de liminar, considerando-se a qualidade do lesante), para a ameaça de direitos, bem como ação constitutiva ou declaratória para a lesão consumada" e, quanto ao ponto em análise que "há quem sustente que o artigo consagrou o direito geral de personalidade, parecendo-me, no entanto, que a opção do legislador foi pela enumeração não exaustiva dos direitos. Anoto que a não taxatividade é mais uma das características dos direitos da personalidade". CHINELLATO, Silmara Juny de Abreu. Comentários à Parte Geral: artigos 1º a 21 do Código Civil. In: MACHADO, Antonio Cláudio da Costa (org.); CHINELLATO, Silmara Juny de Abreu (Coord.). *Código Civil interpretado*: artigo por artigo, parágrafo por parágrafo. 5. ed. Barueri: Manole, 2012. p. 43.

Cada perfil é alimentado pela crescente capacidade tecnológica de capturar e analisar dados em escala global. As tecnologias de rastreamento, os dispositivos inteligentes, as plataformas digitais e os algoritmos complexos são elementos-chave nessa estrutura, permitindo a criação de perfis detalhados e a geração de *insights* preditivos sobre os comportamentos e preferências dos indivíduos.[68]

É exatamente a partir desse desafio que o enriquecimento sem causa pela exploração de dados pessoais passa a se tornar uma questão crítica, pois não há solução clara para o incremento patrimonial injustificado por parte das entidades que se apropriam e exploram esses dados. A obtenção e utilização de informações pessoais sem o devido respeito à legislação de regência e sem contraprestação adequada caracteriza-se como um enriquecimento sem causa, mas parece prescindir do chamado lucro da intervenção,[69] uma vez que tudo se dá pela utilização abstrusa de conjuntos de dados obtidos para exploração indireta, que avilta a personalidade sem que haja uma situação clara de atuação de um interventor. A diferença é bastante clara quando comparada às situações mais usuais, como a exploração indevida do nome, da imagem ou mesmo do patrimônio alheio.

Ademais, a assimetria de poder entre os que exploram dados pessoais e os usuários que fornecem essas informações aprofunda a questão do enriquecimento sem causa ou mesmo da necessidade de recrudescimento da responsabilidade civil[70] – por suas múltiplas funções – para abarcar tais situações. As empresas detentoras das tecnologias e infraestruturas têm ampla vantagem na negociação e utilização desses dados, enquanto os indivíduos muitas vezes carecem de controle efetivo[71] sobre suas informações pessoais e, em muitos casos, sequer têm plena consciência do alcance das práticas de vigilância.

---

68. Com efeito: "Essa identidade [virtual] é formada pela confluência dos dados de identificação (nome, data e local de nascimento, número de telefone, filiação, profissão etc.), de feição subjetiva (opiniões, veiculação da intimidade, sites e informações que são marcadas como positivas/negativas e / ou compartilhadas etc.), de comportamento (histórico de navegação, de negócios, de geolocalização, notícias, fotografias em eventos etc.) e de dados derivados (dados calculados por terceiros de modo analítico que geram uma espécie de perfil comportamental – quem é e o que (não) gosta – de alguém baseado em sua conduta *online*)". BOLESINA, Iuri. *Direito à extimidade*: as inter-relações entre identidade, ciberespaço e privacidade. Florianópolis: Empório do Direito, 2017. p. 131.
69. Segundo Francisco Manuel Pereira Coelho, "não é só o dano, porém, que pode conceber-se destes dois modos ['real' ou 'patrimonial'], senão também o enriquecimento. Este corresponderá, numa concepção *real*, ao *valor objetivo da vantagem real adquirida*; numa concepção *patrimonial*, ao *saldo ou diferença para mais no património do enriquecido*, que resulte da comparação entre a situação em que ele presentemente se encontra (*situação real*) e aquela em que se encontraria se não se tivesse verificado a deslocação patrimonial que funda a obrigação de restituir (*situação hipotética*)". COELHO, Francisco Manuel Pereira. *O enriquecimento e o dano*, cit., p. 26.
70. ROSENVALD, Nelson. *A responsabilidade civil pelo ilícito lucrativo*, cit., p. 564.
71. Redireciona-se o tema para o fundamento da autodeterminação informativa em matéria de proteção de dados pessoais, pois, como anota Laura Schertel Mendes, "da mesma forma que no direito geral de personalidade, a relevância da autodeterminação informativa reside na flexibilidade oportunizada

A exploração massiva de dados pessoais sem o devido respaldo legal pode afetar a autonomia dos indivíduos, comprometendo a própria viabilidade de aferição do enriquecimento sem causa. Nesse contexto, surge a necessidade de avaliar formas de equacionar o enriquecimento sem causa que desborda da exploração de situações jurídicas existenciais para promover justa clarificação dos reflexos jurídicos dessa exploração, e a responsabilidade civil, no curso desta investigação, parece oferecer a melhor solução.

2.2 GANHOS ILÍCITOS E PLATAFORMAS DIGITAIS

Plataformas[72] dotadas de características inovadoras e alcance global, possibilitam a interação e troca de informações entre usuários, bem como a disponibilização de produtos e serviços em um ambiente virtual. Contudo, esse contexto propício à disseminação de conhecimento e negócios também abre brechas para práticas ilegais, em que usuários podem se apropriar indevidamente de propriedade imaterial alheia para obter lucro.[73]

Essas práticas ilícitas podem ocorrer por meio da violação de direitos autorais, marca registrada, patentes e segredos comerciais. O uso não autorizado de obras protegidas por direitos autorais, como músicas, filmes e livros, para fins comerciais, constitui uma forma comum de ganhos ilícitos nas plataformas digitais[74]. Essa exploração indevida acarreta prejuízos tanto aos criadores e detentores de direitos autorais quanto à indústria criativa como um todo.

No contexto das patentes e dos segredos comerciais, usuários de plataformas digitais podem explorar indevidamente tecnologias, apropriando-se de forma

---

por uma concepção abstrata de proteção, pois se reporta ao poder de decisão do indivíduo, oferecendo grande flexibilidade". MENDES, Laura Schertel. Autodeterminação informativa: a história de um conceito. *Pensar: Revista de Ciências Jurídicas*, Fortaleza, v. 25, n. 4, p. 1-18, out./dez. 2020. p. 16.

72. O termo é amplo, como explica a doutrina: "Currently, "platform" is applied in broad fashion to social media sites like Instagram and YouTube, multifaceted technology companies like Amazon which provide e-commerce and cloud computing services, transportation networks like Uber, and even the housing marketplace Airbnb. This article, however, will employ the designation more narrowly to refer specifically to social media services. This includes companies, like Facebook, Twitter and YouTube, that provide Internet-based communication tools affording users the capability to create profiles, connect with other individuals, and build and navigate their list of connections within a bounded network. Taken as a whole, this constellation of services is now commonly referred to as the "platform economy"". ROCHEFORT, Alex. Regulating social media platforms: a comparative policy analysis. *Communication Law and Policy*, [S.l], v. 25, n. 2, p. 225-280, 2020. p. 228.
73. JENKINS, Henry; FORD, Sam; GREEN, Joshua. *Spreadable media*: creating value and meaning in a networked culture. Nova York: NYU Press, 2013. p. 1. Os autores apontam a existência de um "emerging hybrid model of circulation, where a mix of top-down and bottom-up forces determine how material is shared across and among cultures in far more participatory (and messier) ways".
74. LEMOS, Ronaldo. *Direito, tecnologia e cultura*. Rio de Janeiro: Editora FGV, 2005. p. 191-193.

não autorizada de conhecimento protegido por patentes ou segredos comerciais, o que pode prejudicar a capacidade de inovação e desencorajar investimentos em pesquisa e desenvolvimento.

Desde o início da era da Internet, os provedores[75] têm sido incentivados a cooperar com detentores de direitos autorais em troca de (certa) imunidade legal em relação às responsabilidades decorrentes das violações cometidas por seus usuários. As plataformas digitais desempenham um papel cada vez mais essencial na proteção dos direitos autorais, e os paradigmas em evolução são gradualmente refletidos nas reformas realizadas em diferentes jurisdições. No entanto, a validade das regras das plataformas – definidas contratualmente – está sendo cada vez mais questionada em casos de aplicação da lei ou disputas civis por razões concorrenciais ou outras.[76]

De fato, algumas grandes plataformas têm experimentado com mecanismos extrajudiciais de resolução para resolver as disputas entre os detentores de direitos e os usuários. Como opção alternativa para os detentores de direitos, os mecanismos de resolução alternativa de disputas (ADR) das plataformas estão sendo cada vez mais reconhecidos legalmente. Esses mecanismos de ADR das plataformas estão em rápido desenvolvimento, mas ainda longe de estarem maduros. Independentemente de como os operadores de plataformas construam esses mecanismos de ADR, alguns princípios básicos devem ser seguidos.[77]

Em conclusão, o método de notificação e retirada (*notice and takedown*) não reflete mais a realidade da crescente economia de plataformas, e sua reforma legal, mesmo na tradição anglo-saxã, para inevitável em razão da predominância de soluções extrajudiciais de conflitos por ADRs.

---

75. Aqui considerados em sentido amplo, que engloba tanto os provedores de conexão quanto os provedores de aplicação, para adotar a classificação do Marco Civil da Internet (Lei 12.965, de 23 de abril de 2014).
76. A economia digital é, na realidade, uma economia de múltiplas plataformas, pois as plataformas eletrônicas são o modelo organizacional dominante para atividades econômicas, redes sociais e novos negócios na sociedade da informação. Curiosamente, o surgimento e a crescente popularidade de modelos disruptivos, como a economia compartilhada, financiamento coletivo ou variantes fintech, não apenas foram possíveis, mas foram grandemente estimulados por soluções organizacionais baseadas em plataformas.
77. Sobre o tema, anota Faleck: "Nesta esteira, pelo aspecto lógico e cronológico, o primeiro passo para determinar a adequação de um arranjo procedimental é a análise de conveniência e oportunidade, para definir se a empreitada deve ou não ter ignição. Denominamos essa etapa fundamental do processo e o conjunto de reflexões que ela requer de 'iniciativa'. Em segundo lugar, para que se alcance a adequação, o designer deve realizar o diagnóstico abrangente da situação conflituosa existente, do problema e do seu contexto. Portanto, sustentamos que a adequação dependerá também de uma terceira etapa estratégica e conceitual, consubstanciada na definição de propósitos, objetivos e escopo do sistema. A quarta etapa natural decorrente corresponde à construção conceitual em si do sistema; e a última etapa, à implementação e avaliação do arranjo procedimental". FALECK, Diego. Introdução ao design de sistema de disputas. *Revista Brasileira de Arbitragem*, São Paulo, ano v, n. 23, p. 10, 2009. p. 45-46.

2.2.1 Algoritmos, dados e danos

Algoritmos, dados e danos constituem uma tríade interconectada que assume crescente relevância na sociedade da informação e que, de fato, propiciam a enunciação de parte do problema investigado nessa tese. Sistemas baseados em heurística computacional operam no plano algorítmico, que é estruturado em sequências de instruções computacionais e forma a base da lógica por trás do processamento e da análise dos dados em diversas aplicações. Esses dados, por sua vez, assumem o papel de "matéria-prima" essencial para a tomada de decisões e a criação de modelos preditivos.

Com os novos contornos atribuídos à personalidade humana, agora "datificada", uma primeira dimensão que concerne ao tema do enriquecimento sem causa – e que se deve elucidar adequadamente – é a potencialidade de exploração dos conjuntos de dados projetados a partir da personalidade humana na Internet para a obtenção de lucro.

Inegavelmente, quando se analisa tais projeções (ou o corpo eletrônico, como descreve Rodotà[78]), não parece fazer sentido que se cogite de bens digitais propriamente ditos e é esta a exata razão pela qual a tutela das situações jurídicas existenciais passa a se diferenciar. Note-se que não é pelo fato de haver exploração indevida da personalidade, pois essa já ocorre em situações analógicas (como na usurpação da imagem), mas pelo modo como essa exploração ocorre. Quando se utiliza a imagem de alguém, é de fácil identificação a utilização que, não possuindo respaldo na livre manifestação de vontade, poderá produzir locupletamento; porém, quando se utiliza conjuntos de dados variados, essa exploração, ainda que ocorra, não será facilmente percebida, muito menos quantificável.

Um problema lateral a esse envolve, portanto, a falta de transparência nas atividades de tratamento de dados pessoais, que acarreta potencial de locupletamento para agentes de tratamento que se valem de conjuntos de dados para realizar a chamada perfilização e, com isso, expandir suas atividades econômicas.

---

78. Com efeito: "Nelle grandi banche dati delle società telefoniche, dei provider di Internet si trova un nostro doppio, una rappresentazione di noi desumibile dalle tracce che lasciamo tutte le volte che telefoniamo o mandiamo un messaggio di posta elettronica. Qui diventa straordinariamente visibile quel doppio corpo, fisico ed elettronico, che caratterizza ormai la persona immersa nel flusso della comunicazione elettronica. Così l'ascolto non determina soltanto una invasione di una sfera privata. Costruisce identità, addirittura un corpo inconoscibile e parziale, un corpo mobile, che può circolare autonomamente, indipendentemente dalle vicende del corpo fisico (...). Si produce anche una mutazione sociale, si modifica il rapporto tra i cittadini e lo Stato e la logica delle relazioni interpersonali. Si fa esplicito il mutamento antropologico, visibile nella stessa vita quotidiana delle persone, nelle modalità d'uso del corpo". RODOTÀ, Stefano. Persona, libertà, tecnologia. Note per una discussione. *Diritto & Questioni Pubbliche: Rivista di Filosofia del Diritto e Cultura Giuridica*, [S.l], n. 5, dez. 2005. p. 28-29.

2.2.1.1 Perfilização e exploração econômica de interesses imateriais

A perfilização e a exploração econômica de interesses imateriais são questões que emergem no cenário contemporâneo, em que a coleta massiva de dados e o avanço das tecnologias de análise de dados permitem a criação de perfis detalhados sobre os indivíduos.

O tema consta timidamente da Lei Geral de Proteção de Dados Pessoais (Lei 13.709/2018), em seu artigo 12, § 2º,[79] e consiste na utilização de algoritmos e técnicas de estatística e da Ciência de Dados para identificar padrões comportamentais, preferências e características pessoais a partir dos dados coletados. Esses perfis, por sua vez, tornam-se valiosos ativos econômicos, passíveis de exploração comercial em diferentes setores da economia digital.

Nesse contexto, a exploração econômica de interesses imateriais ocorre quando organizações públicas ou privadas utilizam esses perfis para aprimorar suas estratégias de marketing, personalizar serviços, direcionar publicidade, desenvolver produtos e tomar decisões de negócios sem o necessário respaldo normativo. Isso porque, no caso, a capacidade de segmentar o público-alvo e oferecer experiências personalizadas tem impulsionado a eficácia das estratégias comerciais, possibilitando maior engajamento e fidelização dos consumidores sem que seja possível sequer perceber que há, em zona recôndita de processamento algorítmico, uma manipulação.

Por essa razão, a perfilização e exploração econômica de interesses imateriais também levantam preocupações relativas à privacidade e à proteção de dados pessoais. A coleta e o processamento de dados pessoais sem o devido lastro em hipótese de tratamento de dados cerceia o controle dos titulares, violando a autodeterminação informativa (art. 2º, II, LGPD) e comprometendo a liberdade e a autonomia individual.[80]

Do ponto de vista jurídico, a exploração econômica de interesses imateriais ainda suscita questões sobre a responsabilidade civil das empresas e sobre a opção

---

79. "Art. 12. (...) § 2º Poderão ser igualmente considerados como dados pessoais, para os fins desta Lei, aqueles utilizados para formação do perfil comportamental de determinada pessoa natural, se identificada".
80. DONEDA, Danilo. *Da privacidade à proteção de dados pessoais*: fundamentos da Lei Geral de Proteção de Dados. 2. ed. São Paulo: Thomson Reuters Brasil, 2019. p. 132. Em linha com o pensamento do italiano Davide Massinetti, o autor sustenta a necessidade de "considerar a privacidade uma 'forma' de tutela da pessoa, antes que um valor em si. Algumas vantagens dessa perspectiva são que: (i) ela pode compreender tanto a tutela da informação fornecida quanto da recebida (em terminologia conhecida, o controle dos *inputs* e dos *outputs* da informação) por uma pessoa; (ii) ela pode ser utilizada igualmente em situações nas quais a privacidade seja o elemento central em uma situação existencial, bem como em outras nas quais a privacidade, ainda que não seja o elemento central ou o único fator a ser considerado, demande tutela".

feita pelo legislador ao acolher a multifuncionalidade desse instituto do Direito Civil na LGPD. De fato, como sustentado no capítulo anterior, o instituto do enriquecimento sem causa se torna quase anacrônico diante da complexidade das relações jurídicas contemporâneas, o que eleva o papel da responsabilidade civil, a partir de funções diversas da reparatória, para que o locupletamento não se perpetue.[81] As legislações de proteção de dados e privacidade têm se tornado cada vez mais relevantes nesse contexto, estabelecendo diretrizes para o tratamento de dados pessoais a partir de robusta base principiológica que ofusca a importância de um instituto lateral e formalmente subsidiário como o enriquecimento sem causa.

Na LGPD, optou-se pela positivação dos princípios da transparência[82] (art. 6º, VI), da prevenção[83] (art. 6º, VIII), da não discriminação[84] (art. 6º, IX), da responsabilização e da prestação de contas[85] (art. 6º, X), além de outros. Estes citados constituem verdadeiro amálgama para o reconhecimento da importância da função preventiva da responsabilidade civil,[86] da qual emanam discussões sobre a desejável introjeção da ética nas atividades de tratamento de dados pessoais, que se identifica pelo termo inglês *accountability*, que é de difícil tradução e conceituação.[87]

---

81. Não é nova a percepção de que o instituto possui falibilidades e não consegue se sustentar para além dos casos restritíssimos para os quais foi concebido originalmente. Na Itália – e se reportando também ao exemplo da França – é exatamente essa a conclusão de Paolo Gallo: "Unjust enrichment can certainly not be considered na important Branch of Italian law. (...) In Italy and France the strictly subsidiary character of the action, together with the loss requirement, severely limits the possible application of the general remedy for the recovery of unjust enrichment. So it is not difficult to understand why, especially in Italy and France, the remedy for unjust enrichment plays a very small role. (...) Maybe it is for this reason that I have suggested that it would be opportune to reform our remedy for the recovery of unjust enrichment". GALLO, Paolo. Remedies for unjust enrichment in the history of Italian law and in the Codice Civile, cit., p. 288.
82. "Art. 6º. (...) VI – transparência: garantia, aos titulares, de informações claras, precisas e facilmente acessíveis sobre a realização do tratamento e os respectivos agentes de tratamento, observados os segredos comercial e industrial".
83. "Art. 6º. (...) VIII – prevenção: adoção de medidas para prevenir a ocorrência de danos em virtude do tratamento de dados pessoais".
84. "Art. 6º. (...) IX – não discriminação: impossibilidade de realização do tratamento para fins discriminatórios ilícitos ou abusivos".
85. "Art. 6º. (...) X – responsabilização e prestação de contas: demonstração, pelo agente, da adoção de medidas eficazes e capazes de comprovar a observância e o cumprimento das normas de proteção de dados pessoais e, inclusive, da eficácia dessas medidas".
86. BIONI, Bruno Ricardo. *Regulação e proteção de dados pessoais*, cit., p. 30.
87. Com efeito: "Enfim, tem-se a *accountability*, e a partir dela ampliamos o espectro da responsabilidade, mediante a inclusão de parâmetros regulatórios preventivos, que promovem uma interação entre a *liability* do Código Civil e a regulamentação voltada à governança de dados, seja em caráter *ex ante* ou *ex post*. No plano *ex ante*, a *accountability* é compreendida como um guia para controladores e operadores, protagonistas do tratamento de dados pessoais, mediante a inserção de regras de governança e boas práticas que estabeleçam procedimentos, normas de segurança e padrões técnicos, tal como

Sobre a *accountability*, pode-se dizer que está tecnicamente identificada no citado princípio da responsabilização e prestação de contas do artigo 6º, inciso X, da lei, que exige a "demonstração, pelo agente, da adoção de medidas eficazes e capazes de comprovar a observância e o cumprimento das normas de proteção de dados pessoais e, inclusive, da eficácia dessas medidas". De fato, se é essencial que tais medidas existam formal e materialmente – e que sejam efetivas[88] –, não há dúvidas de que almeja-se prevenir a ocorrência de danos, que é o mote, aliás, do próprio princípio da prevenção elencado no inciso VIII do mesmo artigo 6º. Com isso, neste primeiro contexto, tem-se exemplo importantíssimo e que corrobora factualmente a hipótese de pesquisa.

2.2.1.2 A zona recôndita do empobrecimento alheio em plataformas digitais

Em plataformas digitais, a lucratividade emerge como um fenômeno intricado e multifacetado, uma vez que não se tem clareza sobre como se pode explorar conjuntos de dados de um usuário para propiciar exploração econômica a partir de indevida perfilização. Trata-se de uma esfera obscura na qual ocorre a exploração e o empobrecimento de indivíduos, em geral usuários menos informados

---

se extrai do artigo 50 da LGPD, a despeito de sua citada facultatividade. Assim como ocorre noutros ordenamentos, impõe-se o *compliance* como planificação para os riscos de maior impacto negativo. Não por outra razão, ao explicitar os princípios da atividade de tratamento de dados, o art. 6º da LGPD se refere à "responsabilização e prestação de contas", ou seja, *liability* e *accountability*". ROSENVALD, Nelson; FALEIROS JÚNIOR, José Luiz de Moura. *Accountability* e mitigação da responsabilidade civil na Lei Geral de Proteção de Dados Pessoais. In: FRAZÃO, Ana; CUEVA, Ricardo Villas Bôas (Coord.). *Compliance e políticas de proteção de dados*. São Paulo: Thomson Reuters Brasil, 2021. p. 777-778.

88. Sobre o tema, anota a doutrina: "Dúvidas não há, diante do cenário de mudança já delineado no presente artigo, que a atuação em conformidade com a LGPD demandará a estruturação de mecanismos (técnicos e organizacionais) robustos direcionados exclusivamente a assegurar o respeito à legalidade no tratamento de dados pessoais. Além de garantir a conformidade com as demais normas da LGPD, os agentes de tratamento devem construir estruturas que permitam o atendimento a diversos outros deveres específicos, associados a boas práticas corporativas. É o caso (i) do dever de manter registro de todas as atividades de tratamento realizadas (art. 37); (ii) da apresentação, pelo controlador, quando requisitado, de relatório de impacto à proteção de dados pessoais (art. 38); (iii) da observância, por ambos os agentes de tratamento, das normas de segurança (art. 46) – que, se não comprovadas, induzem à sua automática responsabilização (art. 44, parágrafo único); e, ainda (iv) da comprovação da efetividade do programa de governança em privacidade adotado, nos termos do art. 50, § 2º, inciso II. Identificar quais medidas organizacionais e técnicas deverão ser adotadas na construção de um programa de compliance de dados pessoais não consiste em tarefa simples e, na ausência de outros parâmetros, parece adequado recorrer às orientações extraídas da própria LGPD, bem como às bases previamente estabelecidas em áreas, como a legislação antitruste e anticorrupção, em que se debatem os requisitos de programas de compliance efetivos". FRAZÃO, Ana; OLIVA, Milena Donato; ABÍLIO, Vivianne da Silveira. Compliance de dados pessoais. In: TEPEDINO, Gustavo; FRAZÃO, Ana; OLIVA, Milena Donato (Coord.). *Lei Geral de Proteção de Dados Pessoais e suas repercussões no direito brasileiro*. São Paulo: Thomson Reuters Brasil, 2019. p. 698-699.

ou vulneráveis, em decorrência de práticas questionáveis e pouco transparentes presentes nas plataformas digitais.

Nessa zona recôndita, alguns atores se utilizam de estratégias algorítmicas complexas e técnicas de manipulação de informações para obter vantagens econômicas à custa da fragilização econômica e social de outros. O uso indiscriminado de dados pessoais, a segmentação predatória de públicos vulneráveis e a disseminação de informações enganosas são algumas das táticas utilizadas para alcançar tal locupletamento alheio.[89]

O grande exemplo dessa situação está na veiculação de anúncios publicitários personalizados a partir de inferências heurísticas, as quais somente se tornam viáveis pela captura de dados sutis e ligados à atenção e aos interesses do usuário-internauta. Como há licitude na atividade publicitária e tal se dá pela própria estrutura de mercado definida pelo economista Jean Tirole[90] como "*two-sided markets*" (já chamados, hoje, de "*multi-sided markets*"[91]), questiona-se a possibilidade de ofertar ao usuário uma escolha entre receber anúncios para se valer das funcionalidades disponibilizadas pelo provedor de aplicação ou pagar uma mensalidade para não receber tais anúncios.[92] A troca, na primeira situação, envolve a cessão de dados pessoais como contrapartida financeira.

---

89. É o que explica Tim Wu: "Since its inception, the attention industry, in its many forms, has asked and gained more and more of our waking moments, albeit always, in exchange for new conveniences and diversions, creating a grand bargain that has transformed our lives". WU, Tim. *The attention merchants*: the epic scramble to get inside our heads. Nova York: Vintage, 2016. p. 5.
90. Para aprofundamento, conferir TIROLE, Jean. *Économie du bien commun*. Paris: PUF, 2016.
91. Essas estruturas se convolam em 'mercados ricos em dados': "The key difference between conventional markets and data-rich ones is the role of information flowing through them, and how it gets translated into decisions. In data-rich markets, we no longer have to condense our preferences into price and can abandon the oversimplification that was necessary because of communicative and cognitive limits". MAYER-SCHÖNBERGER, Viktor; RAMGE, Thomas. *Reinventing capitalism in the age of Big Data*, cit., p. 7.
92. Veja-se a explicação da Meta, Inc. para a providência: "To comply with evolving European regulations, we are introducing a new subscription option in the EU, EEA and Switzerland. In November, we will be offering people who use Facebook or Instagram and reside in these regions the choice to continue using these personalised services for free with ads, or subscribe to stop seeing ads. While people are subscribed, their information will not be used for ads. People in these countries will be able to subscribe for a fee to use our products without ads. Depending on where you purchase it will cost €9.99/month on the web or €12.99/month on iOS and Android. Regardless of where you purchase, the subscription will apply to all linked Facebook and Instagram accounts in a user's Accounts Center. As is the case for many online subscriptions, the iOS and Android pricing take into account the fees that Apple and Google charge through respective purchasing policies. Until March 1, 2024, the initial subscription covers all linked accounts in a user's Accounts Center. However, beginning March 1, 2024, an additional fee of €6/month on the web and €8/month on iOS and Android will apply for each additional account listed in a user's Account Center". META. Facebook and Instagram to Offer Subscription for No Ads in Europe. *Meta Newsroom*, 30 out. 2023. Disponível em: https://about.fb.com/news/2023/10/facebook-and-instagram-to-offer-subscription-for-no-ads-in-europe/ Acesso em: 19 nov. 2023.

A dúvida extremamente problemática que emerge disso é a seguinte: pode-se dizer que o dado pessoal possui valor intrínseco?[93] Em caso positivo, é quantificável? Para as duas questões, a resposta parece ser negativa, pois, como dito, nem todo bem digital ostenta natureza patrimonial, havendo que se considerar a tutela das situações jurídicas existenciais e a possibilidade de bens digitais mistos – sobre os quais se tratará mais adiante – e, nessas duas situações, parece precipitada qualquer tentativa de aferição objetiva do valor que o dado pessoal isoladamente considerado ou o conjunto de dados projetado a partir dos interesses e das predileções da pessoa possam vir a ter.

A falta de regulamentação adequada e a assimetria de informações entre as partes envolvidas aprofundam a vulnerabilidade dos usuários nas plataformas digitais, facilitando a ocorrência dessas práticas prejudiciais e demandando regulação das atividades dessas plataformas. A ausência de mecanismos de controle e fiscalização efetivos pode permitir que empresas e agentes mal-intencionados operem nessa zona recôndita de forma quase impune, perpetuando assim o locupletamento pela exploração de dados pessoais alheios sem que, necessariamente, se possa dizer que houve "empobrecimento". Portanto, solucionar esses casos pelo instituto do enriquecimento sem causa seria absolutamente um truísmo.

2.2.1.3 Os desafios da técnica e seus empecilhos à justificação do enriquecimento

A relação entre a técnica e a justificação do enriquecimento sem causa apresenta-se como um tema complexo em razão das possibilidades de locupletamento derivadas da utilização abstrusa de dados pessoais de usuários em atividades exploradas na Internet, especialmente em caso de tratamento algorítmico.[94] Nesse contexto, a necessidade de transparência algorítmica emerge como um

---

93. Esta foi a indagação que motivou a pesquisa de doutoramento de Mariana Almirão Sousa Schedeloski quanto à viabilidade jurídica das licenças para exploração de dados pessoais. Cf. SCHEDELOSKI, Mariana Almirão Sousa. *Licença de uso de informações pessoais no Brasil*. 2022. 196 f. Tese (Doutorado em Direito Comercial) – Faculdade de Direito, Universidade de São Paulo, São Paulo, 2022.
94. Com efeito: "Our algorithmic identities are based on near-real-time interpretations of data. And as we produce more and more pieces of data, these interpretations must necessarily change – the foundry of who we are online lacks epistemic stability. For example, an individual previously not on the Chicago Police Department's radar might become 'at risk' because she made new friends and put their contact information into her phone. You might have previously been unrecognizable according to HP's facial – recognition algorithm, but after the purchase of a new office lamp, you now have a 'face.' And as a user surfs from one site to another online, that user might change from being 92 percent 'male' to 88 percent 'male' within a few seconds. What the world looks like to you today, and who you are seen to be this afternoon, is constructed from the datafied scraps of what you did last night. This type of dynamism of categorical membership sets the stage for what philosopher Gilles Deleuze has called the "societies of control". In these societies, control regulates its subjects with constant contact to power, whereby structures of constraint move according to "ultrarapid forms of free- floating control".

imperativo para mitigar a opacidade presente na operação desses sistemas, garantindo maior compreensão e responsabilidade sobre os processos que levam ao enriquecimento.

A opacidade algorítmica é um dos principais empecilhos à justificação do enriquecimento sem causa, uma vez que a falta de clareza sobre como tais algoritmos operam torna difícil identificar as causas que levaram ao lucro obtido. A ausência de transparência impede o controle social e a *accountability* sobre as decisões automatizadas,[95] levando ao questionamento ético e jurídico sobre a legitimidade desses ganhos. Nesse sentido, a exigência de transparência algorítmica se apresenta como uma importante medida para tornar os processos mais compreensíveis e permitir a identificação de eventuais práticas ilícitas ou abusivas.

Outro aspecto relevante nesse contexto decorre da já citada prática da perfilização, que consiste na utilização de algoritmos para a criação de perfis comportamentais e de consumo dos usuários. A perfilização é uma ferramenta poderosa utilizada em plataformas digitais para direcionar estratégias de marketing e personalização de conteúdo, mas também esbarra nos desafios da opacidade.

O precedente mais emblemático dessa ocorrência tornou-se público a partir de decisão da 8ª câmara de Direito Público do Tribunal de Justiça do Estado de São Paulo (TJ/SP),[96] que confirmou a condenação da Via Quatro, concessionária da Linha Amarela do Metrô de São Paulo, por utilização indevida do sistema de

---

CHENEY-LIPPOLD, John. *We are Data*: algorithms and the making of our digital selves. Nova York: NYU Press, 2017. p. 26.

95. Sobre o tema, conferir, por todos, KORKMAZ, Maria Regina Rigolon. *Decisões automatizadas*: explicação, revisão e proteção na era da inteligência artificial. São Paulo: Thomson Reuters Brasil, 2023.

96. Eis a ementa: "Apelações. Ação civil pública. Concessionária da Linha 4 do Metrô de São Paulo S.A. (Via Quatro) que opera, por meio das "Portas Interativas Digitais" dos trens da linha de metrô coletando diversos dados e informações dos consumidores usuários. Captação das imagens que eram utilizadas para fins publicitários e comerciais, tendo-se em vista que se buscava detectar as principais características dos indivíduos que circulavam em determinados locais e horários. Ausência de prévia autorização para captação das imagens que demonstra conduta muito reprovável caracterizando dano moral coletivo, principalmente considerando o incalculável número de passageiros que transitam pela plataforma da ré todos os dias. Entendimento do C. STJ de que o dano moral coletivo é aferível "in re ipsa", de forma que a sua constatação decorre da apuração da prática ilícita que viole direitos da coletividade, de conteúdo extrapatrimonial. Conquanto inexista fórmula matemática para a apuração do "quantum" devido a título de danos morais coletivos, cediço que deve guardar correspondência com a gravidade do fato, condição de vulnerabilidade dos consumidores usuários e a conduta da causadora do dano, evitando-se, assim, a reiteração da prática ilícita. Necessidade de condenação da ré ao pagamento de indenização no valor de R$ 500.000,00 (quinhentos mil reais), que se mostra suficiente para reparar o dano moral coletivo e prevenir a prática do mesmo tipo de ilícito. Recursos do Ministério Público do Estado de São Paulo, do IDEC – Instituto Brasileiro de Defesa ao Consumidor e da Defensoria Pública do Estado de São Paulo providos em parte apenas para majorar o valor do dano moral coletivo e negado provimento ao recurso da Concessionária da Linha 4 do Metrô de São Paulo S.A. (Via Quatro)". (SÃO PAULO. Tribunal de Justiça do Estado de São Paulo. Apelação Cível 1090663-42.2018.8.26.0100. Relator: Des. Antonio Celso Faria, 8ª Câmara de Direito Público; Data

câmeras de segurança que realizavam o reconhecimento facial de transeuntes das áreas de espera das linhas metroviárias sob sua administração. As imagens de usuários tinham objetivos comerciais e publicitários. O colegiado decidiu aumentar o valor da indenização por dano moral coletivo para R$ 500 mil, a ser destinado ao Fundo de Defesa de Direitos Difusos (FDD).[97]

O Instituto Brasileiro de Defesa do Consumidor (IDEC) moveu a ação civil pública contra a Via Quatro, visando proibir a coleta e o tratamento dos dados biométricos dos passageiros sem autorização prévia. O pedido incluiu a proibição do uso de qualquer forma de identificação dos usuários e requereu indenização pela utilização indevida de imagens, além da fixação de dano moral coletivo. Na primeira instância, a decisão proibiu o uso das imagens sem autorização e fixou uma indenização por dano moral coletivo de R$ 100 mil. A juíza argumentou que a limitação do sistema para fins estatísticos não foi comprovada. O Tribunal de Justiça de São Paulo recebeu um recurso contra essa decisão.

O relator da apelação, desembargador Antonio Celso Faria, considerou a conduta da empresa como reprovável e ofensiva à moral coletiva. Destacou a invasão à intimidade dos passageiros, sem controle efetivo sobre a captação de imagens. O desembargador ressaltou que a captação era usada para fins publicitários e comerciais, sem aviso aos usuários, violando o direito à informação clara e adequada, bem como os direitos fundamentais à intimidade, privacidade, imagem e honra dos consumidores.

A atribuição de tutela jurídica à perfilização pode garantir que a coleta e o tratamento de dados pessoais ocorram dentro dos limites estabelecidos por normas e princípios de proteção de dados pessoais, assegurando a privacidade e a segurança dos indivíduos.[98] Além disso, a tutela jurídica também pode estabe-

---

do Julgamento: 10.05.2023; Data de Registro: 12.05.2023. Disponível em: https://esaj.tjsp.jus.br/cjsg/getArquivo.do?cdAcordao=16739524&cdForo=0 Acesso em: 19 nov. 2023.)

97. ZANATTA, Rafael A. F. A genealogia de um litígio: um relato sobre o caso IDEC *versus* Via Quatro. In: MONTEIRO FILHO, Carlos Edison do Rêgo; MARTINS, Guilherme Magalhães; ROSENVALD, Nelson; DENSA, Roberta (Coord.). *Responsabilidade civil nas relações de consumo*. Indaiatuba: Foco, 2022. p. 495.

98. Sobre o tema, Huw Beverley-Smith, Ansgar Ohly e Agnès Lucas-Schloetter defendem uma equiparação à tutela dos direitos autorais: "The so-called patrimonial right of exploitation of the personality should, according to its supporters, be construed on the same principles as copyright. The arguments proposed are simple: attributes of personality have long since acquired an economic value and have become the subject of contracts. They may not be totally detached from (the person of) the right-owner, but they can be marketed. A comparison with copyright is therefore easy to draw: personality rights in their classical meaning are said to be comparable with moral rights, and the new patrimonial right of personality is said to be of the same nature as the economic rights of an author. (...) As regards ownership of this new right, French authors do not agree on the question of whether everyone may be the owner of such a right or whether it is limited to celebrities. As the market(able) value of the image, the name, the voice or the private life of an individual often depends on his fame, it has, in the past, been

lecer critérios claros para a obtenção de consentimento informado dos usuários em relação à coleta e utilização de seus dados, fortalecendo a autodeterminação informativa.

No entanto, a questão da tutela jurídica à perfilização também levanta desafios relacionados à aplicação da legislação vigente, uma vez que as tecnologias de análise de dados evoluem rapidamente e podem superar os limites estabelecidos pelo arcabouço regulatório.[99] A complexidade dos algoritmos e das técnicas de perfilização demanda uma abordagem dinâmica e adaptativa das normas jurídicas, a fim de acompanhar os avanços tecnológicos e garantir a efetividade da proteção de dados.

2.2.2 Direitos autorais, uso justo e produção de conteúdo em plataformas digitais

A temática dos direitos autorais, especialmente em razão da complexidade de delimitação do conceito de uso justo (extraído do *fair use* norte-americano[100]) e a produção de conteúdo em plataformas digitais apresenta-se como um campo de estudo relevante para o locupletamento, pois também permite direcionar conclusões importante sobre a viabilidade do instituto do enriquecimento sem causa para a tutela de direitos vulnerados nessas plataformas, em comparação com a responsabilidade civil.

Sem dúvidas, novas tecnologias e a expansão das plataformas digitais têm gerado questionamentos sobre a proteção dos direitos autorais e a viabilidade do uso justo de conteúdos protegidos por direitos autorais em meio à proliferação de informações na internet.[101] Isso porque modelo de linguagem de larga

---

asserted that unknown persons do not have any economic right to the attributes of their personality since these attributes do not have any marketable value". BEVERLEY-SMITH, Huw; OHLY, Ansgar; LUCAS-SCHLOETTER, Agnès. *Privacy, property and personality*, cit., p. 157.

99. GOLLIN, Michael A. *Driving innovation*: intellectual property strategies for a dynamic world. Cambridge: Cambridge University Press, 2008. p. 47.

100. O *Fair Use* (uso justo) nos Estados Unidos é definido no Título 17, Seção 107 do Código dos Estados Unidos (U.S. Code). A Seção 107 estabelece que o uso justo de uma obra protegida por direitos autorais, como para fins de crítica, comentário, notícias, ensino, bolsa de estudos ou pesquisa, geralmente não constitui uma violação dos direitos autorais. O texto da Seção 107 destaca quatro fatores a serem considerados ao determinar se o uso de uma obra é justo: (1) a finalidade e o caráter do uso, (2) a natureza da obra protegida, (3) a quantidade e a importância da parte utilizada e (4) o efeito do uso sobre o mercado potencial da obra original. Esses fatores são avaliados em conjunto para determinar se o uso de uma obra específica se qualifica como uso justo sob a lei de direitos autorais dos EUA. Conferir: ESTADOS UNIDOS DA AMÉRICA. Office of the Law Revision Counsel. *United States Code*. Disponível em: https://uscode.house.gov/. Acesso em: 28 mar. 2023.

101. Siva Vaidhyanathan comenta o seguinte: "How can a writer make fun of a television show without borrowing elements of its creative expression? If the writer had to ask permission from the producers of the show, the parody would never occur. No one would grant permission to be ridiculed. Yet parody

escala são capazes de realizar as mais variadas tarefas, inclusive a varredura de conteúdos para a identificação de padrões que, eventualmente, sejam ilícitos. Por isso, quando realizadas na Internet, as atividades relacionadas à produção de conteúdo digital adquirem uma dimensão de controle bem mais complexa, uma vez que a sujeição à fiscalização algorítmica pode viabilizar a diagnose de eventual violação praticamente em tempo real.

Não há dúvidas de que os direitos autorais são fundamentais para assegurar a proteção e incentivar a criação intelectual, garantindo aos autores o reconhecimento e a recompensa por seu trabalho criativo.[102] Contudo, o advento das plataformas digitais e a facilidade de compartilhamento de conteúdos têm desafiado a efetivação desses direitos e ampliado as possibilidades de violação à propriedade imaterial alheia e à pirataria.

Nesse contexto, o uso justo de conteúdo surge como uma exceção aos direitos autorais,[103] permitindo a utilização de obras protegidas sem a necessidade de autorização prévia do titular, ou mesmo de licença, desde que seja para fins específicos e restritos, como educação, crítica, comentário ou pesquisa. Essa exceção visa equilibrar a proteção dos autores com o acesso à informação e a liberdade de expressão.

A aplicação do uso justo, entretanto, suscita desafios quanto à sua interpretação e alcance em plataformas digitais, uma vez que a reprodução e disseminação de conteúdo na Internet ocorrem em escala global e com instantaneidade. Por isso, a determinação de critérios claros para a definição do uso justo em ambiente digital é uma questão premente, visando evitar abusos e preservar a integridade dos direitos autorais, pois os conteúdos potencialmente violadores de direitos alheios são, via de regra, geradores de lucros.

---

is an important part of our culture. Without criticism and comment, even ridicule, democracy cannot operate optimally. Without referring to or freely quoting from original works, newspaper editorials, book reviews, and satirical television shows could not do their work. If students had to ask permission from publishing companies for every quotation they used in term papers, education would grind to a halt. This limited freedom to quote – fair use" – is an exemption to the blanket monopoly protection that artists and authors enjoy". VAIDHYANATHAN, Siva. *Copyrights and copywrongs*, cit., p. 26-27.

102. Leron Solomon assim define o conceito: "Monetization – When a video is monetized a service provider will be required to ensure that this monetization will be done in a manner proportional to the amount of copyrighted material used by the content creator in the video. A copyright holder who chooses to monetize a flagged video shall not be able to make money on the portions of that video that do not contain his copyright materials". SOLOMON, Leron. Fair users or content abusers? The automatic flagging of non-infringing videos by Content ID on YouTube. *Hofstra Law Review*, Hempstead, v. 44, n. 1, p. 237-268, 2015, p. 264.

103. Segundo Vaidhyanathan, "fair use may permit the taking of an old plot or idea from a copyrighted work, but not its expression in original form; unconscious appropriation of original elements of expression is still infringement; and dissimilar dialogue does not invalidate a claim of infringement". VAIDHYANATHAN, Siva. *Copyrights and copywrongs*, cit., p. 109.

Ademais, a produção de conteúdo em plataformas digitais tem sido impulsionada pela dinâmica da economia da atenção, em que a capacidade de engajamento do público é fator determinante para o sucesso e a "monetização" dos conteúdos.[104] Isso tem levado a um ambiente competitivo e propenso à disseminação de informações reiteradas, sensacionalistas e enganosas, com o objetivo de capturar a atenção dos usuários.

A ética na produção de conteúdo é, portanto, uma questão crucial para garantir a qualidade e a veracidade das informações veiculadas nas plataformas digitais. A promoção de uma cultura de *accountability* e transparência na produção de conteúdo é essencial para preservar a integridade do ambiente digital e combater a disseminação de material que viole direitos de terceiros.

A proteção dos direitos autorais em plataformas digitais também demanda a adoção de medidas eficazes de fiscalização e combate à pirataria, bem como a busca de acordos e parcerias entre criadores de conteúdo e plataformas para a remuneração justa dos autores. A abordagem integrada dos direitos autorais, uso justo e produção de conteúdo em plataformas digitais também demanda a consideração de aspectos culturais e sociais. A diversidade de expressões culturais presentes na internet ressalta a importância de promover a proteção e o respeito às manifestações artísticas e culturais de diferentes comunidades, ao mesmo tempo em que se busca garantir o acesso à informação e ao conhecimento para todos.

O grande desafio está, porém, na dimensão lucrativa[105] da exploração da produção digital, que representa um empecilho em matéria de usurpação patrimonial, na medida em que a propriedade imaterial protegida se constitui como um bem digital. Isso amplia a complexidade da aferição de titularidades, especialmente pela já citada amplitude global da Internet, que, também como já visto anteriormente, escapa aos limites de jurisdição local.

---

104. Leron Solomon assim define o conceito: "Monetization – When a video is monetized a service provider will be required to ensure that this monetization will be done in a manner proportional to the amount of copyrighted material used by the content creator in the video. A copyright holder who chooses to monetize a flagged video shall not be able to make money on the portions of that video that do not contain his copyright materials". SOLOMON, Leron. Fair users or content abusers? The automatic flagging of non-infringing videos by Content ID on YouTube. *Hofstra Law Review*, Hempstead, v. 44, n. 1, p. 237-268, 2015, p. 264.
105. É sempre prudente citar uma das principais conclusões de Júlio Manuel Vieira Gomes sobre a diferença entre enriquecimento e restituição ao se indicar qualquer dimensão lucrativa de uma atividade, seja ela realizada na Internet ou não: "O conceito de restituição é, aliás, extremamente impreciso, tornando-se delicada a sua delimitação, face ao conceito de reparação". GOMES, Júlio Manuel Vieira. *O conceito de enriquecimento, o enriquecimento forçado e os vários paradigmas do enriquecimento sem causa*. Porto: Universidade Católica Portuguesa, 1998. p. 853.

2.2.2.1 Lucro, desmonetização e conteúdo audiovisual

O tema do lucro, na Internet, deve ser analisado com cautela, pois não se pode presumir que suas características sejam as mesmas em comparação com as situações do mundo real e analógico. Não são! Uma importante constatação relacionada a isso envolve o chamado '*network effect*', apontado por Mark-Oliver Mackenrodt: trata-se de conceito microeconômico que se originou em setores nos quais a utilidade de um produto aumenta com mais usuários. Efeitos diretos ocorrem em redes físicas, como telefônicas, enquanto indiretos ocorrem em redes virtuais, onde o valor de um bem de rede aumenta com o uso de produtos complementares.[106] Por exemplo, um sistema de gerenciamento de direitos digitais (*digital rights management*, ou DRM, que se analisará à frente) conecta provedores e consumidores de conteúdo digital, gerando efeitos indiretos. O mesmo se aplica a sistemas operacionais, pois mais consumidores atraem mais desenvolvedores de aplicativos, aumentando a atratividade do sistema operacional e potencializando lucros.

Assim, a 'desmonetização' de conteúdo audiovisual em plataformas digitais é de grande relevância na contemporaneidade, em meio ao crescimento exponencial das plataformas de compartilhamento de conteúdo, notadamente o YouTube, pois o que se faz é conter – por vezes, algoritmicamente – a rentabilidade de um conteúdo que permite ao criador de conteúdo[107] obter receitas por fontes variadas.

---

106. Comenta o autor: "The microeconomic concept of network effects owes its name to the classical network industries such as telephone networks, in which network effects were first analysed. Network effects occur if the value of a product to consumers increases with more consumers using this product or a complementary product. Physical networks, such as for example telephone networks, exhibit direct network effects. The utility of a network product is higher if more users are connected in a network by using the same network standard. For example, a telephone network becomes more valuable if there are more users, because in a larger network a higher number of connections can be realized. Indirect network effects are generated in virtual networks, where the value of a network good rises if more customers use a product that is complementary to the network good. In such virtual networks users are not connected physically. Rather, the two complementary products are connected through their adherence to the same network standard. For example, a digital rights management system (DRM system) that is embodied in a certain player software can be interpreted as connecting the providers and the consumers of digital content. Between the consumers of digital content and the providers of digital content indirect network effects are generated. The more media content is accessible for consumers through a certain DRM-technology standard, the more consumers will use this technology. At the same time, if a certain DRM technology is used by more consumers, more content providers will offer their content as being accessible with this technology. Likewise, computer operating systems have been interpreted as virtual networks that generate indirect network effects: the more customers use a certain operating software, the more software applications are programmed for this operating system. In turn, more consumers will be attracted to an operating system if a high amount of application software is available for that standard". MACKENRODT, Mark-Oliver. Assessing the effects of intellectual property rights in network standards. In: DREXL, Josef (Ed.). *Research Handbook on Intellectual Property and Competition Law*. Cheltenham: Edward Elgar, 2008. p. 87-88.

107. Com o avanço tecnológico e o acesso generalizado à Internet, muitos criadores de conteúdo têm encontrado na produção de vídeos uma oportunidade de empreender e alcançar audiências globais.

A geração de receita por meio de vídeos no YouTube compreende um procedimento no qual os produtores de conteúdo podem obter lucros a partir dos vídeos que publicam na plataforma. O YouTube disponibiliza um programa de parceria denominado "*YouTube Partner Program*" (YPP), viabilizando aos criadores a obtenção de ganhos por diversas vias. Os principais métodos de monetização podem ser delineados da seguinte maneira: (i) anúncios do *Google AdSense*, que representam a forma predominante de monetização, consistindo na exibição de anúncios. Isso se torna possível quando um vídeo atende aos critérios para a apresentação algorítmica de anúncios, gerando ganhos para o criador por meio da compartilhamento de uma parcela da receita proveniente dos anúncios exibidos durante seus vídeos; (ii) inscrições pagas no canal, onde os criadores podem oferecer "assinaturas" pagas aos seus seguidores. Por meio do pagamento de uma taxa mensal, os seguidores obtêm benefícios exclusivos, como emblemas personalizados, emojis e acesso a conteúdo exclusivo; (iii) *Super Chat* e *Super Stickers*, que permitem aos espectadores realizar doações em dinheiro durante transmissões ao vivo para destacar seus comentários no chat, constituindo uma fonte adicional de receita durante tais transmissões; (iv) *merchandising* e produtos, possibilitando que os criadores vendam mercadorias, como camisetas, bonés, canecas e outros itens relacionados ao seu canal. O YouTube facilita a integração com lojas on-line para auxiliar os criadores na comercialização de seus produtos; (v) patrocínios e parcerias, nos quais alguns criadores estabelecem colaborações com empresas para promover produtos ou serviços em seus vídeos, envolvendo acordos financeiros, fornecimento de produtos gratuitos ou outras formas de compensação.

Como visto, no YouTube, por exemplo, os criadores de conteúdo têm a possibilidade de monetizar seus vídeos por meio do programa de Parcerias do YouTube, que permite a inclusão de anúncios em seus vídeos e a geração de receita com base na quantidade de visualizações e interações dos usuários.[108] Essa forma de lucro tem atraído um número significativo de criadores de conteúdo que buscam transformar seus canais em fonte de renda. Entretanto, o processo de desmonetização também tem sido uma realidade para muitos criadores de conteúdo no YouTube.

No entanto, o modelo de negócios baseado em anúncios e monetização de conteúdo audiovisual é permeado por desafios e nuances que podem afetar a geração de receita para os criadores. Alguns dos principais problemas enfrentados dizem respeito à vinculação dos lucros obtidos à utilização de material videográfico ou fonográfico em edições, o que pode sujeitar o criador à tormentosa necessidade de avaliação dos limites do *fair use*.

108. Para maiores informações, consultar: YOUTUBE. *Políticas de monetização*. 2023. Disponível em: https://www.youtube.com/howyoutubeworks/policies/monetization-policies/. Acesso em: 12 out. 2023.

A desmonetização ocorre quando o YouTube decide remover os anúncios de um vídeo ou canal devido a questões relacionadas a direitos autorais, violações de diretrizes de conteúdo ou outros motivos que possam comprometer a adequação do conteúdo para anunciantes.[109] Essa ação pode afetar significativamente a receita gerada pelos criadores, levando-os a buscar alternativas para se sustentarem financeiramente.

Além disso, a dinâmica da plataforma também influencia o tipo de conteúdo produzido pelos criadores. A busca por temas populares e que gerem maior engajamento pode levar à produção de conteúdo sensacionalista ou apelativo, com o objetivo de capturar a atenção do público e maximizar o lucro por meio da visualização e compartilhamento dos vídeos.[110] Essa busca por audiência pode, em alguns casos, comprometer a qualidade e a autenticidade do conteúdo, ou mesmo gerar a sensação de que o sucesso somente será alcançado com uma frequência altíssima de novos conteúdos lançados.

Ademais, o YouTube tem enfrentado desafios relacionados à moderação de conteúdo e à aplicação de suas políticas de uso.[111] A plataforma tem sido criticada por suas políticas de desmonetização, acusada de falta de transparência e de inconsistência na aplicação das diretrizes de conteúdo.[112] Essas questões podem gerar efeitos negativos para os criadores de conteúdo, que podem se sentir desencorajados a continuar produzindo ou a explorar temas relevantes e importantes, mas considerados controversos.[113]

---

109. A razão para isso é bem explicada por Vaidhyanathan e decorre da própria necessidade de prevenir ações inescrupulosas de plágio: "Without a legal guarantee that they would profit from their labors and creations, the framers feared too few would embark on creative endeavors. If there were no copyright laws, unscrupulous publishers would simply copy popular works and sell them at a low price, paying no royalties to the author. But just as importantly, the framers and later jurists concluded that creativity depends on the use, criticism, supplementation, and consideration of previous works". VAIDHYANATHAN, Siva. *Copyrights and copywrongs*, cit., p. 2.
110. BURGESS, Jean; GREEN, Joshua. *YouTube*: online video and participatory culture. Cambridge: Polity Press, 2009. p. 5. Comentam: "While it would eventually seek premium content distribution deals and, once utilized, a tiered access program that provided paying users with the ability to upload longer videos, YouTube has always oriented its services toward content sharing, including the sharing of mundane and amateur content, rather than the provision of high-quality video. YouTube's business practices have proven particularly controversial, both with the old media and with some of the most active members of YouTube's social network".
111. HUNT, Kurt. Copyright and YouTube: pirate's playground or fair use forum? *Michigan Telecommunications and Technology Law Review*, Ann Arbor, v. 14, n. 1, p. 197-222, 2007. p. 203-205.
112. ALEXANDER, Julia. YouTube's new monetization rules are controversial, painful and necessary. *Polygon*, 18 jan. 2018. Disponível em: https://www.polygon.com/2018/1/18/16906036/youtube-monetization-small-creators-top-creators-changes Acesso em: 28 mar. 2023.
113. HOFFMANN, Karoline. Evolução da influência digital e a necessidade do acompanhamento jurídico. In: HACKEROTT, Nadia Andreotti Tüchumantel (Coord.). *Influenciadores digitais e seus desafios jurídicos*. São Paulo: Thomson Reuters Brasil, 2023. p. 19-21.

Outro ponto relevante é a dependência dos criadores de conteúdo em relação às plataformas digitais para sua sustentabilidade financeira. A falta de diversificação de fontes de receita pode tornar os criadores vulneráveis às mudanças nas políticas e algoritmos das plataformas, afetando diretamente sua capacidade de lucrar com seus vídeos.[114]

Em resumo, a relação entre lucro, desmonetização e conteúdo audiovisual em plataformas digitais apresenta-se como um campo de estudo complexo e em constante evolução. O YouTube, como uma das principais plataformas de compartilhamento de conteúdo, exemplifica a dinâmica e os desafios enfrentados pelos criadores de conteúdo na busca por lucro e sustentabilidade financeira.

A transparência nas políticas de desmonetização, a diversificação de fontes de receita e a busca por equilíbrio entre o engajamento do público e a qualidade do conteúdo são aspectos essenciais para garantir uma relação mais justa e saudável entre criadores de conteúdo, plataformas digitais e usuários.[115] Somente por meio de uma abordagem reflexiva e colaborativa será possível enfrentar os desafios e avançar na construção de um ambiente digital mais sustentável e propício ao desenvolvimento criativo e inovador.

2.2.2.2 Fiscalização algorítmica de violações a direitos autorais: o uso justo ('fair use')

A fiscalização algorítmica de violações a direitos autorais, com foco no conceito de uso justo (*fair use*), tem se mostrado uma abordagem inovadora e eficiente no contexto das plataformas digitais, especialmente no YouTube.[116]

---

114. MAZZIOTTI, Giuseppe. What is the future of creators' rights in an increasingly platform-dominated economy? *International Review of Intellectual Property and Competition Law*, Cham, v. 51, p. 1027-1032, 2020. p. 1028-1029.
115. MARTINS, Guilherme Magalhães; MUCELIN, Guilherme. Responsabilidades dos influenciadores digitais: influência *online* como comunicação mercadológica disciplinada pelo CDC. In: HACKEROTT, Nadia Andreotti Tüchumantel (Coord.). *Influenciadores digitais e seus desafios jurídicos*. São Paulo: Thomson Reuters Brasil, 2023. p. 119-125.
116. Interessante a ponderação de Kurt Hunt: "Some argue that legitimate uses on YouTube are far outweighed by unauthorized content, but there are few numbers that support this stance. For example, a recent Vidmeter.com study found that less than 10% of YouTube videos were removed for reported copyright violations. The exact numbers are irrelevant, however, since the majority of unauthorized derivative and clip content should be protected by fair use. Twenty years ago, viewers had in-person discussions about what they watched on TV the previous night. Two-hundred years ago, readers discussed books or articles. YouTube provides a natural expansion and enhancement of this discussion of shared culture. Clip content – copies of small portions of preexisting works – allows users to refer directly to video as easily as they would have referenced the title of a show 15 years ago. YouTube allows us to recapture the shared experience of American media. This ability to share and discuss clips is more than just for fun; it is crucial for expanding important cultural discussion into cyberspace. For example, many entities share videos online for political purposes. (…) Neglecting to extend fair use

Como visto no subtópico precedente, o uso justo é uma exceção aos direitos autorais que permite a utilização de obras protegidas para fins específicos e restritos, como crítica, comentário, notícias, educação e paródia, sem a necessidade de autorização prévia do titular dos direitos do conteúdo utilizado para isso. A implementação de algoritmos de fiscalização almeja identificar e diferenciar usos justos de usos indevidos de obras protegidas, garantindo a proteção dos direitos autorais enquanto salvaguarda a liberdade de expressão e o acesso à informação.

No âmbito do YouTube, a fiscalização algorítmica de violações a direitos autorais ocorre por meio do Content ID, que será explorado com maior detalhamento à frente, mas que nada mais é que uma ferramenta desenvolvida pela plataforma que utiliza redes neurais avançadas para rastrear e identificar o uso de obras protegidas em vídeos enviados pelos criadores de conteúdo. O Content ID compara o conteúdo dos vídeos com um banco de dados de obras protegidas fornecido por detentores de direitos autorais e notifica automaticamente os proprietários quando encontra correspondências.[117]

Quando uma correspondência é detectada, os detentores de direitos autorais têm a opção de escolher entre diferentes ações, como bloquear o vídeo, monetizá-lo com anúncios ou permitir o uso justo da obra protegida. Nesse sentido, a implementação de algoritmos de fiscalização algorítmica permite a identificação rápida e precisa de violações a direitos autorais, ao mesmo tempo em que oferece uma abordagem flexível para lidar com situações que envolvem uso justo.

É importante ressaltar que a fiscalização algorítmica não está isenta de desafios e críticas.[118] Alguns criadores de conteúdo relatam que a ferramenta do Content ID pode ser excessivamente "agressiva" na detecção de correspondências e, em alguns casos, acabar bloqueando vídeos que cumprem os requisitos de uso justo.[119] Essa questão levanta preocupações em relação à liberdade de expressão e à possibilidade de censura injusta de conteúdo legítimo.

---

to many unauthorized clips would be especially harmful when content is controversial". HUNT, Kurt. Copyright and YouTube: pirate's playground or fair use forum?, cit., p. 209.

117. YOUTUBE. *Ferramentas de gerenciamento de direitos autorais*: Como funciona o Content ID. 2023. Disponível em: https://support.google.com/youtube/answer/2797370. Acesso em: 12 out. 2023.
118. TRENDACOSTA, Katharine. Unfiltered: how YouTube's Content ID discourages fair use and dictates what we see online. *Electronic Frontier Foundation*, 10 dez. 2020. Disponível em: https://www.eff.org/pt-br/wp/unfiltered-how-youtubes-content-id-discourages-fair-use-and-dictates-what-we-see-online Acesso em: 28 mar. 2023.
119. PEDERSEN, Emily. "My videos are at the mercy of the YouTube algorithm": how content creators craft algorithmic personas and perceive the algorithm that dictates their work. *Technical Report n.. UCB/EECS-2019-48*, Electrical Engineering and Computer Sciences, University of California at Berkeley, Berkeley, 16 maio 2019. Disponível em: http://www2.eecs.berkeley.edu/Pubs/TechRpts/2019/EECS-2019-48.html Acesso em: 28 mar. 2023.

Além disso, o uso de algoritmos para tomar decisões em questões legais e de propriedade intelectual pode gerar problemas de transparência e *accountability*. A falta de compreensão clara dos critérios utilizados pelo algoritmo pode dificultar a contestação de bloqueios ou desmonetizações de vídeos por parte dos criadores de conteúdo, gerando dúvidas sobre a imparcialidade do sistema.

Para mitigar essas questões, é essencial que as plataformas adotem uma abordagem transparente e colaborativa em relação à fiscalização algorítmica de violações a direitos autorais.[120] Isso inclui a disponibilização de informações claras sobre os critérios utilizados pelo algoritmo, bem como a criação de mecanismos de recurso e apelação para os criadores de conteúdo contestarem bloqueios ou desmonetizações considerados injustos.

Em resumo, a fiscalização algorítmica de violações a direitos autorais com foco no uso justo é uma estratégia promissora para proteger os direitos autorais e, ao mesmo tempo, permitir a livre expressão e o acesso à informação na era digital. A implementação de algoritmos avançados como o Content ID no YouTube exemplifica como essa abordagem pode ser eficaz na identificação de violações e no tratamento flexível de situações que envolvem uso justo. Entretanto, é essencial que sejam adotadas abordagens transparentes e responsáveis para garantir que a fiscalização algorítmica seja justa, imparcial e respeitosa dos direitos dos criadores de conteúdo.[121] Somente por meio de uma abordagem equilibrada e colaborativa será possível avançar na proteção dos direitos autorais e na promoção da liberdade de expressão no ambiente digital.

2.2.2.3 Gestão privada de soluções jurídicas: contexto de abertura ao 'private enforcement'

A gestão privada de soluções jurídicas, no contexto de abertura ao '*private enforcement*', refere-se à possibilidade de indivíduos ou empresas privadas buscarem soluções jurídicas para a proteção de seus direitos, sem depender exclusivamente da atuação do Estado ou de órgãos públicos.[122] Essa abordagem

---

120. SCHULZE, Reiner. Supply of digital content: A new challenge for European Contract Law. In: DE FRANCESCHI, Alberto (Ed.). *European contract law and the digital single market*: the implications of the digital revolution. Cambridge: Intersentia, 2016. p. 127-143.
121. HACKEROTT, Nadia Andreotti Tüchumantel. A importância da propriedade intelectual para os influenciadores digitais. In: HACKEROTT, Nadia Andreotti Tüchumantel (Coord.). *Influenciadores digitais e seus desafios jurídicos*. São Paulo: Thomson Reuters Brasil, 2023. p. 65-69.
122. SANDER, Franck E. A. Alternative methods of dispute resolution: an overview. *University of Florida Law Review*, Gainesville, v. XXXVII, n. 1, p. 1-18, 1985. p. 1. Comenta: "What exactly do we mean by "alternative dispute resolution mechanisms" (ADRMs)? Alternative to what? Presumably "alternative" is used as a substitute for the traditional dispute resolution mechanism, the court. Interestingly enough, however, courts do not resolve most disputes. The literature on dispute processing and dispute

tem ganhado espaço em diversos campos, incluindo o da proteção de direitos autorais pela solução de conflitos em ambientes digitais por meios alternativos.[123] É o que faz o já citado YouTube.

No âmbito do YouTube, por exemplo, os detentores de direitos autorais podem optar por buscar soluções privadas para a proteção de suas obras e a fiscalização de violações de direitos autorais. A plataforma oferece ferramentas de gestão de direitos autorais, como o Content ID, que permite aos detentores de direitos identificar e gerenciar o uso de suas obras em vídeos enviados por criadores de conteúdo. Isso evidencia o potencial da autotutela ao capacitar os titulares de direitos autorais a adotarem medidas imediatas contra possíveis violações de seus direitos, sem depender exclusivamente do processo de notificação e remoção, ou mesmo de uma estrutura de solução de disputas on-line (*online dispute resolution*, ou ODR).[124] Contudo, a utilização desta última não é descartada caso o criador de conteúdo afetado pela decisão de quem teve seu direito autoral violado manifeste discordância.

Além disso, os detentores de direitos autorais também podem recorrer a medidas judiciais para proteger seus interesses, buscando indenizações e reparação por danos decorrentes de violações de direitos autorais. Essa abordagem de 'private enforcement' possibilita uma maior participação dos detentores de direitos na proteção de suas obras, sem depender exclusivamente das autoridades públicas para a aplicação da lei.

Outro exemplo de *'private enforcement'* no YouTube é a possibilidade de criadores de conteúdo e empresas dispensarem medidas judiciais para protegerem seus interesses e reputação, uma vez que a própria plataforma está aparelhada para viabilizar uma solução extrajudicial da disputa.[125] Essa abertura ao *'private*

---

transformation has delineated ways in which grievances may be turned into ongoing disputes, and the myriad ways in which disputes may be resolved by means other than court adjudication".
123. RULE, Colin. *Online dispute resolution for business*. São Francisco: Jossey-Bass, 2002. p. 44.
124. Comenta a doutrina: "The benefits of early ODR systems were mostly in the area of convenience: they allowed communication at a distance, and asynchronously – with participation at any time. These simple improvements removed many long- established physical constraints or boundaries of time and space. Expertise – in the sense of taking advantage of the computer's processing capabilities – was yet to be fully exploited. Until recently, the "convenience" side of the triangle in ODR was usually the longest. The ODR field employs a metaphor, the "Fourth Party," to suggest that technology can be an aid to a human third party in a dispute resolution process. The metaphor originally emphasized the network's novel communications tools that enable a human third party to interact with parties at a distance". KATSH, Ethan; RABINOVICH-EINY, Orla. *Digital justice*: technology and the Internet of Disputes. Oxford: Oxford University Press, 2017. p. 37.
125. MARGORI, Thomas; PERRY, Mark. Online intermediary liability and privatized enforcement: the Content ID case. *Proceedings of The Tenth International Conference on Digital Society and eGovernment (ICDS)*, Veneza, Itália, 24-28 abr. 2016. p. 36-41. Disponível em: https://www.proceedings.com/30336.html Acesso em: 30 mar. 2023. p. 39. Comentam: "Alternatively, the uploader of the blocked content

enforcement' também se manifesta em outras áreas, como a solução de conflitos em transações comerciais e contratuais. Empresas podem recorrer a mecanismos de arbitragem e mediação privadas para resolverem disputas, evitando a morosidade e burocracia do sistema judicial estatal.

Entretanto, é importante ressaltar que a falta de controle e regulação adequados pode levar a abusos e violações dos direitos dos indivíduos. Além disso, a falta de acesso igualitário a mecanismos de *'private enforcement'* pode levar a disparidades e desigualdades na proteção de direitos.

Outra questão relevante é a possibilidade de uma maior fragmentação das normas e jurisdições, especialmente em contextos transnacionais, onde diferentes países têm legislações e regulamentações distintas. A pluralidade de sistemas de *'private enforcement'* pode gerar incertezas e complexidades adicionais para as partes envolvidas em disputas internacionais.[126]

A gestão privada de soluções jurídicas, no contexto de abertura ao *'private enforcement'*, representa uma importante alternativa na proteção de direitos e solução de conflitos. O YouTube exemplifica como essa abordagem é aplicada no âmbito dos direitos autorais, permitindo aos detentores de direitos agirem proativamente para proteger suas obras. Além disso, a gestão privada de soluções jurídicas também se manifesta em outras áreas, como a resolução de conflitos comerciais e contratuais,[127] o que representa uma alternativa ao sistema judiciário estatal, que pode ser mais lento e oneroso, mas não sem que haja contundentes críticas às suas falibilidades.

---

can decide to take action and dispute the claim, alleging the reasons why he or she believes that the content was uploaded lawfully. If this happens, the rightsholder can release the claim or confirm it. In the latter case, the uploader can "appeal" a Content ID claim but only if they possess a pristine and verified account. At this point, the rightsholder may release the claim or take down the audio or video. The latter option, also known as a "copyright strike", leads to an immediate halt to the audio-visual content and causes the account of the uploading user to enter a state of "bad standing", with limited features. If three copyright strikes are received, the user's account is terminated".

126. Comentando o modelo pioneiro do "eBay", do qual participou ativamente, Colin Rule assim se pronuncia sobre a questão: "Now that the systems we built at eBay have processed hundreds of millions of disputes, we've learned a lot about how ODR systems can be best designed to deliver fast and fair resolutions. The bottom line is the users want the process to be simple to use, fair to all participants, and easy to understand. The main observation is that users just want their resolution processes to be quick and easy. They want to be able to work out problems with minimal effort. Redress systems need to be simple to find and intuitive to complete. Users don't expect to get incentives or giveaways as part of their resolution; they just want to get a fair outcome so they can put the issue to bed and move on. And they want to know that the policies that guided their outcome will be applied consistently and fairly across other disputes as well". RULE, Colin. Designing a global online dispute resolution system: lessons learned from eBay. *University of St. Thomas Law Journal*, Minneapolis, v. 13, n. 2, p. 354-369, 2017. p. 368.

127. MARGORI, Thomas; PERRY, Mark. Online intermediary liability and privatized enforcement, cit., p. 39.

2.2.3 Lucratividade aferida em tempo real: a superação da barreira da quantificação

A capacidade de mensurar, de forma quase instantânea, os ganhos decorrentes da exploração de conteúdos digitais proporciona uma visão detalhada e dinâmica das atividades econômicas levadas a efeito na Internet. Nesse contexto, as plataformas digitais, como o YouTube, são um excelente exemplo de como uma barreira de outrora para o enriquecimento sem causa já foi superada, pois permitem a monetização e análise, em tempo real, do conteúdo compartilhado, de suas métricas de engajamento e da quantidade de anúncios apresentados, o que impulsiona modelos de negócios baseados em publicidade e marketing digital.[128]

O tema em discussão emerge como uma decorrência do *Digital Millennium Copyright Act* (DMCA) dos Estados Unidos da América (Pub. L. 105-304/1998 – EUA).[129] Esta legislação foi promulgada no final da década de 1990 com o propósito de salvaguardar os direitos autorais na era digital, destacando-se pela instituição de um "porto seguro" para provedores de serviços de internet que hospedam conteúdo gerado por terceiros. Segundo as disposições do DMCA, os provedores de serviços de internet (ISPs, na sigla em inglês) são categorizados como intermediários, assumindo responsabilidade apenas pela provisão de conexão à internet, isentos de responsabilidade pelo conteúdo transmitido ou hospedado em seus servidores. Em contrapartida, os provedores de serviços de conteúdo (CSPs, na sigla em inglês), como os serviços de hospedagem de arquivos, são incumbidos de remover conteúdo infringente mediante notificação por parte do detentor dos direitos autorais.

A aferição da lucratividade em tempo real é viabilizada por técnicas como os sistemas de rastreamento de dados e metadados. Essas ferramentas fornecem informações atualizadas sobre receitas, custos e outros indicadores financeiros, possibilitando a tomada de decisões ágeis e informadas. Ademais, a instantaneidade das informações permite o ajuste rápido de estratégias e o alinhamento com as demandas do mercado.

É necessário considerar que a disponibilidade imediata de dados financeiros pode gerar pressões para a obtenção de resultados de curto prazo, em detrimento de uma visão mais sustentável e estratégica dos negócios on-line. Além disso, a coleta e análise de dados gera reflexos na forma como os negócios são conduzidos, especialmente em setores que dependem fortemente de análise jurídica, como na

---

128. KOTLER, Philip. *Marketing, management*, cit., p. 52-56.
129. ESTADOS UNIDOS DA AMÉRICA. *The Digital Millenium Copyright Act of 1998*. Pub. L. No. 105-304, 112 Stat. 2860, 28 out. 1998. Disponível em: https://www.copyright.gov/legislation/dmca.pdf Acesso em: 12 out. 2023.

produção de conteúdo que, potencialmente, possa gerar exploração indevida da personalidade alheia ou violar direitos autorais de terceiros.[130] No caso do YouTube, a lucratividade está associada ao engajamento do público e ao desempenho dos anúncios veiculados nos vídeos. Criadores de conteúdo podem acompanhar em tempo real a receita gerada pelos anúncios, bem como o crescimento de sua audiência, possibilitando ajustes em suas estratégias de produção e promoção.[131]

Por outro lado, a busca incessante por lucratividade imediata também pode levar a práticas questionáveis, como a geração de conteúdo sensacionalista ou a disseminação de informações enganosas apenas com o objetivo de atrair mais visualizações e, consequentemente, aumentar a receita com anúncios. A qualidade e a autenticidade do conteúdo podem ser prejudicadas em detrimento da busca por resultados financeiros em ritmo mais acelerado.

Ao contrário, no mundo real (analógico), a quantificação exata dos ganhos ilegítimos pode ser complexa devido à falta de ferramentas e tecnologias avançadas para monitoramento em tempo real. Muitas transações comerciais ocorrem de forma presencial, sem um sistema automatizado que registre instantaneamente todas as movimentações financeiras. Além disso, a rastreabilidade de atividades ilegítimas pode ser dificultada pela falta de registros detalhados e confiáveis. Outro obstáculo na aferição do lucro no mundo analógico é a possibilidade de manipulação e ocultação de informações financeiras. Em muitos casos, os envolvidos em práticas ilegais podem adotar estratégias para dissimular ou disfarçar o lucro ilícito, como o plágio,[132] tornando difícil sua identificação e quantificação precisa.

Enfim, as plataformas digitais permitem a aferição de lucros em tempo real com alta precisão por meio da tecnologia e da automatização algorítmica, e, desse modo, as atividades realizadas no ambiente digital geram uma vasta quantidade de dados, que são coletados, processados e analisados. Assim, o uso de ferramentas como o já citado Content ID no YouTube, por exemplo, permite que detentores

---

130. Comenta a doutrina: "Although YouTube has become a popular platform for uploading and sharing videos containing infringing material, it has escaped liability because it falls under the DMCA safe harbor. The DMCA was enacted by Congress to balance the copyright holder's demands for greater online protection and the online service provider's demands that they do not be held liable for the infringing content uploaded on their sites. (...) Online service providers like YouTube, need to "only cooperate when necessary to eliminate copyright infringement". The DMCA recognizes that the copyright Holder has the knowledge to determine infringing uses and that the service provider has the means to takedown those infringing uses". BOROUGHF, Benjamin. The Next Great YouTube: improving Content ID to foster creativity, cooperation, and fair compensation. *Albany Law Journal of Science and Technology*, Albany, v. 25, n. 1, p. 95-127, 2015. p. 101-102.
131. JENKINS, Henry; FORD, Sam; GREEN, Joshua. *Spreadable media*, cit., p. 116. Comentam: "(...) engagement-based models see the audience as a collective of active agents whose labor may generate alternative forms of market value".
132. VAIDHYANATHAN, Siva. *Copyrights and copywrongs*, cit., p. 67-68.

de direitos autorais monitorem o uso de suas obras em vídeos enviados pelos criadores de conteúdo, identificando de forma ágil qualquer uso indevido que possa gerar lucro ilegal.[133]

A instantaneidade da informação no ambiente digital é um fator determinante para a aferição precisa do lucro indevido. Todavia, como antecipado nas conclusões parciais do capítulo anterior, essa sempre foi uma barreira para a utilização do enriquecimento sem causa, que por vezes dependia de aferição pericial em procedimento judicial de liquidação.

O cenário hodierno é outro, pois a capacidade das plataformas digitais de rastrear e quantificar os lucros indevidos também está relacionada à abrangência e alcance global dessas plataformas. Com usuários e criadores de conteúdo em diversas partes do mundo, o ambiente digital permite a captura de informações em uma escala que seria impraticável no mundo analógico, frequentemente dependente de perícias. Essa amplitude de dados contribui para uma análise mais abrangente e precisa das atividades econômicas na esfera digital.

Esse é o ponto central desse subtópico, que ilustra de forma clara como a aferição do lucro indevido no mundo analógico não pode ser comparada com a aferição realizada digitalmente por sistemas de análise em tempo real.

2.2.3.1 *Plataformas digitais e o algoritmo 'ContentID'*

Todo esse paradigma se fundamenta nas plataformas digitais, que desempenham um papel preponderante na geração e análise de dados financeiros em tempo real. Dentre essas plataformas, o YouTube se destaca como um exemplo emblemático, pois o Content ID é uma das principais ferramentas utilizadas para rastrear e gerir conteúdos protegidos por direitos autorais.[134] A partir de uma

---

133. Em relação a esse ponto, independentemente da jurisdição de regência, são reconhecidos dois direitos autorais morais: o de atribuição e o de integridade. O direito de atribuição exige associação correta do autor ao trabalho utilizado ou referenciado. O direito de integridade proíbe distorções e preserva o patrimônio imaterial utilizado. Sobre isso, anota Aviv Gaon: "Regardless of jurisdiction, two moral rights are always recognized and accepted in international agreements: the right of attribution and the right of integrity. In civil law systems with a strong moral rights basis, other rights can be recognized as well, such as withdrawal and disclosure rights. The attribution right requires that an authors' name is properly and consistently associated with their work. Accordingly, the author retains the right to seek relief if his or her work is unattributed or falsely attributed to another. The integrity right prohibits distortion, mutilation, or modification of a work. Considered the most important moral right, it preserves 'cultural heritage, whether material or intangible, from damage'. Integrity can apply both to physical or contextual modifications (adding Christmas ribbons to a goose sculpture), and in some cases, where a work is associated with a product, service, cause, or institution (use in a political party's rallies)". GAON, Aviv H. *The future of copyright in the age of Artificial Intelligence*. Cheltenham: Edward Elgar, 2021. p. 80.
134. BOROUGHF, Benjamin. The Next Great YouTube, cit., p. 102.

análise minuciosa das informações veiculadas nos vídeos enviados pelos criadores de conteúdo, o Content ID identifica correspondências com obras protegidas,[135] permitindo que os detentores de direitos acompanhem a utilização de suas obras na plataforma e tomem decisões sobre como lidar com tais utilizações.[136]

Ao utilizar o 'Content ID', os proprietários de conteúdo intelectual violado ou usurpado podem ser notificados acerca dessas situações, possibilitando a adoção de medidas relativas ao uso não autorizado de suas obras no YouTube.[137]

A finalidade subjacente desse sistema algorítmico consiste no gerenciamento de conteúdo mediante a implementação de técnicas de heurística computacional que monitoram, em tempo real, todos os arquivos de conteúdo audiovisual enviados à plataforma YouTube. Em resumo, os detentores de obras audiovisuais são solicitados a se cadastrar previamente, apresentando documentação que comprove a titularidade sobre o conteúdo em questão. Essa documentação permite que o algoritmo execute uma verdadeira "varredura" computacional em busca de conteúdos que possam infringir direitos autorais de terceiros.[138]

O processo operacional desse sistema baseia-se no fornecimento de arquivos de referência de áudio ou vídeo pelos detentores de direitos autorais. A partir desses arquivos, são geradas "impressões digitais"[139] únicas, as quais são armazenadas em um banco de dados. O sistema, por sua vez, analisa os vídeos presentes nos servidores do YouTube e os compara com essas "impressões digitais", identificando correspondências para a concretização do que é conhecido, no âmbito técnico, como gerenciamento de direitos digitais[140] que leva em consideração, dentro do possível, a aferição da preponderância do uso justo (*fair use*).[141]

Quando o 'Content ID' identifica uma correspondência, os proprietários de conteúdo são prontamente notificados e lhes são apresentadas três opções: bloquear o vídeo, reivindicar a monetização total ou parcial gerada pelo vídeo ou rastrear dados de visualização para fins de análise posterior, gerando apenas uma sinalização (*flag*) ao criador de conteúdo.

---

135. SOLOMON, Leron. Fair users or content abusers?, cit., p. 263.
136. YOUTUBE. *Visão geral das ferramentas de gerenciamento de direitos autorais*. 2023. Disponível em: https://support.google.com/youtube/answer/9245819?hl=pt-BR. Acesso em: 12 out. 2023.
137. YOUTUBE. *Ferramentas de gerenciamento de direitos autorais*: Programa de verificação de conteúdo. 2023. Disponível em: https://support.google.com/youtube/answer/6005823. Acesso em: 12 out. 2023.
138. SOLOMON, Leron. Fair users or content abusers?, cit., p. 264.
139. YOUTUBE. *Ferramentas de gerenciamento de direitos autorais*: como se qualificar para o Content ID. 2023. Disponível em: https://support.google.com/youtube/answer/1311402. Acesso em: 12 out. 2023.
140. YOUTUBE. *Ferramentas de gerenciamento de direitos autorais*: como funciona o Content ID. 2023. Disponível em: https://support.google.com/youtube/answer/2797370. Acesso em: 12 out. 2023.
141. YOUTUBE. *Reivindicação de direitos autorais*: diferença entre remoções por direitos autorais e reivindicações de Content ID. 2023. Disponível em: https://support.google.com/youtube/answer/7002106. Acesso em: 12 out. 2023.

A lucratividade aferida em tempo real no contexto do YouTube e do Content ID está diretamente relacionada à monetização dos vídeos veiculados na plataforma.[142] Os anúncios inseridos nos vídeos geram receita, tanto para os criadores de conteúdo quanto para os titulares de direitos autorais, que recebem uma parte da receita proveniente dos anúncios exibidos nos vídeos que contenham suas obras protegidas.[143] Essa mensuração precisa da lucratividade em tempo real possibilita a distribuição equitativa da receita gerada na plataforma, assegurando aos detentores de direitos o devido reconhecimento e a imediata remuneração por suas criações intelectuais.

Em relação aos desafios e questões éticas associados ao Content ID e à lucratividade aferida em tempo real, é necessário considerar as preocupações sobre o uso excessivamente "agressivo" do algoritmo. Em alguns casos, o Content ID pode identificar correspondências equivocadas ou considerar usos legítimos (lastreados no *fair use*) de obras protegidas como violações, o que pode gerar conflitos e restrições indevidas ao conteúdo dos criadores. Contudo, é inegável que a lucratividade assim aferida têm proporcionado um ambiente mais transparente para a gestão de direitos autorais na plataforma. Ademais, a possibilidade de monitorar o uso de obras protegidas em tempo real e tomar decisões ágeis em relação à sua utilização representa um avanço significativo na proteção dos direitos intelectuais e na distribuição equitativa da receita gerada na plataforma.

---

142. Comenta Leron Solomon: "It could be argued that proportional monetization could prove to be problematic, because it may only take into account the actual timing of the copyrighted material and not the impact that material has on viewership of the video. Arguably, if the copyrighted work in the video gets to the heart of the matter of the copyrighted work, or is the main reason why anyone watches the video, then the content creator's proportion of the revenue should be less than that of the copyright holder. The concept of "the heart of the matter" of a copyrighted work appears in the fair use doctrine primarily, but it is just as applicable to the proportional monetization of videos. This argument against proportional monetization is defeated, however, by the way that a YouTube video is ranked. There are several factors that determine the ranking of a YouTube video: relevant keywords; video tags; title; descriptions; thumbnails; video transcripts; channel authority; views and video retention; comments; subscribers; shares; favorites; thumbs up or down; and backlinks. Some of these features can be used to track how much of a copyrighted work is used in a video and how it impacts the video's viewership (whether the copyrighted material is the heart of the matter of the video)". SOLOMON, Leron. Fair users or content abusers?, cit., p. 266-267.
143. BARTHOLOMEW, Taylor B. The Death of Fair Use in Cyberspace: YouTube and the problem with Content ID. *Duke Law & Technology Review*, Durham, v. 13, n. 1, p. 66-88, 2015. p. 88. Comenta: "In theory, Content ID is a novel technology: it allows YouTube to simultaneously and efficiently protect a copyright holder against the unknowing theft of their content, while allowing users to continually create new content. In practice, however, it is a poor proxy for a case-by-case analysis of alleged copyright infringement. Content ID is ideal for a situation where, for example, a user uploads a full movie or song, without alteration, to the website: a blatant infringement of copyright. But infringement is not always this simple on YouTube. With Content ID in effect, YouTube is using a hammer where a scalpel is required. By ignoring fair use altogether in its faulty application, Content ID effectively shifts the neutral presumption of the fair use doctrine against the uploader as a content-creator and stifles the creation of any new works".

2.2.3.2 Digital rights management (DRM)

Na língua inglesa, denomina-se *Digital Rights Management* (DRM) o conjunto de tecnologias e técnicas de proteção de conteúdo digital que tem como objetivo controlar o acesso, a distribuição e o uso de obras protegidas por direitos autorais.[144] Essa abordagem busca garantir que somente os usuários autorizados tenham permissão para utilizar determinado conteúdo, protegendo, assim, os direitos dos titulares e prevenindo a utilização indevida.

O funcionamento do DRM é multifacetado e se baseia, no geral, em mecanismos de autenticação. As principais formas são as seguintes: (i) inserção de marcas d'água acústicas (*acoustic watermarking*), e seu propósito é inserir uma trilha sonora que não é audível para o ouvido humano comum, mas que pode ser detectada por algoritmos ou sistemas específicos;[145] (ii) criptografia, que permite adicionar uma trava para que o acesso somente se dê com a utilização da chave correta;[146] (iii) gestão de licenças, em que o acesso ao conteúdo é concedido por meio de licenças para que cada usuário ou dispositivo autorizado recebe uma licença que valida seu acesso ao conteúdo por um período determinado;[147] (iv) controle de acesso baseado em política (*policy-based access control*), pelo qual se define políticas específicas para determinar quem pode acessar o conteúdo, em que condições e por quanto tempo;[148] (v) obfuscação, que é uma técnica usada para dificultar a engenharia reversa do código-fonte ou do algoritmo, tornando mais desafiador para terceiros a reprodução não autorizada do conteúdo;[149] (vi) "tokenização", que envolve a substituição de dados sensíveis por "*tokens*" não sensíveis, que são então usados para representar o conteúdo original de

---

144. ROSENBLATT, Bill; TRIPPE, Bill; MOONEY, Stephen. *Digital Rights Management*. Nova York: M&T Books, 2002. p. 8. Explicam: "The term digital rights management (DRM) was coined by some combination of vendors, their marketers, and industry analysis in the late 1990s. (...) When you create content (information), you inherently control a set of rights to that content – to see it, change it, print it, play it, copy it, excerpt it, translate it into another language, and so on".
145. PIOTROWSKI, Zbigniew; GAJEWSKI, Piotr. Acoustic watermark server effectiveness. *Journal of Transactions on Modelling and Simulation*, Southampton, v. 48, p. 251-258, 2009.
146. ARANHA, Diego F. O que é criptografia fim a fim e o que devemos fazer a respeito? In: DONEDA, Danilo; MACHADO, Diego (Coord.). *A criptografia no direito brasileiro*. São Paulo: Thomson Reuters Brasil, 2019. p. 26-27.
147. SERRÃO, Carlos; DIAS, Miguel Sales; DELGADO, Jaime. Secure License Management - Management of Digital Object Licenses in a DRM Environment. *Proceedings of the International Conference on Security and Cryptography*, Barcelona, Spain, July 28-13, 2007. p. 251-256. Disponível em: https://doi.org/10.5220/0002129902510256 Acesso em: 19 nov. 2023.
148. McKEE, Mary K. Introduction to Policy-Based Access Controls. *IDPro Body of Knowledge*, [S.l], v. 1, n. 12, 2021. Disponível em: https://doi.org/10.55621/idpro.61 Acesso em: 19 nov. 2023.
149. PRIHANDOKO, Antonius C.; GHODOSI, Hossein. Obfuscation and WBC: Endeavour for securing encryption in the DRM context. *Proceedings of the International Conference on Computer Science and Information Technology (CSIT)*, 2013. p. 150-155. Disponível em: https://csit.am/2013/ Acesso em: 19 nov. 2023.

modo que somente quem possui os *tokens* apropriados pode acessar o conteúdo correspondente;[150] (vii) restrição de dispositivos (*device binding*), que vincula o acesso ao conteúdo a dispositivos específicos, limitando sua reprodução apenas em dispositivos autorizados;[151] (viii) temporização (*time-based restrictions*), pela qual se controla a disponibilidade do conteúdo por um período específico de tempo, após o qual o acesso é revogado.[152]

Em linhas gerais, quando uma obra protegida é disponibilizada em formato digital, ela é protegida por alguma dessas técnicas, tornando-se ilegível sem a solução específica. Dessa forma, apenas aqueles que possuem as credenciais adequadas podem acessar e utilizar o conteúdo protegido. O objetivo é evitar a disseminação não autorizada de obras protegidas e proteger os interesses dos detentores de direitos autorais.

No contexto da lucratividade aferida em tempo real, o DRM desempenha um papel fundamental para a gestão da monetização de conteúdo e na garantia de que os detentores de direitos autorais recebam a devida compensação por suas obras. No exemplo do Content ID, o que se tem é justamente uma ferramenta de DRM que permite que os detentores de direitos protejam suas obras e controlem a exibição de anúncios em vídeos que contenham seu conteúdo protegido a partir da comparação heurística de todo conteúdo enviado para a plataforma com uma versão previamente utilizada para tal fim (a "impressão digital" do arquivo original).[153]

Apesar dos benefícios do DRM na proteção de direitos autorais e na lucratividade aferida em tempo real, também existem preocupações e desafios associados a essa abordagem. Por exemplo, algumas medidas de DRM podem restringir o direito de uso legítimo do conteúdo, que também é considerado um bem digital, prejudicando a identificação do mesmo como propriedade, porquanto limitadas as faculdades de usar e gozar.[154] Além disso, a complexidade técnica do DRM pode

---

150. CIRIELLO, Raffaele Fabio; TORBENSEN, Alexandra Cecilie Gjøl; HANSEN, Magnus Rotvit Perlt; MÜLLER-BLOCH, Christoph. Blockchain-based digital rights management systems: Design principles for the music industry. *Electronic Markets*, [S.l], v. 33, n. 5, 2023. Disponível em: https://doi.org/10.1007/s12525-023-00628-5 Acesso em: 19 nov. 2023.
151. BHATT, Siddharth; SION, Radu; CARBUNAR, Bogdan. A personal mobile DRM manager for smartphones. *Computers & Security*, Londres, v. 28, n. 6, p. 327-340, set. 2009.
152. LEE, Sangho; KIM, Jong; HONG, Sung Je. Redistributing time-based rights between consumer devices for content sharing in DRM system. *International Journal of Information Security*, Cham, v. 8, n. 4, p. 263-273, ago. 2009.
153. ZAPATA-KIM, Laura. Should YouTube's Content ID Be Liable for Misrepresentation Under the Digital Millennium Copyright Act? *Boston College Law Review*, Boston, v. 57, n. 5, p. 1847-1874, set. 2022, p. 1869-1870.
154. ZAMPIER, Bruno. *Bens digitais*, cit., p. 78-79. Comenta: "os bens digitais foram conceituados como sendo aqueles bens incorpóreos, os quais são progressivamente inseridos na Internet por um usuário, consistindo em informações de caráter pessoal que lhe trazem alguma utilidade, tenham ou não conteúdo econômico. Pois bem, quando a informação inserida em rede for capaz de gerar repercussões

gerar incompatibilidades entre dispositivos e sistemas, escapando ao controle do titular do bem digital, dificultando a experiência do usuário e limitando o acesso a ponto de torná-lo inservível.

Outra questão relevante é a possibilidade de quebrar a proteção do DRM, o que é conhecido como "quebra de DRM" ou "circunvenção de DRM". A primeira corresponde ao uso de código malicioso para inutilizar a técnica de DRM utilizada (pela prática também identificada como *cracking*[155]) e pode permitir a cópia e distribuição não autorizadas de obras protegidas, acarretando contrafação; a segunda refere-se ao ato de contornar ou superar as medidas de proteção implementadas por sistemas DRM pela realização de alterações ao código-fonte para permitir acessar, copiar ou distribuir conteúdo digital protegido por direitos autorais de maneira não autorizada.[156]

Finalmente, a lucratividade aferida em tempo real e o DRM são conceitos intrinsecamente relacionados no ambiente digital, sendo o Content ID um exemplo interessante dessa correlação. De fato, o DRM desempenha um papel fundamental na proteção de direitos autorais e para a garantia de que os detentores de direitos recebam a devida compensação por suas obras. Contudo, é necessário equilibrar as medidas de DRM com a liberdade de uso legítimo do conteúdo e garantir que a propriedade de um bem digital não seja prejudicada.

2.2.3.3 'Enforcement' obrigacional e as 'Oracle Turing Machines'

As Máquinas de Turing Oraculares (*Oracle Turing Machines*) são uma extensão do conceito de Máquinas de Turing, que são modelos teóricos propostos

---

econômicas imediatas, há que se entender que ela será um bem tecnodigital patrimonial. (...) Logo, a propriedade de um bem dessa natureza se enquadraria como uma propriedade imaterial ou incorpórea. Se no passado este tipo de titularidade foi denominado quase propriedade, hoje a maioria da doutrina aceita sua existência, exatamente dentro desta perspectiva de presença de vários tipos de propriedades. (...) E como não há, em princípio, qualquer afetação deste patrimônio, o conjunto destes bens digitais integrariam o patrimônio geral do indivíduo".

[155]. O *cracking* de DRM envolve diversas técnicas para burlar essas restrições, permitindo que o conteúdo seja reproduzido ou distribuído sem as devidas autorizações. Tais técnicas incluem a engenharia reversa, a injeção de código, a remoção de verificações, o uso de ferramentas específicas, a emulação de hardware ou software, a quebra de criptografia e os ataques "*man-in-the-middle*".

[156]. SAMUELSON, Pamela. DRM {and, or, vs.} the law. *Communications of the ACM*, Nova York, v. 46, n. 4, p. 41-45, abr. 2003. p. 45. Comenta: "How DRM and the law interact over the next decade depends on decisions made in the near future by individual technologists, firms in the technology and content industries, participants in standard-setting processes, and legislators and other policymakers. DRM technology is not policy neutral but highly policy charged, in part because of the goals the content industry has for it. It may seem obvious to computing professionals why DRM should not be mandated in digital media devices and why consumers, scientists, and other legitimate reverse-engineers ought to be able to continue to engage in fair and other noninfringing uses of copyrighted works. Unfortunately, it is not as obvious to members of Congress and other policymakers".

pelo matemático Alan Turing em 1936.[157] Estas são dispositivos hipotéticos que consistem em uma fita infinita dividida em células e uma cabeça de leitura/escrita que se move ao longo da fita. Elas têm a capacidade de realizar cálculos e resolver problemas matemáticos através de instruções bem definidas, tornando-se fundamentais no campo da computação teórica. A diferença essencial entre uma Máquina de Turing padrão e uma *Oracle Turing Machine* reside na inclusão de um componente adicional, chamado justamente de "Oráculo" (*Oracle*),[158] uma figura abstrata que fornece respostas a perguntas específicas, em tempo real e constantemente, ou seja, a resposta é obtida instantaneamente, sem a necessidade de processamento pela máquina.

O funcionamento das Oracle Turing Machines baseia-se na interação entre a máquina e o "Oráculo". Quando a máquina se depara com uma pergunta que envolve um problema específico, ela consulta o "Oráculo" e recebe uma resposta direta, sem precisar realizar passos de computação para obter o resultado. Essa característica torna as *Oracle Turing Machines* extremamente poderosas, uma vez que podem resolver problemas complexos de forma mais eficiente do que as Máquinas de Turing convencionais.

As *Oracle Turing Machines* têm aplicações em diversos campos da ciência da computação e matemática, especialmente na teoria da complexidade computacional e na análise de algoritmos. Elas são frequentemente utilizadas para estudar problemas que envolvem decisões oraculares, ou seja, problemas que podem ser resolvidos rapidamente quando se tem acesso a uma resposta pronta, mas que podem ser intratáveis sem esse recurso.

Embora sejam uma ferramenta poderosa no estudo teórico da computação, é importante ressaltar que elas são um modelo abstrato e não existem fisicamente. Na prática, a existência de um "Oráculo" com capacidade de fornecer respostas instantâneas a problemas complexos é uma questão hipotética e não realista.[159] No entanto, as *Oracle Turing Machines* são fundamentais para a compreensão da teoria da computabilidade e da complexidade, contribuindo para o desen-

---

157. TURING, Alan M. On computable numbers, with an application to the Entscheidungsproblem. *Proceedings of the London Mathematical Society*, Londres, v. 42, n. 1, p. 230-265, nov. 1936, passim.
158. SOARE, Robert I. Turing oracle machines, online computing, and three displacements in computability theory. In: BUSS, Samuel R.; COOPER, Barry; LÖWE, Benedikt; SORBI, Andrea (Ed.). *Computation and logic in the real world*. Cham: Springer, 2007. p. 368-399.
159. Para resolver problemas do mundo real, os oráculos precisariam ter conhecimento atualizado e detalhado sobre uma vasta gama de informações. Implementar e manter tal base de conhecimento em tempo real é praticamente impossível. Oráculos de Turing eficientes para problemas práticos exigiriam a capacidade de prever o futuro em muitos casos. Isso é, na prática, impossível devido à incerteza e complexidade do mundo real.

volvimento de algoritmos eficientes e a análise de problemas computacionais de alta sofisticação.

Trata-se de tema relevante para o debate sobre a lucratividade aferida em tempo real, que representa uma inovação crucial para o *'enforcement'* obrigacional. De fato, a discussão parte de uma noção essencial e relacionada à aplicação de mecanismos e dispositivos legais para garantir o cumprimento de obrigações contratuais e proteger os direitos das partes envolvidas nas transações comerciais. É a base, por exemplo, do que se almeja concretizar com os *"smart contracts"* no contexto da rede *blockchain*,[160] pois tal estrutura pode ampliar ainda mais a eficiência e a confiabilidade desse processo.

As *Oracle Turing Machines* contribuem para a segurança e integridade dos dados financeiros, garantindo a confiabilidade das informações, pois se torna plausível o cumprimento de acordos entre as partes envolvidas, caso ocorra inadimplemento ou violação de contrato, uma vez que o *'enforcement'* obrigacional se dá computacionalmente.[161]

A natureza dinâmica e instantânea das informações financeiras pode demandar uma atuação rápida e eficiente do sistema jurídico para garantir a efetividade desses mecanismos. Além disso, a complexidade das transações comerciais e a diversidade das plataformas digitais podem demandar abordagens personalizadas para garantir a justiça e equidade nas decisões judiciais.[162]

Não se pretende analisar cuidadosamente a adoção de mecanismos de *smart contracts* baseados em *blockchain* nessa tese, mas o conceito em questão (das *Oracle Turing Machines*) pode proporcionar ganhos em relação à automação

---

160. Com efeito, define Max Raskin: "A smart contract is an agreement whose execution is automated. This automatic execution is often effected through a computer running code that has translated legal prose into an executable program. This program has control over the physical or digital objects needed to effect execution. Examples are a car that has a program installed to prevent ignition if the terms of a debt contract are not met or banking software that automatically transfers money if certain conditions are met. A smart contract does not rely on the state for enforcement, but is a way for contracting parties to ensure performance". RASKIN, Max. The law and legality of smart contracts. *Georgetown Law Technology Review*, Washington, D.C., v. 304, n. 1, p. 305-341, 2017. p. 309-310. Ainda sobre o tema, pondera Reggie O'Shields: "Blockchain technology and smart contracts have the potential to transform financial markets and the business of banking. At this point, however, this technology is still developing and has not been widely tested in a regulated environment, which leaves open the possibility of unknown operational flaws and vulnerabilities". O'SHIELDS, Reggie. Smart contracts: legal agreements for the blockchain. *North Carolina Banking Institute Review*, Chapel Hill, v. 21, p. 177-194, 2017. p. 193.
161. WU, Tim. When code isn't law. *Virginia Law Review*, Charlottesville v. 89, n. 4, p. 679-412, 2003, passim.
162. Sobre o tema, cf. THEODORO JÚNIOR, Humberto; ANDRADE, Érico. Novas perspectivas para atuação da tutela executiva no direito brasileiro: autotutela executiva e "desjudicialização" da execução. *Revista de Processo*, São Paulo, v. 315, p. 109-158, maio 2021.

segura e transparente do *'enforcement'* obrigacional, agilizando o processo de resolução de conflitos e garantindo a aplicação justa e efetiva da medidas cabíveis.

2.3 INSUFICIÊNCIA DOS PRESSUPOSTOS DO ENRIQUECIMENTO SEM CAUSA PARA O CONTEXTO HODIERNO

A doutrina tradicional do enriquecimento sem causa, prevista no artigo 884 do Código Civil brasileiro, estabelece que aquele que se enriquece indevidamente, em detrimento de outra pessoa, está obrigado a restituir o valor obtido de forma injusta.[163] Esse enriquecimento sem causa é tradicionalmente aplicado em situações em que não existe uma base legal ou contratual que justifique o ganho obtido, situando-se em zona recôndita intermediária entre a responsabilidade civil e os contratos, a ponto de ser discutida a sua natureza de quase-contratos.[164]

Como visto, o instituto sempre foi debatido doutrinariamente e sua alocação subsidiária desperta críticas e reflexões. No entanto, no contexto hodierno, marcado pela crescente digitalização e pelo surgimento de novas tecnologias, como as plataformas digitais e os algoritmos, a aplicação do enriquecimento sem causa por lucro da intervenção pode encontrar insuficiências.

Primeiramente, a complexidade e a velocidade das transações financeiras no ambiente digital mudaram a percepção que se tem sobre o lucro. As plataformas digitais, como as redes sociais, permitem que usuários compartilhem conteúdo e interajam de maneira instantânea, o que pode gerar uma gama ampla de possibilidades de enriquecimento sem causa, seja a partir da exploração de direitos da personalidade alheios ou da usurpação de propriedade imaterial, o que revela uma relação de proximidade do tema com os bens digitais. Assim, a aferição do lucro da intervenção em tempo real e a atribuição da responsabilidade adequada tornam-se desafios relevantes,[165] uma vez que as informações são geradas em escala massiva e em velocidade vertiginosa.

---

163. Segundo Giovanni Ettore Nanni, "sendo invocada a figura do enriquecimento sem causa como princípio, não se deve perquirir na letra da lei, mais especificamente no art. 884 do novo Código Civil, qual a exata dimensão de aplicação ao caso concreto, mas, por ser uma cláusula geral, é preciso que se tenha em mente a sua destinação de norma abstrata, de regra regal, cujo âmbito de emprego pode comportar uma série indefinida de *fattispecies*". NANNI, Giovanni Ettore. *Enriquecimento sem causa*, cit., p. 329.
164. GALLO, Paolo. Quase-contratti. In: SACCO, Rodolfo (Dir.). *Digesto delle discipline privatistiche. Sezione Civile*. Aggiornamento XII. Milão: UTET/Wolters Kluwer Italia, 2019. p. 714-723.
165. Comenta Rosenvald: "O problema da identificação do enriquecimento "sem causa" consiste em distinguir entre as vantagens patrimoniais que uma pessoa pode obter na vida de relação, aquelas que – embora não chegando ao extremo de serem consequências de comportamentos antijurídicos ou fatos ilícitos (que envolveriam uma responsabilidade por danos) – determinam uma obrigação de restituição, visto não se encontrarem dotadas de justificação suficiente em face do direito. Quer

Outro aspecto importante é a identificação do real causador do enriquecimento sem causa em um contexto digital complexo. Nas plataformas digitais, múltiplos atores podem estar envolvidos em uma cadeia de eventos que culmina no ganho injustificado, tais como provedores de aplicação e outros intermediários. Além disso, a questão da transparência algorítmica e da responsabilização e prestação de contas (*accountability*) também surge como um desafio para a aplicação do enriquecimento sem causa por lucro da intervenção, pois, muitas vezes, os ganhos indevidos podem resultar do funcionamento de algoritmos e sistemas decisionais automatizados, o que levanta a questão sobre quem deve ser responsabilizado por esses lucros injustos: o próprio algoritmo, os criadores das plataformas, os usuários ou todos os envolvidos?

A dinâmica do mundo digital também pode levar a uma diluição dos conceitos tradicionais de enriquecimento sem causa e lucro da intervenção. Com o compartilhamento massivo de conteúdo nas redes sociais e outras plataformas, as noções de "causa" e "intervenção" tornam-se menos claras e a determinação do que é justo ou injusto, do que é legítimo ou ilegítimo, pode ser afetada por essa nova realidade digital, na qual a propriedade intelectual e o acesso a informações se tornam mais fluidos.[166]

O contexto hodierno de digitalização, plataformas digitais e algoritmos, a complexidade e velocidade das transações, a dificuldade de identificação dos causadores do enriquecimento sem causa, a questão da transparência algorítmica e a diluição dos conceitos tradicionais são aspectos relevantes que requerem uma reflexão aprofundada sobre a adequação e eficácia desse instituto jurídico no cenário digital contemporâneo. É essencial buscar soluções que equacionem a proteção dos direitos e a justiça no ambiente digital, adaptando e desenvolvendo

---

dizer: reputa-se que o enriquecimento carece de causa quando o direito não o aprova ou consente, porque não existe uma relação ou fato que, de acordo com os princípios do sistema jurídico, justifique a deslocação patrimonial; sempre que aproveita, em suma, a pessoa diversa daquela a quem, segundo a lei, deveria beneficiar. Mas ele é apenas ajurídico, no sentido de substancialmente ilegítimo ou injusto e não formalmente antijurídico". ROSENVALD, Nelson. *A responsabilidade civil pelo ilícito lucrativo*, cit., p. 557.

166. Com efeito: "Talvez, caiba mais uma reflexão. Vivemos, atualmente, em sociedades de risco (a afirmação virou quase um truísmo). Em nossas atuais sociedades de risco, há – ou, melhor ainda, deveria haver – uma permanente (e democrática) discussão acerca de quais riscos são socialmente aceitáveis. E quem por eles deverá responder. O caminhar das décadas e dos séculos altera, por certo, nossas percepções acerca dos riscos. Não só isso. Altera também nosso olhar sobre quais riscos, hoje, o Estado (por exemplo) deverá responder, e quais estão sob a responsabilidade dos cidadãos. Trata-se de discussão democrática e necessária". BRAGA NETTO, Felipe; FALEIROS JÚNIOR, José Luiz de Moura. A atividade estatal entre o ontem e o amanhã: reflexões sobre os impactos da inteligência artificial no direito público. In: BARBOSA, Mafalda Miranda et al. (Coord.). *Direito digital e inteligência artificial*: diálogos entre Brasil e Europa. Indaiatuba: Foco, 2021. p. 457.

novas abordagens e releituras jurídicas[167] que estejam em consonância com os desafios e particularidades do mundo digital.

A insuficiência dos pressupostos do enriquecimento sem causa por lucro da intervenção no contexto hodierno está intrinsecamente ligada à complexidade e dinamicidade das relações geradoras de lucro no ambiente digital, pois a aplicação desse instituto jurídico enfrenta desafios como a atribuição de responsabilidade, a transparência algorítmica, a diluição dos conceitos tradicionais e a natureza globalizada das transações, revelando maior pertinência para a solução de problemas na multifuncionalidade da responsabilidade civil[168] e não no enriquecimento sem causa.

2.3.1 Natureza plurissubjetiva da dinâmica: interventor, vítima e provedor de aplicação como partícipes

A natureza plurissubjetiva da dinâmica envolvendo o enriquecimento sem causa por lucro da intervenção no contexto das plataformas digitais, como o Google no exemplo do YouTube e do Content ID, refere-se ao fato de que múltiplos atores estão envolvidos nesse cenário, cada um desempenhando um papel específico na obtenção e gestão dos ganhos financeiros.[169]

---

167. COELHO, Francisco Manuel Pereira. *O enriquecimento e o dano*, cit., p. 28-29. Comenta: "Do ponto de vista daquela função puramente reparadora ou reintegrativa da responsabilidade civil, é natural que não lhe importe o que esteja a mais no património do lesante, mas tão só o que esteja a menos no património do lesado. Não terá pois o lesante de restituir o seu enriquecimento, ou melhor, só terá de o restituir até o limite do dano, e como dano".
168. Em sintonia com essa constatação, tem-se a posição de Rosenvald: "A vertente instrumentalista da responsabilidade civil se enriquece se virarmos o foco do dano para o ilícito e o associarmos aos remédios. Os remédios da responsabilidade civil são o resultado de um balanceamento de interesses em ambos os lados e não apenas uma resposta reflexa a um negativo rumo dos acontecimentos. Destarte, ampliando a acepção das ações indenizatórias, agora como condenações pecuniárias a obrigações extracontratuais que perfaçam a finalidade de recomposição do sinalagma entre demandante e demandado, poderemos enfrentar os fenômenos da ilicitude lucrativa por três vias: a) restituição do demandante a situação anterior ao dano injusto pelo remédio compensatório; b) restituição de ambas as partes à situação anterior ao ilícito por meio do remédio da fixação de um preço razoável pela intervenção inconsentida no bem do demandante; c) restituição do demandado à situação anterior ao ganho ilícito por meio da remoção dos lucros decorrentes da violação de interesses protegidos do demandante". ROSENVALD, Nelson. *A responsabilidade civil pelo ilícito lucrativo*, cit., p. 557.
169. O tema é extremamente relevante e atual, a ponto de Guggenberger se referir às plataformas digitais como as "ferrovias do novo milênio": "What the railroads were to the early twentieth century, digital platforms have become to the early twenty-first century. Both the railroads. and their digital descendants have generated unimaginable innovation and produced great wealth. Today, digital services penetrate virtually every aspect of modern life, and the digital economy contributes more than $2 trillion to the annual GDP of the U.S.7 Google, Amazon, Apple, Facebook, and others have flourished in the open digital environment of the 1990s and early 2000s. Indeed, these platforms have contributed significantly to today's digital economy by constructing vast and efficient ecosystems for digital commerce. Access to their facilities is crucial for any independent business trying to survive in the digital economy".

O primeiro participante é o interventor, que é aquele que, por meio de sua ação ou intervenção, obtém o enriquecimento indevido.[170] No contexto das plataformas digitais, o interventor pode ser um usuário que compartilha conteúdo protegido por direitos autorais sem a devida autorização ou pagamento devido. Essa ação pode resultar em um enriquecimento indevido do usuário, que se beneficia do conteúdo sem a devida contrapartida ao detentor dos direitos autorais.

A vítima é o segundo participante da dinâmica plurissubjetiva. No exemplo do YouTube e do Content ID, a vítima seria o titular dos direitos autorais cujo conteúdo foi compartilhado indevidamente.[171] Essa ação do interventor resulta em um prejuízo para o detentor dos direitos, uma vez que ele não está sendo devidamente remunerado pelo uso de sua obra protegida.

O terceiro participante é o provedor de aplicação,[172] no caso, o Google, que é a empresa responsável pela plataforma do YouTube e pelo Content ID. Como provedor de aplicação, o Google desempenha um papel fundamental na dinâmica plurissubjetiva, uma vez que é responsável por disponibilizar a plataforma na qual ocorre o compartilhamento de conteúdo, bem como por implementar o sistema de identificação e gestão de direitos autorais, o Content ID. Este, por sua vez, é um mecanismo tecnológico desenvolvido pelo Google para identificar e gerir o uso de conteúdo protegido por direitos autorais no YouTube. Esse sistema permite que os detentores de direitos autorais monitorem e controlem a utilização de suas obras na plataforma.[173] Quando um usuário envia um vídeo para o YouTube, o ContentID verifica se ele contém conteúdo protegido. Caso haja correspondência com obras registradas no sistema, o titular dos direitos pode escolher entre bloquear, rastrear ou monetizar o vídeo em questão.[174]

Dessa forma, a natureza plurissubjetiva da dinâmica revela-se na interação complexa entre interventor, vítima e provedor de aplicação, cada um com interes-

---

GUGGENBERGER, Nikolas. Essential platforms. *Stanford Technology Law Review*, Stanford, v. 24, p. 237-343, 2021. p. 240-241

170. Convém anotar que a figura do "interventor" não é essencial para a análise do enriquecimento sem causa, pois, como aduz Mário Júlio de Almeida Costa, "os preceitos que regulam as incapacidades destinam-se a proteger a vontade. Ora, como apurámos, o enriquecimento pode produzir-se independentemente da vontade do enriquecido e da pessoa à custa de quem ele se produz. Daí que a lei se contente com o facto objectivo do enriquecimento, (...)". COSTA, Mário Júlio de Almeida. *Direito das obrigações*, cit., p. 437.
171. BARTHOLOMEW, Taylor B. The Death of Fair Use in Cyberspace, cit., p. 68.
172. O conceito é mencionado a partir da designação adotada pelo Marco Civil da Internet (Lei 12.965/2014) para as aplicações de Internet, em seu artigo 5º, VII: "o conjunto de funcionalidades que podem ser acessadas por meio de um terminal conectado à internet".
173. BOROUGHF, Benjamin. The Next Great YouTube, cit., p. 103-104.
174. ERIKSSON, Maria; HEUGUET, Guillaume. Genealogies of online content identification – an introduction. *Internet Histories*: Digital Technology, Culture and Society, Londres: Taylor & Francis, v. 5, n. 1, p. 1-7, 2021. p. 5-6.

ses e responsabilidades distintas.[175] O interventor busca obter ganhos indevidos com a utilização de conteúdo protegido por direitos autorais, enquanto a vítima é prejudicada pela falta de remuneração adequada por sua obra. Já o provedor de aplicação desempenha um papel de intermediário, fornecendo a plataforma e implementando sistemas tecnológicos para facilitar a identificação e gestão dos direitos autorais, mas também lucra com toda a atividade.

A interação desses participantes pode gerar conflitos e desafios, com destaque para a importância da definição de responsabilidades e para a necessidade de adoção de medidas adequadas para garantir a proteção dos direitos autorais e a distribuição dos ganhos financeiros. A transparência e a prestação de contas do provedor de aplicação, como o Google, são cruciais para garantir que o sistema de identificação e gestão de direitos, como o Content ID, seja eficiente e justo para todas as partes envolvidas na dinâmica plurissubjetiva nas plataformas digitais.

O provedor de aplicação, como o Google, atua como intermediário e facilitador do compartilhamento de conteúdo, mas também tem o papel de implementar medidas para coibir o locupletamento por parte dos usuários da plataforma. Assim, a empresa pode ser considerada corresponsável pelos ganhos indevidos obtidos através de sua plataforma, caso não adote medidas efetivas para fiscalizar, prevenir e coibir violações de direitos autorais de terceiros pelos produtores de conteúdo, o que acaba atraindo para o cerne das discussões a responsabilidade civil.[176]

---

175. Conferir, em relação à responsabilidade civil definida no Marco Civil da Internet, por todos: DRESCH, Rafael de Freitas Valle. Reflexões sobre a responsabilidade civil de provedores pelo conteúdo postado por usuários na Internet. In: BARBOSA, Mafalda Miranda; ROSENVALD, Nelson; MUNIZ, Francisco (Coord.). *Desafios da nova responsabilidade civil*. Salvador: JusPodivm, 2019. p. 395-405; COLOMBO, Cristiano; FACCHINI NETO, Eugênio. Ciberespaço e conteúdo ofensivo gerado por terceiros: a proteção de direitos de personalidade e a responsabilidade civil dos provedores de aplicação, à luz da jurisprudência do Superior Tribunal de Justiça. *Revista Brasileira de Políticas Públicas*, Brasília, v. 7, n. 3, p. 216-234, 2017; LONGHI, João Victor Rozatti. Marco Civil da Internet no Brasil: breves considerações sobre seus fundamentos, princípios e análise crítica do regime de responsabilidade civil dos provedores. In: MARTINS, Guilherme Magalhães; LONGHI, João Victor Rozatti (Coord.). *Direito digital*: direito privado e internet. 4. ed. Indaiatuba: Foco, 2021. p. 121-152.
176. Com efeito: "O algoritmo do Content ID demonstra-se incapaz de verificar a utilização do *fair use*, de modo que, falsos positivos são apontados recorrentemente. Nesse sentido, nota-se uma contradição nos termos da plataforma do YouTube, posto que, em tese, é permitida a utilização do fair use, mas nos casos concretos, o algoritmo do Content ID aponta a violação de direitos autorais. (...) Destarte, diante da análise dos termos de uso, políticas e condutas da plataforma do YouTube, constata-se a ocorrência de abuso de direito. Isso porque, a identificação incorreta dos falsos positivos acarreta em indevida punição e uma violação às próprias regras estabelecidas pela plataforma do YouTube. O abuso de direito perpetrado pela plataforma do YouTube se amolda à previsão legal do artigo 187 do Código Civil (2002), o qual determina que "também comete ato ilícito o titular de um direito que, ao exercê-lo, excede manifestamente os limites impostos pelo seu fim econômico ou social, pela boa-fé ou pelos bons costumes". Logo, o comportamento abusivo da plataforma digital, delineado por meio de seus termos de uso e políticas, ofende ao princípio da boa-fé objetiva, corolário das relações privadas e que contemporaneamente norteia o ordenamento jurídico brasileiro". SILVA, Michael César; GUIMA-

Por outro lado, a responsabilidade dos usuários, identificados como interventores no exemplo acima, também é um ponto de debate. Embora seja fundamental garantir que os usuários respeitem os direitos autorais e não obtenham ganhos indevidos, é importante considerar que muitos deles podem não estar plenamente cientes das implicações legais de suas ações na plataforma. Nesse sentido, a educação e a conscientização sobre direitos autorais e o uso adequado de conteúdo protegido são essenciais para evitar violações involuntárias. A vítima, por sua vez, deve ser protegida e ter seus direitos garantidos no contexto digital. A implementação de sistemas tecnológicos como o Content ID pode ser uma medida importante para rastrear e proteger o uso de conteúdo protegido, mas também é necessário garantir que esses sistemas sejam algoritmicamente precisos, evitando o bloqueio indevido de conteúdo legítimo e preservando a liberdade de expressão, haja vista a inevitabilidade da utilização de sistemas algorítmicos na sociedade da informação.[177]

Além disso, a natureza plurissubjetiva da dinâmica pode envolver situações de exploração de situações jurídicas existenciais, com lucratividade indireta a partir da perfilização. Em linhas gerais, as plataformas viabilizadas a partir da exploração do *Big Data* propiciam os mercados ricos em dados (*data-rich markets*),[178] supostamente gratuitos para espectadores porque se desconsidera a contraprestação baseada no fornecimento de dados pessoais, como mencionado no subtópico 2.2.

Portanto, é essencial buscar um equilíbrio entre os interesses de todas as partes envolvidas na dinâmica plurissubjetiva. Isso inclui a promoção de sistemas tecnológicos eficientes para identificar e gerir direitos autorais, a educação dos usuários sobre direitos autorais e o estabelecimento de mecanismos legais

---

RÃES, Glayder Daywerth Pereira; BARBOSA, Caio César do Nascimento. Repercussões jurídicas do princípio da boa-fé objetiva e o algoritmo do Content ID na plataforma do YouTube. In: BARBOSA, Mafalda Miranda et al. (Coord.). *Direito digital e inteligência artificial*: diálogos entre Brasil e Europa. Indaiatuba: Foco, 2021. p. 374.

177. Valiosa a reflexão de Kearns e Roth: "A solution that might seem attractive when one is initially bombarded with stories of algorithmic decision-making gone awry is to try to avoid algorithms altogether, at least when it comes to decisions of any importance. But while caution and prudence are warranted when deploying new technologies in consequential domains – and we are certainly far from fully understanding how machine learning interacts with issues such as fairness and others we have examined – avoiding algorithms is not a good long-term solution". KEARNS, Michael; ROTH, Aaron. *The ethical algorithm*: the science of socially aware algorithm design. Oxford: Oxford University Press, 2020. p. 190.

178. MAYER-SCHÖNBERGER, Viktor; RAMGE, Thomas. *Reinventing capitalism in the age of Big Data*, p. 7. Comentam: "This makes it possible to pair decentralized decision-making, with its valuable qualities of robustness and resilience, with much-improved transactional efficiency. To achieve data-richness, we need to reconfigure the flow and processing of data by market participants".

que garantam a justiça e a equidade na distribuição automatizada dos ganhos financeiros.[179]

Em suma, a natureza plurissubjetiva da dinâmica envolvendo o enriquecimento sem causa por lucro da intervenção no contexto das plataformas digitais é complexa e desafiadora, o que acaba demonstrando uma das falibilidades do instituto, que se esvai na medida em que a ação como um todo acaba se revelando mais tecnicamente como um ilícito, se aproximando do conceito dos *gain-based damages*.[180] Os participantes, incluindo o interventor, a vítima e o provedor de aplicação, têm interesses e responsabilidades distintas, e a interação entre eles pode gerar conflitos. É fundamental adotar abordagens multidisciplinares e regulamentações adequadas para garantir a proteção dos direitos autorais, a justiça na distribuição dos ganhos e o desenvolvimento sustentável das plataformas digitais, uma vez que, embora o enriquecimento sem causa tenha como foco principal a restituição do valor indevidamente obtido, pode não ser adequado para abordar questões mais amplas relacionadas aos direitos autorais, à distribuição de ganhos e à responsabilidade dos provedores de aplicação.

Nesse sentido, a responsabilidade civil emerge como um instituto mais adequado para tratar das violações de direitos autorais e do locupletamento em plataformas digitais, pois permite uma análise mais abrangente das ações e omissões das partes envolvidas a partir da elucidação do ilícito, sob lentes mais amplas, e possibilita a reparação integral dos danos causados. Além disso, a res-

---

179. VLADECK, David C. Machines without principals: liability rules and Artificial Intelligence. *Washington Law Review*, Seattle, v. 89, n. 1, p. 117-150, 2014. p. 149-150.
180. Apesar da menção à palavra inglesa "*damages*" (danos), note-se que não se está a tratar do pressuposto da responsabilidade civil, mas de soluções remediais variadas, como elucida Edelman em posição que se alinha adequadamente à hipótese ora defendida: "The primary question that is raised by the recognition of two forms of gain-based damages is the extent to which election is necessary between restitutionary damages, disgorgement damages, compensatory damages and exemplary damages. In principle the answer is not difficult. Each of compensatory damages, restitutionary damages, disgorgement damages and exemplary damages serve central purposes. Compensatory damages are primarily concerned to compensate a defendant for financial loss suffered. Restitutionary damages are primarily concerned to reverse wrongful transfers of value received by a defendant. Disgorgement damages are primarily concerned to strip profits and deter wrongdoing. Exemplary damages are concerned to punish and to deter. At a more theoretical level, the first three measures of damages can all be explained as concerned with corrective justice although exemplary damages cannot. Each remedy also incidentally performs the functions of the other remedies". EDELMAN, James. *Gain-based damages*, cit., p. 245-246. Em complemento, Rosenvald destaca que "há um forte liame entre direitos (*rights*) e remédios (*remedies*) no direito inglês. Remédios são os meios pelos quais direitos são efetivados. Conceito que se identifica com a nossa pretensão. O que é imediatamente desencadeado por um fato de um enriquecimento injustificado ou um ilícito é o direito à restituição. O remédio restitutório é o meio pelo qual o titular do direito realiza o seu direito à restituição". ROSENVALD, Nelson. *A responsabilidade civil pelo ilícito lucrativo*, cit., p. 265-266. Ressaltando a pluralidade de remédios restitutórios, que ultrapassam a singela noção de enriquecimento sem causa, conferir: VIRGO, Graham. *The principles of the law of restitution*. 3. ed. Oxford: Oxford University Press, 2015. p. 18-33.

ponsabilidade civil pode ser aplicada de forma mais abrangente, considerando também a responsabilidade dos provedores de aplicação, como o Google no exemplo do YouTube e do Content ID. Nesse contexto, os provedores de aplicação podem ser responsabilizados quando não adotam medidas suficientes para coibir a violação de direitos autorais[181] em suas plataformas ou quando falham em garantir a precisão de sistemas de identificação de conteúdo protegido.[182]

A responsabilidade civil também pode contemplar temáticas mais amplas relacionadas à proteção dos direitos autorais no ambiente digital, como a criação de políticas de uso justo (*fair use*) e sua eventual violação,[183] o respeito aos limites de utilização de obras protegidas e a implementação de medidas tecnológicas de proteção, como o DRM (*digital rights management*). Esses elementos são fundamentais para garantir a justa remuneração dos detentores de direitos e promover a inovação e criação de conteúdo no ambiente digital.

---

181. O Superior Tribunal de Justiça já se pronunciou sobre a questão em caso ocorrido antes da promulgação do Marco Civil da Internet e que envolveu a extinta rede social "Orkut": "A responsabilidade vicária tem lugar nos casos em que há lucratividade com ilícitos praticados por outrem e o beneficiado se nega a exercer o poder de controle ou de limitação dos danos, quando poderia fazê-lo. (...) No caso em exame, a rede social em questão não tinha como traço fundamental o compartilhamento de obras, prática que poderia ensejar a distribuição ilegal de criações protegidas. Conforme constatado por prova pericial, a arquitetura do Orkut não provia materialmente os usuários com os meios necessários à violação de direitos autorais. O ambiente virtual não constituía suporte essencial à pratica de atos ilícitos, como ocorreu nos casos julgados no direito comparado, em que provedores tinham estrutura substancialmente direcionada à violação da propriedade intelectual. Descabe, portanto, a incidência da chamada responsabilidade contributiva. (...) Igualmente, não há nos autos comprovação de ter havido lucratividade com ilícitos praticados por usuários em razão da negativa de o provedor exercer o poder de controle ou de limitação dos danos, quando poderia fazê-lo, do que resulta a impossibilidade de aplicação da chamada teoria da responsabilidade vicária" (BRASIL. Superior Tribunal de Justiça. Recurso Especial 1.512.647/MG. Relator: Ministro Luis Felipe Salomão, Segunda Seção, j. 13.05.2015, DJe 05.08.2015).
182. Sobre isso, comenta a doutrina: "Constata-se que a remoção de falsos positivos, ou sua desmonetização, se estabelece como modalidade de violação ao standard comportamental determinado pela boa-fé objetiva, posto que, de acordo com as regras descritas na seção de políticas do Youtube a utilização do fair use é abrangida pela plataforma. Nessa linha de intelecção, as condutas mencionadas se exteriorizam enquanto abuso de direito perpetrada pela plataforma do Youtube". SILVA, Michael César; GUIMARÃES, Glayder Daywerth Pereira; BARBOSA, Caio César do Nascimento. Repercussões jurídicas do princípio da boa-fé objetiva e o algoritmo do Content ID na plataforma do YouTube, cit., p. 377. De fato, o tema guarda importante conexão às discussões sobre a boa-fé objetiva e o abuso do direito. Sobre isso, comenta Eduardo Tomasevicius Filho: "Aproximam-se, inclusive no Brasil, as figuras do abuso do direito e da proibição do comportamento contraditório por meio da limitação do exercício do direito de forma contrária à boa-fé, o que gera confusões sobre uma possível substituição de um instituto jurídico por outro. Enquanto o abuso do direito exige que se exceda no exercício de um direito subjetivo, a proibição do comportamento contraditório não precisa restringir-se somente aos casos em que tal contradição ocorra no exercício de direitos subjetivos. Nesse sentido, o comportamento contraditório é, em diversos casos, abuso 'sem' direito". TOMASEVICIUS FILHO, Eduardo. *O princípio da boa-fé no direito civil*, cit. p. 222.
183. ANDREA, Robert. No safe harbor: YouTube's Content ID and fair use. *Boston College Intellectual Property & Technology Forum*, Boston, p. 1-10, maio 2020. Disponível em: http://bciptf.org/2020/05/no-safe-harbor/ Acesso em: 12 out. 2023, p. 9.

Portanto, a responsabilidade civil pode ser mais adequada para lidar com as complexidades e particularidades das situações de locupletamento em plataformas digitais, proporcionando uma abordagem mais abrangente, justa e efetiva para a proteção dos direitos autorais e a promoção da equidade nas transações digitais.

2.3.2 Natureza *sui generis* do objeto: os conjuntos de dados como bens exploráveis, embora fungíveis e replicáveis

A natureza *sui generis* do objeto se refere às características únicas e distintas dos conjuntos de dados no contexto da Internet. Esses conjuntos de dados, como visto, nem sempre são bens digitais objetiva e diretamente exploráveis, uma vez que nem sempre possuem valor econômico intrínseco,[184] mas podem ser utilizados para diversos fins que propiciam lucros, como análises de mercado, criação de produtos e serviços, personalização de experiências do usuário, entre outros.

Uma das características mais marcantes desses conjuntos de dados é a sua fungibilidade. A fungibilidade significa que os conjuntos de dados podem ser substituídos uns pelos outros sem alterar significativamente o valor ou a utilidade. Na Internet, é comum encontrar grandes quantidades de dados semelhantes ou correlacionados, o que permite que diferentes conjuntos de dados possam ser usados para atingir um mesmo objetivo. Além disso, os conjuntos de dados são replicáveis na Internet, o que significa que podem ser copiados e distribuídos em larga escala com facilidade e rapidez. A replicabilidade dos dados é um dos aspectos fundamentais da Internet, permitindo que informações sejam compartilhadas globalmente e acessadas por milhões de usuários em tempo real.[185]

Essas características de fungibilidade e replicabilidade dos conjuntos de dados na Internet têm implicações significativas para o enriquecimento sem causa e a exploração de dados pessoais. A fungibilidade dos dados significa que diferentes conjuntos de dados podem ser usados para obter ganhos financeiros

---

184. Luciano Floridi analisa criticamente a abordagem kantiana sobre o valor intrínseco e propõe uma análise axiológica de objetos de informação para concluir por uma axiologia minimalista baseada no conceito de objeto de informação, refutando objeções à ética da informação. Conferir: FLORIDI, Luciano. On the intrinsic value of information objects and the infosphere. *Ethics and Information Technology*, Cham, v. 4, p. 287-394, 2002.
185. ZITTRAIN, Jonathan L. The generative Internet. *Harvard Law Review*, Cambridge, v. 199, p. 1974-2040, 2006. p. 2000. Comenta: "Once an unprotected copy is generated, it can then be shared freely on Internet file-sharing networks that run on generative PCs at the behest of their content-hungry users. Thus, the mid-1990s' fears of digital lockdown through trusted systems may seem premature or unfounded. As a practical matter, any scheme designed to protect content finds itself rapidly hacked, and the hack (or the content protected) in turn finds itself shared with technically unsophisticated PC owners".

de forma similar, o que torna mais desafiador identificar e rastrear casos de enriquecimento sem causa por parte dos interventores, tornando o instituto, por este pressuposto, inócuo.

Além disso, a replicabilidade dos dados na Internet pode levar a situações em que os dados pessoais são explorados sem o devido consentimento dos usuários. Por exemplo, dados pessoais coletados por uma plataforma digital podem ser facilmente replicados e utilizados por outras empresas ou terceiros para fins de marketing ou análise de comportamento do usuário-internauta, sem que este tenha controle ou conhecimento sobre o uso de seus dados.

Essa natureza *sui generis* do objeto, ou seja, dos conjuntos de dados na Internet, levanta questões relevantes e que desbordam da proteção mais ampla conferida à privacidade, que exigem reflexão cuidadosa e enquadramento jurídico adequado.[186] A proteção dos dados pessoais, a transparência na coleta e no uso de dados pessoais parecem se alinhar melhor à responsabilidade civil,[187] considerada, no contexto da legislação de proteção de dados pessoais, a partir do princípio da prevenção e do princípio da *accountability*.

Ademais, a responsabilidade civil permite uma análise mais abrangente das ações e omissões das partes envolvidas, possibilitando a reparação integral dos danos causados e a proteção dos direitos autorais.

No contexto das plataformas digitais, a responsabilidade civil pode ser aplicada de forma mais contundente, considerando a responsabilidade dos provedores de aplicação, como o Google no exemplo do YouTube e do Content ID, oferecendo abordagem mais efetiva para lidar com as complexidades e particularidades das situações de locupletamento em plataformas digitais.

2.3.3 Inviabilidade da aferição de justa causa por sistemas automatizados

A aferição de justa causa por sistemas automatizados é uma terceira questão controversa e que e envolve diversos desafios para que se tente viabilizar a adoção

---

186. ROSENVALD, Nelson. *A responsabilidade civil pelo ilícito lucrativo*, cit., p. 380 et seq.
187. Propõe-se a gestão extrajudicial de lucros para coibir o locupletamento do criador de conteúdo que usurpa propriedade imaterial alheia, o que se coaduna com discussões de direito restitutório: "Basicamente, busca-se identificar o lucro indevido (e não mais o dano) para que a reparação atinja o patamar adequado frente ao ilícito praticado. É lógica atualíssima, pertinente e adequada ao ordenamento brasileiro, e que vai além do tradicional direito de danos por permitir outros nortes para a reparação civil. Em resumo, o tema-problema pode ser sintetizado a partir de um questionamento: a utilização do disgorgement, de forma automatizada e a partir de algoritmos, se convola em autotutela e, por isso, demanda sistematização própria e adequada à gestão de ilícitos lucrativos na Internet?" ROSENVALD, Nelson; FALEIROS JÚNIOR, José Luiz de Moura. "*Disgorgement* algorítmico", cit., p. 328.

do instituto do enriquecimento sem causa. Ao longo dos subtópicos anteriores, foram abordadas algumas das características dos sistemas automatizados, como os algoritmos e as *Oracle Turing Machines*. O cenário é inegavelmente empolgante,[188] mas também revela desafios inexoráveis, pois, a aplicação de sistemas automatizados para determinar a justa causa de uma violação geradora de locupletamento enfrenta algumas limitações e implicações: (i) fungibilidade dos dados, que torna difícil distinguir entre dados legítimos e não autorizados, o que pode levar a conclusões imprecisas ou injustas ao aplicar sistemas automatizados para avaliar a justa causa;[189] (ii) complexidade das situações, derivada da dinâmica plurissubjetiva envolvendo interventor, vítima e provedor de aplicação em plataformas digitais, que é complexa e pode envolver diversas variáveis que não podem ser plenamente compreendidas ou avaliadas por sistemas automatizados; (iii) contexto específico, pois as situações de locupletamento podem variar de acordo com o contexto e a legislação de cada país ou região,[190] o que torna difícil para os sistemas automatizados considerarem todas as nuances e particularidades de cada caso; (iv) viés algorítmico, uma vez que os sistemas automatizados podem ser influenciados por tendências e reproduzir e ampliar preconceitos e desigualdades presentes nos dados de treinamento[191] utilizados para desenvolver os algoritmos; (v) privacidade e transparência,, pois a utilização de sistemas automatizados para avaliar a justa causa pode levantar questões acerca dos critérios e do funcionamento desses sistemas; (vi) falta de contexto humano, pois a aferição de justa causa requer uma análise holística e sensível de cada caso, levando em conta aspectos humanos e éticos que sistemas automatizados não conseguem

---

188. GOLLIN, Michael A. *Driving innovation*, cit., p. 56. Comenta: "Just as IP laws drive innovation, technology innovation changes IP laws and practices. The proliferation of reproduction technology in the hands of consumers has led to reform of copyright law and marketing practices for music, film, and other arts. Commerce on the Internet has led to copyright reform and new trademark doctrines relating to domain names, hyperlinks, and so on. The rise of distributed computing on the Internet has forced courts to confront the issue of extraterritorial enforcement of patents – whether a patent can be infringed in any one country, if the computing steps take place in several different countries".
189. MOEREL, Lokke; STORM, Marijn. Automated decisions based on profiling: information, explanation and justification – that is the question. In: AGGARWAL, Nikita; EIDENMÜLLER, Horst; ENRIQUES, Luca et al. (Ed.). *Autonomous systems and the law*. Baden-Baden: Nomos, 2019. p. 94.
190. PASQUALE, Frank. *New laws of robotics*: defending human expertise in the age of AI. Cambridge: Harvard University Press, 2020. p. 11.
191. KELLEHER, John D.; MAC NAMEE, Brian; D'ARCY, Aoife. *Fundamentals of machine learning for predictive data analytics*. Cambridge: The MIT Press, 2015. p. 39. Explicam: "Machine learning is defined as an automated process that extracts patterns from data. To build the models used in predictive data analytics applications, we use supervised machine learning. Supervised machine learning techniques automatically learn a model of the relationship between a set of descriptive features and a target feature based on a set of historical examples, or instances. We can then use this model to make predictions for new instances".

compreender;[192] (vii) evolução das tecnologias, uma vez que o ambiente digital está em constante evolução, com novas tecnologias e práticas emergindo regularmente, o que pode tornar os sistemas automatizados rapidamente obsoletos e incapazes de acompanhar as mudanças no cenário digital.

Portanto, devido a essas limitações e implicações, a aferição de justa causa por sistemas automatizados é inviável em muitos casos;[193] A abordagem mais adequada para lidar com as questões de enriquecimento sem causa e locupletamento em plataformas digitais envolve a aplicação de uma análise jurídica e regulatória abrangente, combinada com a transparência e a prevenção. Assim, a responsabilidade civil permanece como uma abordagem mais adequada para tratar, por exemplo, das violações de direitos autorais e do locupletamento em plataformas digitais.

2.4 CONCLUSÕES PARCIAIS: PARÂMETROS PARA GERIR O ENRIQUECIMENTO NO MUNDO DIGITAL

Com base nas discussões anteriores, é possível perceber que o contexto digital trouxe novos desafios e oportunidades relacionados ao enriquecimento sem causa, à exploração de dados pessoais e aos direitos autorais. Diante desse cenário, é essencial destacar a natureza *sui generis* dos conjuntos de dados, sua fungibilidade e replicabilidade, para a formação de bens digitais, bem como a complexidade da dinâmica plurissubjetiva que envolve interventor, vítima e provedor de aplicação nas plataformas digitais.[194] Nesse sentido, é fundamental compreender os desafios e limitações das soluções que visam identificar no enriquecimento sem causa uma saída viável para a tutela de situações geradoras de locupletamento no ambiente digital, bem como reconhecer a inviabilidade da

---

192. Como sustenta Mark Coeckelbergh, "But do people need explanations or do they need reasons? Can explanations count as reasons, and, if so, when? Responsibility as answerability can also be formulated in terms of reasons, or more specifically, in terms of giving reasons. And then for reasons the same seems to hold as for explanations in general: assuming that only humans can really give reasons, then responsible AI means that humans should get this task. The development of AI should then support this human task of giving reasons to those who ask or may ask questions about the actions and decisions mediated by the technology". COECKELBERGH, Mark. Artificial intelligence, responsibility attribution, and a relational justification of explainability. *Science and Engineering Ethics*, Cham, v. 26, p. 2051-2068, 2020. p. 2064.
193. CALO, Ryan. Robotics and the lessons of cyberlaw. *California Law Review*, Berkeley, v. 103, p. 513-563, 2015. p. 555. O autor comenta: "Foreseeability remains a necessary ingredient even where liability is otherwise "strict" (i.e., where no showing of negligence by the plaintiff is necessary to recovery). There will be situations, particularly as emergent systems interact with one another, wherein otherwise useful technology will legitimately surprise all involved. Should these systems prove deeply useful to society, as many envision, some other formulation than foreseeability may be necessary to assess liability".
194. ROSENVALD, Nelson; FALEIROS JÚNIOR, José Luiz de Moura. "*Disgorgement* algorítmico", cit., p. 350.

aferição de justa causa por sistemas automatizados, quando adotados com essa finalidade.

A possibilidade de exploração de dados pessoais também emerge como um ponto crucial na leitura do enriquecimento no mundo digital pelo fato de ser viável exploração recôndita de situações jurídicas existenciais, que extrapolam os contornos tipicamente patrimoniais dos bens digitais.[195] Assim, a proteção da privacidade e dos direitos dos usuários quanto aos conjuntos de dados com propensão à formação de projeções datificadas é essencial para garantir que os dados pessoais não sejam usurpados e utilizados de forma indevida para obter lucro, e nesse aspecto, o enriquecimento sem causa também se revela insuficiente como instituto jurídico. Por outro lado, a responsabilidade civil, com uma abordagem multidisciplinar e regulatória, se apresenta como uma alternativa mais adequada para lidar com as violações dessa estirpe em plataformas digitais.[196]

Com base nessa leitura, a proposta para abordar o enriquecimento no mundo digital deve ser pautada em alguns pilares fundamentais. Primeiramente, é essencial promover a transparência e a *accountability* por parte dos provedores de aplicação,[197] garantindo que seus sistemas automatizados sejam revisados e atualizados regularmente para evitar viés algorítmico e assegurar maior precisão na identificação de violações.

Em segundo lugar, a proposta deve incluir a implementação de medidas tecnológicas eficientes para identificar e gerir direitos autorais, bem como para

---

195. ZAMPIER, Bruno. *Bens digitais*, cit., p. 71-73.
196. Corroborando tal entendimento, comenta Rosenvald: "Pode-se utilizar o remédio restitutório fora do enriquecimento sem causa, alcançando os setores obrigacionais da responsabilidade civil e dos contratos. Fonte de obrigação é o fato ou ato que, segundo o ordenamento, é idôneo a fazer surgir o vínculo. Em contrapartida, remédios são os meios pelos quais direitos são efetivados. Conceito que se identifica com a nossa pretensão. O que se desencadeia por um fato de um enriquecimento injustificado, da quebra de um contrato ou de um ilícito extracontratual, é o remédio restitutório, meio pelo qual o titular do direito realiza o seu direito ao resgate de benefícios indevidos". ROSENVALD, Nelson. *A responsabilidade civil pelo ilícito lucrativo*, cit., p. 382-383. Em sentido contrário, por todos, aduz Rodrigo da Guia Silva que "o perfil funcional restitutório promove a recondução da situação patrimonial de uma pessoa àquele estado em que deveria se encontrar caso não houvesse se verificado o fato gerador do enriquecimento injustificado (...) diferenciando-se com particular destaque aquelas submetidas ao regime da responsabilidade civil". SILVA, Rodrigo da Guia. *Enriquecimento sem causa*, cit., p. 89.
197. NISSENBAUM, Helen. Accountability in a computerized society. *Science and Engineering Ethics*, [S.l], v. 2, n. 1, p. 25-42, 1996. p. 26. Comenta: "A strong culture of accountability is worth pursuing for a number of reasons. For some, a developed sense of responsibility is a good in its own right, a virtue to be encouraged. Our social policies should reflect this value appropriately by expecting people to be accountable for their actions. For others, accountability is valued because of its consequences for social welfare. Firstly, holding people accountable for the harms or risks they bring about provides strong motivation for trying to prevent or minimize them. Accountability can therefore be a powerful tool for motivating better practices, and consequently more reliable and trustworthy systems".

proteger os dados pessoais dos usuários. A utilização de sistemas como o Content ID no YouTube pode ser uma medida importante para rastrear e proteger o uso de conteúdo protegido, mas é necessário garantir que esses sistemas sejam precisos e justos, evitando bloqueios indevidos de conteúdo legítimo,[198] em respeito ao dever de coerência da boa-fé objetiva.

Além disso, a proposta deve contemplar a conscientização e a educação dos usuários sobre direitos autorais e o uso adequado de conteúdo na Internet. A promoção da cultura de respeito aos direitos autorais é fundamental para evitar violações involuntárias e garantir a justa remuneração dos detentores de obras.

Por fim, a proposta deve incentivar a criação de políticas de uso justo (*fair use*) claras e objetivas,[199] a serem ostensivamente divulgadas a criadores por provedores de aplicação que propiciem a específica possibilidade de recebimento de pagamentos pelo conteúdo criado, além de limites de utilização de obras protegidas, considerando o contexto específico de cada país ou região. Essas políticas podem ajudar a balancear os interesses das partes envolvidas e promover um ambiente digital mais justo e sem extrapolações derivadas da usurpação da propriedade imaterial de terceiros.[200]

Em conclusão, a leitura e a proposta para abordar o enriquecimento no mundo digital requerem uma análise cuidadosa e abrangente dos desafios e oportunidades desse contexto. A responsabilidade civil, a transparência algorítmica, a proteção dos dados pessoais e a conscientização dos usuários são elementos fundamentais para promover a justiça, a equidade e o desenvolvimento sustentável das plataformas digitais na era contemporânea. Somente por meio de uma abordagem integrada e atenta aos desafios da contemporaneidade é que será possível lidar com a insuficiência do enriquecimento que se manifesta no mundo digital de forma adequada e efetiva.

---

198. SILVA, Michael César; GUIMARÃES, Glayder Daywerth Pereira; BARBOSA, Caio César do Nascimento. Repercussões jurídicas do princípio da boa-fé objetiva e o algoritmo do Content ID na plataforma do YouTube, cit., p. 377.
199. ANDREA, Robert. No safe harbor, cit., p. 10.
200. VAIDHYANATHAN, Siva. *Copyrights and copywrongs*, cit., p. 174-175.

3
BENS DIGITAIS MISTOS E A CONSOLIDAÇÃO DE NOVA POSIÇÃO DOGMÁTICA PARA O LOCUPLETAMENTO

Inúmeros desafios impulsionam a busca por soluções inovadoras diante das contingências reveladas pela sociedade da informação, que impulsiona o avanço tecnológico enquanto confronta a complexidade do aparato jurídico na proteção de direitos em meio à rápida evolução não alinhada com a regulação estatal.[1] Nesse cenário, os denominados bens digitais surgiram com a popularização de redes sociais, e-mails, livros digitais, criptoativos, serviços de *streaming*, armazenamento em nuvem, entre outros. Isso gerou considerável confusão sobre sua natureza jurídica, principalmente devido à necessidade de proteger a privacidade e a intimidade do titular desses bens.

Embora o debate não seja recente, uma vez que os reflexos jurídicos incidentes sobre as titularidades de bens digitais tem sido amplamente estudado à luz dos desenvolvimentos da Internet, é imperativo repensar a forma como as possibilidades e limites da proteção de bens digitais são abordados.[2] Isso permite que novas soluções, como a gestão do locupletamento ou a fiscalização algorítmica de conteúdos protegidos por direitos autorais, se tornem viáveis e mais amplamente adotadas.

O contexto póstero, ou seja, o cenário que se apresenta após as análises e conclusões anteriores, traz à tona uma reflexão acerca dos conjuntos de dados como bens digitais de natureza híbrida, quiçá o tema de maior complexidade analítica

---

1. EDWARDS, Paul N. Infrastructure and modernity: force, time, and social organization in the history of sociotechnical systems. In: MISA, Thomas J.; BREY, Philip; FEENBERG, Andrew (Ed.). *Modernity and technology*. Cambridge: MIT Press, 2003. p. 188. Diz: "As historians, sociologists, and anthropologists of technology increasingly recognize, all infrastructures (indeed, all "technologies") are in fact sociotechnical in nature. Not only hardware but organizations, socially communicated background knowledge, general acceptance and reliance, and near-ubiquitous accessibility are required for a system to be an infrastructure in the sense I am using here".
2. SUMNER, Stuart. *You*: For Sale. Protecting your personal data and privacy online. Boston: Syngress; Elsevier, 2016. p. 79.

da contemporaneidade, especialmente quando se considera a possibilidade de exploração lucrativa em perfis de redes sociais.[3] Ao considerar as particularidades e complexidades desses bens no mundo digital, surge a necessidade de consolidar uma nova posição dogmática para o locupletamento no mundo globalizado,[4] a fim de abordar de forma adequada as questões de enriquecimento sem causa nesse contexto de hiperconexão.[5]

A análise dos bens digitais e sua indispensável proteção jurídica parte da inevitável distinção entre conjuntos de dados economicamente valorizáveis e aqueles circunscritos aos domínios da intimidade humana. À medida que a sociedade da informação introduz novas perspectivas, rompendo com antigas nuances diferenciadoras relevantes para comparativos interculturais, percebe-se, do ponto de vista sociológico, a difusão dos efeitos da globalização. Isso aproxima culturas e instiga uma revisão das noções tradicionais de universalidade, uniformidade e ordinariedade, que se sobrepõem em diferentes planos na formatação do pensamento, dos hábitos e, naturalmente, de aspectos que outrora eram tecnicamente inviáveis, mas que agora desempenham um papel significativo na vida.[6]

É crucial considerar que um ecossistema sem fronteiras materiais modifica não apenas a natureza incorpórea daquilo que é valorizado, mas também a dinâmica relacionada à identificação, ao controle, ao acesso e à transmissão desses novos conjuntos intangíveis, dependentes de análise contextual. Essa análise não se restringe apenas ao apego expressado pelo titular a esses bens, mas abrange complexos sistemas de controle de direitos autorais e atribuições de licenças de uso e exploração para sua valoração.

---

3. ZAMPIER, Bruno. *Bens digitais*, cit., p. 116-117. Comenta: "(...) quando a informação inserida na rede mundial for capaz de gerar repercussões extrapatrimoniais, há que se entender que ela será um bem tecnodigital existencial".
4. IRTI, Natalino. Le categorie giuridiche della globalizzazione. *Rivista di Diritto Civile*, Pádua: CEDAM, ano XLVIII, 1ª parte, p. 625-635, 2002. p. 629.
5. Segundo Castells: "Our exploration of emergent social structures across domains of human activity and experience leads to an over-arching conclusion: as an historical trend, dominant functions and processes in the Information Age are increasingly organized around networks. Networks constitute the new social morphology of our societies, and the diffusion of networking logic substantially modifies the operation and outcomes in processes of production, experience, power, and culture". CASTELLS, Manuel. *The rise of the network society*, cit., p. 500.
6. Quando o tema é avaliado do ponto de vista sucessório, Heloisa Helena Barboza e Vitor Almeida lembram que "a exploração de perfis de pessoas falecidas coloca em relevo a multiplicidade de interesses idôneos de tutela e a dificuldade de encaminhamento com base no binômio transmissibilidade/intransmissibilidade". BARBOZA, Heloisa Helena; ALMEIDA, Vitor. Tecnologia, morte e direito: em busca de uma compreensão sistemática da "herança digital". In: TEIXEIRA, Ana Carolina Brochado; LEAL, Livia Teixeira (Coord.). *Herança digital*: controvérsias e alternativas. Indaiatuba: Foco, 2021. p. 16-17.

O primeiro desafio nesse novo panorama reside na necessidade de desdobrar o sistema jurídico, antes hermético e inacessível a novos instrumentais, para que o direito possa desempenhar seu papel como sistema de segunda grandeza, mesmo diante de sua complexidade. Somente assim, novas contingências poderão ser suficientemente repensadas e tuteladas por institutos jurídicos adequadamente adaptados para refletir as perspectivas trazidas pela coordenação das respostas aos eventos sociais diretamente influenciados pelo advento das Tecnologias da Informação e Comunicação (TICs).

Entre a estruturação doutrinária clássica do direito de propriedade e a ascensão do conceito de titularidade, capaz de abranger situações jurídicas existenciais, é inegável que a suficiência das formulações mais tradicionais precisa ser avaliada diante dos desafios emergentes desse complexo novo contexto.[7]

Um ponto de extrema importância na problemática específica dos bens digitais reside na necessidade de se definir um conceito capaz de indicar com precisão quais bens podem compor um acervo para fins de tutela jurídica patrimonial. Isso implica avaliar se sua natureza jurídica é patrimonial, mesmo quando se trata de bens incorpóreos, conforme mencionado nas notas preliminares anteriores. Em uma era de virtualização da vida, a multiplicação de situações que envolvem a "presença" do indivíduo na internet reacende o debate sobre a necessidade de uma tutela específica para o tema, pois a qualificação dos bens digitais já torna a discussão complexa, e a diversidade de natureza desses bens adiciona ainda mais controvérsia ao debate.

A natureza incorpórea da informação, por si só, nem sempre é determinante para esse propósito. Entretanto, a proteção conferida varia de acordo com o teor da informação, o contexto jurídico em que os dados estão inseridos e a pessoa que a possui, considerando sua atividade e os limites de eventual exploração que dê ensejo à obtenção de lucros. Isso abrange questões relacionadas à privacidade, ao sigilo industrial e ao interesse de profissionais ou prestadores de serviços em não divulgar informações conhecidas durante o cumprimento de suas obrigações. Caso a informação satisfaça os requisitos de criatividade, originalidade e, portanto, reprodutibilidade, ela assume características semelhantes às de uma

---

7. Valioso o comentário de Teresa Negreiros: "De fato, o saber jurídico, através da dogmática, especializa-se na formulação de classificações e sistematizações que, no entanto, muito além de servirem como orientação didática baseada em mecanismos de pura lógica, constituem um eficaz instrumento para a resolução de casos concretos (...). Assim é que a classificação dos contratos (...) e a classificação dos bens (...) constituem ambas um importante recurso a serviço da legitimação de decisões concretas". NEGREIROS, Teresa. *Teoria do contrato*: novos paradigmas. Rio de Janeiro: Renovar, 2002. p. 339-340.

obra artística ou inventiva, podendo, dessa forma, ser protegida de acordo com as normativas sobre direitos autorais.[8]

O desafio reside na complexa diferenciação das diversas funções que diversas plataformas incorporam, mesclando aspectos patrimoniais e existenciais do usuário em um conjunto informacional por vezes indistinguível.[9] Diante desse cenário, é evidente que o caminho a ser percorrido demanda a construção de delimitações e contextos que possibilitem a subdivisão dessas estruturas informacionais.

Uma das propostas para essa categorização é a apresentada por Rex Anderson,[10] que sugere a distinção entre bens tangíveis e corpóreos, como smartphones, computadores e consoles, que catalogam, processam e armazenam informações, e os bens intangíveis e incorpóreos, que se referem às próprias informações armazenadas nesses dispositivos eletrônicos.

Outra abordagem, proposta por Naomi Cahn,[11] estratifica os bens digitais com base em sua usabilidade, dividindo-os em: bens digitais pessoais, que englobam fotografias, vídeos, listas de músicas etc.; bens digitais de mídias sociais, relacionados às interações em plataformas como Facebook, Twitter, Instagram, LinkedIn, ou em contas de e-mail; bens digitais financeiros, que incluem contas em sites de compras, em aplicativos de gestão de pagamentos (como PayPal) ou em serviços de *Internet banking*; e bens digitais comerciais, que abrangem informações relacionadas a transações comerciais.

Uma terceira classificação, proposta por Samantha Haworth,[12] categoriza os bens digitais em: dados de acesso, utilizados para o *login* em diversas plataformas; bens digitais tangíveis, referindo-se às composições ou propriedades que tornam conjuntos de dados cognoscíveis, como textos e fotografias; bens digitais intangí-

---

8. Segundo Carlos Alberto Bittar, "(...) os direitos autorais não se cingem nem à categoria dos direitos reais, de que se revestem apenas os direitos denominados patrimoniais, nem à dos direitos pessoais, em que se alojam os direitos morais". BITTAR, Carlos Alberto. *Os direitos da personalidade*. 5. ed. Atualizada por Eduardo C. B. Bittar. Rio de Janeiro: Forense Universitária, 2011. p. 11.
9. Destaca a doutrina: "Apple's iPhone not only acts as a phone, but also acts as a personal navigation device, an e-book reader, a personal game device, and a personal medical diagnostic device among other things... It is Apple who creates the device, operating system, and iTunes store that enables creation and delivery of digital content and apps". EATON, Ben; ELALUF-CALDERWOOD, Silvia; SØRENSEN, Carsten; YOO, Youngjin. *Dynamic structures of control and generativity in digital ecosystem service innovation*: the cases of the Apple and Google mobile app stores. Londres: London School of Economics and Political Science, 2011. p. 1.
10. ANDERSON, Rex M. Digital assets in estates. *Arizona Attorney Magazine*, Phoenix, v. 49, n. 7, p. 44-45, mar. 2013. p. 45.
11. CAHN, Naomi. Postmortem life online. *Probate & Property*, Chicago, v. 25, n. 4, p. 36-39, jul./ago. 2011. p. 36-37.
12. HAWORTH, Samantha D. Laying your online self to rest: evaluating the Uniform Fiduciary Access to Digital Assets Act. *University of Miami Law Review*, Miami, v. 68, n. 2, p. 535-560, jan./abr. 2014. p. 537-538.

veis, como curtidas, comentários, número de seguidores/inscritos, que, embora de difícil mensuração, podem ter valor econômico; e metadados, catalogados devido à navegação. Todos esses elementos são atualmente "monetizáveis",[13] e uma verdadeira transformação está ocorrendo com o advento de tecnologias disruptivas, que convertem dados em ativos.

Um exemplo incontestável e atual dessa tendência irreversível é encontrado nos chamados *non-fungible tokens* (NFTs), inicialmente concebidos como um modelo registral que se aproveita da imutabilidade da rede *blockchain* para garantir a segurança das transações e a singularidade do conjunto de dados que constitui um *token*, viabilizando sua comercialização e, teoricamente, a proteção de obras intelectuais.[14]

Já os conjuntos de dados como bens digitais de natureza híbrida[15] são caracterizados pela combinação de informações de diferentes origens, incluindo dados pessoais, informações protegidas por direitos autorais e dados de domínio público, entre outros, mas nem sempre com natureza patrimonial.[16] Essa mescla de informações torna a natureza desses bens mais complexa e desafiadora, exigindo uma abordagem jurídica própria[17] para lidar com as diversas questões

---

13. RUßELL, Robert; BERGER, Benedikt; STICH, Lucas; HESS, Thomas; SPANN, Martin. Monetizing online content: digital paywall design and configuration. *Business & Information Systems Engineering*, Heidelberg, v. 62, p. 253-260, 2020. p. 255.
14. BARBOZA, Hugo Leonardo; FERNEDA, Ariê Scherreier; SASS, Liz Beatriz. A garantia de autenticidade e autoria por meio de *non-fungible tokens* (NFTs) e sua (in)validade para a proteção de obras intelectuais. *International Journal of Digital Law*, Belo Horizonte, ano 2, n. 2, p. 99-117, maio/ago. 2021. p. 115. Segundo os autores, "é possível concluir, até o presente momento, diante do exposto neste artigo, que o NFT pode representar uma nova forma de garantia aos autores em um contexto de rápida velocidade das transformações tecnológicas, por meio de um modelo de registro privado da autoria. No entanto, ainda é necessário observar com cautela o desenvolvimento de seus usos e a eventual abordagem jurídica a ser adotada, tanto no âmbito internacional quanto no doméstico. Não obstante, resta claro que a adoção de NFTs no âmbito artístico mostra-se apta a gerar sérias mudanças nos parâmetros tradicionais do direito do autor".
15. Sobre a terminologia, José Carlos Costa Netto aduz, se reportando à doutrina francesa: "A solução pela teoria dualista, defendida pelo jurista Henry Desbois, não é pacífica, mas tem sido considerada como a mais adequada à conceituação do direito de autor na localização de sua natureza jurídica *sui generis* ou 'híbrida', como considerou Alain Le Tarnec. (...) [É] inegável a efetiva absorção – pelo direito brasileiro – da noção de 'existência paralela' de dois direitos de natureza diversa: um pessoal (intransferível e irrenunciável) e outro patrimonial (negociável), que nascem, simultaneamente, de um mesmo bem (a obra intelectual) – que acarretaria a 'hibridez' do direito de autor – e se tornou consagrada, em definitivo, com o advento da Lei 5.98, de 14/12/1973, que regulou os direitos autorais no Brasil, princípio reeditado pela Lei 9.610, de 19/2/1998". COSTA NETTO, José Carlos. *Direito autoral no Brasil*. São Paulo: FTD, 1998. p. 49.
16. BLANKE, Tobias. *Digital asset ecosystems*: rethinking crowds and clouds. Oxford: Chandos/Elsevier, 2014. p. 8. Diz: "Digital asset value stems today not just from direct consumption or monetisation, but also from how digital assets are repurposed in this life cycle in networks".
17. BITTAR, Carlos Alberto. *Os direitos da personalidade*, cit., p. 11. Comenta: "Exatamente porque se bipartem nos dois citados feixes de direitos – mas que, em análise de fundo, estão, por sua natureza e sua

que podem surgir no uso e exploração desses dados que concernem à dimensão existencial da pessoa a partir da qual tais dados são projetados.[18]

A consolidação de uma nova posição dogmática para o locupletamento em relação aos conjuntos de dados, devido a essa natureza mista,[19] pressupõe análise detalhada das diversas situações que podem ocorrer nesse contexto, o que impõe o estabelecimento de critérios claros para determinar quando ocorre o enriquecimento sem causa em relação a esses bens, levando em consideração a pluralidade de interesses e direitos envolvidos.

Essa nova posição dogmática deve considerar, por exemplo, a possibilidade de locupletamento quando ocorre a exploração indevida de dados pessoais sem o devido consentimento dos titulares,[20] bem como a utilização não autorizada de concernentes à personalidade e aos interesses da pessoa, que, em conjunto, formam projeções datificadas.

Ademais, é necessário também analisar como a responsabilidade civil pode ser aplicada de forma adequada a esses casos, em lugar do enriquecimento sem causa. Isso porque, como visto no capítulo anterior, a responsabilidade civil, com sua abordagem multidisciplinar e polifuncional,[21] que comporta pretensão restitutória sem a necessidade de discussões sobre o empobrecimento alheio e sem subsidiariedade, pode se mostrar adequada para lidar com as complexidades que o enriquecimento sem causa não comporta na contemporaneidade, especialmente com relação aos conjuntos de dados de natureza híbrida.

---

finalidade, intimamente ligados, em conjunto incindível – não podem os direitos autorais se enquadrar nesta ou naquela das categorias citadas, mas constituem nova modalidade de direitos privados".
18. ZAMPIER, Bruno. *Bens digitais*, cit., p. 117.
19. BRANCO JUNIOR, Sérgio Vieira. *Direitos autorais na Internet e o uso de obras alheias*. Rio de Janeiro: Lumen Juris, 2007. p. 29. Comenta: "Assim é que podemos afirmar que os direitos autorais são compostos, a bem da verdade, por duas parcelas distintas que devem ser levadas em conta: uma, que trata dos direitos morais do autor e que pode ser enquadrada dentro dos direitos de personalidade; outra, que abrange os direitos patrimoniais do autor e que consiste num direito de propriedade com características especiais".
20. O termo é aqui citado com a conotação que lhe confere a Lei Geral de Proteção de Dados Pessoais (Lei 13.709/2018), em seu artigo 5º, inciso XII: "manifestação livre, informada e inequívoca pela qual o titular concorda com o tratamento de seus dados pessoais para uma finalidade determinada". Anota-se, ademais, que o consentimento pode ser adotado como hipótese legitimadora do tratamento de dados pessoais (art. 7º, I) e de dados pessoais sensíveis (art. 11, I). Sobre o tema, Gustavo Tepedino e Chiara de Teffé destacam que "o cuidado e a qualificação oferecidos ao consentimento (...) revelam a preocupação do legislador com a participação do indivíduo no fluxo de suas informações pessoais, incentivando comportamento ativo da parte do titular, e exigindo responsável prudência por parte do agente que realizar o tratamento de dados". TEPEDINO, Gustavo; TEFFÉ, Chiara Spadaccini de. O consentimento na circulação de dados pessoais. *Revista Brasileira de Direito Civil*, Belo Horizonte, v. 25, p. 83-116, jul./set. 2020. p. 115-116.
21. ROSENVALD, Nelson. *As funções da responsabilidade civil*: a reparação e a pena civil. São Paulo: Atlas, 2012. p. 111.

Para isso, a consolidação dessa nova posição dogmática também deve levar em conta os avanços tecnológicos e a constante evolução dos negócios explorados digitalmente, porquanto norteados por políticas que devem ser flexíveis e adaptáveis para acompanhar as mudanças nesse cenário em constante transformação.[22]

No contexto da virtualização das interações humanas, uma variedade de situações específicas surge, exigindo do direito civil abordagens inovadoras para proteger e conciliar interesses agora envolvidos no ciberespaço, caracterizado principalmente por sua ubiquidade. Contudo, paira considerável controvérsia sobre quais desses "bens" (ativos) possuem a aptidão necessária para essa proteção, uma vez que nem sempre é evidente a natureza patrimonial de determinados conjuntos de dados, indo além do simples direito de acesso. Logo, na transição entre o simples acesso e a atribuição dogmática de situações jurídicas patrimoniais e existenciais nos direitos da personalidade ou no domínio dos contratos, surge a possibilidade de delineamentos característicos dos direitos reais.

Essa situação, já complexa por si só, torna-se ainda mais aguda. Nesse sentido, recorrer às formulações clássicas do direito civil pode oferecer *insights* para a integração de todas essas circunstâncias, indiscutivelmente intrincadas para que se possa estabelecer claramente o que constitui um bem digital estritamente patrimonial, a fim de explorar sua inclusão no âmbito do enriquecimento sem causa.

Outro ponto importante a ser considerado envolve a dimensão de proteção conferida aos direitos autorais quando se tiver condições de avançar rumo à predominância de um modelo de Internet estruturado em torno de *tokens*,[23] pelos quais será possível aferir o valor intrínseco de um bem digital a partir da noção de escassez ou da unicidade, restando afastadas as características de fungibilidade e replicabilidade da Internet ubíqua.

Em síntese, este derradeiro capítulo avaliará a necessidade de consolidar uma nova posição dogmática para o locupletamento em relação aos conjuntos

---

22. BLANKE, Tobias. *Digital asset ecosystems*, cit., p. 153. Comenta: "Content, from traditional document assets to multimedia and game assets, has really become king in the digital ecosystem world. It is distributed much faster and more widely, and has, at the same time, new ideas of value attached to it. For digital asset and media management, we therefore live in exciting times, but only if this change is also better understood by its professionals, researchers and practitioners. They need to recognise that the use cases of digital asset and media management have gone beyond the walls of an organisation. Understanding digital assets and digital media has become about so much more than decoding the heap of digital objects any organisation amasses. It means following them through their web life cycle and the global workflows organised around them".
23. SWAN, Melanie. *Blockchain*: blueprint for a new economy. Sebastopol: O'Reilly, 2015. p. 42. Explica a autora: "whether microcontent is tokenized and batched into blockchain transactions or digital assets are registered themselves with their own blockchain addresses. Blockchain attestation services could also be deployed more extensively not just for IP registry, but more robustly to meet other related needs in the publishing industry, such as rights transfer and content licensing".

de dados como bens digitais de natureza híbrida.[24] Essa posição deve ser embasada em critérios claros e abrangentes, considerando a pluralidade de interesses e direitos envolvidos nesse cenário complexo, especialmente pelos riscos de malversação da personalidade em casos nos quais haja projeções datificadas.[25] Também se avaliará a situação específica da propriedade imaterial 'tokenizada' para fins de apuração de ilícitos lucrativos derivados de exploração indevida de direitos autorais.

A responsabilidade civil será observada como *locus* adequado para a fundamentação das soluções remediais percebidas, em detrimento do enriquecimento sem causa definido no vigente Código Civil brasileiro.

3.1 BENS NÃO RIVAIS, HIPERCONECTIVIDADE E ENRIQUECIMENTO SEM CAUSA

Os bens digitais mistos representam um desafio contemporâneo sofisticado e adaptado às complexidades do ambiente digital.[26] Considerando as discussões e abordagens anteriores, é essencial explorar a relação entre esses bens e o conceito de enriquecimento sem causa, buscando compreender como se pode lidar com as nuances e com os desafios que advêm desse cenário.

Os bens digitais mistos são caracterizados pela coexistência de diferentes tipos de conteúdo, que podem ter natureza patrimonial e existencial simultaneamente, como dados pessoais, informações protegidas por direitos autorais, dados de domínio público e outros elementos. Essa mistura de informações apresenta desafios singulares ao aplicar o conceito tradicional de enriquecimento sem causa, uma vez que os interesses envolvidos podem ser variados, interconectados, complexos e mantidos sob registro digital, com possibilidade de extração de lucro

---

24. Sobre o tema, comenta Bruno Zampier: "Interessante observar, após o que fora demonstrado, que certos ativos digitais não poderão ser enquadrados como exclusivamente patrimoniais ou existenciais, navegando por uma zona cinzenta, numa coluna do meio, entre um e outro". ZAMPIER, Bruno. *Bens digitais*, cit., p. 117.
25. Com efeito: "Anche se è eccessivo, e persino pericoloso, dire che «noi siamo i nostri dati», è tuttavia vero che la nostra rappresentazione sociale è sempre più affidata a informazioni sparse in una molteplicità di banche dati, e ai «profili» che su questa base vengono costruiti, alle simulazioni che permettono. Siamo sempre più conosciuti da soggetti pubblici e privati attraverso i dati che ci riguardano, in forme che possono incidere sull'eguaglianza, sulla libertà di comunicazione, di espressione o di circolazione, sul diritto alla salute, sulla condizione di lavoratore, sull'accesso al credito e alle assicurazioni, e via elencando. Divenute entità disincarnate, le persone hanno sempre più bisogno di una tutela del loro «corpo elettronico»". RODOTÀ, Stefano. *Il mondo nella rete*: quali i dititti, quali i vincoli? Roma/Bari: Laterza, 2014. p. 34.
26. ZAMPIER, Bruno. *Bens digitais*, cit., p. 117.

até mesmo dos conjuntos de dados que compõem os bens digitais mistos e que tenham natureza preponderantemente existencial.[27]

A dinâmica do enriquecimento sem causa em relação aos bens digitais mistos demanda uma abordagem que considere a complexidade da natureza desses bens. É necessário estabelecer critérios claros para determinar quando ocorre o locupletamento injustificado em situações que envolvem a exploração de informações pessoais, direitos autorais e outras formas de conteúdo,[28] e, nesse afã, a responsabilidade civil se revela um instrumento valioso para lidar com os desafios do enriquecimento sem causa relacionado aos bens digitais mistos.[29] Ao adotar uma abordagem multidisciplinar, a responsabilidade civil permite uma análise mais ampla dos interesses e direitos em jogo, promovendo a justa reparação dos danos causados e a busca por soluções equilibradas a partir de sua compatibilização com os *gain-based damages*, já analisados no primeiro capítulo.[30]

A diferenciação entre bens patrimoniais e situações jurídicas existenciais é fundamental no direito civil e reflete a distinção entre dois tipos de interesses. Os bens patrimoniais referem-se a objetos materiais ou imateriais que podem ser avaliados economicamente e que têm um valor monetário associado. Esses bens podem ser tangíveis, como propriedades físicas e objetos, ou intangíveis,

---

27. RESTA, Giorgio. Identità personale e identità digitale. *Il Diritto dell'Informazione e dell'Informatica*, Milão, ano XXIII, n. 3, p. 511-531, 2007. p. 522. Comenta: "La nuova disciplina della protezione dei dati, di cui è nota la derivazione comunitaria, riflette un cambiamento profondo delle condizioni socio-economiche sottostanti, specie in relazione allo sviluppo delle tecnologie della comunicazione e alla diffusione delle logiche di mercato anche in settori ad esse precedentemente estranei. (...) Le tecniche di raccolta dei dati e profilazione individuale, rese possibili dalle nuove tecnologie, determinano il rischio che l'io venga frammentato, a sua insaputa, in una molteplicità di banche dati, offrendo così una raffigurazione parziale e potenzialmente pregiudizievole della persona, la quale verrebbe così ridotta alla mera sommatoria delle proiezioni elettroniche".
28. BLANKE, Tobias. *Digital asset ecosystems*, cit., p. 153.
29. ZAMPIER, Bruno. *Bens digitais*, cit., p. 118-119.
30. Em relação ao tema, comenta Rosenvald: "Descendo do macro para o micro, ousamos afirmar que, para fins de restituição por lucros ilícitos, o enriquecimento injustificado – mesmo na refinada tipologia alemã do enriquecimento por intervenção (polienriquecimento) – é um equivalente funcional indesejável, comparativamente aos *gain-based damages*, por três razões: a) a restituição por lucros ilícitos como remédio não pertence ao terreno residual do enriquecimento injustificado. Tratando-se de uma das possíveis consequências de um ato ilícito, a restituição deve se impor como opção remedial do demandante no interno da responsabilidade civil; b) o enriquecimento injustificado é modelo obrigacional de enriquecimento independente da existência de um ato ilícito, pressuposto fundamental para a ativação da remoção de benefícios indevidos; c) o enriquecimento injustificado por intromissão em direitos alheios só propicia fundamento dogmático a uma função de reintegração, mediante a restituição do preço do uso inconsentido do bem (*reasonable fee*), mas não à expropriação de ganhos ilícitos – *disgorgement*". ROSENVALD, Nelson. *A responsabilidade civil pelo ilícito lucrativo*, cit., p. 382-381.

como direitos autorais, marcas registradas, patentes e outros ativos intelectuais.[31] A característica central dos bens patrimoniais é a sua aptidão para serem objeto de apropriação, transferência e negociação econômica, pois podem ser adquiridos, possuídos, trocados ou alienados de acordo com a regência da propriedade e dos contratos.[32]

Por outro lado, as situações jurídicas existenciais referem-se a direitos e interesses intrinsecamente ligados à dignidade, à integridade e à autonomia das pessoas, que não possuem um valor econômico mensurável.[33] Essas situações dizem respeito a aspectos essenciais da vida humana, como o direito à intimidade, à privacidade, à liberdade de expressão, à honra, à identidade e à não discriminação. Esses direitos não podem ser tratados como mercadorias e não podem ser transacionados no sentido estrito do termo. São direitos que existem em função da própria condição humana e são protegidos pela legislação e por tratados internacionais.

A diferença central entre bens patrimoniais e situações jurídicas existenciais reside na sua natureza intrínseca. Enquanto os bens patrimoniais têm um valor financeiro que pode ser expresso em termos monetários e podem ser objeto de transações comerciais, as situações jurídicas existenciais são inerentes à dignidade e à personalidade das pessoas, não sendo suscetíveis de avaliação monetária direta.

Também é valiosa a diferenciação entre as categorias de bens rivais e bens não rivais para os fins do presente estudo. Bens rivais e bens não rivais são categorias fundamentais no campo da economia e têm implicações significativas no contexto dos bens digitais, pois dizem respeito à natureza da rivalidade no consumo de um bem, ou seja, se o esgotamento da possibilidade de consumo ou se a extração de um bem por uma pessoa diminui a disponibilidade ou utilidade desse bem para outras pessoas.[34]

---

31. MATSUURA, Jeffrey H. *Managing intellectual assets in the digital age*. Boston: Artech House, 2003. p. 74. Em breves linhas, aponta o autor: "Although the legal theories appropriate for protection of ownership rights for look and feel are fairly well developed as to tangible products, they remain far less clear with regard to digital products".
32. KAAL, Wulf A. Digital asset market evolution. *The Journal of Corporation Law*, Iowa City, v. 46, n. 4, p. 909-963, 2021. p. 910-911. O autor explica: "Digital assets cover all types of virtual and electronic assets, regardless of how they are otherwise named or categorized by regulatory agencies, including cryptocurrencies, security tokens, utility tokens, virtual assets, virtual collectibles, stablecoins, altcoins, among others. Digital assets can be distinguished from stock because stocks are not inherently digital and have strong ties to the world of hard assets. Bitcoin is a purely digital asset because it only exists in the virtual world".
33. KEATHLEY, Elizabeth Ferguson. *Digital asset management*: content architectures, project management, and creating order out of media chaos. Nova York: Apress, 2014. p. 65-74.
34. VARIAN, Hal R. *Microeconomics analysis*. 3. ed. Nova York: W.W. Norton & Co., 1992. p. 414-415.

Bens rivais são aqueles em que o consumo por uma pessoa reduz a disponibilidade ou a capacidade de consumo desse bem por outras pessoas. Em outras palavras, a oferta de um bem rival é limitada e concorrer pelo uso desse bem pode gerar escassez. Um exemplo clássico de bem rival é o petróleo, naturalmente finito e valioso por ser escasso. Bens físicos, como alimentos e bens tangíveis, costumam ser rivais por natureza.

Por outro lado, bens não rivais são aqueles cujo consumo por uma pessoa não afeta a disponibilidade ou utilidade desse bem para outras pessoas. Em outras palavras, a oferta de um bem não rival é praticamente ilimitada e o uso por uma pessoa não interfere no uso por outras.[35] Um exemplo de bem não rival é a música tocada em um serviço de *streaming*: várias pessoas podem ouvir a mesma música simultaneamente sem que isso afete a disponibilidade para outras, sendo que a única limitação técnica existente está relacionada ao limite de largura de banda (*bandwidth*) dos servidores que hospedam o arquivo. Bens digitais, como conteúdo on-line, informações e serviços digitais, geralmente se encaixam na categoria de bens não rivais, o que pode modificar sua exploração e, por consequência, os lucros extraídos.[36]

A relação entre essas categorias e os bens digitais é crucial para entender a economia e a dinâmica dos bens na era digital, que é completamente diferente da dinâmica analógica.[37] Bens digitais, muitas vezes, possuem características de bens não rivais devido à facilidade de replicação e distribuição virtual, pois são compostos por dados.[38] Assim, um arquivo de música, por exemplo, pode ser reproduzido infinitamente sem perder qualidade, pode ser replicado com exatidão e licenciado globalmente. Isso tem reflexos significativos nos modelos

---

35. JENKINS, Henry; FORD, Sam; GREEN, Joshua. *Spreadable media*, cit., p. 113-114.
36. A esse respeito, comentam Jacobsen, Schlenker e Edwards: "The first definition (asset =file+rights) is more widely used in the context of assets that have a certain value on their own. For example, think of an MP3 file of a song from your favorite band. From a business perspective, it is useless as long as you don't have the right to do something with it (...)". JACOBSEN, Jens; SCHLENKER, Tilman; EDWARDS, Lisa. *Implementing a digital asset management system*: for animation, computer games, and web development. Nova York: Taylor & Francis, 2005. p. 2.
37. Mark Andrejevic comenta essa situação: "Because this form of monitoring relies on intervention and not on processes of subjectification (that is, the modification of behavior in response to symbols of surveillance), its goal is comprehensive surveillance. If risk management in a post-disciplinary context relies on the extension of monitoring "throughout life and without limit", the same might be said of opportunity. From a marketing perspective, the opportunity for profit is an emergent property, thanks in part to the anytime, anywhere consumption environment of the Internet. (...) Thus, both monitoring practices – for security and profit – converge on the goal of transforming the environment into a fully sensorized landscape". ANDREJEVIC, Mark. *Automated media*. Londres: Routledge, 2020. p. 97.
38. GUSEVA, Yuliya. A conceptual framework for digital-asset securities: tokens and coins as debt and equity. *Maryland Law Review*, Baltimore, v. 80, p. 166-213, 2020. p. 169.

de negócios e nas estratégias de precificação, pois a oferta de bens digitais não é limitada pela escassez física.[39]

Além disso, a natureza dos bens digitais como não rivais tem implicações significativas na economia da informação e na forma como a sociedade consome e interage com esses bens. A digitalização e a facilidade de replicação permitem que informações, conhecimento e conteúdo sejam disseminados de maneira quase instantânea e a baixo custo.[40] Isso resulta em novos modelos de distribuição e consumo, como os citados serviços de *streaming*, bem como as plataformas de compartilhamento de conteúdo e as redes sociais, nos quais múltiplos usuários podem acessar e interagir com os mesmos bens digitais simultaneamente.[41] Como efeito, tem-se que considerar a própria ausência de escassez como um fator relevante na consideração dos lucros eventualmente extraídos.

No entanto, é importante observar que, embora muitos bens digitais sejam não rivais em termos de replicação, podem existir escassez e rivalidade em outras dimensões, como a atenção do usuário, a qualidade do serviço ou a capacidade dos servidores, o que impõe certo grau de limitação explorativa, a depender da infraestrutura técnica subjacente à sua disponibilização.[42] Além disso, a questão

---

39. Sobre isso, comenta a doutrina: "Em economia, rivalidade é a situação em que o consumo de um bem por uma pessoa impede o consumo do mesmo bem por outra pessoa. Bens não rivais, portanto, são aqueles cujo consumo por uma pessoa não impede que outras pessoas também o façam. Não se deve confundir não rivalidade com não excludência. O bem não excludente é aquele cuja utilização pode ser impedida. Por exemplo, um biscoito é um bem rival e também excludente. É rival porque se alguém estiver comendo o biscoito, ninguém mais pode comê-lo no mesmo momento. É excludente porque o dono do biscoito pode privar outros de consumirem, estipulando um preço para o biscoito. Os peixes no mar são bens rivais, mas não excludentes. Rivais porque se alguém pesca um peixe, ninguém mais pode pescá-lo naquele momento. É não excludente porque é virtualmente impossível privar as pessoas de irem ao mar para pescar. Um canal de televisão a cabo é não rival, já que muitas pessoas podem assisti-lo simultaneamente, porém é excludente, pois os proprietários podem privar que se assista ao canal sem o pagamento de um valor mensal". LACORTE, Christiano Vítor de Campos. *A proteção autoral de bens públicos literários e artísticos*. Brasília: Centro de Documentação e Informação; Edições Câmara, 2014. p. 38-39.
40. MAYER-SCHÖNBERGER, Viktor; RAMGE, Thomas. *Reinventing capitalism in the age of Big Data*, cit., p. 212-214.
41. Retoma-se, nesse ponto, o conceito de mercados bilaterais: "Firms like Google, Facebook and Amazon – and new 'sharing economy' firms like Airbnb and Uber – like to define themselves as 'platforms'. They don't face a traditional market, in which the firm produces a good or service and sells it to a population of potential consumers. They operate, instead, in what economists call two-sided markets, developing the supply and demand sides of the market as the lynchpin, connector or gatekeeper between them. On the one side, there is a service offering to users. On the other side, there is a market offering to other firms – from sales to advertising space to information on users' behavior. Firms have long operated in more than one market. The peculiarity of two-sided markets, however, lies in how the two sides are connected. As the number of users on one side of the market (using a search engine or joining a social network) rises, clicks on ads and information on consumers' behavior also increases, boosting profitability in the other side of the market". MAZZUCATO, Mariana. *The value of everything*: making and taking in the global economy. Nova York: Penguin, 2018. p. 201-202.
42. ANDREJEVIC, Mark. *Automated media*, cit., p. 5.

da propriedade intelectual e dos direitos autorais também pode adicionar nuances peculiares à análise, uma vez que a exploração indevida ou não autorizada de bens digitais pode afetar a disponibilidade e a viabilidade econômica desses bens. Outrossim, a característica de não rivalidade também pode apresentar desafios em relação à monetização e à sustentabilidade de bens digitais.[43] A ausência de rivalidade na replicação muitas vezes leva a uma percepção de que esses bens devem ser gratuitos ou de baixo custo, o que pode dificultar a criação de modelos de negócios viáveis para produtores de conteúdo e criadores, uma vez que a oferta abundante e a falta de escassez física podem diminuir o incentivo para o pagamento.

É importante também reconhecer que a proteção dos bens digitais mistos e a prevenção do enriquecimento sem causa demandam ações proativas por parte de provedores de aplicação, pois, como visto, a implementação de sistemas automatizados e políticas de uso justo (*fair use*) pode ajudar a mitigar a exploração indevida de conteúdo protegido por direitos autorais, ao mesmo tempo que a adoção de medidas de resguardo à privacidade e de fomento ao consentimento informado, livre e inequívoco[44] para viabilizar atividades de tratamento de dados nesses contextos pode assegurar que os dados pessoais sejam tratados com responsabilidade, em respeito aos princípios da transparência e da *accountability*.[45]

Em resumo, a diferença entre bens patrimoniais e situações jurídicas existenciais reside na sua natureza intrínseca e nos direitos e interesses que representam.[46] Os bens patrimoniais têm um valor econômico que pode ser avaliado, enquanto as situações jurídicas existenciais são relacionadas aos direitos inalienáveis e fundamentais que pertencem a todas as pessoas em virtude de sua humanidade. Essa distinção é imperiosa para que se perceba a insuficiência do enriquecimento sem causa quando o objeto da exploração for um bem digital híbrido ou um conjunto de dados que resulte da projeção de situação jurídica existencial.

---

43. Descreve David Austerberry: "What gives an asset value? If it can be resold, then the value is obvious. However, it can also represent a monetary asset, if it can be cost-effectively repurposed and then incorporated into new material". AUSTERBERRY, David. *Digital asset management*. Oxford: Focal Press, 2012. p. 5.
44. Novamente, referencia-se o conceito definido no artigo 5º, inciso XII, da LGPD.
45. NISSENBAUM, Helen. Accountability in a computerized society, cit., p. 28. Descreve a autora: "For a deeper understanding of the barriers to accountability in a computerized society and the conditions that foster them, it is necessary to move beyond an intuitive grasp and to draw on ideas from philosophical and legal inquiry into moral responsibility and the cluster of interrelated concepts of liability, blame and accountability. Over the many years that these concepts have been discussed and analyzed, both by those whose interest is theoretical in nature and those whose interest is more practical (Hammurabi's four thousand year old legal code is an early example), many analyses have been put forth, and many shadings of meaning have been discovered and described".
46. WU, Tim. Blind spot: the attention economy and the law. *Antitrust Law Journal*, [S.l], v. 82, 2017. p. 771-774.

3.1.1 A Internet de todas as Coisas (*Internet of Everything*) e os bens digitais

O conceito de "Internet de Todas as Coisas" (*Internet of Everything* – IoE[47]) representa uma expansão e evolução do conceito mais conhecido de "Internet das Coisas" (*Internet of Things* – IoT).[48] A IoE vai além da simples conexão de dispositivos e objetos à Internet, englobando também pessoas, processos e dados em uma rede interconectada e inteligente.[49] Nesse contexto, a interconexão ultrapassa os limites físicos, abrangendo sistemas complexos que geram, coletam, analisam e compartilham dados de maneira dinâmica. Essa interconexão generalizada representa um desafio significativo para a exploração lucrativa ilícita de bens digitais, uma vez que amplifica tanto as oportunidades quanto os riscos associados à utilização indevida desses bens.[50]

A IoE engloba não apenas dispositivos eletrônicos, mas também elementos do ambiente físico, sensores, atuadores, plataformas digitais, análise de dados em tempo real e ações automatizadas ou orientadas por sistemas de inteligência artificial, transcendendo a mera comunicação entre dispositivos e permitindo uma compreensão mais profunda do mundo real por meio da coleta e interpretação de uma variedade de dados.[51] Essa visão holística possibilita a criação de ambientes mais inteligentes, eficientes e integrados.

Um dos principais desafios que a IoE apresenta é a expansão das vias pelas quais bens digitais podem ser explorados ilicitamente. A rede interconectada cria uma multiplicidade de pontos de entrada para acessar e manipular bens

---

47. DEY, Nilanjan. Introduction. In: DEY, Nilanjan; SHINDE, Gitanjali; MAHALLE, Parikshit; OLESEN, Henning (Ed.). *The Internet of Everything*: advances, challenges and applications. Berlim: De Gruyter, 2019. p. 1. Comenta: "Nowadays, the vision of IoT has expanded to connect everything from industrial equipment, to everyday objects, to living organisms such as plants, farm animals and people. To create a niche for nonliving things to react, respond and work autonomously as and when required and as per their role, position and location in the ecosystem to provide services to the user, IoT is developing rapidly in the industrial settings".
48. GREENGARD, Samuel. *The internet of things*, cit., p. 188-189.
49. PATEL, Karan. Incremental journey for world wide web: introduced with web 1.0 to recent web 5.0: a survey paper. *International Journal of Advanced Research in Computer Science and Software Engineering*, Jaunpur, v. 3, n. 10, p. 410-417, out. 2013. p. 416.
50. MILAGRES, Marcelo de Oliveira. Internet das Coisas e o sempre novo tema da responsabilidade: algumas reflexões. In: PARENTONI, Leonardo; NOGUEIRA, Michele (Coord.). *Direito, tecnologia e inovação*: Internet das Coisas (IoT). Belo Horizonte: Centro DTIBR, 2023, v. 5. p. 91-94.
51. ZITTRAIN, Jonathan. The Generative Internet, cit., p. 1987-1988. Anota: "The Internet today is exceptionally generative. It can be leveraged: its protocols solve difficult problems of data distribution, making it much cheaper to implement network-aware services. It is adaptable in the sense that its basic framework for the interconnection of nodes is amenable to a large number of applications, from e-mail and instant messaging to telephony and streaming video. (…) Thus, programmers independent of the Internet's architects and service providers can offer, and consumers can accept, new software or services".

digitais, aumentando as chances de violação de direitos autorais, a pirataria, o uso não autorizado de dados pessoais e outros tipos de exploração.[52] Além disso, a capacidade de transmitir e compartilhar bens digitais de forma instantânea e globalizada através da IoE torna mais difícil rastrear e controlar a disseminação indevida.

No que diz respeito aos bens digitais, a IoE influencia significativamente a maneira como são gerados, compartilhados e utilizados, pois bens digitais são elementos intangíveis que podem incluir dados de diversos tipos.[53] Na era da IoE, esses bens ganham maior relevância, uma vez que a interconexão generalizada de dispositivos e sistemas cria uma quantidade exponencial de dados, gerando novas oportunidades e desafios.

No entanto, a crescente interconexão também levanta questões importantes em relação à privacidade, uma vez que a coleta e o compartilhamento de dados pessoais e sensíveis podem resultar em preocupações sobre o uso inadequado ou abusivo desses dados para fins de perfilização,[54] como anotado no capítulo anterior. Desse modo, a proteção dos bens digitais e a garantia da confidencialidade, integridade e disponibilidade das informações tornam-se desafios cruciais em um ambiente de IoE. A IoE também intensifica as complexidades envolvidas na determinação da justa causa, no que diz respeito ao enriquecimento sem causa. A interconexão de múltiplos agentes, dispositivos e sistemas dificulta a identificação direta da fonte do enriquecimento injustificado, e, em um ambiente no qual bens digitais podem ser compartilhados, alterados e transmitidos por várias entidades, a atribuição da causa do locupletamento torna-se um desafio intransponível.

A insuficiência do enriquecimento sem causa para abordar plenamente essas questões é evidenciada pela necessidade de considerar a natureza das relações e interações na IoE. A exploração ilícita de bens digitais muitas vezes envolve múltiplos participantes e pode ser resultado de ações coordenadas de diversos agentes. Nesse contexto, a aplicação tradicional do enriquecimento sem causa pode se mostrar inadequada para lidar com as intricadas cadeias de eventos e relações que caracterizam a exploração digital recôndita, pela qual se

---

52. Como visto anteriormente, a exploração de conjuntos de dados é um desafio em si e apresenta propensões desafiadoras para fins de enquadramento jurídico e estruturação da melhor forma de tutela jurídica. Para os fins do recorte metodológico desta pesquisa, todavia, optou-se por selecionar a fragmentação da personalidade e sua projeção a partir de dados pessoais e a exploração inconsistente de propriedade imaterial alheia como focos de investigação.
53. ALI, Maaruf; MIRAZ, Mahdi. A Review on Internet of Things (IoT), Internet of Everything (IoE) and Internet of Nano Things (IoNT). *Proceedings of the Fifth International IEEE Conference on Internet Technologies and Applications (ITA 15)*. Glyndŵr University in Wrexham, North East Wales, UK, 2015. p. 219-224. Disponível em: https://doi.org/10.1109/ITechA.2015.7317398 Acesso em: 31 out. 2023.
54. Considere-se, nesse ponto, o que consta do artigo 12, § 2º, da LGPD, já explorado anteriormente.

torna absolutamente impossível a tentativa de identificação de algum tipo de empobrecimento da parte afetada.[55]

Portanto, a IoE exige abordagens mais abrangentes e flexíveis para lidar com a exploração lucrativa ilícita de bens digitais. Nesse contexto, deve-se reconhecer o papel da legislação quanto à consideração não apenas da responsabilidade direta do enriquecido, mas também das contribuições de outros agentes na cadeia de eventos que levaram ao locupletamento.[56] No mais, a aplicação de tecnologias de rastreamento, verificação e autenticação pode ser necessária para identificar e prevenir a exploração ilícita em um ambiente altamente interconectado.[57]

Em conclusão, a IoE representa uma evolução do conceito de IoT, ampliando a interconexão para além dos dispositivos e abrangendo pessoas, processos e dados. Esse contexto transforma a maneira como os bens digitais são gerados, compartilhados e utilizados, oferecendo novas oportunidades e desafios. A interconexão generalizada oferece serviços mais personalizados e eficientes, mas também exige uma abordagem cuidadosa em relação à privacidade, à segurança e à proteção de dados pessoais.[58] A compreensão das dinâmicas da IoE e seus usos

---

55. Explora Júlio Manuel Vieira Gomes: "Esta visão, que transforma o empobrecimento num requisito da restituição baseada no enriquecimento sem causa, tornou-se dominante sobretudo nos países cuja codificação sobre a influência francesa. Acidentes históricos levaram, também, à consagração do princípio da subsidiariedade, o qual, no nosso entender, não encontra justificação razoável. O temor de uma excessiva imprecisão do enriquecimento sem causa, bem como o receio de fraude à lei, parecem ter estado na sua origem. Contudo, tal imprecisão é, em grande medida, exagerada, em resultado de uma visão historicamente superada do enriquecimento sem causa como assente directamente na equidade. Na medida em que tal imprecisão realmente existe, ela é fruto da incerteza a propósito de várias questões prévias ao funcionamento do instituto do enriquecimento sem causa, designadamente, quando se trata de determinar o que é que, numa certa sociedade, representa um enriquecimento e quando é que, face a uma data ordem jurídica, existe uma justificação para tal enriquecimento". GOMES, Júlio Manuel Vieira. *O conceito de enriquecimento, o enriquecimento forçado e os vários paradigmas do enriquecimento sem causa*, cit., p. 855.
56. Irretocável a constatação de Rosenvald a esse respeito: "Se o caminho for o de trilhar a herança francesa do enriquecimento sem causa, urge sair do círculo vicioso, oscilando por um lado entre a generalidade do princípio geral que veda o enriquecimento e, por outro lado, pelo casuísmo equitativo das sentenças, quando o ideal seria a adoção de vias intermediárias que estruturassem internamente e conferissem consistência ao princípio, sem que o atomizassem, tornando esse modelo jurídico mais operativo e adequado às necessidades da prática". ROSENVALD, Nelson. *As funções da responsabilidade civil*: a reparação e a pena civil. São Paulo: Atlas, 2012, p. 111.
57. ANDREJEVIC, Mark. *Automated media*, cit., p. 12. Comenta: "In a world in which these commitments are the ongoing target of commercial media, which profit from hyper-customization, nichification, and polarization, one apparent solution is to offload the process of deliberation onto machines".
58. FALEIROS JÚNIOR, José Luiz de Moura; MEDON, Filipe. Discriminação algorítmica de preços, perfilização e responsabilidade civil nas relações de consumo. *Revista de Direito da Responsabilidade*, Coimbra, ano 3, p. 947-969, 2021. p. 968. Com efeito: "A tendência à personalização de produtos e serviços a partir de técnicas algorítmicas dá a tônica de um novo modo de se anunciar e contratar, e a vulnerabilidade ínsita às relações díspares de consumo se transforma em um ambiente no qual é difícil saber se há algum tipo de predição algorítmica, embora isso se torne cada dia mais frequente. Trata-se, pois, de um paradigma no qual a transparência deve ser buscada, em respeito aos direitos

quanto aos bens digitais é crucial para uma abordagem eficaz e ética no cenário digital contemporâneo.

3.1.2 Non-fungible tokens, sua expansão e novas possibilidades de monetização

Non-fungible tokens (NFTs), ou tokens não fungíveis, representam uma evolução notável no cenário dos bens digitais e da blockchain. Ao contrário dos criptoativos tradicionais, como o Bitcoin, que, embora finitos e escassos, são fungíveis e podem ter suas unidades trocadas umas pelas outras em unidades iguais, os NFTs são únicos e indivisíveis, conferindo propriedade exclusiva a um item digital específico e caracterizado por um código identificador hash.[59] Isso possibilita a autenticação e a rastreabilidade de bens digitais, como arte digital, música, vídeos e até mesmo "tweets",[60] garantindo a propriedade e a autenticidade desses ativos.

A expansão dos NFTs tem sido notável, criando novas formas de monetização da própria existência digital. Através da 'tokenização', criadores podem transformar bens digitais em ativos únicos que podem ser vendidos, negociados e possuídos de maneira semelhante a obras de arte ou objetos colecionáveis no mundo físico. Isso desbloqueia novas oportunidades para artistas, músicos, designers e outros criadores de monetizarem suas criações diretamente, sem a necessidade de intermediários tradicionais.

A monetização da própria existência digital através de NFTs também ressoa com as discussões anteriores sobre a exploração de bens digitais na Internet e a insuficiência do enriquecimento sem causa pela própria insuficiência regulatória do tema.[61] Enquanto os bens digitais foram historicamente suscetíveis a exploração

---

básicos dos consumidores, que devem estar cientes, o tanto quanto possível, que suas vidas estão sendo comandadas por decisões automatizadas".
59. Confira-se a explicação de De Filippi e Wright: "A blockchain can be used to log when a piece of data has been viewed or modified, and record the hash of all subsequent revisions of that file. If a hash related to a file stored on a blockchain does not match the hash of that file stored on a government-maintained data center, the discrepancy can be flagged, and if a file was corrupted by a malicious attack, a blockchain can serve as a tamper-resistant and auditable trail, narrowing the ability of intruders to cover up their tracks". DE FILIPPI, Primavera; WRIGHT, Aaron. *Blockchain and the Law*: The Rule of Code. Cambridge: Harvard University Press, 2018. p. 112.
60. O termo é um neologismo criado para identificar as interações por mensagens curtas que se popularizaram na rede social "Twitter" (atualmente, "X"), em especial na segunda década do século XXI.
61. Comenta Isac Costa: "Há milhares de criptoativos em circulação e sua qualificação jurídica ainda é um desafio em todos os países, de modo que não se sabe, *a priori*, quem é a entidade responsável por disciplinar os prestadores de serviços, exigir a prestação de informações e obedecer a comandos do Estado". COSTA, Isac Silveira da. O futuro é infungível: tokenização, non-fungible tokens (NFTs) e novos desafios na aplicação do conceito de valor mobiliário. *Revista de Direito das Sociedades e dos Valores Mobiliários*, São Paulo, v. especial, p. 283-323, dez. 2021. p. 308.

e compartilhamento não autorizado, a 'tokenização' oferece um mecanismo de autenticação e propriedade que pode dissuadir a exploração indevida. Através da compra e posse de um NFT, os usuários adquirem não apenas o conteúdo digital em si, mas também um certificado de autenticidade e direitos de propriedade, reduzindo o risco de locupletamento ilícito.[62]

No entanto, é importante reconhecer que os NFTs também impõem desafios, como a possibilidade de inflação do mercado respectivo. Ademais, a monetização da existência digital por meio de NFTs também levanta questões sobre a valorização de bens digitais e a exclusividade de acesso.

Em que pese não ser o propósito dessa investigação dissecar o contexto dos *tokens*, não há dúvidas de que os NFTs representam uma evolução significativa na monetização de bens digitais, permitindo a tokenização de ativos únicos e a autenticação da propriedade digital.[63] A expansão dos NFTs e a monetização da própria existência digital têm a capacidade de transformar a economia digital e desempenhar um papel na mitigação da exploração ilícita de bens digitais. No entanto, é essencial considerar os desafios e as implicações éticas associadas a essa tendência, a fim de garantir uma exploração justa e sustentável dos bens digitais na era da tokenização e da *blockchain*.[64]

A monetização da própria existência digital também pode ser vista como uma resposta à crescente economia da atenção na era digital. Plataformas on-line frequentemente lucram com a atenção dos usuários, coletando dados e exibindo anúncios direcionados. Com os NFTs, os criadores podem buscar uma forma alternativa de monetização, permitindo que seus fãs e seguidores apoiem diretamente o seu trabalho adquirindo NFTs exclusivos. Isso descentraliza o processo de monetização e coloca mais poder nas mãos dos criadores, potencialmente reduzindo a dependência de modelos de negócios baseados em publicidade.

Historicamente, a natureza replicável e não rival dos bens digitais muitas vezes resultava em uma percepção de que esses bens deveriam ser gratuitos, o que não prepondera mais, especialmente com o avanço dos modelos de negócios digitais. De fato, a 'tokenização' dos bens digitais por meio de NFTs introduz uma dinâmica na qual a exclusividade e a autenticidade agregam valor intrínseco e

---

62. FALEIROS JÚNIOR, José Luiz de Moura. Responsabilidade civil e o mercado de criptoativos. In: PALHARES, Felipe; FRANCOSKI, Denise de Souza Luiz (Coord.). *Temas atuais de direito digital*. São Paulo: Thomson Reuters Brasil, 2023. p. 42-44.
63. GUGGENBERGER, Nikolas. The potential of blockchain technology for the conclusion of contracts. In: SCHULZE, Reiner; STAUDENMAYER, Dirk; LOHSSE, Sebastian (Ed.). *Contracts for the supply of digital content*: regulatory challenges and gaps. Baden-Baden: Nomos, 2017. p. 94-96.
64. BLEMUS, Stéphane. Law and blockchain: a legal perspective on regulatory trends worldwide. *Revue Trimestrielle de Droit Financier*, Paris, v. 4, p. 1-15, dez. 2017. p. 11.

mensurável a esses ativos.⁶⁵ Isso pode levar a uma reavaliação dos bens digitais como propriedades valiosas e únicas, semelhante ao que ocorre no mundo físico, e, de fato, para essas situações, a transposição de soluções analógicas para conflitos envolvendo bens digitais até faz sentido, o que tornaria viável a defesa do enriquecimento por lucro da intervenção, com suas características típicas; para inúmeras outras situações, porém, esse não será o caso.

3.1.3 Conjuntos de dados como bens digitais mistos

O art. 91 do Código Civil define que "constitui universalidade de direito o complexo de relações jurídicas, de uma pessoa, dotadas de valor econômico". Não obstante, como visto até o momento, a categoria dos bens digitais mistos se refere a objetos que incorporam elementos digitais dotados de lastro patrimonial aferível economicamente e aspectos inerentes à personalidade,⁶⁶ combinando, na imaterialidade digital, elementos monetários e a própria dimensão existencial a partir da conectividade e da interatividade. Essa fusão de aspectos patrimoniais e não patrimoniais cria uma experiência de consumo única, abrindo caminho para a superação das barreiras de ubiquidade da Internet.

Com disparidades tão marcantes, a gestão digital de ativos e mídia assume um papel crucial não apenas na criação de oportunidades a partir do *Big Data*, mas também na abordagem de vários desafios decorrentes desse fenômeno. Determinados arquivos, como filmes, *e-books*, textos publicados em *blogs* e *sites*, músicas, criptoativos e *tokens*, jogos eletrônicos, licenças de software e outros bens digitais de evidente teor patrimonial continuam a receber a devida consideração jurídica.

Por outro lado, dentro dessa concepção de bens digitais, outros elementos como fotografias, *e-mails*, textos não publicados e conversas em chats privados, entre outros que tangenciam a esfera da personalidade⁶⁷ (ou mesmo a "extimi-

---

65. HERIAN, Robert. *Regulating blockchain*: critical perspectives in law and technology. Londres: Routledge, 2019. p. 165.
66. Comenta Giorgio Resta: "Se in precedenza si era potuto parlare di una lettura essenzialistica, ora siamo in presenza di un'impostazione di tipo *proceduralistico*, che prelude – come bene si è scritto – ad visione « contingente e fluida » dell'identità. L'azione del sistema giuridico non si concentra più unicamente sulla protezione dei risultati di un percorso definitorio già compiuto, che si vorrebbe rimesso alla capacità di governo dell'io sovrano (...), al di fuori dei vincoli imposto dalle condizioni sociali, culturali ed economiche". RESTA, Giorgio. Identità personale e identità digitale, cit., p. 523-524.
67. Comenta Bruno Zampier: "Ao longo da vida, bilhões de pessoas irão interagir, externar seus pensamentos e opiniões, compartilhar fotos e vídeos, adquirir bens corpóreos e incorpóreos, contratar serviços, dentre centenas de outras possíveis atividades por meio da rede mundial de computadores. Naturalmente, esse passar dos anos fará com que sejam depositadas na rede inúmeras informações, manifestações da personalidade e arquivos com conteúdo econômico, todos esses ligados a um determinado sujeito. Cada internauta terá seu patrimônio digital que necessitará ser protegido, porque em algum momento ele irá falecer, manifestar alguma causa de incapacidade ou mesmo sofrer violações a esse legado deixado em rede". ZAMPIER, Bruno. *Bens digitais*, cit., p. 61.

dade"⁶⁸) e constituem situações jurídicas respaldadas pelo direito fundamental à privacidade, derivado da cláusula geral da dignidade da pessoa humana, não necessariamente terão as mesmas soluções jurídicas para fins de tutela patrimonial. Contudo, como visto, é possível que determinados bens possuam valor existencial (e não patrimonial), integrando uma esfera mais ampla da personalidade, o que representa um desafio para sua viabilidade como objetos geradores de locupletamento. Isso remete à ideia da informação como um bem incorpóreo por excelência, mas dotado de relevância jurídica.⁶⁹

Com a ampliação generalizada da conectividade on-line em todos os aspectos da vida cotidiana e a proliferação de dispositivos conectados, além da expansão das redes de Internet, a virtualidade digital passa a permear as interações com o mundo. No entanto, os bens digitais mistos introduzem uma dimensão tangível nesse cenário,⁷⁰ desafiando a concepção de que os bens digitais são somente aqueles dotados de patrimonialidade.

Os bens digitais mistos podem tomar várias formas, como dispositivos vestíveis inteligentes, brinquedos conectados, obras de arte interativas e produtos que incorporam realidade aumentada (AR) ou realidade virtual (VR);⁷¹ tornando-se, nesses casos, híbridos. Por exemplo, um brinquedo conectado pode combinar componentes físicos, como estruturas físicas e sensores, com interações digitais, como aplicativos que permitem controlar e personalizar o dispositivo. Da mesma forma, obras de arte em AR ou VR podem sobrepor elementos virtuais ao ambiente físico, transformando a experiência do observador.⁷²

Também não se pode deixar de considerar que a superação da ubiquidade da Internet pode ocorrer porque os bens digitais mistos permitem que a experi-

---

68. BOLESINA, Iuri. *O direito à extimidade*, cit., p. 176.
69. TAVEIRA JÚNIOR, Fernando. *Bens digitais (digital assets) e a sua proteção pelos direitos da personalidade*: um estudo sob a perspectiva da dogmática civil brasileira. São Paulo: Scortecci, 2018. p. 138. Segundo o autor, "seriam modalidades de *digital assets* os perfis de redes sociais, os *e-mails*, os tweets, as bases de dados, os *assets* virtuais inseridos em jogos, os textos, as imagens, as músicas ou os sons digitalizados (em arquivos de vídeos, filmes e *e-books*), as senhas de acesso a contas necessárias ao fornecimento de bens e serviços digitais (eBay, Amazon, Facebook, YouTube), os nomes de domínio, as imagens da personalidade em duas ou três dimensões ou ícones (de usuário ou *avatars*) etc.)".
70. BORGMANN, Albert. *Holding onto reality*: the nature of information at the turn of the millennium. Chicago: Chicago University Press, 1999. p. 105. Diz: "We tend to think of reality chiefly as material that is ours to shape. Contemporary thought, in particular, has little regard for the expressions of reality. Still, contingency is the one concession thoughtful theorists make to the eloquence of the world".
71. AAS, Benjamin Gregor. What's real? Presence, personality and identity in the real and online virtual world. In: ZAGALO, Nelson; MORGADO, Leonel; BOA-VENTURA, Ana (Ed.). *Virtual worlds and metaverse platforms*: new communication and identity paradigms. Hershey: Information Science Reference/IGI Global, 2012. p. 88-90.
72. HILLIS, Ken. The avatar and online affect. In: HILLIS, Ken; PAASONEN, Susanna; PETIT, Michael (Ed.). *Network Affect*. Cambridge, The MIT Press, 2015. p. 80-83.

ência digital seja ancorada no mundo físico de maneira mais tangível e integrada com dados.[73] Assim, em vez de depender apenas de interfaces de tela, os usuários podem interagir com objetos reais que incorporam elementos digitais,[74] o que expande o alcance da interatividade digital, tornando-a uma parte mais orgânica e natural do cotidiano. Além disso, a acessibilidade e a inclusão também são preocupações importantes quando se trata de bens digitais híbridos, dotados dessa natureza peculiar, pois a dependência de tecnologias avançadas pode criar barreiras para aqueles que não têm acesso a dispositivos sofisticados ou que enfrentam dificuldades na interação com interfaces digitais. Garantir que os bens digitais mistos sejam projetados de maneira inclusiva e que estejam disponíveis para uma ampla variedade de usuários é essencial para evitar a criação de novas disparidades digitais.

3.2 INCOMPATIBILIDADE DO ENRIQUECIMENTO SEM CAUSA COM OS *TOKENS*

A reflexão sobre o enriquecimento sem causa e o direito restitutório adquire uma nova camada de complexidade na contemporaneidade, que é profundamente influenciada pela exploração de '*tokens*' e pela interconexão digital.[75] A emergência da rede *blockchain* ampliou a possibilidade de uso das representações digitais de ativos, bens e valores,[76] para além da aplicabilidade tradicional dos princípios do enriquecimento sem causa, levando a uma possível obsolescência conceitual desse instituto.[77]

A utilização dos *tokens*, em sua essência, desafia a própria noção de propriedade que sustenta a classificação dos bens digitais. Isso porque a natureza

---

73. CLARKE, Roger. The digital persona and its application to data surveillance, cit., p. 83.
74. ESS, Chales. Computer-mediated communication and human-computer interaction. In: FLORIDI, Luciano (Ed.). *The Blackwell Guide to the Philosophy of Computing and Information*. Oxford: Blackwell Publishing, 2004. p. 82-83.
75. KAAL, Wulf A. Digital asset market evolution, cit., p. 911.
76. Acerca do tema e da distinção entre *tokens* de investimento e *tokens* de utilidade, detalha a doutrina: "Analysis of how investment tokens function shows that they may be treated as securities or transferable securities (…), while utility tokens are derivatives, similar to options which are traded on specialized platforms and give the right to receive goods, intellectual property rights or services (…). So, investment tokens (asset tokens) and utility tokens do not have a function that allows them to be used as a means of payment". ALEKSEENKO, Aleksandr P. Model Framework for Consumer Protection and Crypto-Exchanges Regulation. *Journal of Risk and Financial Management*, Basileia, v. 16, p. 305-322, 2023. p. 309.
77. É o que explica Rosenvald: "A questão sobre quais posições jurídicas contam com a proteção do Direito de Enriquecimento se faz depender desse dado objetivo: que faculdades exclusivas atribui o direito usurpado à liberdade de atuação de seu titular, sem se indagar sobre a conduta do intromissor ou a reprovação que mereça em termos de dissuasão". ROSENVALD, Nelson. *A responsabilidade civil pelo ilícito lucrativo*, cit., p. 384.

descentralizada e virtual desses ativos modifica as formas de identificação de uma causa direta e única de enriquecimento, uma vez que as transações podem ocorrer de maneira rápida e dispersa por meio de redes digitais globais. A fluidez das trocas de *tokens* pode resultar em uma multiplicidade de fatores contribuintes para o locupletamento, tornando a aplicação do enriquecimento sem causa mais complexa, mas também mais eficaz, haja vista a possibilidade de monitoramento, em tempo real, das transações.[78]

Em termos técnicos, um *token* é uma representação digital de um ativo ou utilidade específica e é armazenado na *blockchain*, que, por sua vez, é um registro descentralizado e imutável de transações, mantido por uma rede de computadores distribuídos.[79] O funcionamento dos *tokens* na *blockchain* é viabilizado pelo uso de programas autoexecutáveis com regras predefinidas. Esses programas determinam como os *tokens* podem ser criados, transferidos e destruídos, razão pela qual a transparência e segurança proporcionadas pela *blockchain* garantem a integridade e confiabilidade das transações.[80]

A importância da *blockchain* reside na sua capacidade de criar um ambiente confiável e transparente, eliminando a necessidade de intermediários. Isso é particularmente relevante para o direito de propriedade, pois a unicidade de um código *hash* na cadeia de blocos assegura a autenticidade e singularidade de um ativo digital. No contexto jurídico, a *blockchain* tem o potencial de transformar o direito de propriedade,[81] proporcionando uma forma eficiente e segura de rastrear a titularidade de ativos digitais, pois a unicidade do código *hash* na cadeia de blocos impede a duplicação ou falsificação, conferindo maior confiança

---

78. DE FILIPPI, Primavera; WRIGHT, Aaron. *Blockchain and the Law*, cit., p. 275.
79. KAAL, Wulf A. Digital asset market evolution, cit., p. 912.
80. Explica Werbach: "The blockchain creates a new kind of trust that none of the established models encompasses. (…) On a blockchain network, nothing is assumed to be trustworthy … except the output of the network itself. This distinctive arrangement defines the landscape for the blockchain's interactions with law, regulation, and governance". WERBACH, Kevin. *The blockchain and the new architecture of trust*. Cambridge: The MIT Press, 2018. p. 28-29.
81. KAAL, Wulf A. Digital asset market evolution, cit., p. 911-912. Comenta: "Blockchain technology has enabled the emergence of the digital asset market. The digital asset market was possible through a form of upgrading the internet era with decentralized technology and cryptocurrencies. Blockchain technology allows securities offerings and stock transfers with all the characteristics of a physical stock transfer, yet the blockchain-enabled stock transfer is completely digitalized and virtual. Much of the media attention has centered on the uses of decentralized technology to support the issuance and trading of Bitcoin and other cryptocurrencies. Blockchain technology offers a number of attractive features to potential issuers of traditional securities who wish to experiment with digital assets. Benefits to issuers, and to those who process trades in the offering after- market, include lower issuing, operating, and administrative costs. In the securities trading context, blockchain could provide indisputable proof of current ownership of "digital securities," any transaction in those shares, and the resulting changes in ownership of the shares, in a form that is available to multiple securities market participants (e.g., investors, brokers, regulators)".

e segurança aos registros de propriedade; já a descentralização da *blockchain* reduz a dependência de autoridades centralizadas para validar transações,[82] promovendo uma abordagem mais resistente a fraudes no que tange aos direitos de propriedade, o que, a seu turno, interfere em tentativas de locupletamento.

O direito restitutório, que visa restaurar a situação prévia à obtenção indevida de vantagem, parece sinalizar caminhos mais profícuos para a tutela do locupletamento oriundo da exploração digital dos *tokens*, pois a possibilidade de rastrear e recuperar valores que foram transferidos pode ser facilitada em razão dos códigos *hash*.[83]

No âmbito normativo, é viável a análise da justa causa para o enriquecimento como resultado da determinação emanada por uma norma que, além de ser cogente, deve atender a todos os requisitos e detalhes estabelecidos. A potencial obsolescência do instituto do enriquecimento sem causa, conforme delineado no artigo 884 do Código Civil brasileiro, pode ser analisada à luz das características intrínsecas da *blockchain* e dos *tokens*, que oferecem um novo paradigma para a gestão de transações e contratos. Isso porque a sua natureza descentralizada confere transparência e imutabilidade aos registros, eliminando a possibilidade de alterações retroativas em cada transação,[84] o que reduz incertezas e contestações em alegações de enriquecimento sem causa.[85]

Existem situações em que a atribuição patrimonial é justificada por ato da própria vítima, mesmo na ausência de norma cogente ou ato jurídico que fundamente o enriquecimento, tornando-o injustificado. Porém, os modelos registrais autoexecutáveis, associados aos *tokens* na *blockchain*, são autônomos e possibilitam a automatização de acordos contratuais.[86] Essa automatização, no

---

82. KAAL, Wulf A. Digital asset market evolution, cit., p. 912-913.
83. DE FILIPPI, Primavera; WRIGHT, Aaron. *Blockchain and the Law*, cit., p. 22. Destacam: "The core components of a block's header are a unique fingerprint (or a hash) of all transactions contained in that block, along with a timestamp and – importantly – a hash of the previous block".
84. WERBACH, Kevin. *The blockchain and the new architecture of trust*, cit., p. 30. Comenta, citando o exemplo das transações com *Bitcoins*: "Blockchain trust is intangible. You cannot see a bitcoin; it is just a set of transaction records on a distributed ledger. Yet that is hardly unique in today's world. We accept that our bank accounts represent actual money and our stock purchases represent real equity, even though we view them electronically. Intellectual property rights such as copyrights, trademarks, and patents are valuable sources of competitive advantage and alienable assets in themselves. Furthermore, intangibility is a standard issue with all online interactions".
85. De fato, "[o] problema da identificação do enriquecimento "sem causa" consiste em distinguir entre as vantagens patrimoniais que uma pessoa pode obter na vida de relação, aquelas que – embora não chegando ao extremo de serem consequências de comportamentos antijurídicos ou fatos ilícitos (que envolveriam uma responsabilidade pelo de danos) – determinam todavia uma obrigação de restituição, visto não se encontrarem dotadas de justificação suficiente em face do direito". ROSENVALD, Nelson. *A responsabilidade civil pelo ilícito lucrativo*, cit., p. 386.
86. DE FILIPPI, Primavera; WRIGHT, Aaron. *Blockchain and the Law*, cit., p. 75.

contexto de transações passíveis de enquadramento como enriquecimento sem causa, diminui a margem para litígios ao eliminar ambiguidades e assegurar uma execução eficiente e, do ponto de vista técnico, inquestionável.[87] Nessas circunstâncias particulares, o máximo que pode ocorrer é o 'enriquecimento imposto', que permite a restituição apenas em circunstâncias excepcionais, exigindo boa-fé da vítima ou sua ciência, aliada à inércia em impedir a prestação do enriquecido, considerando presumível a onerosidade da intervenção.

No mais, a unicidade do código *hash* na *blockchain* assegura a rastreabilidade e autenticidade dos ativos digitais, oferecendo um mecanismo confiável para identificar a origem e titularidade, e isso, no contexto do enriquecimento sem causa, proporciona clareza crucial para a constatação da idoneidade da transação, o que sufraga o requisito de "justa causa" do instituto.[88] Dessa forma, a distinção entre as vantagens patrimoniais obtidas conduz à delimitação de situações específicas que resultam em uma obrigação restitutória, mesmo que não atinjam o âmbito da ilicitude.

Além disso, a descentralização da *blockchain* reduz a dependência de intermediários, eliminando custos associados a terceiros. Esse aspecto pode impactar positivamente as alegações de enriquecimento sem causa, uma vez que a redução da complexidade e custos operacionais nas transações fortalece a fundamentação das partes envolvidas.[89] Por sua vez, a validação consensual das transações na *blockchain* promove uma abordagem mais democrática e transparente, o que também afeta a "causa" do enriquecimento. Em síntese, a consensualidade atua como salvaguarda contra alegações injustificadas de enriquecimento, uma vez

---

87. Explica Yuliya Guseva: "The ERC-20 standard ensures uniform performance of non-native tokens and their transferability. ERC-20 tokens have some convenient standard functions, including transferring from one account to another, storing the tokens, checking the balances of token-owners, and setting and monitoring the total supply of the tokens. ERC-20 tokens can also have additional, non-standard functions specific to a project. To summarize, ERC-20 is a set of terms that a smart contract (which at its core is encoded commands) should include. The result, in simple terms, is akin to creating bricks of gold, bonds, shares of stock, or other assets online and letting some computer code do the distribution, check the balances, and serve as a transfer agent for these assets". GUSEVA, Yuliya. A conceptual framework for digital-asset securities, cit., p. 178.
88. Segundo Mafalda Miranda Barbosa, "[a] culpabilidade não se confunde com a "causalidade". Pode o epicentro da imputação objetiva residir na imputação subjetiva firmada, sem que, contudo, os dois planos se confundam. Condicionam-se dialeticamente, é certo, não indo ao ponto de se identificar. O condicionamento dialéctico de que se dá conta passa pela repercussão do âmbito de relevância da culpa em sede de imputação objetiva. Isto é, a partir do momento em que o agente atua de forma dolosa, encabeçando uma esfera de risco, as exigências comunicadas em sede do que tradicionalmente era entendido como o nexo de causalidade atenuam-se". BARBOSA, Mafalda Miranda. *Blockchain* e responsabilidade civil: inquietações em torno de uma realidade nova. *Revista de Direito da Responsabilidade*, Coimbra, ano 1, p. 206-244, 2019. p. 240-241.
89. KAAL, Wulf A. Digital asset market evolution, cit., p. 916.

que as transações são amplamente aceitas pela rede, reforçando a credibilidade e confiança nas relações contratuais.[90]

É importante ressaltar que a mera atribuição patrimonial não é suficiente para avaliar a justa causa necessária para a configuração do enriquecimento sem causa, uma vez que este não depende da introdução de novo patrimônio, mas sim da valorização do patrimônio já existente. Quando essa atribuição ocorre em desacordo com os parâmetros de justiça, as normas de distribuição de bens devem considerar outros valores, a despeito da "causa".[91] Isso explica a complexidade na conceituação do preceito de justiça que compõe o mencionado pressuposto. Em resumo, não se pode ignorar a utilidade que uma avaliação mais objetiva traria para a identificação desse instituto.[92] É inegável que, para atender simultaneamente a todos esses vetores axiológicos, questiona-se a suficiência do enriquecimento sem causa para condensar de maneira equitativa os contornos valorativos que todo preceito de justiça deve abranger, mesmo quando as atribuições patrimoniais são formalmente válidas.

A causa, além de influenciar a validade, pode impactar a eficácia do negócio jurídico se desaparecer após a celebração. Nos negócios jurídicos, a falta de cumprimento de uma das prestações dá origem à exceção de contrato não cumprido, podendo afetar tanto a validade quanto a eficácia do negócio. Em relação à atribuição patrimonial, é conduzida uma investigação mais ampla sobre a existência de uma razão que justifique a atribuição de uma posição jurídica ativa a um sujeito de direito, independente do negócio jurídico.[93]

Dessa forma, algumas atribuições patrimoniais derivam de um negócio jurídico, tornando-se dependentes de sua eficácia, enquanto outras originam-se de fatos jurídicos, distantes da disciplina dos contratos.

---

90. Com efeito: "The more significant aspect of blockchain trust is that it severs the connection between institutional actors and the trustworthy system. To accept a cryptocurrency transaction as valid is to trust the network it is based on, without necessarily trusting any individual participant or higher authority. One can accept the consensus of a distributed collection of independent computers as the true state of the ledger. In its simplest form, this is the trust revolution of the blockchain and distributed ledger technology. It imbues trust in collectives of machines, while draining it from those machines' human masters". WERBACH, Kevin. *The blockchain and the new architecture of trust*, cit., p. 30.
91. ROSENVALD, Nelson. *A responsabilidade civil pelo ilícito lucrativo*, cit., p. 386-387. Comenta: "Seja a "causa" explicada como a prática de um ato ilícito ou a proteção de um direito de propriedade, não é possível a nosso viso perpetuar a inserção da categoria da *Eingriffskondiktion* entre as hipóteses de enriquecimento injustificado, um "*last resort*", limitando-se uma tarefa auxiliar de "tapar buracos" para recepcionar fatos jurídicos que não aderem ao binômio ilícito/consenso".
92. HERIAN, Robert. *Regulating blockchain*, cit., p. 76-78.
93. A esse respeito, pondera Mário Júlio de Almeida Costa: "Mas tornar-se-á necessário que se consiga a vantagem económica imediatamente à custa do titular do direito à restituição? Repare-se que a relação entre o enriquecimento e o seu suporte por outrem pode ser directa ou indirecta". COSTA, Mário Júlio de Almeida. *Direito das obrigações*, cit., p. 430.

Todavia, não se pode deixar de considerar eventuais dificuldades pela natureza criptografada das transações, que pode indicar algum grau de anonimato. Assim, a dinâmica das cadeias de blocos também pode criar obstáculos à reversão de transações, uma vez que as transações são imutáveis e transparentes, mas não há um cadastro fidedigno que revele o titular – pessoa física ou jurídica – dos ativos 'tokenizados'.[94]

A exploração de *tokens* também levanta questões sobre a própria noção de restituição em um contexto no qual a vantagem é obtida por meio de ativos digitais, pois a restituição tradicional de bens tangíveis pode se tornar impraticável ou insuficiente. Note-se que a natureza intangível e global dos *tokens* pode desafiar a capacidade do sistema jurídico de fornecer uma solução eficaz de restituição, uma vez que a jurisdição e a identificação de ativos específicos podem ser desafiadoras.

De fato, à medida que a tecnologia avança e as formas de troca de valor evoluem, é imperativo que institutos jurídicos tradicionais sejam adaptados para enfrentar os novos desafios impostos pela transformação digital global.[95] Assim, a necessidade de revisitar e reinterpretar esses conceitos à luz das dinâmicas digitais é evidente, a fim de garantir a eficácia e a justiça das soluções legais em um ambiente de constante inovação.[96]

---

94. De Filippi e Wright comentam: "The technical design of blockchains therefore favors the *status quo*, making blockchain-based networks highly resistant to change. Nodes supporting a blockchain-based network ultimately have the power to decide whether to alter its state. If network participants aim to build an "immutable" database – as has been the case with Bitcoin so far – the data stored on a blockchain may never change once it has been recorded, unless it is compromised by malicious parties". DE FILIPPI, Primavera; WRIGHT, Aaron. *Blockchain and the Law*, cit., p. 37. Embora não seja impossível, do ponto de vista teórico, que se vulnere uma *blockchain* por código malicioso, qualquer tentativa nesse sentido esbarrará na inviabilidade derivada da própria natureza da estrutura técnica de uma rede pública auditável. Comenta Werbach: "In addition to avoiding disputes before they happen, a universal view of truth fosters auditability after the fact. If all the information is recorded on a single distributed ledger and any changes to that ledger are automatically and immutably recorded, auditing transactions becomes much easier. It no longer requires a forensic reconstruction of activity". WERBACH, Kevin. *The blockchain and the new architecture of trust*, cit., p. 81.
95. BARBOSA, Mafalda Miranda. Globalização, globalismo e global-digitalismo. *Revista de Direito da Responsabilidade*, Coimbra, ano 3, p. 626-667, 2021. p. 626.
96. RASI, Gaetano. Innovazione e progresso civile. In: RASI, Gaetano (a cura di). *Innovazioni tecnologiche e privacy*: sviluppo economico e progresso civile. Roma: Garante per la Protezione dei Dati Personali, 2005. p. 205. Diz: "Sappiamo dalla storia delle società umane, che le invenzioni scientifiche, la scienza applicata, le innovazioni di processo, di prodotto e di organizzazione, hanno quasi sempre rotto gli equilibri precedenti e, naturalmente, in questa rottura vi è stato un momento in cui è perduto qualcosa che era il progresso della società fino a quel momento. Tuttavia la coscienza civile, insieme con le nuove potenzialità tecniche, ha ricomposto gli equilibri infranti ad un livello superiore. Quindi le innovazioni tecnologiche che hanno potenziato l'uomo, lo hanno però anche costretto ad essere più responsabile. Se questa responsabilità individuale e collettiva non viene espressa automaticamente, prima o poi nelle società della democrazia rappresentativa la esprimono i parlamenti con le leggi".

Logo, a adaptação conceitual para abordar o enriquecimento sem causa e o direito restitutório no contexto da exploração de *tokens* pode envolver a consideração de novas abordagens jurídicas.[97] A criação de sistemas de rastreamento e registro transparentes pode facilitar a identificação e a comprovação de locupletamentos indevidos, tornando mais viável a busca por restituição. Isso pode envolver a colaboração entre entidades reguladoras, desenvolvedores de tecnologia e outros atores relevantes para garantir a integridade das transações envolvendo *tokens* e a responsabilidade civil se apresenta como instituto jurídico mais profícuo a esse desafio.

3.3 A RESPONSABILIDADE CIVIL COMO VIA ADEQUADA PARA A TUTELA DOS BENS DIGITAIS

A interseção entre bens digitais mistos e a responsabilidade civil configura um domínio jurídico dinâmico, que exige uma análise abrangente das implicações envolvidas, pois o objetivo é eliminar a vantagem obtida por alguém para transferi-la a quem de direito a partir da ampliação das funções da responsabilidade civil, uma vez que, como visto até o momento, a figura denominada pela doutrina brasileira como 'lucro da intervenção',[98] derivada de uma compreensão assertiva da dicotomia entre a responsabilidade civil e o enriquecimento sem causa, aproximando-se deste em detrimento daquela, não se sustenta para a tutela do locupletamento na Internet.[99]

Surge, assim, a questão crucial sobre a conduta que contraria o ordenamento jurídico, desafiando a integridade das relações patrimoniais e instigando a análise dos fundamentos normativos que orientam o sistema jurídico na disponibilização de remédios apropriados para a resolução do caso.[100] Nesse contexto, a responsa-

---

97. Com efeito e para fins de contextualização, reportando-se aos desafios relacionados à tributação, explica Dayana de Carvalho Uhdre: "A responsabilidade solidária e subsidiária pode ser imposta às plataformas digitais nos casos em que não sejam elas as responsáveis legais pelo recolhimento de IVA correspondente às operações por intermédio delas realizadas, ou seja, quando são os fornecedores usuários da plataforma quem permanecem sendo os responsáveis – principais – pelo imposto". UHDRE, Dayana de Carvalho. Tokenização, consumo de intangíveis e responsabilização das plataformas digitais: um novo (velho) problema? *Revista da Procuradoria-Geral do Estado do Paraná*, Curitiba, n. 14, p. 11-39, 2023. p. 21.
98. KONDER, Carlos Nelson. Enriquecimento sem causa e pagamento indevido, cit., p. 379-380.
99. Com efeito: "Os requisitos anacrônicos do enriquecimento sem causa são esfacelados por estruturas complexas definidas como "caixas-pretas" (*black boxes*), cujo modo de operação inviabiliza a aferição, por exemplo, de circunstâncias de justificação para o ato gerador do enriquecimento, sendo preferível sua substituição por outras soluções remediais, como o *disgorgement*". ROSENVALD, Nelson; FALEIROS JÚNIOR, José Luiz de Moura. "Disgorgement algorítmico", cit., p. 351.
100. Sobre o tema e sinalizando posicionamento em sentido similar ao ora defendido, comenta Vitor Pavan: "A responsabilidade civil foi pensada pelas suas transformações sempre em razão das deman-

bilidade civil emerge como instituto jurídico fundamental para abordar questões decorrentes da criação, distribuição e uso desses bens mistos.[101]

Com efeito, quando há ganhos ilícitos, a restituição passa a ser entendida como um 'gênero', o que permite ampliar o espectro remedial aplicável. Nesse ponto, sem qualquer pretensão de realizar uma importação de conceito jurídico estrangeiro, mas simplesmente visando adequado esclarecimento, a experiência do *common law* apresenta nuances específicas valiosas no que diz respeito aos *gain-based damages*.[102] Sabidamente, "o conceito, a tipologia e a gravidade dos danos que inspiram a formatação dos sistemas de responsabilidade civil ao longo dos tempos variaram sob uma perspectiva proporcional à própria transformação da sociedade".[103] De fato, a análise comparativa desse instituto oferece vantagens, uma vez que suas nuances podem proporcionar novas interpretações de temas tradicionais na experiência jurídica local, enriquecendo compreensões sobre os desafios impostos pela transformação social.

A responsabilidade civil encontra relevância no cenário dos bens digitais mistos de várias maneiras. Primeiramente, a natureza mista desses bens pode levantar questões sobre quem é o responsável por eventuais danos ou defeitos, o que permite a ampliação do escopo de investigação do risco para o próprio princípio da precaução.[104] Considerando que tanto componentes físicos quanto

---

das sociais, e tal aspecto, que lhe é intrínseco, não é diferente nos tempos contemporâneos. Assim, a multifuncionalidade da responsabilidade civil responde a essa complexidade, aos riscos sociais e à necessidade de tutela da pessoa. As funções reconhecidas dividem-se em quatro classes: reparatória, punitiva, preventiva e restitutória". PAVAN, Vitor Ottoboni. *Responsabilidade civil e ganhos ilícitos*, cit. p. 281-282.

101. ZAMPIER, Bruno. *Bens digitais*, cit., p. 117. Comenta: "Opta-se por denominar esses ativos como bens patrimoniais-existenciais por envolverem a um só tempo questões de cunho econômico e existenciais. Acredita-se que, com o evoluir do mundo digital, tais bens serão cada vez mais comuns, especialmente se for levado em conta que as manifestações do intelecto são monetizadas mais facilmente no ambiente virtual".

102. EDELMAN, James. *Gain-based damages*, cit., p. 21-22. O autor explica: "The terminological lesson of this chapter is therefore that the word "damages" can only mean money awards which respond to wrongs. "Compensatory damages" are clearly tied to the claimant's loss but "damages", unqualified, are it is recognised that the non-compensatory award of exemplary damages is legitimate, then there cannot be any objection to gain-based damages awards such as disgorgement damages, which are subject to fewer objections, solely on the basis that they do not operate to compensate for loss".

103. VENTURI, Thaís G. Pascoaloto. *Responsabilidade civil preventiva*: a proteção contra a violação dos direitos e a tutela inibitória material. São Paulo: Malheiros, 2014. p. 248.

104. Com efeito, anota Teresa Ancona Lopez: "Em suma, o fundamento jurídico do princípio da precaução (e também da prevenção) é a obrigação geral de segurança, que veio se acrescentar aos princípios da reparação integral e da solidariedade, com a crescente "socialização dos riscos". Portanto, estamos em plena evolução da responsabilidade civil, na qual há sempre acréscimos (por isso que é evolução) às teorias e paradigmas já cristalizados. O destaque para cada teoria ou doutrina vai depender do caso concreto". LOPEZ, Teresa Ancona. *Princípio da precaução e evolução da responsabilidade civil*. São Paulo: Quartier Latin, 2010. p. 240.

digitais podem contribuir para uma experiência ou uso inadequado, determinar a cadeia de responsabilidade pode ser um desafio. A identificação do interveniente culpado em um cenário no qual elementos tangíveis e intangíveis estão entrelaçados exige uma análise cuidadosa das interações complexas envolvidas.

Além disso, a responsabilidade civil também é relevante no contexto da comercialização e distribuição de bens digitais, pois a garantia de que tais bens atendam aos padrões de qualidade e segurança pode ser crucial para prevenir danos.[105] Assim, a exposição a riscos decorrentes de componentes digitais defeituosos ou maliciosos pode gerar obrigações legais para os provedores desses bens.[106] A determinação de padrões de diligência e garantias adequadas para bens digitais mistos requer a consideração das especificidades tanto dos aspectos tangíveis quanto dos intangíveis.[107]

A delimitação da antijuridicidade assume características singulares e desafiadoras quando contrastada com a noção de ilicitude, no contexto da valiosa condição da responsabilidade civil. Essa complexidade se evidencia na análise do enriquecimento sem causa, em que o aumento patrimonial de um sujeito, em detrimento de outro, carece de justificação legal ou contraprestação equivalente. Essa situação ocorre quando há um acréscimo patrimonial por parte de um agente, prejudicando terceiro, sem respaldo legal ou reciprocidade compensatória. Nesse contexto, surge a indagação central sobre a conduta que transgride o arcabouço jurídico, confrontando a integridade das relações patrimoniais e demandando a escrutinação dos princípios normativos que identificam uma conduta antijurídica geradora de enriquecimento.[108]

A responsabilidade civil também desempenha um papel no contexto da utilização de bens digitais mistos. A interação dos usuários com esses bens pode resultar em situações que envolvem danos físicos, lesões ou violações de priva-

---

105. KLOUS, Sander; WIELAARD, Nart. *We are Big Data*: the future of the information society. Amsterdã: Atlantis Press, 2016. p. 21-22.
106. WEBB, Charlie. *Reason and restitution*: a theory of unjust enrichment. Oxford: Oxford University Press, 2016. p. 70-72.
107. MOLINARO, Carlos Alberto; RUARO, Regina Linden. Propriedade intelectual e sociedade da informação: perspectivas internacionais e tecnológicas em economia da informação. *Revista de Estudos e Pesquisas Avançadas do Terceiro Setor*, Brasília, v. 5, n. 1, p. 166-221, jan./jun. 2018. p. 173-174.
108. A ideia de "justificação" é problemática e muito questionada pela doutrina, como esclarece Nelson Rosenvald: "É consequência natural da posição periférica do enriquecimento sem causa ser apenas aplicável quando o benefício injustificado não tenha decorrido de um ato ilícito ou de uma violação contratual. (...) Por mais que aparentemente represente um contrassenso uma sentença que exprima como "justificado" um enriquecimento proveniente de um ilícito, deve-se compreender o vocábulo "justificado" na acepção de um ganho cuja restituição é "fundamentada" em outro setor do direito obrigacional, dispensando a aplicação residual do enriquecimento sem causa". ROSENVALD, Nelson. *A responsabilidade civil pelo ilícito lucrativo*, cit., p. 391.

cidade.[109] A identificação das partes responsáveis por tais danos e a atribuição de responsabilidade podem depender da análise de elementos tangíveis e digitais envolvidos na situação. Além disso, a complexidade das interações digitais pode influenciar a forma como os danos são quantificados e reparados.[110]

A evolução da responsabilidade civil para abranger bens digitais mistos requer uma abordagem adaptativa e inovadora.[111] A compreensão das implicações técnicas e jurídicas desses bens é essencial para desenvolver normas e regulamentações que garantam a proteção dos direitos dos consumidores, a promoção da segurança e a justa alocação de responsabilidade.

Ao longo da história, a gradual redução da importância da ilicitude na avaliação do dano, associada à crescente preocupação com a vítima e sua reparação, em detrimento do ofensor e sua reprovação, conduziu a uma reestruturação dogmática da responsabilidade civil. A noção de dano injusto foi separada do ato ilícito,[112] e para permitir sua tutela jurídica *ex post*, evitando que todo e qualquer dano fosse objetivamente indenizável, os atributos de certeza e atualidade passaram a ser mais relevantes. Enfim, no contexto jurídico tradicional, a investigação dos lucros cessantes comumente apresenta complexidades, uma vez que requer a formulação de julgamentos baseados em probabilidades resultantes de uma análise minuciosa do nexo de causalidade.[113]

Assim, no que diz respeito à ilicitude, como núcleo essencial do enriquecimento sem causa, ela reflete a ausência de fundamento legal ou licitude na obtenção do aumento patrimonial. Identifica-se uma contravenção às normas jurídicas, uma vez que o ordenamento estabelece requisitos para a circulação adequada de ativos e riquezas entre as partes.[114] A aquisição de vantagens eco-

---

109. NORBERG, Patricia A.; HORNE, Daniel R.; HORNE, David A. The privacy paradox: personal information disclosure intentions versus behaviors. *Journal of Consumer Affairs*, [S.l], v. 41, n. 1, p. 100–126, 2007. p. 102-103.
110. Segundo Romualdo Baptista dos Santos, todos esses riscos, conjuntamente considerados, "estão relacionados ao processo de modernização da vida em sociedade, seja em razão da interferência do homem na natureza, seja em razão do desempenho de atividades necessárias ao modo de vida, seja ainda em consequência da exclusão das grandes massas populacionais em relação ao processo civilizatório". SANTOS, Romualdo Baptista dos. *Responsabilidade civil por dano enorme*. Curitiba/Porto: Juruá, 2018. p. 166.
111. BLANKE, Tobias. *Digital asset ecosystems*, cit., p. 128.
112. Comenta Nelson Rosenvald: "Quando a restituição é o remédio aplicado na responsabilidade civil, a pretensão é fundada no ilícito e não no enriquecimento injustificado do demandado". ROSENVALD, Nelson. *A responsabilidade civil pelo ilícito lucrativo*, cit., p. 391-392.
113. MAGADAN, Gabriel de Freitas Melro. *Responsabilidade civil extracontratual*: causalidade jurídica; seleção das consequências do dano. São Paulo: Editora dos Editores, 2019. p. 108-109.
114. Com efeito: "Where the law recognizes me as having an interest in determining the use and disposition of some item or advantage, it thereby recognizes a reason for restitution where that item or advantage is received by you without my consent. Unjust enrichment claims will, on occasion, test the boundaries of these interests, and of the legal protection they merit". WEBB, Charlie. *Reason and restitution*, cit., p. 85.

nômicas sem observar esses parâmetros constitui uma transgressão ao princípio da justiça, resultando em disparidades que abalam a estabilidade das relações jurídicas, seja pela aquisição indevida de um acréscimo patrimonial, seja pela causação não admitida de um dano.

Ao abordar a ilicitude, a ideia subjacente à intervenção geradora de lucro parte da prática de ato ilícito *lato sensu*, que viole direito alheio a ponto de gerar prejuízo tutelável pelo direito, o que abre margem às discussões sobre *disgorgement of profits* e *gain-based damages*.[115] Em contraste, o termo antijuridicidade não é sinônimo em todos os casos, especialmente quando se avalia o suporte fático que embasa a noção de contrariedade ao direito, ligada a elemento culposo que integre o ato (comissivo ou omissivo), e não o dano. Essa reconfiguração visa identificar o dano a partir da lesão a um interesse juridicamente tutelado pelo ordenamento jurídico. A noção de dano injusto foi separada do ato ilícito, e para permitir sua proteção jurídica *ex post*, evitando que todo dano seja objetivamente indenizável, os atributos de certeza e atualidade passaram a ter maior importância.

Então, a interseção entre bens digitais mistos e responsabilidade civil apresenta um campo de estudo desafiador e em constante evolução. A aplicação da responsabilidade civil a bens que incorporam elementos tangíveis e intangíveis exige uma abordagem holística que considere a complexidade das interações digitais e os padrões de conduta esperados.[116] A adaptação da responsabilidade civil para atender às dinâmicas dos bens digitais mistos é uma manifestação da natureza flexível e adaptativa do direito em resposta às inovações tecnológicas e suas implicações legais.

A análise do fenômeno do enriquecimento sem causa assume relevância substancial no âmbito doutrinário, incentivando uma investigação minuciosa de seus requisitos. Sua complexidade suscita contribuições acadêmicas para aprofundar o entendimento dos fundamentos que sustentam a proibição do enriquecimento sem causa no contexto jurídico. Isso implica considerações sobre

---

115. HONDIUS, Ewoud; JANSSEN, André. Original questionnaire: disgorgement of profits. In: HONDIUS, Ewoud; JANSSEN, André (Ed.). *Disgorgement of profits*: gain-based remedies throughout the world. Cham: Springer, 2015. p. 8-9. Comentam: "Despite the fact that there seem to exist reservations with regard to the acceptance of a general remedy "disgorgement damages" there are some branches of law where they are particularly discussed and often accepted. In contract law, often courts have characterised a breach of contract also constituting a concurrent breach of fiduciary duty in order to have recourse to disgorgement damages. In a lot of legal systems disgorgement damages in case of intellectual property rights infringements are accepted. Beside these remedies it is very likely that there are further functional equivalents for disgorgement damages in a lot of legal systems which cannot all be mentioned here. Some legal systems might for example contain specific legislation for breaches of fiduciary duties in order to disgorge unlawful profits (without imposing disgorgement damages)".
116. ROSENVALD, Nelson; FALEIROS JÚNIOR, José Luiz de Moura. "Disgorgement algorítmico", cit., p. 350-351.

seu valor para a tutela de situações jurídicas inovadoras, especialmente quando há a exploração indevida de bens imateriais alheios.

A causalidade direta e imediata tem suas raízes na concepção desdobrada da noção naturalística de causa e efeito, que historicamente impunha limites à tutela dos danos indiretos ou remotos. Essa abordagem, embora excluísse a ressarcibilidade do chamado dano indireto ou remoto, gerava, em alguns casos, grande injustiça. A teoria da causalidade direta e imediata está refletida em textos legais de vários ordenamentos, como o art. 403 do Código Civil de 2002, sendo alvo de críticas doutrinárias devido à confusão frequente entre causalidade e imputação, o que pode resultar em conflitos no cenário jurisprudencial.

Conforme consta do artigo 944, *caput*, do Código Civil, a indenização é medida pela extensão do dano.[117] Isso implica que todo indivíduo tem o dever, decorrente da convivência em sociedade, de evitar a prática de atos danosos que possam causar prejuízos aos demais membros do meio social. Dessa forma, compreende-se o dano como a supressão ou diminuição de uma condição favorável protegida pelo direito, incluindo tanto o dano patrimonial quanto o extrapatrimonial. O primeiro afeta diretamente o patrimônio do indivíduo, reduzindo suas posses. Por outro lado, o dano não patrimonial é aquele que atinge apenas o devedor como ser humano, sem prejudicar seu patrimônio. É relevante destacar que a quantificação dos danos extrapatrimoniais é tarefa complexa e que demanda compreensão específica de parâmetros de fixação. No Brasil, adota-se, a partir de pioneira proposta de Paulo de Tarso Sanseverino, um método bifásico,[118] pelo qual, na primeira fase, a análise baseia-se em precedentes jurisprudenciais similares, considerando o interesse jurídico lesado para estabelecer um valor inicial de indenização, e, na segunda fase, as circunstâncias específicas do caso são ponderadas para determinar o valor da indenização com base na interpretação analógica do artigo 953, parágrafo único, do Código Civil.[119]

Surgem questionamentos sobre o caráter subsidiário do instituto do enriquecimento sem causa ou sobre sua imprescindibilidade, em comparação a outros

---

117. Paulo de Tarso Sanseverino aduz que "o fundamento da reparação integral do dano, positivada no art. 944 do CC/2002, é o princípio da justiça comutativa ou corretiva". SANSEVERINO, Paulo de Tarso Vieira. *Princípio da reparação integral*, cit., p. 335.
118. O método bifásico é utilizado para calcular indenizações por danos morais e envolve duas fases: a primeira determina um valor base, e a segunda considera circunstâncias específicas do caso para aumentar ou diminuir esse valor. Sua aplicação tem sido gradual, com algumas inconsistências na sua utilização, tornando difícil compreender o peso de cada critério na determinação do valor final da indenização.
119. "Art. 953. (...) Parágrafo único. Se o ofendido não puder provar prejuízo material, caberá ao juiz fixar, equitativamente, o valor da indenização, na conformidade das circunstâncias do caso".

remédios, como a responsabilidade civil, na exata medida em que o princípio da reparação integral parece ostentar contornos mais amplos e flexíveis,[120] que o tornam apto a contemplar uma leitura mais abrangente da noção de ilícito, para absorver a possibilidade de reparação de "ilícitos lucrativos".[121] Isso é especialmente relevante quando se considera que a ilicitude pode se manifestar sem um dano indenizável, suscitando outras formas de tutela.

Nesse aspecto, a reponsabilidade civil se robustece a partir da já explorada *accountability*, indicada, no Brasil, a partir do princípio da "responsabilização e prestação de contas" que consta da LGPD e cada vez mais tende a ser acolhido.[122]

---

120. SANSEVERINO, Paulo de Tarso Vieira. *Princípio da reparação integral*, cit., p. 58. Comenta: "A plena reparação do dano deve corresponder à totalidade dos prejuízos efetivamente sofridos pela vítima do evento danoso (função compensatória), não podendo, entretanto, ultrapassá-los para evitar que a responsabilidade civil seja causa para o enriquecimento injustificado do prejudicado (função indenitária), devendo-se se estabelecer uma relação de efetiva equivalência entre a indenização e os prejuízos efetivos derivados dos danos com avaliação em concreto pelo juiz (função concretizadora do prejuízo real)".
121. Diz a doutrina: "(...) os estudiosos comungam da ideia de que é melhor uma legislação com um propósito geral do que uma proliferação de textos com escopo limitado. Finalmente, o termo escolhido pela doutrina francesa para se referir ao *disgorgement* é: 'ilícito lucrativo'". ROSENVALD, Nelson. *A responsabilidade civil pelo ilícito lucrativo*, cit., p. 393. De fato, a nomenclatura é citada por Michel Séjean: "The disgorgement of illicit profits is the subject of much scholarly debate. Whatever their views, sometimes widely diverging, authors have some points in common. Firstly, they all argue for a legal framework to end the legal uncertainty resulting from the lack of transparency in disgorging illicit profits. Secondly, they all pin their hopes on tort law as an instrument for disgorging illicit profits. A trend is therefore developing, moving away from the monopoly of full compensation and towards other purposes assigned to tort law and assumed in broad daylight. The third point authors have in common is the idea that to effectively combat illicit profit-making, legislation with general scope rather than a sectoral approach is required that leads to a proliferation of texts with limited scope. Finally, the fourth point on which authors agree is the term chosen to refer to the offence warranting disgorgement of illicit profits: 'profitable tort'. This is where agreement ends. Because as soon as the issue of how tort law should frame the disgorgement of illicit profits, differences abound. These differences go right back to the question of how to define 'profitable tort'. Two very different definitions have been proposed". SÉJEAN, Michel. The disgorgement of illicit profits in French Law. In: HONDIUS, Ewoud; JANSSEN, André (Ed.). *Disgorgement of profits*: gain-based remedies throughout the world. Cham: Springer, 2015. p. 130.
122. O exemplo mais relevante é o do Projeto de Lei 2338/2023, que pode vir a tornar-se o marco regulatório da inteligência artificial no Brasil, e que acolhe expressamente o princípio da responsabilização e prestação de contas em seu artigo 3º, inciso X, a saber: "Art. 3º O desenvolvimento, a implementação e o uso de sistemas de inteligência artificial observarão a boa-fé e os seguintes princípios: (...) X – prestação de contas, responsabilização e reparação integral de danos". Também merece transcrição o inciso subsequente, que acolhe os princípios da prevenção e da precaução: "(...) XI – prevenção, precaução e mitigação de riscos sistêmicos derivados de usos intencionais ou não intencionais e efeitos não previstos de sistemas de inteligência artificial". Se aprovado, sancionado e promulgado, o projeto de lei tende a elastecer as discussões sobre o caráter polifuncional da responsabilidade civil, o que inegavelmente se alinha às tendências e aos desafios mais contemporâneos da matéria. Sugere-se a leitura, nesse ponto, da nota técnica da Autoridade Nacional de Proteção de Dados – ANPD sobre o projeto de lei: BRASIL. Autoridade Nacional de Proteção de Dados. Coordenação-Geral de Tecnologia e Pesquisa. Nota Técnica 16/2023/

Trata-se de manifestação da função preventiva da responsabilidade civil, que desempenha um papel crucial na identificação e quantificação das responsabilidades, sendo fundamental tanto para a imposição de sanções administrativas quanto para a responsabilidade civil. Esta abordagem abrangente da *accountability* reconhece a complexidade das questões relacionadas aos dados pessoais, buscando soluções proporcionais e adequadas.[123]

Vale ressaltar que a *accountability* não substitui a noção de *liability* – palavra inglesa que reflete contextualmente a função reparatória clássica da responsabilidade civil – mas atua como complemento. Enquanto a *liability* trata da compensação por danos já ocorridos, a *accountability* concentra-se na prevenção e responsabilização antes que danos se materializem.[124] Ambos os conceitos desempenham papéis essenciais na proteção dos direitos dos titulares de dados e de vítimas de exploração indevida de situações jurídicas existenciais (que propiciam lucros indiretos) ou de bens digitais mistos.[125]

Na era da pujança informacional, em que o *Big Data* e a Internet das Coisas desempenham papéis significativos, a *accountability* assume ainda mais relevância. Ela capacita as organizações a lidarem de maneira responsável, ética e transparente com os desafios apresentados pela sociedade da informação.

Em todas essas propostas, o risco emerge como elemento central, destacando a importância da noção de perigo e da precaução no estudo de qualquer tecnologia. A comprovação ou a potencialidade (hipotética) do risco não exclui a relevância dos princípios da prevenção e da precaução. Isso ocorre porque qualquer forma de "novo dano" suscita uma certa empolgação e, conforme alerta Ulrich Beck, induz suposições de aceitação social de novas tecnologias – mesmo

---

CGTP/ANPD. 20 out. 2023. Disponível em: https://www.gov.br/anpd/pt-br/assuntos/noticias/Nota_Tecnica_16ANPDIA.pdf Acesso em: 14 nov. 2023.
123. BIONI, Bruno Ricardo. *Regulação e proteção de dados pessoais*, cit., p. 30.
124. KROLL, Joshua A. Accountability in Computer Systems. In: DUBBER, Markus; PASQUALE, Frank; DAS, Sunit (Ed.). *The Oxford Handbook of the Ethics of Artificial Intelligence*. Oxford: Oxford University Press, 2020. p. 183. E o autor esclarece: "Accountability is generally conceptualized with respect to some entity – a relationship that involves reporting information to that entity and in exchange receiving praise, disapproval, or consequences when appropriate. Successfully demanding accountability around an entity, person, system, or artifact requires establishing both ends of this relationship: Who or what answers to whom or to what? Additionally, to understand a discussion of or call for accountability in an AI system or application, it is critical to determine what things the system must answer for, that is, the information exchanged".
125. Interessante o comentário de Fernando Taveira Júnior: "Os *digital assets*, em sentido estrito, são bens jurídicos, objetos de relações jurídicas, sendo certo que o uso indevido dos arquivos eletrônicos podem violar, em diversas gradações, os direitos de personalidade da pessoa. Merecendo, nesse caso, receber a proteção própria destes direitos quando necessário". TAVEIRA JÚNIOR, Fernando. *Bens digitais (digital assets) e a sua proteção pelos direitos da personalidade*, cit., p. 155.

que não testadas – devido ao fato de o risco, de alguma maneira, se tornar inerente às diversas atividades da vida cotidiana.[126]

Disso se consegue extrair três grandes eixos de discussão: a revisitação do conceito de 'pretensão' no contexto da gestão automatizada de bens digitais, que se dá algoritmicamente, a necessidade de superação da subsidiariedade do enriquecimento sem causa e a flexibilização da noção de lucro (para contemplar a exploração indireta de conjuntos de dados que se convolem em situações jurídicas existenciais) e a necessidade de ressignificar a figura do 'interventor',[127] que quase sempre será um agente autônomo que opera por decisões automatizadas, e não uma pessoa. A responsabilidade civil, como instituto jurídico, comporta todas essas mudanças; o enriquecimento sem causa, nos moldes em que está tutelado na legislação pátria, não.

3.3.1 O conceito de pretensão e a gestão automatizada de bens digitais

O conceito jurídico de pretensão desempenha um papel central na determinação dos direitos e obrigações das partes envolvidas em um litígio, uma vez que é ela que representa a busca de uma solução ou reparação por parte de um indivíduo ou entidade que alega ter sofrido um dano ou uma violação de direitos subjetivos. No entanto, a dinâmica dos atos autônomos, de procedimentalização algorítmica, pode introduzir complexidades nesse cenário, desafiando a aplicação tradicional do conceito.

Não se questiona que os atos autônomos são ações ou decisões tomadas por um agente sem a necessidade de uma pretensão (ou de qualquer manifestação volitiva) anterior. Isso significa que o agente age de maneira independente, sem ser provocado por uma ação anterior de terceiros. A existência dos atos autônomos levanta questões sobre a própria base da pretensão, tendo em vista que essa base muitas vezes pressupõe uma ação anterior que justifique a busca por reparação ou solução, que não ocorre nos ilícitos lucrativos perpetrados na Internet.

---

126. BECK, Ulrich. *Risk society*: towards a new modernity. Tradução do alemão para o inglês de Mark Ritter. Londres: Sage Publications, 1992. p. 6. Anota: "It is common to suppose that when there is no open public conflict about the risks of some technology, chemical or the like, this is evidence of positive public acceptance of the risks, or of the full social package of risk-technology-institutions".
127. Trata-se, como já foi dito no capítulo precedente, de figura prescindível para a configuração dos pressupostos do enriquecimento sem causa, em seus moldes tradicionais, cf. COSTA, Mário Júlio de Almeida. *Direito das obrigações*, cit., p. 437. Não obstante, o desafio que apresenta é de maior complexidade, pois já se nota que, na Internet, há mais de um agente obtendo lucro indevido pela exploração de bens digitais, pois a dinâmica é usualmente automatizada, regida por algoritmos, o que realça os desafios impostos ao intérprete na identificação do elemento volitivo que subjaz à prescindibilidade do interventor.

No entanto, a análise dos atos autônomos dentro do conceito de pretensão não deve ser absoluta. Embora os atos autônomos possam ocorrer sem a provocação de terceiros, eles ainda podem causar danos ou violações de direitos que justifiquem a busca por reparação ou solução. Nesse sentido, a interpretação da pretensão deve considerar a natureza da ação autônoma, os princípios legais subjacentes e a equidade entre as partes envolvidas.

A complexidade aumenta quando se trata de atos autônomos em ambientes regidos por sistemas de inteligência artificial, pois a rápida disseminação de informações que serão utilizadas para nortear a operacionalização algorítmica em plataformas on-line, como o YouTube, no já explorado exemplo do algoritmo Content ID, podem levar a situações em que lucros são extraídos quase instantaneamente, sem que haja uma pretensão formal anterior. A atribuição de responsabilidade em tais casos pode ser desafiadora, uma vez que os atos autônomos podem ser descentralizados e envolver múltiplos agentes, sendo esta a razão pela qual os *gain-based damages* se mostram tão profícuos.[128] Vale dizer: essa categoria mais ampla de origem anglo-saxã pode ser dessumida remédios restitutórios diversos, como a indenização restitutória (*restitutionary damages*[129]) e a remoção de ganhos ilícitos (*disgorgement of profits*), ambas com viabilidade jurídica em sistemas jurídicos da Europa continental,[130] a exemplo

---

128. É o que defende Charlie Webb: "Nonetheless, if unjust enrichment is to merit a place alongside contract and tort as a basic organizing category of the law, it will be by virtue of the second of these ideas. (...) The starting point for accounts of the law of unjust enrichment was the observation that there existed a collection of cases and doctrines, traditionally scattered over a range of categories and falling under a variety of headings, which imposed liability which was, in one way or another, gain-based". WEBB, Charlie. *Reason and restitution*, cit., p. 34.
129. EDELMAN, James. *Gain-based damages*, cit., p. 41. O autor explica detalhadamente: "Considering a shared principle of unjust enrichment as the basis for restitutionary damages for a wrong encourages the view that the two actions are really a single action in non-wrongful unjust enrichment. This view can only be easily dispelled by emphasising that in one case the cause of action is based on the wrong and, in the other, on the non-wrongful unjust enrichment. This is most clearly done by accepting that wrongs which allow the response of restitutionary damages are part of the law of wrongs and actions in non-wrongful unjust enrichment which allow the response of restitution are part of the law of unjust enrichment. This point is again emphasised in chapter three where it is noted that the actions, because they are based upon different elements, can lead to different results, although they may share an available response of reversing transfers. Examples considered in chapter three where differences could arise are in the availability of defences, awards of interest, limitation periods, choice of law rules and, most importantly, instances in which an action for restitutionary damages for a wrong exists but where there is no corresponding action for nonwrongful unjust enrichment. Indeed, in the context of determining the jurisdiction in which an action can be brought in private international law, courts now adopt a distinction between actions in "unjust enrichment" and actions in "tort" (which, as noted above, includes actions for equitable wrongs)".
130. Os exemplos são muito interessantes e foram condensados por Ewoud Hondius e André Janssen em obra coletiva que apresenta múltiplas perspectivas internacionais, cf. HONDIUS, Ewoud; JANSSEN, André. Disgorgement of profits: gain-based remedies throughout the world. In: HONDIUS, Ewoud;

de Portugal,[131] França[132] e Alemanha,[133] a despeito do conservadorismo que ainda insiste em defender a preponderância do enriquecimento sem causa com todas as suas vicissitudes.[134]

Logo, a relação entre o conceito de pretensão e os atos autônomos é complexa e multifacetada, pois, enquanto a pretensão tradicionalmente pressupõe uma ação anterior que justifica a busca por reparação, a existência dos atos autônomos desafia essa suposição. A sua interpretação deve evoluir para abordar casos de atos autônomos, considerando os princípios legais subjacentes, a natureza das ações e a equidade entre as partes. Em um cenário digital, no qual a velocidade e

---

JANSSEN, André (Ed.). *Disgorgement of profits*: gain-based remedies throughout the world. Cham: Springer, 2015. p. 471-507.

131. No caso de Portugal, Henrique Sousa Antunes, ainda que com alguma relutância, indica potencial abertura: "The opening up of the common law system to social evolution explains the creativity of legal solutions, even in branches with a strong historical tradition such as that of private law. (...) The protection of intellectual property, consumer rights, competition relations, or the collective exercise of rights has revealed the importance of the issue of private enforcement. There has therefore been a greater openness of the courts and lawyers towards a new understanding of the function of the traditional legal systems, such as compensation for moral damages. We may consider the illegal profit gained from publicly exposing the private life of a public figure. The greed shown by the party causing the injury and the profit gained from the action have led to judicial decisions which include the profits in the calculation of damages. Compensation is also an expression of the patrimonial benefit acquired from the illegal use of actual utilities. It is a gain which corresponds to a loss of the injured party". ANTUNES, Henrique Sousa. Disgorgement of profits in Portugal: a journey between the present and the future. In: HONDIUS, Ewoud; JANSSEN, André (Ed.). *Disgorgement of profits*: gain-based remedies throughout the world. Cham: Springer, 2015. p. 184-185. Nesse trabalho, o posicionamento do autor se alinha a importante trabalho acadêmico anterior, no qual defendeu a relação entre os pressupostos da responsabilidade civil e o reconhecimento do dever de devolução de lucros ilegais e, até mesmo, de efeitos punitivos. Cf. ANTUNES, Henrique Sousa. *Da inclusão do lucro ilícito e de efeitos punitivos entre as consequências da responsabilidade civil extracontratual*. Coimbra: Coimbra Editora, 2011.

132. SÉJEAN, Michel. The disgorgement of illicit profits in French Law, cit., p. 131. Comenta: "By clearly separating the area of punishment from that of disgorgement, this view allows the law of disgorgement of illicit profits to develop fully within civil law, with no recourse to criminal law. Thus, the presumption of liability can be restored, because the principle of presumed innocence is side-lined".

133. É o que explica Tobias Helms: "Even though the Federal Supreme Court does not prescribe a true disgorgement of profits where rights of personality have been infringed, rather treating the illegal profit as a mere factor in the calculation of compensation for the infringement, the similarity to disgorgement of profits as a special form of compensation for the infringement of intangible property rights is immediately apparent: in both situations disgorgement of profits is employed as a measure to ensure extensive compensation of the injury, thus allowing the sanction to fulfill its role as a deterrent. However, achieving that goal in relation to infringements of rights of personality would necessitate the courts having the ability to order a genuine disgorgement of profits in particularly egregious cases of systematically calculated infringement". HELMS, Tobias. Disgorgement of profits in German Law. In: HONDIUS, Ewoud; JANSSEN, André (Ed.). *Disgorgement of profits*: gain-based remedies throughout the world. Cham: Springer, 2015. p. 226.

134. É o que explica Francisco Manuel Pereira Coelho: "Sabe-se como a doutrina tradicional – tradicional e ainda hoje quase unanimemente aceite – responde à questão de saber que lugar haja na responsabilidade civil para o enriquecimento do lesante: responde que não há lugar". COELHO, Francisco Manuel Pereira. *O enriquecimento e o dano*, cit., p. 27.

a complexidade dos atos autônomos são amplificadas, essa adaptação é essencial para garantir que a justiça seja alcançada e os direitos sejam protegidos, como parece ser o caso na tradição europeia, que caminha no sentido de abandonar a clássica definição de enriquecimento sem causa.

No Brasil, todavia, a doutrina ainda é enfática ao defender argumentos contrários[135] aos da vertente favorável[136] à ampliação polifuncional da responsabilidade civil para que abarque remédios restitutórios, sufragando o enriquecimento sem causa dos artigos 884 a 886 do Código Civil. Essa é a posição crítica é expressada por diversos autores, dos quais cita-se a posição de Aline de Miranda Valverde Terra, ao analisar o cenário brasileiro e indicar incompatibilidade da responsabilidade civil pátria com o "*disgorgement of profits*": "a legislação brasileira não inclui uma forma autônoma de danos designada como *disgorgement damages* (...) porque, no âmbito da responsabilidade civil, apenas dois tipos de danos são reconhecidos, a saber, o dano moral (...) e o dano patrimonial".[137]

---

135. Conferir, por exemplo: SCHREIBER, Anderson; SILVA, Rodrigo da Guia. Aspectos relevantes para a sistematização do lucro da intervenção no direito brasileiro, cit., p. 1-15; SCHREIBER, Anderson; SILVA, Rodrigo da Guia. Lucro da intervenção: perspectivas de qualificação e quantificação, cit., p. 203; SILVA, Rodrigo da Guia. *Enriquecimento sem causa*, cit., p. 120; SILVA, Rodrigo da Guia. Fontes das obrigações e regimes jurídicos obrigacionais gerais: em busca do papel da vedação ao enriquecimento sem causa no direito civil contemporâneo, cit., p. 146; TERRA, Aline de Miranda Valverde; GUEDES, Gisela Sampaio da Cruz. Considerações acerca da exclusão do lucro ilícito do patrimônio do agente ofensor, cit., p. 1-24; TERRA, Aline de Miranda Valverde; GUEDES, Gisela Sampaio da Cruz. Revisitando o lucro da intervenção, cit., p. 281-305; MORAES, Renato Duarte Franco de. *Enriquecimento sem causa e o enriquecimento por intervenção*, cit., p. 267-268; KONDER, Carlos Nelson. Dificuldades de uma abordagem unitária do lucro da intervenção, cit., p. 231-248; SILVA, Sabrina Jiukoski da. *A intervenção nos direitos subjetivos alheios*, cit., passim.

136. É o posicionamento, por exemplo, de: PAVAN, Vitor Ottoboni. *Responsabilidade civil e ganhos ilícitos*, cit. p. 281-282; MICHELON JR., Claudio. *Direito restitutório*, cit., p. 256; ROSENVALD, Nelson; FALEIROS JÚNIOR, José Luiz de Moura. "Disgorgement algorítmico", cit., p. 350-351; ROSENVALD, Nelson. *A responsabilidade civil pelo ilícito lucrativo*, cit., p. 553-561; BARBOSA, Caio César do Nascimento; GUIMARÃES, Glayder Daywerth Pereira; SILVA, Michael César. Contenção de ilícitos lucrativos no Brasil: o disgorgement of profits enquanto via restitutória. *Revista de Direito da Responsabilidade*, Coimbra, ano 2, p. 517-542, 2020; KFOURI NETO, Miguel; NOGAROLI, Rafaella. A aplicação do lucro da intervenção (*disgorgement of profits*) no direito civil brasileiro: um novo dano no campo da responsabilidade civil ou uma categoria de enriquecimento sem causa? In: TEPEDINO, Gustavo; MENEZES, Joyceane Bezerra de (Coord.). *Autonomia privada, liberdade existencial e direitos fundamentais*. Belo Horizonte: Fórum, 2019. p. 559-587.

137. TERRA, Aline de Miranda Valverde. Disgorgement of profits in Brazilian Law. In: HONDIUS, Ewoud; JANSSEN, André (Ed.). *Disgorgement of profits*: gain-based remedies throughout the world. Cham: Springer, 2015. p. 446, tradução livre. Confira-se o excerto original, em versão mais completa e detalhada: "Brazilian law includes no autonomous sort of damage designated disgorgement damages. This is so because in the sphere of civil responsibility only two types of damage are recognized, namely, moral damage, understood as injury to a person's dignity, which embraces in one single category all non-property damages; and property damage Brazilian law includes no autonomous sort of damage designated disgorgement damages. This is so because in the sphere of civil responsibility only two types of damage are recognized, namely, moral damage, understood as injury to a person's dignity, which embraces in one single category all non-property damages; and property damage".

A análise mais aprofundada da relação entre o conceito de pretensão e os atos autônomos revela a necessidade de uma abordagem flexível e adaptativa por parte do sistema jurídico. Enquanto a estrutura tradicional de pretensão muitas vezes se baseia na sequência causal entre uma ação prejudicial e a busca por reparação, os atos autônomos podem desafiar essa sequência causal ao ocorrerem independentemente de provocação externa e, usualmente, sem a devida explicabilidade.[138]

Nesse âmbito de discussão, seria viável explorar estruturas comparativas que proporcionariam condições mais precisas e bem delineadas para determinar o cumprimento das normas (*compliance*). Em outras palavras, embora a função preventiva baseada na *foreseeability* seja desejável, é necessário ir além, buscando um critério que atenda à função precaucional da responsabilidade civil.

Essa não é uma proposta isolada, uma vez que, na obra clássica de Stuart Russell e Peter Norvig, já se abordava a 'quantificação das incertezas': "Os agentes podem precisar lidar com a incerteza, seja devido à observabilidade parcial, ao não determinismo da incerteza ou a uma combinação dos dois".[139] Deve-se considerar, de maneira abrangente, as diversas funções da responsabilidade civil para formular respostas adequadas. Do contrário, como alerta Ugo Pagallo, todos os envolvidos na cadeia produtiva e de uso desses sistemas assumiriam os riscos da responsabilidade civil por danos causados por essas máquinas "24 horas por dia".[140]

Em resumo, a transição da *liability* para a *accountability* na LGPD representa uma expansão do conceito de responsabilidade civil. Essa mudança reflete a necessidade de uma abordagem mais abrangente, proativa e ética para proteger os direitos dos titulares de bens digitais. À medida que o cenário de dados continua a evoluir, a *accountability* se torna uma pedra angular na construção de uma sociedade da informação mais justa e transparente.

---

138. Com efeito: "Answerability includes not just the notion that answers exist, but that individuals or organizations can be made to answer for outcomes of their behavior or of the behavior of tools they make use of… if we want to know that an AI system is performing "ethically", we cannot expect to "implement ethics in the system" as is often suggested. Rather, we must design the system to be functional in context, including contexts of oversight and review". KROLL, Joshua A. Accountability in Computer Systems, cit., p. 188.

139. RUSSELL, Stuart J.; NORVIG, Peter. *Artificial Intelligence*: a modern approach. 3. ed. Boston: Pearson, 2016. p. 480, tradução livre. No original: "Agents may need to handle uncertainty, whether due to partial observability, uncertainty nondeterminism, or a combination of the two".

140. PAGALLO, Ugo. *The laws of robots*: Crimes, contracts, and torts. Law, governance and technology series, v. 10. Cham/Heidelberg: Springer, 2013. p. 132. Com efeito: "Therefore, under strict liability rules for vicarious responsibility, owners and users of robots would be held strictly responsible for the behavior of their machines 24-h a day, whereas, at times, negligence-based liability would add up to (but never avert) such strict liability regime".

No entanto, é crucial evitar uma abordagem excessivamente ampla que possa levar a um aumento excessivo de litígios ou à responsabilização injusta de indivíduos ou entidades por danos que não estão diretamente relacionados a atos autônomos. A delimitação clara dos critérios para reconhecimento de uma pretensão em casos de atos autônomos é fundamental para garantir a justiça e a equidade.[141]

Além disso, a evolução do conceito de pretensão para abranger atos autônomos deve ser acompanhada por uma revisão dos mecanismos de prova e da coleta de evidências. A natureza descentralizada e rápida dos atos autônomos no mundo digital pode tornar a coleta de provas mais desafiadora.[142] Portanto, é importante explorar soluções tecnológicas que permitam a preservação e a documentação adequada de tais atos.

Em breve conclusão, a relação entre o conceito de pretensão e os atos autônomos é uma área de estudo em constante evolução. A adaptação do sistema jurídico para abordar os desafios apresentados pelos atos autônomos requer uma abordagem cuidadosa que equilibre a proteção dos direitos das vítimas com a necessidade de evitar uma expansão descontrolada do conceito de pretensão. A análise dos princípios legais subjacentes, a consideração das especificidades dos casos e a exploração de soluções tecnológicas são elementos essenciais para a interação entre pretensão e atos autônomos.[143]

3.3.1.1 Expansão do conceito de ilícito na responsabilidade civil

O conceito de locupletamento alocado na responsabilidade civil apresenta uma dinâmica fundamental na busca pela justa compensação por danos e enri-

---

141. BOSTROM, Nick; YUDKOWSKY, Eliezer. The ethics of Artificial Intelligence. In: FRANKISH, Keith; RAMSEY, William M. (Ed.). *The Cambridge Handbook of Artificial Intelligence*. Cambridge: Cambridge University Press, 2014. p. 316-317. Comentam: "AI algorithms play an increasingly large role in modern society, though usually not labeled "AI". The scenario described above might be transpiring even as we write. It will become increasingly important to develop AI algorithms that are not just powerful and scalable, but also transparent to inspection – to name one of many socially important properties. Some challenges of machine ethics are much like many other challenges involved in designing machines".
142. O problema, na hipótese, é estritamente técnico: "There are many classic algorithms that are designed to search spaces for an optimum solution. In fact, there are so many algorithms that it's natural to wonder why there's such a plethora of choices. The sad answer is that none of these traditional methods is robust. Every time the problem changes you have to change the algorithm. This is one of the primary shortcomings of the well-established optimization techniques. There's a method for every problem – the problem is that most people only know one method, or maybe a few. So they often get stuck using the wrong tool to attack their problems and consequently generate poor results". MICHALEWICZ, Zbigniew; FOGEL, David B. *How to solve it*: Modern heuristics. Cham: Springer, 2000. p. 55.
143. TVERSKY, Amos; KAHNEMAN, Daniel. Belief in the law of small numbers. In: KAHNEMAN, Daniel; SLOVIC, Paul; TVERSKY, Amos (Ed.). *Judgement under uncertainty*: heuristics and biases. 16. reimpr. Cambridge: Cambridge University Press, 2001. p. 23.

quecimento injusto. O locupletamento, entendido como o enriquecimento sem causa em detrimento de outrem, encontra na responsabilidade civil um arcabouço legal para sua regulação e reparação. Nesse contexto, o sistema jurídico busca equilibrar os interesses das partes envolvidas, promovendo a restauração do equilíbrio patrimonial e a deslocação patrimonial da vantagem injusta obtida, mas sem a predominância dos requisitos já conhecidos do enriquecimento sem causa definido no Código Civil brasileiro.

Paulo de Tarso Sanseverino argumenta que "o princípio da reparação integral do dano, estabelecido no art. 944 do CC/2002, fundamenta-se na justiça comutativa ou corretiva".[144] A exceção clássica a esse princípio está no parágrafo único do mesmo artigo: "Se houver excessiva desproporção entre a gravidade da culpa e o dano, poderá o juiz reduzir, equitativamente, a indenização".

Embora o termo "culpa" seja utilizado, é importante destacar que a doutrina já incorporou interpretações específicas que ampliam a aplicação da norma para a responsabilidade civil objetiva.[145] O Ministro Sanseverino, com pioneirismo, defendia que "a cláusula geral de redução prevista no parágrafo único do art. 944 do CC/2002 pode incidir também na responsabilidade objetiva, substituindo-se a expressão 'gravidade da culpa' por 'relevância da causa'".[146]

Essa premissa sempre fez sentido pela finalidade do dispositivo, e a sofisticação tecnológica amplia os horizontes da reparação integral, abrindo possibilidades para interpretações específicas, como a expansão do princípio da reparação integral para permitir a mitigação da responsabilidade do agente de tratamento de dados que comprove ter cumprido o princípio da *accountability*.

Alocar o locupletamento dentro da responsabilidade civil envolve a identificação de situações em que um agente se enriqueceu às custas de outro sem justa causa. A responsabilidade civil desempenha o papel de instituto por meio do qual a vítima pode buscar a restituição ou a compensação pelo dano patrimonial sofrido. A alocação do locupletamento exige uma análise cuidadosa das circunstâncias envolvidas, incluindo a identificação do agente beneficiado, a quantificação do enriquecimento e a relação causal entre o ato e o ganho obtido.

---

144. SANSEVERINO, Paulo de Tarso Vieira. *Princípio da reparação integral*, cit., p. 335.
145. Durante a I Jornada de Direito Civil do Conselho da Justiça Federal, foi aprovado o Enunciado 46, que delimitava sua abrangência: "A possibilidade de redução do montante da indenização em face do grau de culpa do agente, estabelecida no parágrafo único do art. 944 do novo Código Civil, deve ser interpretada restritivamente, por representar uma exceção ao princípio da reparação integral do dano[,] não se aplicando às hipóteses de responsabilidade objetiva". No entanto, esse entendimento foi revisado durante a IV Jornada de Direito Civil, resultando na aprovação do Enunciado 380: "Atribui-se nova redação ao Enunciado 46 da I Jornada de Direito Civil, pela supressão da parte final: não se aplicando às hipóteses de responsabilidade objetiva".
146. SANSEVERINO, Paulo de Tarso Vieira. *Princípio da reparação integral*, cit., p. 335.

A responsabilidade civil proporciona um contexto jurídico que permite que a vítima busque a reparação não apenas de danos causados diretamente, mas também de situações em que o enriquecimento indevido ocorre à custa da vítima.[147] Esse conceito é particularmente relevante em casos em que não existe uma relação contratual direta entre as partes, mas onde ainda se reconhece uma obrigação moral ou legal de compensar o prejudicado pelo locupletamento indevido.[148]

A alocação do locupletamento na responsabilidade civil também ressalta a importância do princípio da restituição integral, que visa devolver à vítima o que foi injustamente adquirido pelo agente.[149] A restituição integral busca eliminar o ganho ilícito e restaurar o equilíbrio patrimonial, tal como o enriquecimento sem causa, sendo um dos pilares fundamentais da responsabilidade civil em casos de locupletamento.[150]

No contexto da responsabilidade civil, a alocação do locupletamento implica a aplicação de regras e critérios para quantificar a compensação devida. Isso pode envolver a avaliação do valor do enriquecimento obtido pelo agente, a dedução de despesas legítimas e a consideração das circunstâncias específicas do caso.[151] A alocação do locupletamento requer, portanto, uma análise detalhada das questões fáticas e jurídicas para determinar a extensão da compensação devida à vítima.

A alocação do locupletamento na responsabilidade civil é uma manifestação da busca por justiça e equidade no âmbito das relações jurídicas. A responsabilidade civil proporciona um meio pelo qual as vítimas podem buscar a restituição ou a compensação pelo enriquecimento sem causa de outrem. A análise cuidadosa das circunstâncias envolvidas, a quantificação precisa do enriquecimento e a aplicação do princípio da restituição integral são elementos essenciais para a adequada alocação do locupletamento na responsabilidade civil, visando a proteção dos direitos das partes envolvidas.

---

147. NANNI, Giovanni Ettore. *Enriquecimento sem causa*, cit., p. 250.
148. COELHO, Francisco Manuel Pereira. *O enriquecimento e o dano*, cit., p. 67.
149. MICHELON JR., Claudio. *Direito restitutório*, cit., p. 197-198.
150. Comenta Rosenvald: "Tanto a responsabilidade extracontratual como o enriquecimento injustificado procuram uma adequada alocação de recursos e objetivam a reposição de um equilíbrio rompido e uma distribuição equilibrada de direitos e interesses (...)". ROSENVALD, Nelson. *A responsabilidade civil pelo ilícito lucrativo*, cit., p. 399-400.
151. Vitor Pavan lembra que "a responsabilidade civil decorre da violação de um interesse jurídico tutelado ou da ameaça de violação, podendo tanto atuar *ex post facto* quanto *ex ante*, sendo que a segunda forma de atuação deve ser potencializada na sociedade contemporânea". PAVAN, Vitor Ottoboni. *Responsabilidade civil e ganhos ilícitos*, cit. p. 281.

3.3.1.2 Ganhos ilícitos e bens digitais

Os ganhos ilícitos no contexto dos bens digitais refletem uma intersecção complexa entre a exploração econômica de recursos digitais e a ética do enriquecimento sem causa. Os bens digitais, representados por dados, conteúdos e serviços intangíveis disponibilizados on-line, proporcionam um ambiente propício para o surgimento de ganhos ilícitos devido à sua natureza replicável e amplamente acessível.[152] A exploração desses bens digitais pode ocorrer de maneira fraudulenta, infringindo direitos autorais, patentes ou envolvendo práticas comerciais enganosas.

A aquisição de ganhos ilícitos no contexto dos bens digitais pode envolver a usurpação de propriedade intelectual alheia. Por exemplo, indivíduos podem copiar e distribuir conteúdo digital protegido por direitos autorais, obtendo lucro sem a devida autorização do detentor dos direitos. Plataformas digitais também podem ser cúmplices nesse processo, permitindo a disseminação de conteúdo não autorizado e lucrando com a audiência gerada por esse material.[153]

Além disso, os ganhos ilícitos podem se originar da exploração indevida de dados pessoais. Empresas podem coletar informações sensíveis de usuários sem seu consentimento explícito e depois monetizar esses dados por meio de publicidade direcionada. Essa prática levanta preocupações éticas e legais sobre a privacidade e o controle sobre dados pessoais, bem como sobre a obtenção de ganhos financeiros sem a devida permissão dos indivíduos.[154]

A responsabilidade pela aquisição de ganhos ilícitos nos bens digitais não é exclusiva dos infratores diretos, mas também pode recair sobre plataformas digitais e intermediários.[155] Muitas vezes, esses intermediários podem se be-

---

152. Interessantes os apontamentos de Tobias Blanke: "Big data will better support transparency of digital content by integrating different data sets and providing easier access to them. The time required to search and find the right information is reduced immensely. In the field of digital asset management, this would mean that one has easier access to the right digital assets one needs for the production of an animation film or a marketing campaign. Furthermore, one has a greater choice of digital assets available and can potentially save on licences and avoid the risk of using digital assets with unclear rights attached to them. (...) Big data will help segment populations to customise actions, which means that one can target specific groups. For digital asset management, this implies that marketing assets can be better targeted or that digital assets can be more effectively distributed to relevant consumption groups. (...) Big data will enable clustering of digital assets for specific consumer needs. (...) Big data creates value, if computers can use these large data sets to support decisions about critical business functions using complex statistical algorithms. The more input data these computers have, the better they will work. For digital asset management, processes that are heavily dependent on human labour can be better supported". BLANKE, Tobias. *Digital asset ecosystems*, cit., p. 19.
153. NAVAS, Susana. Creativity of algorithms and copyright law. In: EBERS, Martin; NAVAS, Susana (Ed.). *Algorithms and law*. Cambridge: Cambridge University Press, 2020. p. 230-231.
154. WEBB, Charlie. *Reason and restitution*, cit., p. 93-96.
155. A esse respeito: "In particular, transnational practice is increasingly converging around systems of notice and takedown (and more or less demanding variants thereof) and on the imposition of some

neficiar financeiramente de atividades ilegais realizadas em suas plataformas, ampliando os desafios na identificação e atribuição de responsabilidade pelos ganhos ilícitos.

A combinação da natureza replicável, amplamente acessível e muitas vezes anônima dos bens digitais com a facilidade de distribuição e comercialização on-line cria um cenário propício para a obtenção de ganhos ilícitos.[156] A falta de regulamentação eficaz e a rápida evolução das práticas digitais podem dificultar ainda mais a identificação e o enfrentamento dessas práticas. Portanto, a abordagem desse problema requer uma combinação de esforços legais, tecnológicos e educacionais para coibir ganhos ilícitos, proteger os direitos dos detentores de propriedade intelectual e promover um ambiente digital ético e justo.[157]

No contexto dos bens digitais, ganhos ilícitos destacam as complexidades da exploração econômica em um ambiente digital. A exploração de propriedade intelectual alheia e a monetização indevida de dados pessoais são exemplos de práticas que podem gerar ganhos financeiros injustos. A identificação e a responsabilização de infratores diretos e intermediários, juntamente com regulamentações eficazes e educação do público, são fundamentais para abordar os desafios associados aos ganhos ilícitos em um mundo digital.

---

responsibility on intermediaries to stop wrongful conduct of third parties without finding them secondarily liable for the conduct of their users. The former mechanism requires a greater degree of transparency and public oversight in order to ensure its legitimacy, while the latter (if subject to the same public oversight) can not only assist in the prevention of wrongdoing but also help reduce the pressure to subject well-intentioned OSPs to threats of liability and thus to impede the provision of services vital to contemporary society. Both mechanisms are being developed pragmatically, and efficiency suggests that they should ideally be trans-substantive in nature, allowing OSPs a high degree of guidance regarding expected conduct. But effectuating the policies underlying the system of primary liability at issue in such cases requires that attention also be paid to the different public values at play in different legal claims". DINWOODIE, Graeme B. A comparative analysis of the secondary liability of online service providers. In: DINWOODIE, Graeme B. (Ed.). *Secondary liability of Internet service providers*. Cham: Springer, 2017. p. 72.

156. Sobre isso, pondera Rebecca Crootof: "Even as the potential for harm escalates, contract and tort law work in tandem to shield IoT companies from liability. Exculpatory clauses limit civil remedies, IoT devices' bundled object/service nature thwarts implied warranty claims, and contractual notice of remote interference precludes common law tort suits. Meanwhile, absent a better understanding of how IoT-enabled injuries operate and propagate, judges are likely to apply products liability and negligence standards narrowly, in ways that curtail corporate liability". CROOTOF, Rebecca. The Internet of Torts: expanding civil liability standards to address corporate remote interference. *Duke Law Journal*, Durham, v. 69, p. 583-667, 2019. p. 583.

157. Diz Hanoch Dagan: "Alongside autonomy, utility – frequently translated in law as efficiency – also ranks high in some restitution doctrines. Efficiency justifies applying rules of strict liability as crude proxies in cases of institutional mistakes, thus vindicating the emerging practice with respect to mistaken payments of banks and other financial institutions and severely undercutting the rationalizations of rules that limit restitution (…)". DAGAN, Hanoch. *Law and ethics of restitution*. Cambridge: Cambridge University Press, 2004. p. 330.

3.3.2 A superação da subsidiariedade do tema e a flexibilização da noção de lucro

A superação da subsidiariedade do tema da exploração ilícita de bens digitais e a flexibilização da noção de lucro são questões cruciais no contexto das relações jurídicas contemporâneas. A crescente complexidade das atividades digitais e a rapidez com que novas formas de exploração surgem desafiam a abordagem tradicional da subsidiariedade, que preconiza que a responsabilidade civil só surge após a ocorrência de uma infração prévia.

Nesse cenário, a necessidade de adaptação e reinterpretação da noção de lucro ganha destaque.[158] Além disso, a superação da subsidiariedade e a flexibilização da noção de lucro também demandam uma reflexão sobre a importância da prevenção e da educação no ambiente digital. Diante da rapidez com que as atividades digitais se desenvolvem, é imperativo que os usuários estejam cientes dos riscos e das práticas ilícitas que podem ocorrer on-line. A educação sobre direitos autorais, proteção de dados e práticas éticas no ambiente digital pode contribuir significativamente para reduzir a incidência de exploração ilícita de bens digitais.

A subsidiariedade, que sustenta que a responsabilidade civil deve ser acionada apenas quando outras soluções ou regulamentações falharem em prevenir o dano,[159] encontra dificuldades na esfera digital. A natureza rápida e descentralizada das atividades digitais muitas vezes resulta em danos antes que as medidas preventivas possam ser implementadas. Como resultado, a aplicação estrita da subsidiariedade pode levar à impunidade ou à falta de reparação para as vítimas de exploração de bens digitais.

Uma abordagem mais flexível da noção de lucro se faz necessária para capturar as nuances do enriquecimento ilícito no contexto digital. O conceito tradicional de lucro, que se concentra no ganho monetário direto, pode não abranger

---

158. Destaca a doutrina: "Aí se referem as propostas para, sobretudo a partir da ideia de uma função sancionatória e preventiva da responsabilidade civil a pôr ao lado da sua tradicional função reparadora ou reintegrativa, se tornar a indemnização dependente, não apenas do dano do lesado, senão ainda do enriquecimento do lesante. E aí se viu como semelhantes propostas não merecem acolhimento". COELHO, Francisco Manuel Pereira. *O enriquecimento e o dano*, cit., p. 67.
159. Explica Menezes Leitão: "Efectivamente, a responsabilidade civil visa remover os danos, só reprimindo o enriquecimento de uma forma indirecta e eventual. Pelo contrário, o enriquecimento sem causa visa reprimir o enriquecimento, só removendo o dano de uma forma indirecta e eventual. Esta diferente funcionalidade dos dois institutos parece colocar claramente em causa uma integral subsidiariedade da pretensão de restituição do enriquecimento em relação à pretensão de reparação do dano, atendendo à diferenciação do objeto e, portanto, à sua não sobreposição em ambas as pretensões". LEITÃO, Luís Manuel Teles de Menezes. *O enriquecimento sem causa no direito civil*, cit., p. 677.

todas as formas de exploração digital.[160] Na Internet, o lucro pode assumir diversas formas, como a obtenção de dados pessoais para fins de marketing direcionado ou o ganho de reputação em plataformas on-line. Portanto, a noção de lucro deve ser ampliada para incluir ganhos intangíveis e não monetários.

A superação da subsidiariedade e a flexibilização da noção de lucro exigem uma reavaliação das normas legais e regulatórias existentes. A adaptabilidade do sistema jurídico é fundamental para enfrentar os desafios da exploração de bens digitais, considerando as particularidades das atividades on-line e os desdobramentos rápidos e difusos que elas podem causar.[161]

Nesse sentido, a superação da subsidiariedade do tema da exploração ilícita de bens digitais e a flexibilização da noção de lucro são cruciais para enfrentar os desafios impostos pelo cenário digital. A rápida evolução das atividades digitais exige uma reavaliação das abordagens tradicionais de responsabilidade civil e uma ampliação da compreensão de lucro para incluir ganhos intangíveis. Somente através de uma abordagem adaptativa e colaborativa será possível garantir a justiça, a reparação adequada e a proteção dos direitos em um mundo digital em constante transformação.

Outro aspecto relevante é a consideração de abordagens tecnológicas para lidar com a exploração digital. A implementação de sistemas de detecção automatizada e algoritmos de análise pode auxiliar na identificação precoce de atividades ilícitas, permitindo uma resposta mais eficaz e ágil.[162] No entanto, é crucial que esses sistemas sejam desenvolvidos com transparência e responsabilidade, evitando discriminação injusta e violações de privacidade.

A questão da territorialidade também ganha destaque na superação da subsidiariedade e flexibilização da noção de lucro no contexto digital. As atividades digitais muitas vezes transcendem fronteiras geográficas, o que pode gerar desafios na aplicação de legislações nacionais.[163] A cooperação internacional e a harmonização de regulamentações são essenciais para enfrentar os

---

160. RESTA, Giorgio. The new frontiers of personality rights and the problem of commodification: European and Comparative perspectives. *Tulane European & Civil Law Forum*, Nova Orleans, v. 26, p. 33-65, 2011. p. 36-37.
161. ANDREJEVIC, Mark. *Automated media*, cit., p. 86-89.
162. BERNACHE, Richard. Social spambots. *Georgetown Law Technology Review*, Washington, DC, v. 4, p. 307-314, 2019. p. 312-314.
163. POSEZ, Alexis. La subsidiarité de l'enrichissement sans cause, cit., p. 245. Diz: "La condition de subsidiarité revêt donc bien, en définitive, une double signification. L'action fondée sur l'enrichissement sans cause est *recevable*, sans considération pour le fond du droit, si, étant admis que le déplacement de valeur contesté puisse ne pas se justifier en droit, aucun autre moyen juridique n'existe pour permettre à l'appauvri d'obtenir l'indemnisation réclamée, que cette autre action n'ait jamais existé, qu'elle ait disparu ou qu'elle soit tout simplement inefficace".

desafios transnacionais da exploração de bens digitais. Em síntese, a superação da subsidiariedade e a flexibilização da noção de lucro emergem como questões fundamentais no âmbito da exploração ilícita célere de bens digitais.[164]

A adaptação do sistema jurídico, a ampliação da compreensão de lucro, a educação do público, o uso responsável da tecnologia e a cooperação internacional são elementos interconectados que contribuem para uma abordagem mais eficaz e justa diante das complexidades do cenário digital. A busca por um equilíbrio entre a proteção dos direitos e a promoção da inovação e do crescimento econômico é o desafio que se coloca à sociedade contemporânea, na qual a exploração de bens digitais é um reflexo das transformações profundas que o mundo digital trouxe para nossa realidade.

3.3.3 Como 'voltar olhares' para o interventor não humano?

A crescente complexidade das interações digitais e a proliferação de atividades automatizadas em plataformas on-line levantam questões importantes sobre a responsabilidade e a tutela jurídica diante do locupletamento ilícito. No contexto das atividades digitais, a presença do interventor não humano, como algoritmos, sistemas de inteligência artificial e outras tecnologias automatizadas, compõe um novo desafio na busca por soluções eficazes para combater o enriquecimento sem causa.[165] Nesse cenário, a necessidade de "voltar olhares" para o interventor não humano emerge como uma abordagem que visa responsabilizar os agentes tecnológicos envolvidos e ir além do instituto tradicional do enriquecimento sem causa.

Os interventores não humanos, que muitas vezes desempenham um papel fundamental na viabilização de transações e interações on-line, podem ser vistos como atores relevantes na questão do locupletamento ilícito.[166] Plataformas digitais que empregam algoritmos para direcionar conteúdo ou personalizar serviços, por exemplo, podem desempenhar um papel indireto na obtenção de ganhos ilícitos, ao facilitar a disseminação de conteúdo infrator ou a exploração indevida de dados pessoais. Nesse sentido, para esses interventores não humanos

---

164. TAVEIRA JÚNIOR, Fernando. *Bens digitais (digital assets) e a sua proteção pelos direitos da personalidade*, cit., p. 197-198.
165. PEREL, Maayan; ELKIN-KOREN, Niva. Accountability in algorithmic copyright enforcement. *Stanford Technology Law Review*, Stanford, v. 19, p. 473-533, abr./jun. 2016. p. 484. Comentam: "The ease of digital copying and mass distribution gave rise to digital locks, digital rights management (DRM) systems, and technological protection measures (TPM), which enable rights-holders to technically prevent unauthorized access to and use of their copyrighted works".
166. PASQUALE, Frank. Data-informed duties in AI development. *Columbia Law Review*, Nova York, v. 119, p. 1917-1940, 2019. p. 1919-1920.

significa considerar sua contribuição na dinâmica do enriquecimento sem causa para que se encontre a melhor solução remedial.[167]

A tutela jurídica do locupletamento ilícito fora do instituto do enriquecimento sem causa requer uma análise criteriosa da participação dos interventores não humanos nas transações digitais. Isso envolve a avaliação de sua capacidade de discernimento, a delimitação de suas responsabilidades e a determinação das medidas apropriadas em caso de locupletamento ilícito facilitado por essas tecnologias.[168] O estabelecimento de padrões de conduta para algoritmos e sistemas automatizados, bem como a exigência de transparência algorítmica, são caminhos possíveis para responsabilizar os provedores que se valem de sistemas de inteligência artificial como interventores não humanos.[169]

Além disso, a consideração do papel dos interventores não humanos também destaca a necessidade de uma abordagem multidisciplinar. A colaboração entre especialistas em direito, ética, tecnologia e outras áreas é fundamental para desenvolver normas e regulamentações que levem em conta as implicações éticas e legais da atuação dessas tecnologias nas atividades digitais.[170] A criação de frameworks jurídicos que reconheçam o interventor não humano como um elemento ativo nas relações digitais pode fornecer uma base sólida para a atribuição de responsabilidade e a garantia de justiça no contexto do locupletamento ilícito.[171]

Em resumo, defende-se a necessidade de releitura específica para a tutela dos lucros obtidos por força da exploração algorítmica de bens digitais por interventores não humanos em plataformas digitais, na medida em que o locuple-

---

167. MADDEN, M. Stuart. Tort law through time and culture: themes of economic efficiency. In: MADDEN, M. Stuart (Ed.). *Exploring tort law*. Cambridge: Cambridge University Press, 2005. p. 12. Comenta: "This is to say, for example, a remedy that focuses on corrective justice will serve simultaneously the goals of disgorgement of unjust enrichment, morality, efficiency, deterrence, and so on".
168. RUSTAD, Michael L.; KOENIG, Thomas H. Rebooting cybertort law. *Washington Law Review*, Seattle, v. 80, p. 335-416, 2005. p. 401.
169. FLASIŃSKI, Mariusz. *Introduction to Artificial Intelligence*. Cham: Springer, 2016. p. 15-22.
170. VEGA, Italo S. Inteligência Artificial e tomada de decisão: a necessidade de agentes externos. In: FRAZÃO, Ana; MULHOLLAND, Caitlin (Coord.). *Inteligência Artificial e Direito*: ética, regulação e responsabilidade. São Paulo: Thomson Reuters Brasil, 2019. p. 108-109.
171. Segundo Monteiro Filho e Rosenvald: "A operação dos sistemas de IA geralmente depende de dados e outros inputs coletados pelos próprios sensores do sistema ou adicionadas por fontes externas. Isto acarreta problemas de causalidade incerta. (...) [N]ão apenas esses dados podem ter falhas em si, mas o processamento de dados corretos também pode ser imperfeito, devido a defeitos originais no design do manuseio de dados ou como consequência de distorções das habilidades de auto aprendizado do sistema devido ao volume de dados coletados, cuja aleatoriedade pode levar o sistema de IA em questão a interpretar mal e classificar incorretamente as informações subsequentes". MONTEIRO FILHO, Carlos Edison do Rêgo; ROSENVALD, Nelson. Danos a dados pessoais: fundamentos e perspectivas. In: FALEIROS JÚNIOR, José Luiz de Moura; LONGHI, João Victor Rozatti; GUGLIARA, Rodrigo (Coord.). *Proteção de dados pessoais na sociedade da informação*: entre dados e danos. Indaiatuba: Foco, 2020. p. 8.

tamento ilícito reflete a complexidade das interações on-line e a presença cada vez mais significativa da tecnologia nas transações digitais.[172] A responsabilidade dos interventores não humanos e a definição de parâmetros legais para sua atuação representam desafios essenciais para promover a justiça, a equidade e a responsabilidade nas atividades digitais, indo além das abordagens tradicionais do enriquecimento sem causa.

3.4 CONCLUSÕES PARCIAIS: O LOCUPLETAMENTO PARA ALÉM DA PRÓPRIA NOÇÃO DE LUCRO E SUA ALOCAÇÃO NA RESPONSABILIDADE CIVIL

No contexto atual, caracterizado pela crescente digitalização e pela proliferação de ativos intangíveis, surge uma nova perspectiva de enriquecimento no fenômeno que pode ser denominado como "tokenização".[173] Os *'tokens'*, representando ativos digitais como criptoativos, *'non-fungible tokens'* (NFTs) e outros tipos de ativos digitais, ganham destaque como formas de representar valores, propriedade e outros direitos na esfera virtual. Diante disso, torna-se relevante antecipar o enriquecimento nesse ambiente, acompanhado de uma reflexão sobre como os paradigmas tradicionais de enriquecimento sem causa podem ser reinterpretados para abordar as particularidades desse novo mundo digital.[174]

Os *'tokens'* são ativos digitais adquiríveis, negociáveis e utilizáveis de maneira descentralizada e global. A natureza única e inerentemente digital dos *'tokens'* traz consigo um potencial de enriquecimento que difere das formas tradicionais. Os NFTs, por exemplo, conferem propriedade de ativos digitais únicos, como obras de arte digital ou vídeos virais, permitindo a monetização da propriedade intelectual e criativa em um novo patamar. Da mesma forma, criptoativos e outros *'tokens'* podem ser adquiridos e valorizados rapidamente, gerando ganhos substanciais.[175]

A reflexão sobre o enriquecimento nesse desafiador contexto exige uma adaptação das abordagens tradicionais de enriquecimento sem causa. A natureza volátil e rápida dos *'tokens'* desafia a noção de locupletamento ilícito baseado em

---

172. FRY, Hannah. *Hello world*: how to be human in the age of the machine. Nova York: Doubleday, 2018. p. 44.
173. SCHUEFFEL, Patrick; GROENEWEG, Nikolaj; BALDEGGER, Rico. *The crypto encyclopedia*. Berna: Growth-Publisher, 2019. p. 57.
174. ROSENVALD, Nelson; FALEIROS JÚNIOR, José Luiz de Moura. "*Disgorgement* algorítmico", cit. p. 349-351.
175. HELGUERA, Carlos de Cores. Criptoactivos y circulación jurídica. In: COLOMBO, Cristiano; ENGELMANN, Wilson; FALEIROS JÚNIOR, José Luiz de Moura (Coord.). *Tutela jurídica do corpo eletrônico*: novos desafios ao direito digital. Indaiatuba: Foco, 2022. p. 354-355.

uma obtenção injusta de vantagem. Enquanto as transações tradicionais podem ser mais facilmente avaliadas, a valorização de 'tokens' pode ocorrer em um ritmo exponencial e imprevisível, ainda que sejam monitoradas em tempo real. Isso levanta a questão de como determinar se um enriquecimento foi obtido de maneira injusta, especialmente quando as flutuações de valor são uma característica inerente desse ambiente.

Além disso, a natureza descentralizada e global dos 'tokens' cria desafios adicionais para a atribuição de responsabilidade em casos de locupletamento ilícito. A ausência de regulamentações uniformes e a dificuldade de identificar os envolvidos em transações de 'tokens' podem dificultar a aplicação de medidas de responsabilidade. A necessidade de uma abordagem jurídica que considere a dimensão transfronteiriça dessas transações e que permita uma adaptação dinâmica é evidente.

Ao considerar as reflexões expostas anteriormente, conclui-se que a abordagem da *answerability* e a introjeção da explicabilidade emergem como elementos fundamentais no âmbito da responsabilidade civil no contexto das atividades digitais.[176] A complexidade das interações digitais, muitas vezes mediadas por algoritmos e sistemas automatizados,[177] demanda uma mudança de paradigma na atribuição de responsabilidade. A *answerability*, que implica a responsabilidade não apenas pela ação direta, mas também pela participação em sistemas que podem resultar em dano, reflete a necessidade de considerar os diferentes agentes envolvidos nas transações digitais.

Além disso, a introspecção das conclusões parciais também revela a importância de considerar as nuances das relações entre os diversos atores envolvidos no contexto digital. A responsabilidade civil, nesse cenário, não pode ser vista de forma isolada, mas sim como parte de um ecossistema complexo. As interações entre provedores de serviços, usuários, algoritmos e sistemas automatizados formam uma teia intrincada de influências e ações que contribuem para o enriquecimento ou a exploração ilícita. A análise das dinâmicas inter-relacionadas é essencial para a tomada de decisões judiciais justas e eficazes.

---

176. Segundo Frank Pasquale, "[o]ne key element of explainability is a clear sense of the history of a robot – how was it first programmed, to what has it been exposed, and how has this interplay between hardware, software, and the external environment resulted in present behavior. At the core of Balkin's Laws of Robotics is a concern to make certain individuals (whose role parallels to that of the golem-creating rabbi) responsible for their creations. He does not want to create a set of legal obligations for algorithms or robots. Rather, he builds on our centuries-long experience with regulating persons. He observes that regulating the owners and programmers of artificial intelligence will require some monitoring of what they are creating and coding. To guarantee the efficacy of such monitoring, regulators may need to establish some ground rules, or pre-regulation, of the interactions algorithms will have with the wider world". PASQUALE, Frank. *New laws of robotics*, cit., p. 11.
177. RUSSELL, Stuart J.; NORVIG, Peter. *Artificial Intelligence*, cit., p. 488.

A explicabilidade, por sua vez, é um componente crucial para lidar com a complexidade dos sistemas automatizados. A transparência algorítmica e a capacidade de entender como decisões são tomadas por algoritmos são requisitos fundamentais para a responsabilização adequada. A introjeção da explicabilidade no âmbito da responsabilidade civil significa que aqueles que desenvolvem e utilizam sistemas automatizados devem ser capazes de justificar suas decisões e ações diante de danos resultantes. Isso proporciona uma maior clareza na determinação de responsabilidade e na busca por reparação.[178]

Ademais, a discussão sobre locupletamento ilícito transcende a própria noção tradicional de lucro. O enriquecimento ilícito no ambiente digital pode assumir diversas formas, como a obtenção de dados pessoais, a apropriação indevida de reputação on-line e a exploração de ativos intangíveis. A flexibilidade na compreensão do lucro é crucial para abarcar essas diferentes manifestações de ganho, muitas vezes intangíveis e não monetárias.

A ampliação da noção de lucro é fundamental para que o instituto da responsabilidade civil possa abordar adequadamente o locupletamento ilícito no mundo digital. Já a ampliação da responsabilidade civil para abarcar o locupletamento ilícito em um contexto digital traz consigo desafios significativos. A rápida evolução da tecnologia, bem como a diversidade de cenários e situações que podem ocorrer on-line, exige um sistema jurídico adaptável e flexível. A criação de regulamentações rígidas pode não apenas ser ineficaz, mas também limitar a inovação e a criatividade no ambiente digital. Portanto, a busca por soluções deve ser equilibrada, levando em consideração não apenas os aspectos legais, mas também os aspectos éticos, econômicos e sociais.[179]

A *accountability*, outro conceito que emerge dessas conclusões, ganha destaque como uma abordagem que visa garantir que os agentes envolvidos nas transações digitais sejam responsabilizados por suas ações.[180] Isso se aplica tan-

---

178. RUSSELL, Stuart J.; NORVIG, Peter. *Artificial Intelligence*, cit., p. 480-481.
179. KORINEK, Anton. Integrating ethical values and economic value to steer progress in Artificial Intelligence. In: DUBBER, Markus; PASQUALE, Frank; DAS, Sunit (Ed.). *The Oxford Handbook of the Ethics of Artificial Intelligence*. Oxford: Oxford University Press, 2020. p. 487.
180. Segundo Joshua Kroll: "Accountability is generally conceptualized with respect to some entity – a relationship that involves reporting information to that entity and in exchange receiving praise, disapproval, or consequences when appropriate. Successfully demanding accountability around an entity, person, system, or artifact requires establishing both ends of this relationship: Who or what answers to whom or to what? Additionally, to understand a discussion of or call for accountability in an AI system or application, it is critical to determine what things the system must answer for, that is, the information exchanged. There are many ways to ground a demand for answerability and give it normative force, and commensurately there are many types of accountability – moral, administrative, political, managerial, market, legal judicial, professional, and relative to constituency relationships. Artificial intelligence systems intersect with all eight types of accountability, each in different ways and

to aos indivíduos quanto às empresas, plataformas e tecnologias que atuam no ambiente digital. A *accountability* abrange não apenas a responsabilização por danos, mas também a promoção da conformidade com padrões éticos e legais. A integração desse princípio na concepção e operação de sistemas digitais pode contribuir para um ambiente mais seguro, justo e responsável.

Por fim, a reflexão sobre as conclusões parciais também ressalta a importância da cooperação internacional na busca por soluções adequadas para os desafios do enriquecimento ilícito no mundo digital. Dado o caráter transfronteiriço das atividades on-line, a harmonização de regulamentações, o compartilhamento de boas práticas e a colaboração entre jurisdições são aspectos cruciais para garantir que as medidas tomadas sejam abrangentes e eficazes.

Em síntese, as conclusões parciais apontam para a necessidade de repensar os paradigmas tradicionais de responsabilidade civil diante das complexidades das atividades digitais. A *answerability* e a introjeção da explicabilidade emergem como conceitos-chave para a atribuição de responsabilidade em um ambiente mediado por tecnologias automatizadas.[181] Além disso, a compreensão ampliada do locupletamento ilícito vai ao encontro das diversas formas de enriquecimento no cenário digital. A busca por soluções jurídicas que se adequem às particularidades da era digital é essencial para garantir justiça, proteção dos direitos e responsabilidade eficaz diante dos desafios apresentados pelo avanço tecnológico e pela evolução das relações sociais e econômicas.

---

depending on the specifics of the application context". KROLL, Joshua A. Accountability in Computer Systems, cit., p. 183.
181. KROLL, Joshua A. Accountability in Computer Systems. p. 188-189.

CONCLUSÃO

Ao analisar as questões relacionadas às formas de enriquecimento no mundo digital e à complexidade das situações de locupletamento em plataformas digitais, algumas conclusões podem ser formuladas e todas elas convergem ao ponto fulcral da hipótese delineada: o enriquecimento sem causa, por seus pressupostos, é insuficiente para a tutela do locupletamento decorrente da exploração de bens digitais.

Confirmada a hipótese, algumas pontuações conclusivas podem ser assim sintetizadas:

1. A complexa relação entre responsabilidade civil e enriquecimento sem causa tem sido um tema de debate acadêmico longevo, destacando-se a dificuldade na diferenciação desses institutos, que culminou na identificação de sua separação a partir da definição do conceito de "lucro da intervenção", acolhido por parte da doutrina brasileira como instituto autônomo e subsidiário em comparação com a responsabilidade civil.

2. O regime definido nos artigos 884 e 886 do Código Civil (Lei nº 10.406/2002) é tardio, pois não constou do Código Civil anterior (Lei nº 3.071/1916), e não reflete a complexidade da sociedade da informação para a tutela de situações geradoras de locupletamento, ainda que o conceito de "intervenção" fosse plausível para a tutela de situações analógicas, como a exploração injustificada do patrimônio alheio ou mesmo de direitos da personalidade, como nome e imagem.

3. Apesar da indicação de subsidiariedade do enriquecimento sem causa no artigo 886 do Código Civil de 2002, dúvidas persistem sobre sua suficiência diante de pretensões restitutórias complexas, especialmente com o avanço tecnológico. Isso se deve às seguintes razões: (i) ganhos ilícitos, na Internet, são a regra, e não a exceção; (ii) deixou de existir qualquer complexidade relacionada à apuração/quantificação dos ganhos ilícitos, que, ao contrário, podem ser aferidos em tempo real pelo processamento algorítmico; (iii) pela complexidade da exploração de conjuntos de dados na Internet, torna-se absolutamente anacrônica qualquer tentativa de aferição da "justa causa" do enriquecimento para que se possa tentar ponderar sua subsidiariedade.

4. A doutrina destaca o valor autônomo do enriquecimento sem causa, afirmando sua distinção em relação à responsabilidade civil, esforçando-se para reconhecê-lo como instituto destacado e lateral. Autores como Renato

Moraes, Rodrigo da Guia Silva e Giovanni Nanni defendem a autonomia do enriquecimento sem causa, especialmente no contexto de intervenção sobre direitos alheios e no surgimento do "lucro da intervenção". Já os portugueses, a exemplo de Menezes Leitão e Francisco Coelho, enfatizam a diferença entre responsabilidade civil e enriquecimento sem causa, destacando o foco indireto e eventual deste último na repressão ao enriquecimento. Tais argumentos são totalmente plausíveis para discussões do século XX, mas não subsistem diante da complexidade da exploração lucrativa de bens digitais.

5. A perspectiva de autores como Nelson Rosenvald, Claudio Michelon Jr. e Vitor Pavan, recorrendo aos institutos do *common law*, propõe uma revalorização do princípio da reparação integral na responsabilidade civil e a identificação de múltiplas funções da responsabilidade civil – inclusive a função restitutória – para abarcar transferências patrimoniais relativas ao locupletamento a partir de uma ampliação do conceito de ilícito, e não do conceito de dano, na responsabilidade civil.

6. Na experiência estrangeira, há fortes sinalizações favoráveis ao acolhimento das soluções remediais restitutórias designadas, no *common law*, como *gain-based damages*, que são apresentadas por autores como Andrew Burrows, James Edelman e Charlie Webb, e, mesmo na experiência europeia continental, trabalhos de autores como Henrique Sousa Antunes (Portugal), Michel Séjean (França) e Tobias Helms (Alemanha) indicam a viabilidade do acolhimento dessa solução jurídica nos respectivos sistemas de seus países de origem sem que isso represente uma importação abstrusa de instituto estrangeiro.

7. A evolução tecnológica recente afetou o debate, tornando obsoleta a discussão acadêmica sobre a autonomia do enriquecimento sem causa diante das inovações que redefiniram o escopo do tema. Foi possível constatar que a teoria do enriquecimento sem causa, considerando o lucro da intervenção, é vista como satisfatória em situações que envolvem violação de direitos patrimoniais materiais ou mesmo de direitos da personalidade, mas a complexidade das relações sociais virtualizadas demanda uma revisão substancial das bases teóricas e práticas.

8. A responsabilidade civil não deve ser concebida apenas como um mecanismo de reparação de danos, mas também como um instrumento regulador das atividades que impactam o bem-estar coletivo, uma vez que o contexto digital apresenta desafios e oportunidades relacionados ao enriquecimento sem causa, à exploração de dados pessoais e aos direitos autorais.

9. A natureza *sui generis* dos conjuntos de dados, sua fungibilidade e replicabilidade propiciaram a formação de bens digitais, que podem ter as seguintes naturezas: (i) estritamente patrimoniais; (ii) existenciais, como decorrência de

projeções da personalidade a partir de dados pessoais na Internet; (iii) mista, para situações em que haja tanto uma faceta patrimonial propriamente dita quanto uma dimensão existencial. Além disso, não se pode deixar de considerar a complexidade dos chamados bens digitais híbridos, que envolvem um objeto material tangível (como um *gadget* ou *wearable*) e a própria experiência virtual, que envolve a coleta de dados e, portanto, uma dimensão intangível.

10. A dinâmica plurissubjetiva complexa das atividades de exploração lucrativa na Internet torna despicienda a investigação em torno da figura do "interventor", que pode ser até mesmo um algoritmo. Além disso, a ampliação do processamento de dados faz com que nem sempre seja possível identificar o empobrecimento da vítima. Por outro lado, surge um terceiro que lucra, ainda que indiretamente, com essa dinâmica: o provedor de aplicação nas plataformas digitais. Essas características mudam sobremaneira a interpretação do papel de cada sujeito da relação jurídica geradora de enriquecimento, o que torna o instituto jurídico ainda menos eficiente para a tutela de eventuais pretensões restitutórias.

11. Soluções que visam identificar no enriquecimento sem causa uma saída viável para situações de locupletamento no ambiente digital enfrentam desafios e limitações, incluindo a inviabilidade da aferição de justa causa por sistemas automatizados, que processam grandes volumes de dados em segundos e nem sempre são explícitos quanto aos critérios de processamento heurísticos adotados, faltando-lhes transparência, tampouco sobre as inferências causais que levaram a uma decisão automatizada, pelo que lhes falta o requisito da explicabilidade.

12. A exploração recôndita de dados pessoais, a partir da chamada perfilização, além dos contornos patrimoniais que pode ter nos mercados digitais em que se explora a atenção como *commodity*, destaca a necessidade de proteger a privacidade e os direitos dos usuários da rede, sendo a responsabilidade civil uma alternativa mais adequada para lidar com essas violações em plataformas digitais.

13. A proposta para abordar o enriquecimento no mundo digital deve promover transparência e *accountability* dos provedores de aplicação, incluir medidas tecnológicas eficientes para identificar e gerir direitos autorais e proteger dados pessoais, além de conscientização e educação dos usuários e criadores de conteúdo.

14. Em relação à exploração da propriedade imaterial protegida por direitos autorais, a implementação de políticas de uso justo (*fair use*) claras e objetivas, divulgadas por provedores de aplicação, pode equilibrar interesses, promovendo um ambiente digital mais justo e respeitoso aos direitos vindicados, o que pode se dar pela via regulatória e pela delimitação de deveres adstritos à função preventiva da responsabilidade civil.

15. A ascensão dos 'tokens', como criptoativos e NFTs, introduz uma nova perspectiva de enriquecimento no contexto digital. Esses ativos digitais representam valores, propriedade e outros direitos na esfera virtual. A natureza única e rápida dos 'tokens' desafia os paradigmas tradicionais de enriquecimento sem causa. A valorização exponencial e imprevisível dos 'tokens' questiona a noção de locupletamento ilícito baseado em obtenção injusta de vantagem.

16. A natureza descentralizada e global dos 'tokens' cria desafios para a atribuição de responsabilidade em casos de locupletamento ilícito. A ausência de regulamentações uniformes e a dificuldade de identificação dos envolvidos demandam uma abordagem jurídica adaptável e dinâmica para o fenômeno globalizatório, o que realça a conclusão de que é despicienda a resistência da doutrina brasileira à ampliação do espectro funcional da responsabilidade civil, uma vez que eventual locupletamento se dará ao alvedrio do sistema jurídico pátrio.

17. A compreensão ampliada do lucro é crucial para abarcar as diferentes manifestações de ganho no mundo digital. O enriquecimento ilícito pode envolver formas não apenas monetárias, como a obtenção de dados pessoais e a apropriação indevida de reputação on-line.

18. A ampliação da responsabilidade civil para abordar o locupletamento ilícito no contexto digital requer um sistema jurídico adaptável e equilibrado. A busca por soluções deve considerar aspectos legais, éticos, econômicos e sociais.

19. A *accountability* destaca-se como uma abordagem que visa responsabilizar os agentes nas transações digitais. A cooperação internacional é essencial dada a natureza transfronteiriça das atividades on-line, buscando harmonização de regulamentações e compartilhamento de boas práticas.

Em arremate, a abordagem integrada e atenta aos desafios contemporâneos, incluindo responsabilidade civil, transparência algorítmica, proteção de dados e conscientização dos usuários, é essencial para lidar com a insuficiência do enriquecimento no mundo digital de maneira adequada e efetiva. As conclusões indicam a necessidade de repensar os paradigmas tradicionais de responsabilidade civil diante das complexidades das atividades digitais. A busca por soluções jurídicas adaptadas à era digital é crucial para garantir justiça, proteção dos direitos e responsabilidade eficaz.

A *accountability*, ou "responsabilização e prestação de contas", das empresas provedoras de aplicação é outro aspecto essencial para lidar com as questões de enriquecimento no mundo digital. As empresas devem ser responsáveis por garantir a precisão e justiça de seus sistemas automatizados, como o ContentID, e adotar medidas para proteger os dados pessoais dos usuários. A prestação de contas é fundamental para assegurar a transparência e a confiança dos usuários e para garantir que os direitos autorais sejam respeitados.

Além disso, é relevante considerar a expansão dos contornos polifuncionais da responsabilidade civil para abordar as complexidades do enriquecimento no mundo digital. A responsabilidade civil pode ser utilizada não apenas para a reparação de danos causados por violações de direitos autorais, mas também para promover políticas de uso justo (*fair use*), limites de utilização de obras protegidas e medidas tecnológicas de proteção, como o DRM. Essa expansão dos contornos polifuncionais da responsabilidade civil permite uma abordagem mais abrangente e adaptada ao contexto digital contemporâneo.

REFERÊNCIAS

LIVROS

AMERICANO, Jorge. *Ensaio sobre o enriquecimento sem causa*: dos institutos de direito em que se manifesta a condemnação do locupletamento injustificado. São Paulo: Saraiva, 1933.

ANDERSON, Janna Quitney; RAINIE, Lee. *The future of the Internet*: ubiquity, mobility, security. Nova York: Cambria Press, 2009.

ANDREJEVIC, Mark. *Automated media*. Londres: Routledge, 2020.

ANTUNES, Henrique Sousa. *Da inclusão do lucro ilícito e de efeitos punitivos entre as consequências da responsabilidade civil extracontratual*. Coimbra: Coimbra Editora, 2011.

AUSTERBERRY, David. *Digital asset management*. Oxford: Focal Press, 2012.

AZEVEDO, Álvaro Villaça. *Teoria geral das obrigações e responsabilidade civil*. Curso de direito civil. 12. ed. São Paulo: Atlas, 2011.

BALOCH, Tariq. *Unjust enrichment and contract*. Oxford: Hart Publishing, 2009.

BECK, Ulrich. *Risk society*: towards a new modernity. Tradução do alemão para o inglês de Mark Ritter. Londres: Sage Publications, 1992.

BERNERS-LEE, Tim; FISCHETTI, Mark. *Weaving the web*: the original design and ultimate destiny of the World Wide Web. Nova York: Harper Business, 2000.

BEVERLEY-SMITH, Huw; OHLY, Ansgar; LUCAS-SCHLOETTER, Agnès. *Privacy, property and personality*. Cambridge: Cambridge University Press, 2005.

BIONI, Bruno Ricardo. *Regulação e proteção de dados pessoais: o princípio da "accountability"*. Rio de Janeiro: Forense, 2022.

BIRKS, Peter. *Unjust enrichment*. 2. ed. Oxford: Oxford University Press, 2005.

BITTAR, Carlos Alberto. *Os direitos da personalidade*. 5. ed. Atualizada por Eduardo C. B. Bittar. Rio de Janeiro: Forense Universitária, 2011.

BITTAR, Eduardo C. B.; ALMEIDA, Guilherme Assis de. *Curso de filosofia do direito*. 5. ed. São Paulo: Atlas, 2007.

BLANKE, Tobias. *Digital asset ecosystems*: rethinking crowds and clouds. Oxford: Chandos/Elsevier, 2014.

BOLESINA, Iuri. *Direito à extimidade: as inter-relações entre identidade, ciberespaço e privacidade*. Florianópolis: Empório do Direito, 2017.

BORGMANN, Albert. *Holding onto reality*: the nature of information at the turn of the millennium. Chicago: Chicago University Press, 1999.

BRANCO JUNIOR, Sérgio Vieira. *Direitos autorais na Internet e o uso de obras alheias*. Rio de Janeiro: Lumen Juris, 2007.

BUCKLAND, W. W.; McNAIR, Arnold D. *Roman law and common law*. 2. ed. rev. e atual. por F. H. Lawson. Cambridge: Cambridge University Press, 2008.

BURGESS, Jean; GREEN, Joshua. *YouTube*: online video and participatory culture. Cambridge: Polity Press, 2009.

BURROWS, Andrew. *Understanding the law of obligations*: essays on contract, tort and restitution. Oxford: Hart, 1998.

CASTELLS, Manuel. *The rise of the network society*. The information age: economy, society, and culture. 2. ed. Oxford/West Sussex: Wiley-Blackwell, 2010. v. 1.

CAVALIERI FILHO, Sérgio. *Programa de responsabilidade civil*. 8. ed. São Paulo: Atlas, 2009.

CHENEY-LIPPOLD, John. *We are Data*: algorithms and the making of our digital selves. Nova York: NYU Press, 2017.

COELHO, Francisco Manuel Pereira. *O enriquecimento e o dano*. 2. reimpr. Coimbra: Almedina, 2003.

CORDEIRO, António Manuel da Rocha e Menezes. *Da boa fé no direito civil*. 5. reimpr. Coimbra: Almedina, 2013.

CORDEIRO, António Menezes. *Da responsabilidade civil dos administradores das sociedades comerciais*. Lisboa: Lex, 1996.

COSTA NETTO, José Carlos. *Direito autoral no Brasil*. São Paulo: FTD, 1998.

COSTA, Mário Júlio de Almeida. *Direito das obrigações*. 7. ed. Coimbra: Almedina, 1999.

CRETELLA JÚNIOR, José. *Curso de direito romano*: o direito romano e o direito civil brasileiro. 21. ed. Rio de Janeiro: Forense, 1998.

DAGAN, Hanoch. *Law and ethics of restitution*. Cambridge: Cambridge University Press, 2004.

DAMÁSIO, Antonio. *The feeling of what happens*: body and emotion in the making of consciousness. Nova York: Harcourt Brace & Co., 1999.

DEAKIN, Simon; JOHNSTON, Angus; MARKESINIS, Basil. *Markesinis and Deakin's Tort Law*. Oxford University Press, 2012.

DIAS, José de Aguiar. *Da responsabilidade civil*. 11. ed. Rio de Janeiro: Renovar, 2006.

DÍEZ-PICAZO, Luis. *Derecho de daños*. Madri: Civitas, 1999.

DONEDA, Danilo. *Da privacidade à proteção de dados pessoais*: fundamentos da Lei Geral de Proteção de Dados. 2. ed. São Paulo: Thomson Reuters Brasil, 2019.

DONNINI, Oduvaldo; DONNINI, Rogério Ferraz. *Imprensa livre, dano moral, dano à imagem e sua quantificação à luz do novo Código Civil*. São Paulo: Método, 2002.

DONNINI, Rogério. *Responsabilidade civil pós-contratual no direito civil, no direito do trabalho, no direito ambiental e no direito administrativo*. São Paulo: Saraiva, 2011.

DUFF, Alistair A. *Information society studies*. Londres: Routledge, 2000.

EATON, Ben; ELALUF-CALDERWOOD, Silvia; SØRENSEN, Carsten; YOO, Youngjin. *Dynamic structures of control and generativity in digital ecosystem service innovation*: the cases of the Apple and Google mobile app stores. Londres: London School of Economics and Political Science, 2011.

EDELMAN, James. *Gain-based damages*: contract, tort, equity and intellectual property. Oxford: Hart Publishing, 2002.

FARIAS, Cristiano Chaves de; ROSENVALD, Nelson; BRAGA NETTO, Felipe Peixoto. *Curso de Direito Civil*: responsabilidade civil. 8. ed. Salvador: JusPodivm, 2021. v. 3.

FRADA, Manuel A. Carneiro da. *Direito civil, responsabilidade civil*: o método do caso. Coimbra: Almedina, 2010.

FROTA, Pablo Malheiros da Cunha. *Responsabilidade civil por danos*: imputação e nexo de causalidade. Curitiba: Juruá, 2014.

FRY, Hannah. *Hello world*: how to be human in the age of the machine. Nova York: Doubleday, 2018.

GAON, Aviv H. *The future of copyright in the age of Artificial Intelligence*. Cheltenham: Edward Elgar, 2021.

GOLDSMITH, Jack; WU, Tim. *Who controls the Internet?* Illusions of a borderless world. Oxford: Oxford University Press, 2006.

GOLLIN, Michael A. *Driving innovation*: intellectual property strategies for a dynamic world. Cambridge: Cambridge University Press, 2008.

GOMES, Júlio Manuel Vieira. *O conceito de enriquecimento, o enriquecimento forçado e os vários paradigmas do enriquecimento sem causa*. Porto: Universidade Católica Portuguesa, 1998.

GOMES, Orlando. *Transformações gerais do direito das obrigações*. 2. ed. São Paulo: Ed. RT, 1980.

GREENGARD, Samuel. *The internet of things*. Cambridge: The MIT Press, 2015.

GUEDES, Gisela Sampaio da Cruz. *Lucros cessantes*: do bom-senso ao postulado normativo da razoabilidade. São Paulo: Ed. RT, 2011.

HERIAN, Robert. *Regulating blockchain*: critical perspectives in law and technology. Londres: Routledge, 2019.

HIDALGO, César. *Why information grows*: the evolution of order, from atoms to economics. Nova York: Basic Books, 2015.

IHDE, Don. *Bodies in technology*. Minneapolis: University of Minnesota Press, 2002.

JACOBSEN, Jens; SCHLENKER, Tilman; EDWARDS, Lisa. *Implementing a digital asset management system*: for animation, computer games, and web development. Nova York: Taylor & Francis, 2005.

JENKINS, Henry; FORD, Sam; GREEN, Joshua. *Spreadable media*: creating value and meaning in a networked culture. Nova York: NYU Press, 2013.

KATSH, Ethan; RABINOVICH-EINY, Orla. *Digital justice*: technology and the Internet of Disputes. Oxford: Oxford University Press, 2017.

KATSH, M. Ethan. *The electronic media and the transformation of law*. Oxford: Oxford University Press, 1989.

KEARNS, Michael; ROTH, Aaron. *The ethical algorithm*: the science of socially aware algorithm design. Oxford: Oxford University Press, 2020.

KEATHLEY, Elizabeth Ferguson. *Digital asset management: content architectures, project management, and creating order out of media chaos*. Nova York: Apress, 2014.

KELLEHER, John D.; MACNAMEE, Brian; D'ARCY, Aoife. *Fundamentals of machine learning for predictive data analytics*. Cambridge: The MIT Press, 2015.

KLOUS, Sander; WIELAARD, Nart. *We are Big Data*: the future of the information society. Amsterdã: Atlantis Press, 2016.

KNUTH, Donald E. *The art of computer programming*. Fundamental algorithms. 3. ed. Boston: Addison-Wesley, 1997, v. 3.

KORKMAZ, Maria Regina Rigolon. *Decisões automatizadas*: explicação, revisão e proteção na era da inteligência artificial. São Paulo: Thomson Reuters Brasil, 2023.

KOTLER, Philip. *Marketing, management*. 10. ed. Nova York: Pearson, 2000.

KUNKEL, Wolfgang. *Historia del derecho romano*. 3. ed. Tradução de Juan Miquel. Barcelona: Ariel, 1972.

LACORTE, Christiano Vítor de Campos. *A proteção autoral de bens públicos literários e artísticos*. Brasília: Centro de Documentação e Informação; Edições Câmara, 2014.

LAUX, Francisco de Mesquita. *Redes sociais e limites da jurisdição*: planos da territorialidade e efetividade. 2. ed. São Paulo: Thomson Reuters Brasil, 2023.

LEITÃO, Luís Manuel Teles de Menezes. *O enriquecimento sem causa no direito civil*: estudo dogmático sobre a viabilidade da configuração unitária do instituto, face a contraposição entre as diferentes categorias de enriquecimento sem causa. Coimbra: Almedina, 2005.

LEMOS, Ronaldo. *Direito, tecnologia e cultura*. Rio de Janeiro: Editora FGV, 2005.

LIMA, Alvino. *Culpa e risco*. 2. ed. São Paulo: Ed. RT, 1999.

LINS, Thiago Drummond de Paula. *O lucro da intervenção e o direito à imagem*. Rio de Janeiro: Lumen Juris, 2016.

LOPEZ, Teresa Ancona. *Princípio da precaução e evolução da responsabilidade civil*. São Paulo: Quartier Latin, 2010.

MAGADAN, Gabriel de Freitas Melro. *Responsabilidade civil extracontratual*: causalidade jurídica; seleção das consequências do dano. São Paulo: Editora dos Editores, 2019.

MARINANGELO, Rafael. *Indenização punitiva e o dano extrapatrimonial na disciplina dos contratos*. Indaiatuba: Foco, 2022.

MARTINS-COSTA, Judith; SILVA, Paula Costa e. *Crise e perturbações no cumprimento da prestação*: estudo de direito comparado luso-brasileiro. São Paulo: Quartier Latin, 2020.

MATSUURA, Jeffrey H. *Managing intellectual assets in the digital age*. Boston: Artech House, 2003.

MAYER-SCHÖNBERGER, Viktor; CUKIER, Kenneth. *Big data*: a revolution that will transform how we live, work, and think. Nova York: Houghton Mifflin Harcourt, 2014.

MAYER-SCHÖNBERGER, Viktor; RAMGE, Thomas. *Reinventing capitalism in the age of Big Data*. Nova York: Basic Books, 2018.

MAZZUCATO, Mariana. *The value of everything: making and taking in the global economy*. Nova York: Penguin, 2018.

McLUHAN, Marshall. *Os meios de comunicação como extensões do homem*. Tradução de Décio Pignatari. São Paulo: Cultrix, 2007.

MICHALEWICZ, Zbigniew; FOGEL, David B. *How to solve it*: Modern heuristics. Cham: Springer, 2000.

MICHELON JR., Claudio. *Direito restitutório*: enriquecimento sem causa, pagamento indevido, gestão de negócios. São Paulo: Ed. RT, 2007.

MINHARRO, Francisco Luciano. *A propriedade intelectual no direito do trabalho*. São Paulo: LTr, 2010.

MORAES, Maria Celina Bodin de. *Danos à pessoa humana: uma leitura civil-constitucional dos danos morais*. Rio de Janeiro: Renovar, 2003.

MORAES, Renato Duarte Franco de. *Enriquecimento sem causa e o enriquecimento por intervenção*. São Paulo: Almedina, 2021.

NANNI, Giovanni Ettore. *Enriquecimento sem causa*. São Paulo: Saraiva, 2004.

NEGREIROS, Teresa. *Teoria do contrato*: novos paradigmas. Rio de Janeiro: Renovar, 2002.

NITSCHKE, Guilherme Carneiro Monteiro. *Lacunas contratuais e interpretação*: história, conceito e método. São Paulo: Quartier Latin, 2019.

NORONHA, Fernando. *Direito das obrigações*. 3. ed. São Paulo: Saraiva, 2010.

OHM, Paul; DOGAN, Stacey; BESTAVROS, Azer; SELLARS, Andy. *Bridging the Computer Science-Law Divide*. Boston: Boston University Press, 2022.

PAGALLO, Ugo. *The laws of robots*: Crimes, contracts, and torts. Law, governance and technology series. Cham/Heidelberg: Springer, 2013. v. 10.

PASQUALE, Frank. *New laws of robotics*: defending human expertise in the age of AI. Cambridge: Harvard University Press, 2020.

PAVAN, Vitor Ottoboni. *Responsabilidade civil e ganhos ilícitos*: a quebra do paradigma reparatório. Rio de Janeiro: Lumen Juris, 2020.

PEREIRA, Caio Mário da Silva. *Responsabilidade civil*. Atualizado por Gustavo Tepedino. 12. ed. Rio de Janeiro: Forense, 2018.

PERELMAN, Chaïm. *Ética e direito*. Tradução de Maria E. Galvão. São Paulo: Martins Fontes, 1996.

PONTES DE MIRANDA, Francisco Cavalcanti. *Tratado de direito privado*. Parte especial. Tomo XXVI. Direito das obrigações: inadimplemento. Atualizado por Ruy Rosado de Aguiar Júnior e Nelson Nery Jr. São Paulo: Ed. RT, 2012.

PRINGLE, Hamish. *Celebrity Sells*. Chichester, West Sussex: J. Wiley, 2004.

RODOTÀ, Stefano. *A vida na sociedade da vigilância*: a privacidade hoje. Tradução de Danilo Doneda e Luciana Cabral Doneda. Rio de Janeiro: Renovar, 2008.

RODOTÀ, Stefano. *Il mondo nella rete: quali i dititti, quali i vincoli?* Roma/Bari: Laterza, 2014.

RODOTÀ, Stefano. *Intervista su privacy e libertà*. Roma/Bari: Laterza, 2005.

RODRIGUES JUNIOR, Otavio Luiz. *Revisão judicial dos contratos*: autonomia da vontade e teoria da imprevisão. 2. ed. São Paulo: Atlas, 2006.

ROSENBLATT, Bill; TRIPPE, Bill; MOONEY, Stephen. *Digital Rights Management*. Nova York: M&T Books, 2002.

ROSENVALD, Nelson. *A responsabilidade civil pelo ilícito lucrativo*: o *disgorgement* e a indenização restitutória. 2. ed. Salvador: JusPodivm, 2021.

ROSENVALD, Nelson. *As funções da responsabilidade civil*: a reparação e a pena civil. São Paulo: Atlas, 2012.

RULE, Colin. *Online dispute resolution for business*. São Francisco: Jossey-Bass, 2002.

RUSSELL, Stuart J.; NORVIG, Peter. *Artificial Intelligence: a modern approach*. 3. ed. Boston: Pearson, 2016.

SANSEVERINO, Paulo de Tarso Vieira. *Princípio da reparação integral*: indenização no Código Civil. 2. tir. São Paulo: Saraiva, 2010.

SANTOS, Romualdo Baptista dos. *Responsabilidade civil por dano enorme*. Curitiba/Porto: Juruá, 2018.

SAVI, Sérgio. *Responsabilidade civil e enriquecimento sem causa*: o lucro da intervenção. São Paulo: Atlas, 2012.

SAVIGNY, Friedrich Carl von. *Sistema del derecho romano actual*. Tradução de Jacinto Mesía e Manuel Poley. Madri: F. Góngora y Compañía Editores, 1878. t. I.

SCHREIBER, Anderson. *Equilíbrio contratual e dever de renegociar*. 2. ed. São Paulo: Saraiva, 2020.

SCHREIBER, Anderson. *Novos paradigmas da responsabilidade civil*: da erosão dos filtros da reparação à diluição dos danos. 5. ed. São Paulo: Atlas, 2013.

SCHUEFFEL, Patrick; GROENEWEG, Nikolaj; BALDEGGER, Rico. *The crypto encyclopedia*. Berna: Growth-Publisher, 2019.

SCHULZ, Fritz. *Derecho romano clásico*. Tradução de José Santa Cruz Teigeiro. Barcelona: Bosch, 1960.

SEN, Amartya. *Desenvolvimento como liberdade*. Tradução de Laura Teixeira Motta. São Paulo: Companhia das Letras, 2000.

SILVA, Américo Luís Martins da. *O dano moral e a sua reparação civil*. São Paulo: Ed. RT, 1999.

SILVA, Jorge Cesa Ferreira da. *Adimplemento e extinção das obrigações*. São Paulo: Revista dos Tribunais, 2006.

SILVA, Rodrigo da Guia. *Enriquecimento sem causa*: as obrigações restitutórias no direito civil. São Paulo: Thomson Reuters Brasil, 2018.

SILVA, Wilson Melo da. *O dano e sua reparação*. 3. ed. Rio de Janeiro: Forense, 1983.

SOLOVE, Daniel J. *The digital person*: Technology and Privacy in the Information Age. Nova York: New York University Press, 2006.

SUMNER, Stuart. *You*: For Sale. Protecting your personal data and privacy online. Boston: Syngress; Elsevier, 2016.

SWAN, Melanie. *Blockchain*: blueprint for a new economy. Sebastopol: O'Reilly, 2015.

TANENBAUM, Andrew; WETHERALL, David. *Computer networks*. 5. ed. Boston: Prentice Hall, 2011.

TAVEIRA JÚNIOR, Fernando. *Bens digitais (digital assets) e a sua proteção pelos direitos da personalidade*: um estudo sob a perspectiva da dogmática civil brasileira. São Paulo: Scortecci, 2018.

TEPEDINO, Gustavo; BARBOZA, Heloisa Helena; MORAES, Maria Celina Bodin de. *Código Civil interpretado conforme a Constituição da República*. 2. ed. Rio de Janeiro: Renovar, 2012. v. II.

TIROLE, Jean. *Économie du bien commun*. Paris: PUF, 2016.

TOMASEVICIUS FILHO, Eduardo. *O princípio da boa-fé no direito civil*. São Paulo: Almedina, 2020.

URBANO, Hugo Evo Magro Corrêa. *O enriquecimento sem causa no direito brasileiro*: da teoria unitária à teoria da divisão. São Paulo: Meraki, 2021.

VAIDHYANATHAN, Siva. *Copyrights and copywrongs*: the rise of intellectual property and how it threatens creativity. Nova York: NYU Press, 2001.

VARIAN, Hal R. *Microeconomics analysis*. 3. ed. Nova York: W.W. Norton & Co., 1992.

VENTURI, Thaís G. Pascoaloto. *Responsabilidade civil preventiva*: a proteção contra a violação dos direitos e a tutela inibitória material. São Paulo: Malheiros, 2014.

VINEY, Geneviève. *Traité de droit civil*: les obligations, responsabilité civile. Paris: Librairie Générale de Droit et de Jurisprudence, 1965.

VIRGO, Graham. *The principles of the law of restitution*. 3. ed. Oxford: Oxford University Press, 2015.

WEBB, Charlie. *Reason and restitution*: a theory of unjust enrichment. Oxford: Oxford University Press, 2016.

WEBER, Rolf H.; WEBER, Romana. *Internet of Things*: legal perspectives. Berlin/Heidelberg: Springer Verlag, 2010.

WERBACH, Kevin. *The blockchain and the new architecture of trust*. Cambridge: The MIT Press, 2018.

WU, Tim. *The attention merchants*: the epic scramble to get inside our heads. Nova York: Vintage, 2016.

ZAMPIER, Bruno. *Bens digitais*: cybercultura, redes sociais, e-mails, músicas, livros, milhas aéreas, moedas virtuais. 2. ed. Indaiatuba: Foco, 2021.

ZENUN, Augusto. *Dano moral e sua reparação*. 3. ed. Rio de Janeiro: Forense, 1995.

ARTIGOS

ALEKSEENKO, Aleksandr P. Model Framework for Consumer Protection and Crypto-Exchanges Regulation. *Journal of Risk and Financial Management*, Basileia, v. 16, p. 305-322, 2023.

ALMEIDA, Felipe Cunha de. Responsabilidade civil e enriquecimento sem causa. *Revista Síntese de Direito Civil e Processual Civil*, Porto Alegre, v. 65, n. 474, p. 59-81, abr. 2017.

ALVIM, Agostinho. Do enriquecimento sem causa. *Revista dos Tribunais*, São Paulo, v. 46, n. 259, p. 3-36, maio 1957.

ANDERSON, Rex M. Digital assets in estates. *Arizona Attorney Magazine*, Phoenix, v. 49, n. 7, p. 44-45, mar. 2013.

ANDREA, Robert. No safe harbor: YouTube's Content ID and fair use. *Boston College Intellectual Property & Technology Forum*, Boston, p. 1-10, maio 2020. Disponível em: http://bciptf.org/2020/05/no-safe-harbor/ Acesso em: 12 out. 2023.

AZEVEDO, Antonio Junqueira de. Caracterização jurídica da dignidade da pessoa humana. *Revista da Faculdade de Direito da Universidade de São Paulo*, São Paulo, n. 97, p. 107-125, jan./dez. 2002.

BARBOSA, Mafalda Miranda. *Blockchain* e responsabilidade civil: inquietações em torno de uma realidade nova. *Revista de Direito da Responsabilidade*, Coimbra, ano 1, p. 206-244, 2019.

BARBOSA, Mafalda Miranda. Globalização, globalismo e global-digitalismo. *Revista de Direito da Responsabilidade*, Coimbra, ano 3, p. 626-667, 2021.

BARBOZA, Hugo Leonardo; FERNEDA, Ariê Scherreier; SASS, Liz Beatriz. A garantia de autenticidade e autoria por meio de *non-fungible tokens* (NFTs) e sua (in)validade para a proteção de obras intelectuais. *International Journal of Digital Law*, Belo Horizonte, ano 2, n. 2, p. 99-117, maio/ago. 2021.

BARTHOLOMEW, Taylor B. The Death of Fair Use in Cyberspace: YouTube and the problem with Content ID. *Duke Law & Technology Review*, Durham, v. 13, n. 1, p. 66-88, 2015.

BELTRÃO, Silvio Romero. Direito da personalidade: natureza jurídica, delimitação do objeto e relações com o Direito Constitucional. *Revista do Instituto do Direito Brasileiro*, Lisboa, ano 2, n. 1, p. 203-228, 2013.

BERNACHE, Richard. Social spambots. *Georgetown Law Technology Review*, Washington, DC, v. 4, p. 307-314, 2019.

BERNERS-LEE, Tim; HENDLER, James; LASSILA, Ora. The semantic web. *Scientific American*, Nova York, v. 284, n. 5, maio 2001.

BHATT, Siddharth; SION, Radu; CARBUNAR, Bogdan. A personal mobile DRM manager for smartphones. *Computers & Security*, Londres, v. 28, n. 6, p. 327-340, set. 2009.

BLEMUS, Stéphane. Law and blockchain: a legal perspective on regulatory trends worldwide. *Revue Trimestrielle de Droit Financier*, Paris, v. 4, p. 1-15, dez. 2017.

BOROUGHF, Benjamin. The Next Great YouTube: improving Content ID to foster creativity, cooperation, and fair compensation. *Albany Law Journal of Science and Technology*, Albany, v. 25, n. 1, p. 95-127, 2015.

CAHN, Naomi. Postmortem life online. *Probate & Property*, Chicago, v. 25, n. 4, p. 36-39, jul./ago. 2011.

CALO, Ryan. Robotics and the lessons of cyberlaw. *California Law Review*, Berkeley, v. 103, p. 513-563, 2015.

CAMPOS, Diogo José Paredes Leite de. Enriquecimento sem causa, responsabilidade civil e nulidade. *Revista dos Tribunais*, São Paulo, v. 560, p. 259-266, jun. 1982.

CAPUCHO, Fábio Jun. Considerações sobre o enriquecimento sem causa no novo Código Civil brasileiro. *Revista de Direito Privado*, São Paulo, n. 16, p. 9-27, out./dez. 2003.

CLARKE, Roger. Profiling: a hidden challenge to the regulation of data surveillance. *Journal of Law, Information and Science*, Hobart, v. 4, n. 2, p. 403, dez. 1993.

CLARKE, Roger. The digital persona and its application to data surveillance. *Journal of Law, Information and Science*, Hobart, v. 10, n. 2, p. 83, jun. 1994.

COECKELBERGH, Mark. Artificial intelligence, responsibility attribution, and a relational justification of explainability. *Science and Engineering Ethics*, Cham, v. 26, p. 2051-2068, 2020.

COLOMBO, Cristiano; FACCHINI NETO, Eugênio. Ciberespaço e conteúdo ofensivo gerado por terceiros: a proteção de direitos de personalidade e a responsabilidade civil dos provedores de aplicação, à luz da jurisprudência do Superior Tribunal de Justiça. *Revista Brasileira de Políticas Públicas*, Brasília, v. 7, n. 3, p. 216-234, 2017.

COSTA, Isac Silveira da. O futuro é infungível: tokenização, non-fungible tokens (NFTs) e novos desafios na aplicação do conceito de valor mobiliário. *Revista de Direito das Sociedades e dos Valores Mobiliários*, São Paulo, v. especial, p. 283-323, dez. 2021.

CROOTOF, Rebecca. The Internet of Torts: expanding civil liability standards to address corporate remote interference. *Duke Law Journal*, Durham, v. 69, p. 583-667, 2019.

DIAS, Wagner Inácio Freitas. O problema do enriquecimento sem causa no direito civil brasileiro. *Revista Síntese de Direito Civil e Processual Civil*, Porto Alegre, v. 6, n. 35, p. 55-59, maio/jun. 2005.

DRAGO, Guilherme Araújo. O enriquecimento sem causa no novo Código Civil. *Revista de Direito Privado*, São Paulo, v. 12, n. 48, p. 69-101, out./dez. 2011.

ERIKSSON, Maria; HEUGUET, Guillaume. Genealogies of online content identification – an introduction. Internet Histories: *Digital Technology, Culture and Society*, Londres: Taylor & Francis, v. 5, n. 1, p. 1-7, 2021.

FALECK, Diego. Introdução ao design de sistema de disputas. *Revista Brasileira de Arbitragem*, São Paulo, ano v, n. 23, p. 10, 2009.

FALEIROS JÚNIOR, José Luiz de Moura; MEDON, Filipe. Discriminação algorítmica de preços, perfilização e responsabilidade civil nas relações de consumo. *Revista de Direito da Responsabilidade*, Coimbra, ano 3, p. 947-969, 2021.

FIÚZA, César. Contornos teórico-dogmáticos do princípio do enriquecimento sem causa. *Revista da Faculdade de Direito da Universidade Federal de Minas Gerais*, Belo Horizonte, n. 54, p. 49-68, jan./jun. 2009.

FLORIDI, Luciano. On the intrinsic value of information objects and the infosphere. *Ethics and Information Technology*, Cham, v. 4, p. 287-394, 2002.

GALLO, Paolo. Unjust enrichment: a comparative analysis. *The American Journal of Comparative Law*, [S.l]. v. XL, n. 2, p. 431-465, 1992.

GUGGENBERGER, Nikolas. Essential platforms. *Stanford Technology Law Review*, Stanford, v. 24, p. 237-343, 2021.

GUSEVA, Yuliya. A conceptual framework for digital-asset securities: tokens and coins as debt and equity. *Maryland Law Review*, Baltimore, v. 80, p. 166-213, 2020.

HAWORTH, Samantha D. Laying your online self to rest: evaluating the Uniform Fiduciary Access to Digital Assets Act. *University of Miami Law Review*, Miami, v. 68, n. 2, p. 535-560, jan./abr. 2014.

HUNT, Kurt. Copyright and YouTube: pirate's playground or fair use forum? *Michigan Telecommunications and Technology Law Review*, Ann Arbor, v. 14, n. 1, p. 197-222, 2007.

INIESTA, Javier Belda; SERNA, Fracisco José Aranda. El paradigma de la identidad: hacia una regulación del mundo digital. *Revista Forense*, Rio de Janeiro, v. 422, jul./dez, p. 181-202, 2015.

IRTI, Natalino. Le categorie giuridiche della globalizzazione. *Rivista di Diritto Civile*, Pádua: CEDAM, ano XLVIII, 1ª parte, p. 625-635, 2002.

KAAL, Wulf A. Digital asset market evolution. *The Journal of Corporation Law*, Iowa City, v. 46, n. 4, p. 909-963, 2021.

KONDER, Carlos Nelson. Dificuldades de uma abordagem unitária do lucro da intervenção. *Revista de Direito Civil Contemporâneo*, São Paulo, v. 13, ano 4, p. 231-248, out./dez. 2017.

LAZER, David; FRIEDMAN, Allan. The network structure of exploration and exploitation. *Administrative Science Quarterly*, Londres, v. 52, n. 4, p. 667-694, 2007.

LEE, Sangho; KIM, Jong; HONG, Sung Je. Redistributing time-based rights between consumer devices for content sharing in DRM system. *International Journal of Information Security*, Cham, v. 8, n. 4, p. 263-273, ago. 2009.

LLOYD, Ian J. *Information Technology Law*. 6. ed. Oxford: Oxford University Press, 2011.

MALUF, Carlos Alberto Dabus. Pagamento indevido e enriquecimento sem causa. *Revista da Faculdade de Direito da Universidade de São Paulo*, São Paulo, v. 93, p. 115-132, jan./dez. 1998.

MARTINS-COSTA, Judith. Direito restituitório. Pagamento indevido e enriquecimento sem causa. Erro invalidante e erro elemento do pagamento indevido. Prescrição. Interrupção e "dies a quo". *Revista dos Tribunais*, São Paulo, v. 104, n. 956, p. 257-295, jun. 2015.

MAZZEI, Rodrigo. A liquidação por arbitramento e a liquidação por artigos: pontos relevantes sob a ótica das Leis 11.232/05 e 11.382/06. *Revista Eletrônica de Direito Processual*, Rio de Janeiro, ano 4, v. V, p. 484-516, jan./jun. 2010.

MAZZIOTTI, Giuseppe. What is the future of creators' rights in an increasingly platform-dominated economy? *International Review of Intellectual Property and Competition Law*, Cham, v. 51, p. 1027-1032, 2020.

MENDES, Laura Schertel. Autodeterminação informativa: a história de um conceito. Pensar: *Revista de Ciências Jurídicas*, Fortaleza, v. 25, n. 4, p. 1-18, out./dez. 2020.

MILES, Ian. The new post-industrial state. *Futures*, Londres, v. 17, n. 6, p. 588-617, 1985.

MOLINARO, Carlos Alberto; RUARO, Regina Linden. Propriedade intelectual e sociedade da informação: perspectivas internacionais e tecnológicas em economia da informação. *Revista de Estudos e Pesquisas Avançadas do Terceiro Setor*, Brasília, v. 5, n. 1, p. 166-221, jan./jun. 2018.

NISSENBAUM, Helen. Accountability in a computerized society. *Science and Engineering Ethics*, [S.l], v. 2, n. 1, p. 25-42, 1996.

NORBERG, Patricia A.; HORNE, Daniel R.; HORNE, David A. The privacy paradox: personal information disclosure intentions versus behaviors. *Journal of Consumer Affairs*, [S.l], v. 41, n. 1, p. 100–126, 2007.

NORONHA, Fernando. Enriquecimento sem causa. *Revista de Direito Civil, Agrário e Empresarial*, São Paulo, v. 15, n. 56, p. 51-78, abr./jun. 1991.

O'DELL, Eoin. Unjust enrichment and the remedial constructive trust. *Dublin University Law Journal*, Dublin, v. 23, p. 71-96, 2001.

O'SHIELDS, Reggie. Smart contracts: legal agreements for the blockchain. *North Carolina Banking Institute Review*, Chapel Hill, v. 21, p. 177-194, 2017.

PARENTONI, Leonardo. Network neutrality: what is internet made of, how is it changing and how does it affect your life? *Revista da Faculdade de Direito da Universidade Federal de Minas Gerais*, Belo Horizonte, n. Especial, 2nd Conference Brazil-Italy, p. 195-243, 2017.

PASQUALE, Frank. Data-informed duties in AI development. *Columbia Law Review*, Nova York, v. 119, p. 1917-1940, 2019.

PATEL, Karan. Incremental journey for world wide web: introduced with web 1.0 to recent web 5.0: a survey paper. *International Journal of Advanced Research in Computer Science and Software Engineering*, Jaunpur, v. 3, n. 10, p. 410-417, out. 2013.

PEREL, Maayan; ELKIN-KOREN, Niva. Accountability in algorithmic copyright enforcement. *Stanford Technology Law Review*, Stanford, v. 19, p. 473-533, abr./jun. 2016.

PIOTROWSKI, Zbigniew; GAJEWSKI, Piotr. Acoustic watermark server effectiveness. *Journal of Transactions on Modelling and Simulation*, Southampton, v. 48, p. 251-258, 2009.

POSEZ, Alexis. La subsidiarité de l'enrichissement sans cause : étude de droit français à la lumière du droit comparé. *Revue de Droit International et de Droit Comparé*, Bruxelas: Bruylant, n. 2, p. 185-246, 2014.

RASKIN, Max. The law and legality of smart contracts. *Georgetown Law Technology Review*, Washington, D.C., v. 304, n. 1, p. 305-341, 2017.

RESTA, Giorgio. Anonimato, responsabilità, identificazione: prospettive di diritto comparato. *Il Diritto dell'Informazione e dell'Informatica*, Milão, ano XXX, n. 2, p. 171-205, 2014.

RESTA, Giorgio. Identità personale e identità digitale. *Il Diritto dell'Informazione e dell'Informatica*, Milão, ano XXIII, n. 3, p. 511-531, 2007.

RESTA, Giorgio. The new frontiers of personality rights and the problem of commodification: European and Comparative perspectives. *Tulane European & Civil Law Forum*, Nova Orleans, v. 26, p. 33-65, 2011.

ROCHEFORT, Alex. Regulating social media platforms: a comparative policy analysis. *Communication Law and Policy*, [S.l], v. 25, n. 2, p. 225-280, 2020.

RODOTÀ, Stefano. Persona, libertà, tecnologia. Note per una discussione. Diritto & Questioni Pubbliche: *Rivista di Filosofia del Diritto e Cultura Giuridica*, [S.l], n. 5, dez. 2005.

RULE, Colin. Designing a global online dispute resolution system: lessons learned from eBay. *University of St. Thomas Law Journal*, Minneapolis, v. 13, n. 2, p. 354-369, 2017.

RUßELL, Robert; BERGER, Benedikt; STICH, Lucas; HESS, Thomas; SPANN, Martin. Monetizing online content: digital paywall design and configuration. *Business & Information Systems Engineering*, Heidelberg, v. 62, p. 253-260, 2020.

RUSTAD, Michael L.; KOENIG, Thomas H. Rebooting cybertort law. *Washington Law Review*, Seattle, v. 80, p. 335-416, 2005.

SAMUELSON, Pamela. DRM {and, or, vs.} the law. *Communications of the ACM*, Nova York, v. 46, n. 4, p. 41-45, abr. 2003.

SANDER, Franck E. A. Alternative methods of dispute resolution: an overview. *University of Florida Law Review*, Gainesville, v. XXXVII, n. 1, p. 1-18, 1985.

SCHREIBER, Anderson; SILVA, Rodrigo da Guia. Aspectos relevantes para a sistematização do lucro da intervenção no direito brasileiro. *Pensar: Revista de Ciências Jurídicas*, Fortaleza, v. 23, n. 4, p. 1-15, out./dez. 2018.

SILVA, Rafael Peteffi da. Antijuridicidade como requisito da responsabilidade civil extracontratual: amplitude conceitual e mecanismos de aferição. *Revista de Direito Civil Contemporâneo*, São Paulo, v. 18, ano 6, p. 169-214, jan./mar. 2019.

SILVA, Rodrigo da Guia. Cláusula geral de restituição do enriquecimento sem causa. *Revista de Direito Privado*, São Paulo, v. 103, p. 191-237, jan./fev. 2020.

SILVA, Rodrigo da Guia. Fontes das obrigações e regimes jurídicos obrigacionais gerais: em busca do papel da vedação ao enriquecimento sem causa no direito civil contemporâneo. *Revista da Faculdade de Direito da Universidade do Estado do Rio de Janeiro*, Rio de Janeiro, n. 36, p. 122-157, dez. 2019.

SILVA, Rodrigo da Guia. Giro conceitual do enriquecimento sem causa ao enriquecimento injusto: revisitando a noção de ausência de justa causa do enriquecimento. *Revista Iberc*, Belo Horizonte, v. 4, n. 3, p. 93-113, set./dez. 2021.

SILVA, Sabrina Jiukoski da. Considerações sobre o lucro da intervenção: uma análise a partir do caso da atriz Giovanna Antonelli (STJ, REsp. 1698701/RJ). *Revista da Faculdade de Direito da Universidade Federal do Rio Grande do Sul*, Porto Alegre, n. 45, p. 213-245, abr. 2021.

SIRENA, Pietro. La restituzione dell'arricchiamento e il risarcimento del danno. *Rivista di Diritto Civile*, Pádua, ano 60, n. 1, p. 65-87, jan./fev. 2009.

SOLOMON, Leron. Fair users or content abusers? The automatic flagging of non-infringing videos by Content ID on YouTube. *Hofstra Law Review*, Hempstead, v. 44, n. 1, p. 237-268, 2015.

TEPEDINO, Gustavo; TEFFÉ, Chiara Spadaccini de. O consentimento na circulação de dados pessoais. *Revista Brasileira de Direito Civil*, Belo Horizonte, v. 25, p. 83-116, jul./set. 2020.

TERRA, Aline de Miranda Valverde; GUEDES, Gisela Sampaio da Cruz. Considerações acerca da exclusão do lucro ilícito do patrimônio do agente ofensor. *Revista da Faculdade de Direito da Universidade do Estado do Rio de Janeiro*, Rio de Janeiro, n. 28, p. 1-24, dez. 2015.

TERRA, Aline de Miranda Valverde; GUEDES, Gisela Sampaio da Cruz. Revisitando o lucro da intervenção: novas reflexões para antigos problemas. *Revista Brasileira de Direito Civil*, Belo Horizonte, v. 29, p. 281-305, jul./set. 2021.

THEODORO JÚNIOR, Humberto; ANDRADE, Érico. Novas perspectivas para atuação da tutela executiva no direito brasileiro: autotutela executiva e "desjudicialização" da execução. *Revista de Processo*, São Paulo, v. 315, p. 109-158, maio 2021.

TRINDADE, Marcelo. Enriquecimento sem causa e repetição de indébito. *Revista Trimestral de Direito Civil*, Rio de Janeiro, v. 5, n. 18, p. 235-261, abr./jun. 2004.

TURING, Alan M. On computable numbers, with an application to the Entscheidungsproblem. *Proceedings of the London Mathematical Society*, Londres, v. 42, n. 1, p. 230-265, nov. 1936.

UHDRE, Dayana de Carvalho. Tokenização, consumo de intangíveis e responsabilização das plataformas digitais: um novo (velho) problema? *Revista da Procuradoria-Geral do Estado do Paraná*, Curitiba, n. 14, p. 11-39, 2023.

VLADECK, David C. Machines without principals: liability rules and Artificial Intelligence. *Washington Law Review*, Seattle, v. 89, n. 1, p. 117-150, 2014.

VON CAEMMERER, Ernst. Problèmes fondamentaux de l'enrichissement sans cause. Persée: *Revue Internationale de Droit Comparé*, Lyon, v. 18, v. 3, p. 573-592, jul./set/ 1966.

WU, Tim. Blind spot: the attention economy and the law. *Antitrust Law Journal*, [S.l], v. 82, 2017.

WU, Tim. When code isn't law. *Virginia Law Review*, Charlottesville v. 89, n. 4, p. 679-412, 2003.

ZAPATA-KIM, Laura. Should YouTube's Content ID Be Liable for Misrepresentation Under the Digital Millennium Copyright Act? *Boston College Law Review*, Boston, v. 57, n. 5, p. 1847-1874, set. 2022.

ZITTRAIN, Jonathan L. The generative Internet. *Harvard Law Review*, Cambridge, v. 199, p. 1974-2040, 2006.

CAPÍTULOS DE LIVROS

AAS, Benjamin Gregor. What's real? Presence, personality and identity in the real and online virtual world. In: ZAGALO, Nelson; MORGADO, Leonel; BOA-VENTURA, Ana (Ed.). *Virtual worlds and metaverse platforms*: new communication and identity paradigms. Hershey: Information Science Reference/IGI Global, 2012.

AMARAL, Francisco. O direito civil na pós-modernidade. In: NAVES, Bruno Torquato de Oliveira; FIUZA, César; SÁ, Maria de Fátima Freire de (Coord.). *Direito civil*: atualidades. Belo Horizonte: Del Rey, 2003.

ANTUNES, Henrique Sousa. Disgorgement of profits in Portugal: a journey between the present and the future. In: HONDIUS, Ewoud; JANSSEN, André (Ed.). *Disgorgement of profits*: gain-based remedies throughout the world. Cham: Springer, 2015.

ARANHA, Diego F. O que é criptografia fim a fim e o que devemos fazer a respeito? In: DONEDA, Danilo; MACHADO, Diego (Coord.). *A criptografia no direito brasileiro*. São Paulo: Thomson Reuters Brasil, 2019.

BARBOZA, Heloisa Helena; ALMEIDA, Vitor. Tecnologia, morte e direito: em busca de uma compreensão sistemática da "herança digital". In: TEIXEIRA, Ana Carolina Brochado; LEAL, Livia Teixeira (Coord.). *Herança digital*: controvérsias e alternativas. Indaiatuba: Foco, 2021.

BELLI, Luca; DE FILIPPI, Primavera. General introduction: towards a multistakeholder approach to network neutrality. In: BELLI, Luca; DE FILIPPI, Primavera (Ed.). *Net neutrality compendium*: human rights, free competition and the future of the Internet. Cham: Springer, 2016.

BONNA, Alexandre Pereira. Perfilização, estigmatização e responsabilidade civil: a proteção do corpo eletrônico a partir de projeções da personalidade. In: COLOMBO, Cristiano; ENGELMANN, Wilson; FALEIROS JÚNIOR, José Luiz de Moura (Coord.). *Tutela jurídica do corpo eletrônico*: novos desafios ao direito digital. Indaiatuba: Foco, 2022.

BOSTROM, Nick; YUDKOWSKY, Eliezer. The ethics of Artificial Intelligence. In: FRANKISH, Keith; RAMSEY, William M. (Ed.). *The Cambridge Handbook of Artificial Intelligence*. Cambridge: Cambridge University Press, 2014.

BRAGA NETTO, Felipe; FALEIROS JÚNIOR, José Luiz de Moura. A atividade estatal entre o ontem e o amanhã: reflexões sobre os impactos da inteligência artificial no direito público. In: BARBOSA, Mafalda Miranda et al. (Coord.). *Direito digital e inteligência artificial*: diálogos entre Brasil e Europa. Indaiatuba: Foco, 2021.

CHINELLATO, Silmara Juny de Abreu. Comentários à Parte Geral: artigos 1º a 21 do Código Civil. In: MACHADO, Antonio Cláudio da Costa (Org.); CHINELLATO, Silmara Juny de Abreu (Coord.). *Código Civil interpretado*: artigo por artigo, parágrafo por parágrafo. 5. ed. Barueri: Manole, 2012.

COMPAINE, Benjamin M.; WEINRAUB, Mitchell J. Universal access to online services: an examination of the issue. In: COMPAINE, Benjamin M. (Ed.). *The digital divide*: facing a crisis or creating a myth? Cambridge: The MIT Press, 2001.

DE FILIPPI, Primavera; WRIGHT, Aaron. *Blockchain and the Law*: The Rule of Code. Cambridge: Harvard University Press, 2018.

DEY, Nilanjan. Introduction. In: DEY, Nilanjan; SHINDE, Gitanjali; MAHALLE, Parikshit; OLESEN, Henning (Ed.). *The Internet of Everything*: advances, challenges and applications. Berlim: De Gruyter, 2019.

DÍEZ-PICAZO, Luis. La doctrina del enriquecimiento injustificado. In: DE LA CÁMARA, Manuel; DÍEZ-PICAZO, Luis. *Dos estudios sobre el enriquecimiento sin causa*. Madri: Civitas, 1991.

DINWOODIE, Graeme B. A comparative analysis of the secondary liability of online service providers. In: DINWOODIE, Graeme B. (Ed.). *Secondary liability of Internet service providers*. Cham: Springer, 2017.

DRESCH, Rafael de Freitas Valle. Reflexões sobre a responsabilidade civil de provedores pelo conteúdo postado por usuários na Internet. In: BARBOSA, Mafalda Miranda; ROSENVALD, Nelson; MUNIZ, Francisco (Coord.). *Desafios da nova responsabilidade civil*. Salvador: JusPodivm, 2019.

EDWARDS, Paul N. Infrastructure and modernity: force, time, and social organization in the history of sociotechnical systems. In: MISA, Thomas J.; BREY, Philip; FEENBERG, Andrew (Ed.). *Modernity and technology*. Cambridge: MIT Press, 2003.

ESS, Chales. Computer-mediated communication and human-computer interaction. In: FLORIDI, Luciano (Ed.). *The Blackwell Guide to the Philosophy of Computing and Information*. Oxford: Blackwell Publishing, 2004.

FALEIROS JÚNIOR, José Luiz de Moura. Responsabilidade civil e o mercado de criptoativos. In: PALHARES, Felipe; FRANCOSKI, Denise de Souza Luiz (Coord.). *Temas atuais de direito digital*. São Paulo: Thomson Reuters Brasil, 2023.

FRAZÃO, Ana; GOETTENAUER, Carlos. *Black box* e o direito face à opacidade algorítmica. In: BARBOSA, Mafalda Miranda *et al.* (Coord.). *Direito digital e inteligência artificial*: diálogos entre Brasil e Europa. Indaiatuba: Foco, 2021.

FRAZÃO, Ana; OLIVA, Milena Donato; ABÍLIO, Vivianne da Silveira. Compliance de dados pessoais. In: TEPEDINO, Gustavo; FRAZÃO, Ana; OLIVA, Milena Donato (Coord.). *Lei Geral de Proteção de Dados Pessoais e suas repercussões no direito brasileiro*. São Paulo: Thomson Reuters Brasil, 2019.

GALLO, Paolo. Arricchimento senza causa. In: SACCO, Rodolfo (Dir.). *Digesto delle discipline privatistiche*. Sezione Civile. Aggiornamento XII. Milão: UTET/Wolters Kluwer Italia, 2019.

GALLO, Paolo. Le ristituzioni contrattuali tra retroattività ed irretroattività. In: PASSAGNOLI, Giovanni; ADDIS, Fabio; CAPALDO, Giuseppina et al. (a cura di). *Liber Amicorum per Giuseppe Vettori*. Florença: Persona & Mercato, 2022.

GALLO, Paolo. Quase-contratti. In: SACCO, Rodolfo (Dir.). *Digesto delle discipline privatistiche*. Sezione Civile. Aggiornamento XII. Milão: UTET/Wolters Kluwer Italia, 2019.

GALLO, Paolo. Remedies for unjust enrichment in the history of Italian law and in the Codice Civile. In: SCHRAGE, Eltjo J. H. (Ed.). *Unjust enrichment: the comparative legal history of the law of restitution*. Berlim: Duncker & Humblot, 1999.

GALLO, Paolo. Restituzioni contrattuali. In: SACCO, Rodolfo (Dir.). *Digesto delle discipline privatistiche*. Sezione Civile. Aggiornamento XII. Milão: UTET/Wolters Kluwer Italia, 2019.

GUGGENBERGER, Nikolas. The potential of blockchain technology for the conclusion of contracts. In: SCHULZE, Reiner; STAUDENMAYER, Dirk; LOHSSE, Sebastian (Ed.). *Contracts for the supply of digital content*: regulatory challenges and gaps. Baden-Baden: Nomos, 2017.

GUTWIRTH, Serge; HILDEBRANDT, Mireille. Some caveats on profiling. In: GUTWIRTH, Serge; POULLET, Yves; DE HERT, Paul (Ed.). *Data protection in a profiled world*. Cham: Springer, 2010.

HACKEROTT, Nadia Andreotti Tüchumantel. A importância da propriedade intelectual para os influenciadores digitais. In: HACKEROTT, Nadia Andreotti Tüchumantel (Coord.). *Influenciadores digitais e seus desafios jurídicos*. São Paulo: Thomson Reuters Brasil, 2023.

HAYASHI, Victor Takashi. Cibersegurança e segurança da informação aplicadas à IoT. In: PARENTONI, Leonardo; NOGUEIRA, Michele (Coord.). *Direito, tecnologia e inovação*: Internet das Coisas (IoT). Belo Horizonte: Centro DTIBR, 2023. v. 5.

HELGUERA, Carlos de Cores. Criptoactivos y circulación jurídica. In: COLOMBO, Cristiano; ENGELMANN, Wilson; FALEIROS JÚNIOR, José Luiz de Moura (Coord.). *Tutela jurídica do corpo eletrônico*: novos desafios ao direito digital. Indaiatuba: Foco, 2022.

HELMS, Tobias. Disgorgement of profits in German Law. In: HONDIUS, Ewoud; JANSSEN, André (Ed.). *Disgorgement of profits*: gain-based remedies throughout the world. Cham: Springer, 2015.

HILLIS, Ken. The avatar and online affect. In: HILLIS, Ken; PAASONEN, Susanna; PETIT, Michael (Ed.). *Network Affect*. Cambridge, The MIT Press, 2015.

HOFFMANN, Karoline. Evolução da influência digital e a necessidade do acompanhamento jurídico. In: HACKEROTT, Nadia Andreotti Tüchumantel (Coord.). *Influenciadores digitais e seus desafios jurídicos*. São Paulo: Thomson Reuters Brasil, 2023.

HONDIUS, Ewoud; JANSSEN, André. Original questionnaire: disgorgement of profits. In: HONDIUS, Ewoud; JANSSEN, André (Ed.). *Disgorgement of profits*: gain-based remedies throughout the world. Cham: Springer, 2015.

KFOURI NETO, Miguel; NOGAROLI, Rafaella. A aplicação do lucro da intervenção (*disgorgement of profits*) no direito civil brasileiro: um novo dano no campo da responsabilidade civil ou uma categoria de enriquecimento sem causa? In: TEPEDINO, Gustavo; MENEZES, Joyceane Bezerra de (Coord.). *Autonomia privada, liberdade existencial e direitos fundamentais*. Belo Horizonte: Fórum, 2019.

KONDER, Carlos Nelson. Enriquecimento sem causa e pagamento indevido. In: TEPEDINO, Gustavo (Org.). *Obrigações*: estudos na perspectiva civil-constitucional. Rio de Janeiro: Renovar, 2005.

KONDER, Carlos Nelson; SAAR, Patrick. A relativização do duplo limite e da subsidiariedade nas ações por enriquecimento sem causa. In: TEPEDINO, Gustavo; TEIXEIRA, Ana Carolina Brochado; ALMEIDA, Vitor (Coord.). *Da dogmática à efetividade do direito civil*: Anais do Congresso Internacional de Direito Civil Constitucional – IV Congresso do IBDCivil. Belo Horizonte: Fórum, 2017.

KORINEK, Anton. Integrating ethical values and economic value to steer progress in Artificial Intelligence. In: DUBBER, Markus; PASQUALE, Frank; DAS, Sunit (Ed.). *The Oxford Handbook of the Ethics of Artificial Intelligence*. Oxford: Oxford University Press, 2020.

KROLL, Joshua A. Accountability in Computer Systems. In: DUBBER, Markus; PASQUALE, Frank; DAS, Sunit (Ed.). *The Oxford Handbook of the Ethics of Artificial Intelligence*. Oxford: Oxford University Press, 2020.

LONGHI, João Victor Rozatti. Marco Civil da Internet no Brasil: breves considerações sobre seus fundamentos, princípios e análise crítica do regime de responsabilidade civil dos provedores. In: MARTINS, Guilherme Magalhães; LONGHI, João Victor Rozatti (Coord.). *Direito digital*: direito privado e internet. 4. ed. Indaiatuba: Foco, 2021.

MACKENRODT, Mark-Oliver. Assessing the effects of intellectual property rights in network standards. In: DREXL, Josef (Ed.). *Research Handbook on Intellectual Property and Competition Law*. Cheltenham: Edward Elgar, 2008.

MADDEN, M. Stuart. Tort law through time and culture: themes of economic efficiency. In: MADDEN, M. Stuart (Ed.). *Exploring tort law*. Cambridge: Cambridge University Press, 2005.

MARTINS, Guilherme Magalhães; FALEIROS JÚNIOR, José Luiz de Moura. Decisões automatizadas e a efetiva proteção de dados pessoais. In: EHRHARDT JÚNIOR, Marcos; CATALAN, Marcos; NUNES, Cláudia Ribeiro Pereira (Coord.). *Inteligência artificial e relações privadas*: relações patrimoniais entre o consumo, os contratos e os danos. Belo Horizonte: Fórum, 2023. v. 3.

MARTINS, Guilherme Magalhães; MUCELIN, Guilherme. Responsabilidades dos influenciadores digitais: influência *online* como comunicação mercadológica disciplinada pelo CDC. In: HACKEROTT, Nadia Andreotti Tüchumantel (Coord.). *Influenciadores digitais e seus desafios jurídicos*. São Paulo: Thomson Reuters Brasil, 2023.

MILAGRES, Marcelo de Oliveira. Internet das Coisas e o sempre novo tema da responsabilidade: algumas reflexões. In: PARENTONI, Leonardo; NOGUEIRA, Michele (Coord.). *Direito, tecnologia e inovação: Internet das Coisas (IoT)*. Belo Horizonte: Centro DTIBR, 2023, v. 5.

MOEREL, Lokke; STORM, Marijn. Automated decisions based on profiling: information, explanation and justification – that is the question. In: AGGARWAL, Nikita; EIDENMÜLLER, Horst; ENRIQUES, Luca et al. (Ed.). *Autonomous systems and the law*. Baden-Baden: Nomos, 2019.

MONTEIRO FILHO, Carlos Edison do Rêgo; ROSENVALD, Nelson. Danos a dados pessoais: fundamentos e perspectivas. In: FALEIROS JÚNIOR, José Luiz de Moura; LONGHI, João Victor Rozatti; GUGLIARA, Rodrigo (Coord.). *Proteção de dados pessoais na sociedade da informação*: entre dados e danos. Indaiatuba: Foco, 2020.

NAVAS, Susana. Creativity of algorithms and copyright law. In: EBERS, Martin; NAVAS, Susana (Ed.). *Algorithms and law*. Cambridge: Cambridge University Press, 2020.

PÉREZ LUÑO, Antonio-Enrique. La Filosofía del Derecho en perspectiva histórica. *Estudios conmemorativos del 65 aniversario del Autor*. Homenaje de la Facultad de Derecho y del Departamento de Filosofía del Derecho de la Universidad de Sevilla. Sevilla: Servicio de Publicaciones de la Universidad de Sevilla, 2009.

QUEIROZ, Renata Capriolli Zocatelli; CANSIAN, Adriana Cardoso de Moraes; CINTRA, Caio Henrique de Moraes. O vazamento de dados pessoais na Internet das Coisas (IoT) e a aplicabilidade prática do *privacy by design* e do *privacy by default*. In: PARENTONI, Leonardo; NOGUEIRA, Michele (Coord.). *Direito, tecnologia e inovação*: Internet das Coisas (IoT). Belo Horizonte: Centro DTIBR, 2023. v. 5.

RASI, Gaetano. Innovazione e progresso civile. In: RASI, Gaetano (a cura di). *Innovazioni tecnologiche e privacy*: sviluppo economico e progresso civile. Roma: Garante per la Protezione dei Dati Personali, 2005.

ROSENVALD, Nelson; FALEIROS JÚNIOR, José Luiz de Moura. "*Disgorgement* algorítmico": técnicas de processamento de dados e a gestão automatizada de ilícitos lucrativos na Internet. In: SARLET, Gabrielle Bezerra Sales; TRINDADE, Manoel Gustavo Neubarth; MELGARÉ, Plínio (Coord.). *Proteção de dados*: temas controvertidos. Indaiatuba: Foco, 2021.

ROSENVALD, Nelson; FALEIROS JÚNIOR, José Luiz de Moura. A despersonalização da personalidade: reflexões sobre corpo eletrônico e o artigo 17 da Lei Geral de Proteção de Dados Pessoais. In: COLOMBO, Cristiano; ENGELMANN, Wilson; FALEIROS JÚNIOR, José Luiz de Moura (Coord.). *Tutela jurídica do corpo eletrônico*: novos desafios ao direito digital. Indaiatuba: Foco, 2022.

ROSENVALD, Nelson; FALEIROS JÚNIOR, José Luiz de Moura. *Accountability* e mitigação da responsabilidade civil na Lei Geral de Proteção de Dados Pessoais. In: FRAZÃO, Ana; CUEVA, Ricardo Villas Bôas (Coord.). *Compliance e políticas de proteção de dados*. São Paulo: Thomson Reuters Brasil, 2021.

SCHREIBER, Anderson; SILVA, Rodrigo da Guia. Lucro da intervenção: perspectivas de qualificação e quantificação. *Anais do XV Encontro dos Grupos de Pesquisa do Instituto Brasileiro de Direito Civil*, 2018, São Paulo. Direito civil: estudos. São Paulo: Blucher, 2017. v. 1.

SCHULZE, Reiner. Supply of digital content: A new challenge for European Contract Law. In: DE FRANCESCHI, Alberto (Ed.). *European contract law and the digital single market*: the implications of the digital revolution. Cambridge: Intersentia, 2016.

SÉJEAN, Michel. The disgorgement of illicit profits in French Law. In: HONDIUS, Ewoud; JANSSEN, André (Ed.). *Disgorgement of profits*: gain-based remedies throughout the world. Cham: Springer, 2015.

SILVA, Michael César; GUIMARÃES, Glayder Daywerth Pereira; BARBOSA, Caio César do Nascimento. Repercussões jurídicas do princípio da boa-fé objetiva e o algoritmo do Content ID na plataforma do YouTube. In: BARBOSA, Mafalda Miranda et al. (Coord.). *Direito digital e inteligência artificial*: diálogos entre Brasil e Europa. Indaiatuba: Foco, 2021.

SOARE, Robert I. Turing oracle machines, online computing, and three displacements in computability theory. In: BUSS, Samuel R.; COOPER, Barry; LÖWE, Benedikt; SORBI, Andrea (Ed.). *Computation and logic in the real world*. Cham: Springer, 2007.

TERRA, Aline de Miranda Valverde. Disgorgement of profits in Brazilian Law. In: HONDIUS, Ewoud; JANSSEN, André (Ed.). *Disgorgement of profits*: gain-based remedies throughout the world. Cham: Springer, 2015.

TVERSKY, Amos; KAHNEMAN, Daniel. Belief in the law of small numbers. In: KAHNEMAN, Daniel; SLOVIC, Paul; TVERSKY, Amos (Ed.). *Judgement under uncertainty*: heuristics and biases. 16. reimpr. Cambridge: Cambridge University Press, 2001.

VEGA, Italo S. Inteligência Artificial e tomada de decisão: a necessidade de agentes externos. In: FRAZÃO, Ana; MULHOLLAND, Caitlin (Coord.). *Inteligência Artificial e Direito*: ética, regulação e responsabilidade. São Paulo: Thomson Reuters Brasil, 2019.

VIRGO, Graham. Restitutionary remedies for wrongs: causation and remoteness. In: RICKETT, Charles E. F. (Ed.). *Justifying Private Law Remedies*. Oxford: Hart, 2008.

ZANATTA, Rafael A. F. A genealogia de um litígio: um relato sobre o caso IDEC *versus* Via Quatro. In: MONTEIRO FILHO, Carlos Edison do Rêgo; MARTINS, Guilherme Magalhães; ROSENVALD, Nelson; DENSA, Roberta (Coord.). *Responsabilidade civil nas relações de consumo*. Indaiatuba: Foco, 2022.

JURISPRUDÊNCIA

BRASIL. Superior Tribunal de Justiça. Recurso Especial 1.512.647/MG. Relator: Ministro Luis Felipe Salomão, Segunda Seção, j. 13.05.2015, DJe 05.08.2015.

BRASIL. Superior Tribunal de Justiça. Recurso Especial 1.698.701/RJ. Relator: Ministro Ricardo Villas Bôas Cueva, Terceira Turma, j. 02.10.2018, DJe 08.10.2018.

BRASIL. Superior Tribunal de Justiça. Recurso Especial 11.025/SP. 3ª Turma. Relator: Min. Waldemar Zveiter. DJ 24.02.1992. p. 1868.

BRASIL. Superior Tribunal de Justiça. Recurso Especial 710.376/RJ. 4ª Turma. Relator: Min. Luis Felipe Salomão, julg. 15.12.2009, publ. 02.02.2010.

SÃO PAULO. Tribunal de Justiça do Estado de São Paulo. Apelação Cível 1090663-42.2018.8.26.0100. Relator: Des. Antonio Celso Faria, 8ª Câmara de Direito Público; Data do Julgamento: 10/05/2023; Data de Registro: 12.05.2023. Disponível em: https://esaj.tjsp.jus.br/cjsg/getArquivo.do?cdAcordao=16739524&cdForo=0 Acesso em: 19 nov. 2023.

Documentos eletrônicos

ALEXANDER, Julia. YouTube's new monetization rules are controversial, painful and necessary. *Polygon*, 18 jan. 2018. Disponível em: https://www.polygon.com/2018/1/18/16906036/youtube-monetization-small-creators-top-creators-changes Acesso em: 28 mar. 2023.

ALI, Maaruf; MIRAZ, Mahdi. A Review on Internet of Things (IoT), Internet of Everything (IoE) and Internet of Nano Things (IoNT). *Proceedings of the Fifth International IEEE Conference on Internet Technologies and Applications (ITA 15)*. Glyndŵr University in Wrexham, North East Wales, UK, 2015. p. 219-224. Disponível em: https://doi.org/10.1109/ITechA.2015.7317398 Acesso em: 31 out. 2023.

BRASIL. Autoridade Nacional de Proteção de Dados. Coordenação-Geral de Tecnologia e Pesquisa. Nota Técnica 16/2023/CGTP/ANPD. 20 out. 2023. Disponível em: https://www.gov.br/anpd/pt-br/assuntos/noticias/Nota_Tecnica_16ANPDIA.pdf Acesso em: 14 nov. 2023.

CERF, Vint. ASCII format for network interchange. Network Working Group, 16 out. 1969. Disponível em: https://www.rfc-editor.org/rfc/rfc20.html Acesso em: 28 mar. 2023.

CIRIELLO, Raffaele Fabio; TORBENSEN, Alexandra Cecilie Gjøl; HANSEN, Magnus Rotvit Perlt; MÜLLER-BLOCH, Christoph. *Blockchain-based digital rights management systems*: Design principles for the music industry. Electronic Markets, [S.l], v. 33, n. 5, 2023. Disponível em: https://doi.org/10.1007/s12525-023-00628-5 Acesso em: 19 nov. 2023.

CZERNIAWSKI, Michal. *Responsibility of Bittorrent Search Engines for Copyright Infringements*. SSRN, 2009. Disponível em: https://dx.doi.org/10.2139/ssrn.1540913 Acesso em: 28 mar. 2023.

ESTADOS UNIDOS DA AMÉRICA. *Office of the Law Revision Counsel*. United States Code. Disponídel em: https://uscode.house.gov/. Acesso em: 28 mar. 2023.

ESTADOS UNIDOS DA AMÉRICA. *The Digital Millenium Copyright Act of 1998*. Pub. L. n. 105-304, 112 Stat. 2860, 28 out. 1998. Disponível em: https://www.copyright.gov/legislation/dmca.pdf Acesso em: 12 out. 2023.

MARGORI, Thomas; PERRY, Mark. Online intermediary liability and privatized enforcement: the Content ID case. *Proceedings of The Tenth International Conference on Digital Society and eGovernment (ICDS)*, Veneza, Itália, 24-28 abr. 2016. p. 36-41. Disponível em: https://www.proceedings.com/30336.html Acesso em: 30 mar. 2023.

McKEE, Mary K. Introduction to Policy-Based Access Controls. *IDPro Body of Knowledge*, [S.l], v. 1, n. 12, 2021. Disponível em: https://doi.org/10.55621/idpro.61 Acesso em: 19 nov. 2023.

META. Facebook and Instagram to Offer Subscription for No Ads in Europe. *Meta Newsroom*, 30 out. 2023. Disponível em: https://about.fb.com/news/2023/10/facebook-and-instagram-to-offer-subscription-for-no-ads-in-europe/ Acesso em: 19 nov. 2023.

PEDERSEN, Emily. "My videos are at the mercy of the YouTube algorithm": how content creators craft algorithmic personas and perceive the algorithm that dictates their work. *Technical Report* n. UCB/EECS-2019-48, Electrical Engineering and Computer Sciences,

University of California at Berkeley, Berkeley, 16 maio 2019. Disponível em: http://www2.eecs.berkeley.edu/Pubs/TechRpts/2019/EECS-2019-48.html Acesso em: 28 mar. 2023.

PRIHANDOKO, Antonius C.; GHODOSI, Hossein. Obfuscation and WBC: Endeavour for securing encryption in the DRM context. Proceedings of the International Conference on *Computer Science and Information Technology (CSIT)*, 2013. p. 150-155. Disponível em: https://csit.am/2013/ Acesso em: 19 nov. 2023.

SERRÃO, Carlos; DIAS, Miguel Sales; DELGADO, Jaime. Secure License Management – Management of Digital Object Licenses in a DRM Environment. *Proceedings of the International Conference on Security and Cryptography*, Barcelona, Spain, July 28-13, 2007. p. 251-256. Disponível em: https://doi.org/10.5220/0002129902510256 Acesso em: 19 nov. 2023.

SRINIVASAN, Vasudha. *Introduction to binary*. Carnegie Mellon University, Pittsburgh, [S.d]. Disponível em: https://www.cmu.edu/gelfand/lgc-educational-media/digital-education-modules/dem-documents/new-the-world-of-the-internet-handouts.pdf Acesso em: 28 mar. 2023.

TRENDACOSTA, Katharine. *Unfiltered*: how YouTube's Content ID discourages fair use and dictates what we see online. Electronic Frontier Foundation, 10 dez. 2020. Disponível em: https://www.eff.org/pt-br/wp/unfiltered-how-youtubes-content-id-discourages-fair-use-and-dictates-what-we-see-online Acesso em: 28 mar. 2023.

YOUTUBE. *Ferramentas de gerenciamento de direitos autorais*: como se qualificar para o Content ID. 2023. Disponível em: https://support.google.com/youtube/answer/1311402. Acesso em: 12 out. 2023.

YOUTUBE. *Ferramentas de gerenciamento de direitos autorais*: Como funciona o Content ID. 2023. Disponível em: https://support.google.com/youtube/answer/2797370. Acesso em: 12 out. 2023.

YOUTUBE. *Ferramentas de gerenciamento de direitos autorais*: Programa de verificação de conteúdo. 2023. Disponível em: https://support.google.com/youtube/answer/6005923. Acesso em: 12 out. 2023.

YOUTUBE. *Políticas de monetização*. 2023. Disponível em: https://www.youtube.com/howyoutubeworks/policies/monetization-policies/. Acesso em: 12 out. 2023.

YOUTUBE. *Reivindicação de direitos autorais*: diferença entre remoções por direitos autorais e reivindicações de Content ID. 2023. Disponível em: https://support.google.com/youtube/answer/7002106. Acesso em: 12 out. 2023.

YOUTUBE. *Visão geral das ferramentas de gerenciamento de direitos autorais*. 2023. Disponível em: https://support.google.com/youtube/answer/9245819?hl=pt-BR. Acesso em: 12 out. 2023.

Teses e Dissertações

KROETZ, Maria Cândida do Amaral. *Enriquecimento sem causa no direito civil brasileiro contemporâneo e recomposição patrimonial*. 2005. 207f. Tese (Doutorado em Ciências Jurídicas e Sociais) – Faculdade de Direito, Universidade Federal do Paraná, Curitiba, 2005.

SILVA, Sabrina Jiukoski da. *A intervenção nos direitos subjetivos alheios*: com qual fundamento e em que medida é possível restituir o lucro da intervenção? 2019. 268f. Dissertação (Mestrado em Direito) – Centro de Ciências Jurídicas, Universidade Federal de Santa Catarina, Florianópolis, 2019.

SCHEDELOSKI, Mariana Almirão Sousa. *Licença de uso de informações pessoais no Brasil*. 2022. 196f. Tese (Doutorado em Direito Comercial) – Faculdade de Direito, Universidade de São Paulo, São Paulo, 2022.